À LA RECHERCHE
D'UN MONDE OUBLIÉ

Conception graphique de la couverture: Katherine Sapon
Illustration: *Les Ursulines* de Jean-Paul Lemieux
(Photo: Musée du Québec, Patrick Altman)

Nicole Laurin ♦ Danielle Juteau ♦ Lorraine Duchesne

À LA RECHERCHE D'UN MONDE OUBLIÉ

Les communautés religieuses de femmes au Québec de 1900 à 1970

Avec la collaboration de Maria Vaccaro et Françoise Deroy
et la participation de Carolle Roy, Danielle Couillard,
Marie-Paule Malouin et Myriam Spielvogel

le jour,
éditeur

Données de catalogage avant publication (Canada)

Laurin-Frenette, Nicole, 1943-

À la recherche d'un monde oublié: les communautés religieuses de femmes au Québec de 1900 à 1970

Comprend des références bibliographiques.

ISBN 2-89044-429-5

1. Monachisme et ordres religieux féminins — Québec (Province) — Histoire. 2. Religieuses — Québec (Province) — Histoire. I. Juteau, Danielle. II. Duchesne, Lorraine. III. Titre.

BX4220.C2L38 1991 271'.900714 C91-096655-9

Dépôt légal: 3ᵉ trimestre 1991
Bibliothèque nationale du Québec

ISBN 2-89044-429-5

REMERCIEMENTS

Nous remercions les communautés et les religieuses qui nous ont ouvert leurs archives et accordé leur confiance. Nous ne pouvons les nommer ici puisque nous leur avons promis l'anonymat. Sans elles, notre recherche n'aurait pas été possible. Aussi ce livre leur est-il dédié avec estime et reconnaissance.

Plusieurs personnes nous ont inspirées, encouragées, aidées et conseillées, à divers titres, pendant les sept années qui ont précédé la publication de ce travail. La plupart sont nommées au fil des pages, mais quelques-unes resteront dans l'ombre. Notre souvenir reconnaissant leur est acquis.

La recherche présentée ici a été subventionnée par le Conseil de recherche en sciences humaines du Canada, le fonds pour l'aide à la recherche du gouvernement du Québec et le fonds institutionnel de recherche de l'Université de Montréal.

Cet ouvrage a été publié grâce à une subvention de la Fédération canadienne des sciences sociales, dont les fonds proviennent du Conseil de recherches en sciences humaines du Canada.

Nicole Laurin, Danielle Juteau, Lorraine Duchesne

Chapitre 1

Du travail et de la passion

En cette fin de siècle, que représentent les religieuses pour qui jette encore vers elles quelque regard? Notre réponse est claire: les religieuses sont des êtres de chair et d'os, ce sont des femmes et des travailleuses. D'où provient cette intuition? De leur influence: elles nous ont marquées, comme tous les Québécois et Québécoises, comme tous les Canadiens français et Canadiennes françaises qui ont connu la Révolution tranquille. Elles ont été présentes dans nos vies, nous ont soignées, instruites, formées. Elles ont préparé notre première communion et notre communion solennelle; dans les pensionnats que nous avons fréquentés, leur éducation est venue se joindre à celle de nos mères. Elles ont jalonné nos enfances, nos adolescences, de souvenirs indélébiles.

Par exemple, nos familles recevaient, à l'occasion des Fêtes, les souhaits et les prières qu'une tante religieuse envoyait souvent sur une carte reçue l'année précédente. Nos parents répondaient et offraient en échange un modeste don... pour leurs œuvres. Ce qui donnait l'occasion d'un échange familial sur leurs avoirs supposés... Nos mères apportaient quelquefois des nappes en dentelle que lavaient et repassaient soigneusement les religieuses; quand nous allions les chercher, nous achetions des retailles d'hostie à déguster. Nos grands-mères nous exhortaient à entrer au couvent et nous avons cru, au moins l'espace d'un matin, avoir la vocation.

L'univers des religieuses nous était donc familier à une certaine époque. Mais le sens de leur existence, lui, nous a échappé en grande partie. Était-ce assez pour que nous entrevoyions l'idée d'une recherche sur les communautés religieuses de femmes?

Un objet d'étude ne s'impose pas d'emblée au chercheur, à la chercheuse; il se construit tout au long de démarches souvent parallèles et simultanées, caractérisées chacune par des pas en avant et des reculs. Une question, un commentaire, une observation, un encouragement, une lecture, suscitent d'autres questions, d'autres observations, d'autres recherches qui ne semblent pas toujours reliées entre elles. Un peu à son insu, l'on s'engage sur une nouvelle piste, dans un sentier qui mènera beaucoup plus loin que prévu.

«Le travail et la passion [provoquent] l'intuition [qui jaillit] au moment où nous ne nous y attendons pas[1].» Le travail, nous en reparlerons abondamment dans ce livre où seront présentés en détail les diverses étapes de la recherche et leurs résultats. Évoquons plutôt la passion qui a suscité et animé cette recherche, qui traverse dans son ensemble notre démarche, et qui nous a menées du choix de l'objet concret à sa définition théorique, et à son analyse: une passion intellectuelle pour la sociologie, certes, parce que cette discipline rend visibles certains aspects du réel et leur donne sens et cohérence; une passion politique qui nous engage à vouloir comprendre les rapports entre les hommes et les femmes dans la société afin de les transformer; une passion enfin pour ces femmes qui ont marqué la vie du Québec et la nôtre. Ce sont toutes ces forces conjuguées qui nous ont poussées dans la voie d'une réflexion sur les communautés religieuses de femmes.

Les religieuses: des fantasmes et des chiffres

L'aventure était étrange. Autour de nous, à partir du moment où l'on a commencé à en parler, il n'était question, au sujet des religieuses, que de «la grande noirceur» accompagnée d'un cortège de quolibets ironiques et de commentaires consternés sur les horreurs que telle ou telle auraient vécues en pension, sur les règlements, le contrôle, l'enfermement, sans oublier tout ce qui était rapporté ou écrit sur ce qui se passait — soi-disant — dans les hôpitaux. Oublions les plaisanteries exprimant les fantasmes sexuels suscités par le costume et les symboles religieux. Mais il y avait aussi une grande fascination pour le sujet, surtout de la part des femmes. D'autres anecdotes, combien plus tendres, surgissaient de leurs souvenirs. D'abord mouvantes, de nombreuses images se sont bousculées devant notre regard pour finir par se fixer en une figure paradoxale, difficile à appréhender.

Les religieuses, c'était aussi quelque chose de plus tangible que les symboles et les fantasmes. Encore aujourd'hui, on voit partout leurs institutions, leurs propriétés bien entretenues et bien situées: l'établissement en remonte quelquefois au début de la colonie. Leur œuvre s'est d'abord enracinée et développée ici au Québec puis au loin, dans l'Ouest canadien, dans le Grand Nord, aux États-Unis, enfin outre-mer, en Chine, au Japon, en Afrique, au Pérou. En 1961, le Québec comptait 45 000 religieuses provenant de 68 communautés (de plus de 50 sujets) et vivant au sein d'une multitude d'établissements. Elles enseignent dans des constellations d'écoles, privées et publiques, pensionnats et collèges; rappelons ici qu'après avoir créé le primaire et le secondaire, elles ont mis sur pied l'enseignement supérieur pour jeunes filles et qu'elles en ont assumé en grande partie le coût. Elles sont propriétaires de 66 % de tous les lits d'hôpitaux publics, elles dirigent aussi d'autres hôpitaux qui sont propriété laïque. À lui seul, Saint-Jean-de-Dieu comprend, toujours en 1961, suffisamment de religieuses, d'employés et de patients pour vivre de façon autarcique dans une municipalité appelée Gamelin qui avait pour mairesse la supérieure de l'hôpital. Elles s'occupent également des orphelin(e)s, des vieillards, des «filles-mères», des détenues, des handicapé(e)s, des membres du clergé.

Tentons un peu d'imaginer ce qui se cache derrière ce fourmillement d'œuvres. D'immenses édifices à construire, des architectes à embaucher, des entrepreneurs à superviser; veiller sur les fournaises, le chauffage, la plomberie, la menuiserie, la comptabilité, les emprunts, les prêts, les placements, la gestion financière. Entretenir des bâtiments: nettoyer et entreposer les châssis-double, lever et déplacer les échelles, maintenir en bon état la peinture extérieure et intérieure, cultiver les fleurs, jardiner le potager. Sans oublier tous ces êtres humains à soigner, éduquer, écouter, élever. Combien de draps lavés, repassés et reprisés? Combien de nourriture produite, achetée et transformée, de repas servis? Combien d'assiettes lavées et essuyées? Combien de vêtements fabriqués et entretenus? Combien de corps nettoyés, soignés? Combien de paroles réconfortantes prononcées? Combien de prières offertes pour combien de personnes?

Il y avait également le personnel religieux et laïc à former et à gérer: des milliers de réseaux de relations humaines qui s'enchevêtrent et s'entrecroisent et qu'il faut organiser. N'oublions pas les nouvelles fondations missionnaires: ces éternels débuts où tout recommence à zéro, avec un abri pour les religieuses, une école pour les enfants, un hôpital pour les malades; des voyages en canot, des tentes dressées en pleine forêt. Leur travail semble incommensurable: il fallait le cerner, le décrire, lui donner un sens et en parler. Leur œuvre a été monumentale et la nôtre, si modeste soit-elle, se veut un ouvrage de re-connaissance.

Des questions féministes

L'idée d'une étude sur les religieuses se profile en 1971, lorsque se tient à Montréal la rencontre d'une douzaine d'anciennes de mon collège. À l'époque, je — c'est Danielle qui écrit — poursuivais des études de doctorat au département de sociologie de l'Université de Toronto et croise par hasard dans un couloir le professeur Oswald Hall, spécialiste de la sociologie des professions. Je lui décris la réunion des anciennes de mon alma mater en mentionnant que toutes les participantes travaillent à l'extérieur du foyer et se sentent insatisfaites dans un rôle exclusif de mère et d'épouse. Y aurait-il un lien entre nos aspirations de «femmes de carrière» et la formation reçue auprès de femmes qui étaient, elles aussi, à leur manière, des femmes de carrière? Formé à l'Université de Chicago, Hall croyait fermement que le développement de la sociologie repose en grande partie sur les démarches de chercheurs tentant de répondre aux questions personnelles qu'ils jugent pertinentes; aussi m'incita-t-il à poursuivre mes réflexions et à étudier les communautés en tant que phénomène social.

Cette graine d'idée — qui aurait pu pourrir en terre — trouve à l'Université d'Ottawa où j'enseigne à partir de 1972, un lieu propice à son épanouissement. Elisabeth Lacelle y est professeure au département de Sciences religieuses. Elle a organisé un groupe d'études interdisciplinaire autour du thème «femmes et religion» auquel participent des féministes provenant d'horizons divers. Le milieu est stimulant. Il fournit à chacune d'entre nous l'occasion de présenter ses idées et d'en débattre; ce qui débouche dans mon cas, et cinq ans plus tard, sur l'élaboration d'un projet d'année sabbatique axé sur le lien entre le travail effectué par les religieuses et la situation des femmes dans la société québécoise. C'est alors la découverte de travaux d'horizons divers portant sur les religieuses d'ici et d'ailleurs[2]. Restait, pour moi, à préciser une approche théorique et une problématique.

Pour la féministe radicale que j'étais, il fallait à tout prix établir, dans le cadre de ce courant théorique, les fondements matériels de l'oppression des femmes. Je croyais alors et je crois toujours qu'aux questions féministes l'on doit apporter des réponses féministes et non des réponses renvoyant à la culture ou à la psychologie; ni des réponses marxistes. En effet, il y a déjà vingt ans, Juliet Mitchell proposait un cadre d'analyse où seraient retenues les interrogations formulées par les féministes radicales auxquelles on apporterait des réponses marxistes, c'est-à-dire des analyses formulées en termes économiques, ce qui renvoyait nécessairement — on en était alors fermement convaincu — aux classes sociales[3]. Or l'appréhension de l'oppression et de l'exploitation subies par les femmes exige l'examen du rapport hommes-femmes en tant que rapport social spécifique et autonome. Il fallait développer une approche matérialiste; c'est-à-dire capable de privilégier l'aspect concret de ce rapport, sa matérialité; pouvoir montrer ce que hommes et femmes produisent et échangent, comment ils gagnent leur vie; ainsi expliquer les femmes, y compris les religieuses, sur la base de leur activité et de leur travail, et non pas strictement sur celle de leur «vocation». Or comment formuler une analyse féministe qui échappe aux explications par les idées, les valeurs, les mentalités? Et alors, comment être matérialiste sans être marxiste ni donner aux classes sociales une importance exclusive? Ces questionnements me laissaient insatisfaite. Les analyses féministes, qu'elles soient marxistes ou non, m'apparaissaient aussi idéalistes les unes que les autres, car elles ne reposaient pas sur le travail accompli par les femmes au profit des hommes. C'est alors la découverte — nous sommes en 1979 — de la revue *Questions féministes*. Christine Delphy y synthétise les courants de cette époque, et fait du travail gratuit des femmes dans la famille le fondement de leur oppression et de leur exploitation. Colette Guillaumin, quant à elle, met l'accent sur l'appropriation des femmes, de leur corps, de leur travail, des produits de leur corps et de leur travail[4].

Un article rédigé en 1978 et publié en 1980 dans la revue *Atlantis* laissera entrevoir l'esquisse de l'orientation d'une recherche sur les religieuses qui se développera, se précisera, s'enrichira et se raffinera dans les années à venir; surtout dans le contexte de ma rencontre avec Nicole Laurin, avec qui j'ai codirigé le travail présenté dans ce livre[5]. Nous avions découvert, chacune de notre côté, les femmes en tant que sujets d'étude pour la sociologie. L'une et l'autre avons commencé à enseigner en milieu universitaire au moment où le mouvement féministe prenait son essor et cherchait à transformer les relations entre les hommes et les femmes ainsi que l'analyse de ces relations. Nous avons alors participé toutes deux dans nos universités respectives, dans des provinces différentes, à cette vaste et entraînante aventure d'élaboration de ce qui fut appelé «les études féministes». Notre cheminement théorique ayant déjà été exposé ailleurs, nous nous attarderons ici aux aspects concrets qui l'ont caractérisé[6]. Les facteurs qui ont influencé notre démarche n'ont pas été uniquement d'ordre théorique; des événements de tous ordres sont venus nourrir et orienter notre définition de la sociologie et notre pratique.

Avant de nous connaître, nous nous sommes intéressées à la question nationale, puis, ensuite, aux rapports de sexe. Je suivais de près ses analyses; j'étais très intéressée par ses travaux, conçus dans un univers différent du mien. Ma filiation était parsonnienne, la sienne, althussérienne: nos pères sociologiques s'opposaient, mais tous les deux s'ingéniaient à articuler, l'un des instances, l'autre des sous-systèmes d'où les femmes et les rapports de sexe étaient absents. Nicole cherchait à combiner féminisme et marxisme. Le colloque de l'Institut d'histoire de l'Amérique française, tenu à Ottawa à l'automne 1978, nous fournit l'occasion d'une première rencontre, suivie d'une seconde à Montréal, au printemps 1980. On y discute, notamment, de l'articulation des instances, dans la théorie d'Althusser, des entrées et des sorties (*input* et *output*) entre les sous-systèmes fonctionnels et structurels de Parsons, de l'examen des formes visibles des phénomènes et des rapports sociaux qui les sous-tendent. Un peu plus tard, elle m'invite — nous sommes à l'automne 1980 — à collaborer au numéro de *Sociologie et Sociétés* qu'elle prépare sur les femmes. Si nos premiers échanges portent sur Parsons et Althusser et leurs points de convergence, les conversations se tournent très rapidement vers l'analyse des rapports de sexe. Nous avons parcouru un cheminement semblable qui nous a menées au féminisme matérialiste, elle, à partir du féminisme marxiste, moi du féminisme radical.

Ainsi, quand nous nous retrouvons au département de sociologie de l'Université de Montréal en 1981, nos divergences théoriques se sont amenuisées, nos perspectives sociologiques quant aux relations entre les sexes se complètent et s'enrichissent. L'une enseigne Marx, l'autre Weber. La trinité des pères fondateurs de la sociologie — le troisième étant Durkheim — symbolise magnifiquement le biais androcentriste d'une discipline à laquelle nous tenons énormément, mais où nous désirons situer les femmes. Nous n'en finissions pas d'échanger sur ces questions. Un soir, en discutant dans la cuisine de Nicole — elle préparait une sole bonne femme[7] —, je lui fais valoir l'importance d'une étude qui favoriserait une compréhension plus globale du travail des femmes, tout en contribuant à une nouvelle lecture de certaines conjonctures importantes au Québec, telle la Révolution tranquille. On décide de s'embarquer ensemble dans une recherche sur les communautés religieuses de femmes. À ce moment, nous nous laissons entraîner par un attrait considérable et irrésistible pour le sujet.

Encore plus femmes...

Aussi acceptons-nous de préparer ensemble un séminaire de théorie. Ce travail conjoint suivi d'un atelier de recherche l'année suivante favorise nos échanges sur la sociologie féministe, sur les religieuses et sur l'orientation conceptuelle et empirique que nous pourrions donner à l'étude que nous voulons entreprendre. L'étude des religieuses ne doit pas, à notre avis, se limiter à retracer les moments héroïques des débuts et des fondations, ni à présenter l'image de vierges pieuses, désincarnées mais courageuses. Il est clair pour nous que les religieuses sont avant tout des femmes, une catégorie sinon négligée tout au moins mal comprise et paradoxale de femmes. Si elles semblent vivre en dehors du commun des mortels et consacrent leur vie, selon leur propre expression, «à la plus grande gloire de Dieu», elles évoluent néanmoins à l'intérieur de ce monde et leur comportement n'échappe pas aux règles de fonctionnement social. En effet, comme toutes les femmes, les religieuses sont des travailleuses effectuant une tâche gratuite souvent commandée par le dévouement et l'abnégation. Elles frottent, lavent, soignent, prient et baignent dans une idéologie qui met l'accent sur la charité, l'oubli de soi, l'effacement, l'humilité et la soumission ainsi que l'indique si bien le nom des communautés auxquelles elles appartiennent: Servantes de Marie, Petites Filles de Saint Joseph et autres Petites Sœurs des Pauvres ou Filles de la Charité. Ce travail est effectué au sein d'organisations que contrôlent de l'extérieur des hommes d'Église, quel que soit le style de régie qui administre ces communautés: droit pontifical ou droit diocésain. Les écrits de Mary Daly, de Mary Ewens et de Marguerite Jean, notamment, montrent bien le statut inférieur des communautés religieuses de femmes au sein de l'Église[8]. Que les religieuses aient été dominées dans leur corps et dans leur tête, cela représente un aspect important de la réalité.

Comment donc comprendre ces femmes, à la fois bâtisseuses et blanchisseuses; intendantes et travailleuses domestiques; propriétaires d'hôpitaux et «humbles servantes du Christ»; supérieures de communautés et d'établissements soumises aux autorités ecclésiastiques? Elles nous semblaient encore plus femmes que les laïques, à la fois plus affirmées et plus aliénées. Tout au long de la recherche et de l'analyse, nous serons confrontées à cette réalité à deux faces dans laquelle elles se situent. En effet, c'est à l'extérieur du cadre domestique, mais à l'intérieur du cadre organisationnel ecclésial que leur travail est effectué, ce qui engendre un paradoxe étonnant. D'un côté, elles sont soumises à l'autorité des hommes d'Église qui définissent leurs constitutions et en contrôlent l'application. Elles n'ont ni liberté de mouvement ni liberté de parole. Leur vie quotidienne est contrôlée souvent jusque dans ses moindres détails — de la taille de l'ourlet de la robe au nombre de jours de jeûne, en passant par les répliques à appliquer en toutes circonstances: ce qu'il faut faire, ce qu'il faut dire, ce qu'il faut penser, ce qu'il faut porter. Elles sont enveloppées d'un discours où tout est humilité et effacement: pas question de se valoriser en quoi que ce soit. De l'autre côté, ces femmes, soustraites au travail de la procréation, œuvrent dans des organisations complexes qui permettent et qui nécessitent la division du travail. Elles ont ainsi pu accomplir des tâches créatrices, remplir des rôles professionnels et exercer des fonctions de gestion et de direction souvent inaccessibles aux femmes laïques, célibataires, mariées, séparées, veuves ou divorcées.

Ce que font ressortir les travaux de Micheline Dumont-Johnson[9]. Ces éducatrices, infirmières, travailleuses sociales, gestionnaires ont occupé une place importante dans les secteurs de l'enseignement, des services de santé et des services sociaux.

Ces deux aspects du travail des religieuses nous sont apparus fondamentaux; aussi notre stratégie de recherche a-t-elle consisté à leur accorder une égale importance. Nous voulons mettre en évidence le travail des religieuses, le rendre visible et le valoriser sans occulter le fait qu'il ait été objet d'appropriation, d'exploitation. À notre avis, mettre en évidence l'oppression ce n'est pas dévaloriser les opprimées, ni en faire des victimes. Toute la recherche est venue confirmer au-delà même de ce que nous pensions, et dans le positif et dans le négatif, cette réalité à deux faces. C'est encore mieux et encore pire que ce à quoi nous nous attendions. Mieux, parce que l'étendue de l'œuvre des religieuses, leur contribution, leur pouvoir, dépassent ce que nous pouvions imaginer — en ce qui a trait notamment au nombre d'établissements et à leur taille, aux ressources requises pour mettre sur pied et faire fonctionner à partir de rien des organisations aussi vastes et complexes que des compagnies multinationales. Pire, parce que nous avons mesuré la lourdeur de la domination qui pèse sur elles, nous avons découvert comment la propriété et la gestion de leurs institutions leur furent brutalement arrachées. Nous avons sondé l'épaisseur du voile qui masquait leur travail et servait à les maintenir en place et dans l'ombre. Examinons maintenant, étape par étape, le processus qui nous conduisit littéralement parlant de la cuisine de Nicole à ce livre.

Une sociologie du travail féminin

Il existe des moments qui constituent à la fois le point d'arrivée et le point de départ d'un cheminement. Alors des informations, des perceptions et des modes d'appréhension multiples s'organisent pour former un ensemble quasi cohérent. À partir d'une synthèse provisoire, point charnière en quelque sorte, on peut saisir les contours de l'objet et présenter l'essentiel de la démarche de recherche. L'occasion est pour nous la préparation d'une demande de subvention de démarrage auprès du comité d'attribution des fonds internes à la recherche de l'Université de Montréal, au printemps 1983. En quelques jours, nous dressons le bilan de deux années de discussions et d'échanges à bâtons rompus. Il s'agit d'organiser l'information pour exposer une esquisse de projet opérationnel de recherche; identifier des données pertinentes et choisir un secteur d'observation où analyser les communautés religieuses et les transformations qu'elles ont subies.

Mais que savons-nous au juste? Très peu, mis à part quelques ouvrages repérés et consultés auparavant. Bernard Denault et Benoît Lévesque ont publié en 1975 une étude importante sur les communautés religieuses au Québec. Elle comporte cependant des lacunes de deux ordres: théorique et empirique. L'explication des nombreuses fondations de communautés religieuses à partir de la situation marginale des fondatrices — veuves, célibataires — nous semble incomplète. Ni les religieuses, ni leurs fondatrices ne nous apparaissent comme marginales. Elles se situent dans un rapport social spécifique qui constitue les hommes et les femmes en classes de sexe, et que nous nommons rapport de sexage. La classe des femmes comprend plusieurs fractions, plusieurs sous-ensembles, dont les femmes qui travaillent gratuitement dans la sphère domestique, les femmes salariées — mariées ou célibataires — sur le marché du travail, les religieuses, ni mariées ni salariées et qui travaillent gratuitement dans les communautés rattachées à l'Église. Une analyse globale et exhaustive du travail effectué par la classe des femmes et de l'appropriation de ce travail par la classe des hommes requiert l'inclusion des religieuses en tant que travailleuses. Cette étude doit considérer non seulement l'œuvre des communautés, mais également le travail accompli par chacune des religieuses. Il est donc nécessaire de recueillir sur les religieuses des données qui viennent compléter celles de Statistique Canada sur le travail des femmes laïques. Pour en revenir à l'ouvrage de Denault et

Lévesque, il traite du travail, mais au strict niveau des communautés, de leur activité générale. C'est intéressant certes, mais incapable de fournir des renseignements précis sur la répartition des religieuses par emplois et par niveaux hiérarchiques.

Il nous faut donc explorer d'autres sources et nous jugeons utile d'y consacrer l'été. Nous pensons également que les données de Statistique Canada sont probablement inutilisables pour les religieuses. Il faudra tout de même s'en assurer. Il est urgent premièrement de chercher des sources susceptibles de fournir les données sur la répartition de la main-d'œuvre religieuse, par professions et niveaux hiérarchiques. Deuxièmement, d'organiser cette information de manière à prendre en considération l'évolution de cette main-d'œuvre; s'impose la nécessité d'une analyse socio-historique, s'étendant du début du XXᵉ siècle jusqu'aux années soixante-dix ou quatre-vingt. Troisièmement, il convient d'examiner le travail fourni par les religieuses dans le cadre où il s'insère: leurs communautés. Les deux premiers points devraient permettre la comparaison avec les autres segments de la main-d'œuvre féminine, dans le contexte de l'évolution générale du travail des femmes au Québec. Cette orientation marquée dès le début de la recherche pour le travail des religieuses relève d'abord de considérations théoriques. Elle est renforcée par la mise sur pied au Conseil de recherches en sciences humaines d'un programme de subventions stratégiques dans le domaine Femmes et travail. Ce qui ne peut pas mieux tomber pour nous. Avec un fonds de démarrage de l'Université de Montréal, nous pourrons présenter un projet dans le cadre de ce programme fédéral et du programme d'aide à la recherche du gouvernement du Québec.

Une sociologie de l'Église et de l'État

Le Québec a connu après la Seconde Guerre mondiale de profondes mutations engendrées par l'accélération de l'industrialisation et de l'urbanisation; le renforcement et la modernisation de l'État; la laïcisation de la société. Les conditions de vie des femmes en général et les rapports entre les sexes ont été profondément affectés par ces changements. Pensons, par exemple, à la baisse de la fécondité et à l'augmentation de la scolarisation des femmes, leur participation croissante à la population active. Nous voulons examiner l'effet des transformations de la société québécoise sur l'évolution du travail fourni par les religieuses et les communautés religieuses. Un des aspects les plus importants est la modification des rapports entre l'Église et l'État et plus spécifiquement la prise en charge par l'État des secteurs liés à la santé, à l'éducation et aux services sociaux. L'étude envisagée se situe donc à la jonction de deux axes en mutation — hommes/femmes et Église/État — et doit servir à mieux comprendre leur interrelation. Les religieuses doivent trouver leur place en tant que femmes et travailleuses au sein de ces deux types de rapports sociaux en transformation. Il faut analyser non seulement leur place dans les rapports de sexe, mais leur relation avec l'Église et l'État, vus comme des institutions qui utilisent, réglementent et contrôlent la main-d'œuvre féminine.

Reste à choisir le secteur le plus propice à notre investigation. Les sociologues ont beaucoup écrit sur les bouleversements dans le monde de l'éducation: on connaît le rapport Parent, les résistances à la création d'un ministère, les transformations du système d'enseignement. Par contre, les réformes qui ont bouleversé le secteur de la santé n'ont guère été étudiées et bien peu du point de vue des femmes. Quand s'est produite la prise en charge? Quelles en furent les modalités? Y a-t-il eu résistance? Si oui, pourquoi n'en avons-nous jamais entendu parler? Si non, pourquoi le silence dans le secteur des hôpitaux et des services sociaux alors que tant de bruit se fit entendre dans le domaine de l'enseignement? Est-ce dû au fait que la majorité des institutions prises en charge dans le secteur hospitalier appartenaient à des femmes ou étaient gérées par elles? En d'autres mots, existerait-il un lien entre la quasi-absence des hommes dans un secteur et l'absence de résistance connue, ouverte, visible, appuyée? Nous savions que, vers 1960, le gouvernement du Québec avait demandé aux hôpitaux de présenter un budget en prévision d'un programme d'assurance-hospitalisation. Or les hôpitaux catholiques avaient présenté des budgets inférieurs à ceux des autres hôpitaux protestants, juifs, etc. Dès cette époque, on aurait pu, en comparant le coût de fonctionnement des hôpitaux catholiques et des autres, mesurer le prix du travail des religieuses et estimer sa valeur marchande. Cette mesure est d'ailleurs possible à partir des chiffres de Statistique Canada[10].

Ce secteur nous semble donc tout désigné, et nous décidons d'y étudier les effectifs féminins, religieux d'abord et également laïcs, en tenant compte des mutations majeures identifiées. Premièrement, l'entrée massive des femmes sur le marché du travail, liée aux changements démographiques, économiques et techniques depuis 1945. Deuxièmement, le changement juridique et politique entraîné par la prise en charge par l'État des services de santé. Nous voulons reconstituer les principales étapes du passage à l'État de la propriété et de la gestion des hôpitaux, de la formation de la main-d'œuvre dans ce secteur, etc. Troisièmement, les transformations des conditions de travail dans le secteur hospitalier, provoquées par la professionnalisation et la syndicalisation de la main-d'œuvre, sans oublier la bureaucratisation de tout cet appareil. Ces transformations ont touché la définition des tâches, tout autant que leur mode d'encadrement et de gestion. Quatrièmement, la modification de la place de l'Église et des communautés religieuses dans la société québécoise, la baisse du recrutement et la réorientation de ces communautés, le recyclage de leurs effectifs dans de nouveaux services, notamment ceux qui n'ont pas été pris en charge par l'État.

Motifs et significations

Aux deux premières dimensions de la recherche — le travail des religieuses au cours du XXe siècle et la place de cette main-d'œuvre dans le secteur hospitalier — vient s'ajouter un troisième volet: l'étude des communautés comme institutions, plus précisément comme cadres de recrutement, de formation et de régulation d'une main-d'œuvre féminine. Nous touchons ici aux comportements et attitudes des religieuses. Nous avons beaucoup réfléchi à leurs motivations et aux significations qu'elles accordent à leur action. Une conversation avec une ancienne profes-seure, religieuse d'une grande communauté enseignante, me revient toujours en mémoire. Elle s'opposait, nous étions en 1979, à l'interprétation féministe alors en vogue voulant que les religieuses soient entrées au couvent pour faire carrière et pour éviter les maternités nombreuses. Elle m'invita à con-sulter les textes qu'on leur faisait lire pour qu'elles renon-cent à la maternité, une chose qui n'allait pas de soi. Nicole et moi pensons qu'il faut à tout prix éviter d'imputer au comportement des religieuses le sens que nous sommes tentées de lui assigner, nous, féministes des années quatre-vingt. Les liens entre la motivation des acteurs sociaux et leur conduite, d'une part, et, d'autre part, l'effet, l'ins-cription sociale de leur action, sont très complexes.

Par ailleurs, interroger directement les religieuses pose problème: leur discours est codé, censuré et, de plus, il s'est transformé depuis Vatican II. Je me dis que Weber lui-même n'a pas jugé opportun ni nécessaire (c'était d'ailleurs impos-sible) de parler aux Puritains pour analyser les affinités élec-tives entre certaines orientations de l'éthique protestante et certains comportements économiques (la maximisation du gain) avec leurs effets sur le développement du capitalisme. De la même façon que les Puritains de Weber, les religieuses du Québec ont travaillé sans relâche pour la plus grande gloire de Dieu. Elles ont ainsi construit, souvent à leur insu, et sans l'avoir cherché, une œuvre considérable. Comme l'accumulation du capital, l'envergure d'une telle œuvre représente un effet pervers, si l'on peut dire. Pour comprendre l'orientation du comportement des religieuses, nous jugeons préférable aux interviews l'analyse des textes dont elles se sont imprégnées. Valeurs et croyances reli-gieuses, conception de la féminité, sens de l'autorité semblent s'y conjuguer de façon remarquable; l'examen de ce discours pourra contribuer à élucider le fait social objectif qui restera toujours au centre de nos préoccupations: leur travail. C'est une sociologie du travail et des institutions qui nous intéresse et non une psycho-sociologie des aspirations et des motivations. Nous voulons éviter également le recours aux anecdotes et aux histoires individuelles et nous garder de perspectives fondées sur la morale et les jugements religieux ou «irreligieux».

L'aventure commence pour de bon lorsque nous obtenons 7 000 $ de l'Université de Montréal: de quoi engager deux auxiliaires de recherche pour quelques mois et préparer un projet d'envergure. Elles pénètrent avec nous au sein d'un monde qui va devenir le nôtre pendant plusieurs années. Carolle Roy a suivi notre séminaire de recherche et prépare un mémoire de maîtrise. Elle s'intéresse passionnément aux analyses féministes et à la compréhension des rapports hommes/femmes. Bien avant qu'il ait été question de cette recherche et de subvention, elle nous avait demandé de travailler avec nous gratuitement, pour apprendre. L'idée de former des chercheuses dans un champ qui les motive nous avait d'ailleurs incitées à nous embarquer dans cette démarche. Créer des emplois ne nous est pas non plus étranger. Il nous faut également une spécialiste en méthodologie en raison de la complexité des données à recueillir sur les emplois des religieuses. Maria Vaccaro se joint à nous sur la vive recommandation de nos collègues méthodologues: étudiante à la maîtrise, elle jouit déjà d'une excellente réputation de chercheuse. Nous entamons toutes les quatre un processus d'exploration, de tâtonnements qui va nous permettre d'étoffer la structure d'une recherche: d'appels téléphoniques en déplacements à Montréal, Ottawa, Québec, de ministères en commissions d'enquête, de fonctionnaires anonymes en rencontres personnelles, de communautés en bibliothèques, de chapelles en archives, de prières en prières.

À la recherche des sources

Les mots et les concepts nous échappent. La connaissance, même élémentaire, du fonctionnement de ces organisations que sont les communautés religieuses nous manque. Pour chacun des trois volets distincts (évolution du travail des religieuses, secteur hospitalier, étude des significations), il faut explorer, chercher tous les renseignements possibles: des sources, des données, des analyses. Pour chaque volet il faut consulter à la fois des documents officiels publiés par l'État et ceux colligés par l'Église. Non seulement est-il nécessaire de ratisser des bibliothèques et d'examiner des documents historiques, mais il faut ausssi rencontrer des personnes ressources.

Nous demandons à Maria d'identifier les sources statistiques permettant de retracer l'évolution du travail des religieuses, de les évaluer et de proposer une direction à la cueillette des données. Carolle Roy est chargée du secteur hospitalier et de la documentation relative à l'analyse du discours tenu par les communautés sur elles-mêmes. L'une et l'autre organisent des fichiers et dressent des bibliographies. Nous recueillons de nombreux travaux sur les religieuses, de diverses natures — scientifiques, philosophiques, pieux — dont certains sont faits par des religieuses. On ausculte les statistiques officielles, provinciales et fédérales. On découvre des commissions d'enquête insoupçonnées sur les hôpitaux et le secteur hospitalier. Les dossiers s'empilent, les documents s'entassent dans notre petit bureau de recherche. Les découvertes ne font que débuter et nous avons l'impression de vider l'océan avec une tasse à café; et avec beaucoup de délicatesse, car un ami spécialiste en sciences religieuses nous recommande la plus grande prudence. Un seul faux pas, à son avis, et tout risque de sombrer, notamment si l'archevêché décide de bloquer l'étude.

C'est donc bien munie de conseils que Maria se rend d'abord au bureau montréalais de la Conférence religieuse canadienne. Elle en rapporte un bottin rouge qui s'avère précieux: on y trouve la liste de toutes les communautés religieuses de femmes, l'adresse de la maison générale, le nom de la secrétaire. Un téléphone à l'Assemblée des évêques du Québec est suivi d'un autre téléphone à l'archevêché de Montréal (service de la recherche) puis enfin d'une consultation auprès du service d'information intercommunautaire du diocèse de Montréal. Hélas, on n'y découvre aucun des renseignements désirés. Selon un abbé du Service de la recherche, les communautés religieuses devraient posséder ce que nous cherchons. L'heure sonne pour notre première rencontre avec les religieuses. Ce sera à Ottawa, au secrétariat de la Conférence religieuse canadienne. Après plusieurs téléphones et par une chaleur accablante, Maria et Nicole s'y présentent. Elles se sont habillées — depuis le départ matinal de Montréal — comme il faut quand on doit rencontrer des religieuses: manches longues, bas nylon. Il ne manque que le chapeau et les gants. Elles suffoquent en attendant dans le parloir. S'y présentent décontractées, en sandales et manches courtes, deux religieuses qui favorisent l'accès à divers documents, par exemple, les données à la source du recensement de 1969 de la Conférence, analysé par les sociologues Lessard et Montminy[11]. À première vue, le recensement ne nous paraît guère utilisable, mais en fouillant dans les archives, on découvre une correspondance intrigante datée du début des années soixante. C'est au sujet des hôpitaux: des lettres entre les supérieures d'hôpitaux; d'autres adressées à des évêques ou des prêtres. Un climat d'angoisse s'y dessine. Des religieuses expriment leur crainte et leur réticence face à l'ingérence gouvernementale et à l'autorité religieuse. Un document de religieuses non signé et non daté révèle même qu'elles «sont forcées dans une attitude de désobéissance» et qu'elles «vivent dans la crainte révérentielle». L'importance du secteur hospitalier s'avère encore plus grande que prévu. Notre curiosité s'éveille. Nous commençons à entrevoir l'existence d'un véritable drame. Le même voyage à Ottawa est aussi l'occasion d'une première tentative auprès du secrétariat de la Conférence des évêques catholiques du Canada, qu'on appellera désormais entre nous le «bunker»...

La piste d'un drame

En effet, la lecture d'un document exhaustif et très instructif sur les hôpitaux du Québec nous a incitées à nous y rendre[12]. De toute évidence cet organisme a été impliqué dans le dossier. Il le connaît, il possède des données de première main. Nous savons que ces données ont été recueillies par l'entremise de l'auteur du document, abbé à l'époque, devenu maintenant prélat, qui avait été chargé par la Conférence des évêques catholiques du Canada d'aider Monseigneur Roy à réaliser une fusion entre les associations des communautés qui géraient les hôpitaux. Étape qui devait s'avérer importante dans l'étatisation des hôpitaux du Québec. Le bâtiment qui abrite la Conférence des évêques du Canada n'est pas facile d'accès. Nicole et Maria ne peuvent présenter à l'entrée ni recommandation ni laissez-passer et le jeu des portes automatiques ne permet aucune incursion sans autorisation. Elles connaissent cependant le nom du chargé des archives du secteur social, mais il est absent. À force de parlementer, elles finissent par réussir à pénétrer. De guerre lasse, une secrétaire les laisse seules face à des archives. Un très rapide regard permet d'identifier des chemises sur les hôpitaux catholiques du Québec. Elles aperçoivent des lettres de la Sacrée Congrégation des religieux de Rome qui intervient par trois fois: auprès de «Son Éminence le Cardinal», du supérieur général des jésuites et de «Son Excellence Monseigneur». On parle de soumettre les religieuses à l'obéissance. D'autres lettres, de l'abbé chargé de la fusion à Jean Lesage, premier ministre du Québec, viennent renforcer les premières impressions quant à l'existence d'une lutte, peut-être serrée, opposant des adversaires de taille. Ce conflit implique des acteurs aussi prestigieux que le premier ministre du Québec et le Cardinal, soit les deux chefs laïque et religieux du Québec, et rien de moins que les plus hautes sphères romaines de la hiérarchie catholique. Cela rappelle l'abolition du ministère provincial de l'Éducation au Québec à la fin du XIXe siècle, où Rome dut intervenir pour régler un différend plutôt anodin au point de départ. À cette époque, l'Église avait déplacé et remplacé l'État. Cette fois-ci, un siècle plus tard l'État du Québec prend enfin sa revanche.

On décide d'un autre voyage à Ottawa. À la Conférence religieuse, l'observation attentive du recensement de 1969 confirme son inutilité. Les cas individuels ont disparu et l'on ne peut plus travailler sur les données de base car elles ont été regroupées et ne permettent pas de se livrer à des analyses. Donc, il n'existe aucun travail démographique d'envergure sur les religieuses. On devra y suppléer. Quant à la Conférence des évêques catholiques du Canada, nous nous apercevons — en y demandant à nouveau le chargé des archives du secteur social, certainement présent — que nous ne pouvons plus y pénétrer. Malheureusement, nous n'avons pas de char d'assaut. Faut-il en déduire que les hommes d'Église ne nous aideront pas? Nous nuiront-ils? De toute évidence, ils ont été impliqués dans le drame des hôpitaux et ne veulent pas en parler. Désirent-ils le cacher? Ils possèdent les documents le montrant et désirent nous empêcher de savoir. Reste à aller voir à l'Association canadienne de la santé qui a remplacé l'ancienne Association des hôpitaux catholiques du Canada. Une religieuse nous y réserve un accueil enthousiaste. Après nous avoir écoutées avec beaucoup d'intérêt, elle promet de faire tout ce qui est en son pouvoir pour faciliter notre recherche et se dirige vers les archives. Survient son «boss». D'un air méfiant, il fait subir aux chercheuses un interrogatoire serré: Qui êtes-vous? Pourquoi faites-vous ce travail? Qui a commandé cette étude? Le contraste entre l'attitude de la religieuse et celle du clerc nous fait comprendre que nous pouvons peut-être compter sur les religieuses, mais en aucun cas sur la hiérarchie, ni sur les hommes d'Église pour nous aider à trouver des données, des documents, des études. De toute manière s'ils ont entre leurs mains de l'information sur le secteur hospitalier, ils ne peuvent pas en fournir sur le travail des religieuses.

Nous poursuivons notre balade à Ottawa en allant rencontrer un spécialiste du recensement à Statistique Canada, pour découvrir encore une fois que les données existantes sont inutilisables. En effet, après avoir examiné de très près le problème que nous lui avons soumis, l'analyste responsable des caractéristiques économiques de la population active écrira quelque temps après «qu'il [s'est] produit de graves erreurs dans la collecte des données». En général, le genre de travail accompli sert de base à la classification des professions, mais les religieuses se retrouvent quelquefois dans la catégorie religieuses, et quelquefois ailleurs, inidentifiables, au sein de catégories telles les infirmières, les enseignantes, les administratrices, etc. Il se peut même que certaines n'aient pas été recensées. Il apparaît alors clairement que Statistique Canada ne peut pas nous venir en aide. Nous sommes loin du but. Où trouver les sources susceptibles de fournir les renseignements tant recherchés sur le travail des religieuses, leur répartition par catégories d'emploi et niveaux hiérarchiques? Revenues à Montréal, une réponse s'impose: allons voir du côté des religieuses elles-mêmes comment se présente ce genre d'information à l'intérieur des communautés.

Comment aborder les religieuses?

Nous avons quitté nos collèges et perdu de vue ce milieu depuis vingt ans. Nous en sommes coupées. Nous ne connaissons plus les codes. Comment rejoindre les sœurs? Quelles questions leur poser? Quels mots utiliser? Par qui commencer? Par celles qui nous font le moins peur et dont nous nous sentons le moins éloignées, celles que nous connaissons un peu ou qui nous ont formées. J'avais parlé en 1978 à quelques religieuses de mon ancien collège; une étude sur les religieuses leur semblait alors intéressante. Mais un appel à la communauté propriétaire dudit collège m'a considérablement intimidée. Une consultation-rencontre avec une tante religieuse permet d'apprendre l'existence — dans sa communauté — d'un catalogue, c'est-à-dire une liste du personnel envoyée annuellement au généralat. Il s'agirait d'une liste détaillée — catéchète, cuisinière, infirmière, aide-infirmière. La supérieure de chaque établissement enverrait cette liste à la supérieure générale. La tante parle aussi de «coutumier», de «directoire», de «constitution», de «droit pontifical» et de «droit diocésain». En apparaissant, ces mots commencent notre apprentissage d'un nouveau vocabulaire.

Par ailleurs, nous découvrons qu'un jésuite sociologue de l'Université Laval, le père Rouleau, est l'auteur d'un livre sur les religieuses hospitalières au Québec[13]. Une visite s'impose dans la vieille capitale. Ce père y souligne ce que nous commençons à savoir: l'énormité du travail de bénédictin que nous voulons accomplir. Il confirme également l'existence de listes liées aux autorisations d'envoi en mission, les «obédiences». Mais il ajoute que ces listes manquent de précision. Une provinciale envoie quelques religieuses dans un hôpital, par exemple, et la supérieure décide sur place comment les utiliser. Le tout fonctionne, selon lui, comme une grande famille. Il insiste: «conservez-vous, madame, la liste de toutes les activités que vous confiez à vos enfants?» Il y aurait donc beaucoup de lacunes et une liste précise n'existerait pas au niveau des établissements. Bref, on devrait trouver la liste des envois en mission au niveau de l'administration des maisons généralices ou provinciales, mais pas l'emploi précis de chaque religieuse, déterminé par la supérieure locale, et qui n'existerait nulle part. Nous prenons conscience que l'on nous tient un discours sur les communautés religieuses: elles seraient gérées «comme de grandes familles» et pas du tout comme des organisations rationnelles. La tante religieuse, consultée à nouveau, confirme l'idée de listes qui circulent dans les deux sens, mais elle ajoute qu'elles sont précises, contrairement aux propos du jésuite sociologue.

Ces renseignements en tête, nous nous dirigeons vers la banlieue est de Montréal, à la maison généralice de la communauté chez qui Nicole avait poursuivi ses études et qui avait accepté de nous recevoir. La peur nous paralyse pendant le trajet d'une heure et demie qui nous y mène. Nous nous encourageons mutuellement. Cette peur est liée à l'inconnu, à la crainte de l'échec. Que voulons-nous savoir au juste? Si des listes précises existent pour chaque établissement; où sont inscrits le nom de chaque religieuse et son occupation; comment la supérieure s'y prend pour assigner à chacune un emploi. Pour la première fois de la recherche, nous pénétrons dans l'univers des institutions religieuses: odeur de produit d'entretien, parquets reluisants, parloirs confinés. À nos questions sur les méthodes utilisées par une supérieure pour assigner les obédiences, il est répondu qu'une supérieure affecte, par exemple, aux soins hospitaliers celle qui a «le goût du malade». Et si l'autorité doit remplacer dans une maison une sœur tombée malade à un poste important, requérant une compétence particulière, à qui s'adresse-t-on? Qui connaît les compétences et la disponibilité des sœurs de la communauté? Réponse: il faut s'en remettre à la Providence. On ne réussira pas à comprendre cette fois comment se présentent au sein des communautés religieuses des informations dont nous connaissons par ailleurs l'existence. Non pas que la religieuse qui nous reçoit mente, c'est tout simplement qu'elle — et les autres rencontrées ensuite — ne dévoile pas plus d'information qu'il ne le faut. On répond à nos questions, sans plus, sans jamais fournir les renseignements additionnels qui nous feraient comprendre. Cette religieuse ne croit pas en l'utilité d'un échantillon de religieuses — dont nous évoquons la possibilité —, puisque, nous dit-elle, «la personne n'est pas importante». Il faut trouver toutes seules le plan qui conduit au trésor caché et une fois arrivées, il faudra trouver nous-mêmes le moyen d'ouvrir le coffret. Pourtant, notre interlocutrice se montre intéressée par la recherche qu'elle juge fort pertinente. C'est pourquoi elle nous conseille finalement d'en «parler» à la fondatrice de sa communauté, morte au milieu du XIXe siècle, qui interviendrait certainement pour que nous recevions la subvention demandée au Conseil de recherche en sciences humaines du Canada. C'est notre première visite d'une chapelle, du tombeau de la fondatrice; les premières génuflexions et prières pour la canonisation d'une grande Mère.

Quelque temps plus tard, Nicole consulte les archivistes de communautés hospitalières, dont l'une, très âgée, qui lui montre longuement les spicilèges: ce sont, dans des *scrap books*, des recueils de photos ou de coupures de journaux jalonnant la vie d'un établissement. Parallèlement à cette démarche, nous mesurons l'ampleur du secteur hospitalier et l'intérêt des orages l'ayant traversé. Il existe de nombreuses statistiques, fédérales et provinciales, des commissions d'enquête multiples, des fonds d'archives très vastes, tel celui du ministère des Affaires sociales. La revue *L'Hôpital d'aujourd'hui*, au centre des transformations liées à la Révolution tranquille, dessine les contours du drame déjà entrevu. L'intrigue fascine Carolle Roy, à qui l'on a confié les démarches initiales. Elle se croit en pleine investigation policière et raconte ses découvertes en empruntant le style des romans policiers. On découvre cet été-là des acteurs mystérieux, des secrets, des complots. Mais plusieurs années seront nécessaires pour bien comprendre tout cela.

En dépouillant les bibliothèques, Carolle revient un jour avec un mémoire des années quarante sur les mères célibataires intitulé *Des âmes qui remontent.* Une religieuse en est l'auteur; on y discute du péché, de la contrition et de l'expiation. Nous en faisons ensemble la lecture à haute voix. Comment expliquer les sentiments que nous éprouvons? C'est la redécouverte de l'atmosphère des années cinquante dans laquelle nous avons grandi; la quintessence de l'idéologie qui enveloppait tout ce monde des religieuses et de leurs institutions. L'enfermement, mais un enfermement ouaté... La réalité des sœurs, c'est aussi cette sorte de violence symbolique que la société les a parfois chargées d'assumer.

À l'aube du virage technologique

Arrive la fin de juillet. C'est le moment où il faut s'enfermer pour rédiger la demande de subvention au programme fédéral. Nous savons qu'aucune source existante ne viendra apporter de renseignements sur la répartition des religieuses par emplois et niveaux hiérarchiques. Ces renseignements se trouvent du côté des communautés religieuses. Mais le lieu exact — généralat, provincialat, établissement local — et le mode de présentation — listes précises ou renseignements dispersés — nous échappent encore. Nous savons que le secteur hospitalier doit être examiné et qu'il permettra d'étudier à fond le rapport entre les hommes et les femmes dans le contexte des relations changeantes entre l'Église et l'État. Nous savons également que la deuxième partie de notre recherche, ce secteur hospitalier, s'est déjà transformée progressivement en objet d'étude ayant son autonomie, dans le sens qu'il acquerrait sa propre finalité. En effet, d'abord pensé comme un moyen soumis à une fin, la première partie sur le travail des religieuses, qu'il devait venir compléter, il grossit et s'en détache. Ces deux démarches sont accompagnées d'une autre, concernant la troisième partie, sur le discours des religieuses et le sens qu'elles donnent à leur action. En trois mois, nous avons défriché le terrain des sources d'information; outre les documents sur les hôpitaux et les communautés, nous avons également recensé les travaux sociologiques sur la santé, sur les organisations religieuses, sur le travail et tout particulièrement celui des femmes. Avec nos fiches, nos résumés de lectures et d'entrevues, nous nous enfermons dans le chalet de Nicole pour rédiger la demande de subvention au Conseil canadien de recherche. «À l'aube du virage technologique», écrivions-nous au début du paragraphe du formulaire du programme fédéral intitulé «Pertinence et impact de la recherche», craignant que notre projet sur les communautés religieuses de femmes ne semble désuet aux évaluateurs, relevant d'un caprice d'intellectuelles déconnectées du «vrai monde».

Qui n'a pas transpiré en cherchant à tout dire en quinze pages? Il faut montrer que nous avons tout lu, que l'étude est pertinente, qu'elle vient combler un vide, que la problématique est articulée, que la méthodologie est au point et correspond parfaitement à la problématique. Bref, que tout est sous contrôle et le demeurera du début jusqu'à la fin de l'étude. Surtout, ne jamais laisser transparaître nos craintes et les problèmes réels envisagés. Il s'agit quasiment de rédiger une fiction, un roman selon les règles du jeu de la demande de subvention en recherche universitaire. Il faut trouver le ton. On sait qu'au moins il ne faut pas masquer l'approche féministe ni camoufler des mots aussi subversifs que sexage et classes de sexe, appropriation privée et collective, parce que la perspective du programme de subvention «Femmes et travail» est féministe. À la relecture du projet, l'on voit que la problématique est énoncée comme une *sociologie politique féministe du travail*[14]. Nous montrons le projet à notre collègue méthodologue, Paul Bernard, qui se dit très impressionné mais formule néanmoins une critique. Il faut, selon lui, relier plus étroitement la problématique à la cueillette des données, en formulant des hypothèses spécifiques, déduites de la théorie et à partir desquelles des relations précises entre les variables sont énoncées. Nous suivons le conseil autant que possible: tout pour la subvention. Mais on comprendra par la suite, lors d'une crise ultérieure dans notre équipe au moment de l'analyse des résultats, que notre conception de la démarche sociologique et notre vision de la théorie sont en jeu. Pour nous, la théorie ne sert pas à la justification d'hypothèses, elle guide et nourrit l'intuition. Nous y reviendrons au chapitre 4. Cette première crise passée, il faut faire dactylographier et redactylographier la demande de subvention. Comme cela se produit habituellement, le temps est trop court. Aussi toutes les employées du secrétariat mettent-elles la main à la pâte et restent bénévolement, par un bel après-midi d'été, à leur machine à écrire après la fermeture des bureaux. Ce projet emballe tout le monde. Il sera retravaillé en octobre pour être soumis au programme québécois en vue d'obtenir une subvention supplémentaire.

Nous présentons dans les trois prochains chapitres les grandes étapes d'une démarche qui nous mène de la cueillette des données à leur traitement et leur analyse. Le travail de terrain fait partie intégrante d'une recherche, aussi nous semble-t-il très important de le présenter et de le décrire. Les données que nous analysons et interprétons ne tombent pas du ciel; elles sont patiemment et souvent péniblement recueillies au moyen de techniques connues et éprouvées: questionnaires, échantillon, entrevues, mais aussi de stratégies fondamentales, non décrites dans les manuels d'introduction à la recherche. Le récit qui suit montrera la difficulté de pénétrer dans cet univers étrange et familier, où les religieuses — qui, après tout, ne nous devaient rien — nous ont éventuellement ouvert leurs portes, leurs archives et leur confiance. Mais après quelles épreuves! On verra aussi que les données recueillies ne livrent pas facilement leur sens et que les méthodes d'analyse, comme les méthodes de cueillette, recèlent bien des embûches, également non décrites dans les manuels et dont il faut se déprendre comme on peut. Les résultats de notre enquête seront présentés au fur et à mesure, tels qu'ils se sont dévoilés à nous, dans le cadre d'une problématique qui définissait les religieuses en tant que femmes et travailleuses. D'autres lectures, certes, sont possibles. Celle-ci nous apparaît éclairante, cohérente. Dans ce premier chapitre, nous avons exposé l'ensemble du projet, mais la partie du travail sur le secteur hospitalier et la partie sur l'analyse des textes des religieuses s'en sont peu à peu détachées; on verra comment dans les prochains chapitres. Par conséquent, seul le volet de la recherche portant sur le travail et les caractéristiques démographiques des religieuses sera exposé dans ce livre, et encore pour une part seulement. D'autres publications sont déjà venues et viendront compléter celle-ci.

NOTES

1. Max Weber, *Le savant et le politique*, Plon, 10/18, 1959, p. 64.

2. Voir, entres autres: Bernard Denault et Benoît Lévesque, *Éléments pour une sociologie des communautés religieuses au Québec*, Montréal/Sherbrooke, Les Presses de l'Université de Sherbrooke et les Presses de l'Université de Montréal, 1975; Marguerite Jean, *Évolution des communautés religieuses de femmes au Canada de 1639 à nos jours*, Montréal, Fides, 1977; Mary Ewens, «Liberated Women in a Patriarchal Church», communication présentée au colloque de l'American Academy of Religion, 1978; Lucienne Plante, *La fondation de l'enseignement classique féminin au Québec*, thèse présentée à l'École des études graduées de l'Université Laval, Québec,1967; Lucienne Plante, *L'enseignement classique féminin chez les sœurs de la Congrégation Notre-Dame*, thèse de doctorat présentée à l'École des études graduées de l'Université Laval, Québec, 1971.

3. Juliet Mitchell, *Women's Estate*, New York, Vintage Books, 1971.

4. Christine Delphy, «Nos amis et nous», *Questions féministes*, 1, 1977; Colette Guillaumin, «Pratique du pouvoir et idée de nature: 1. L'appropriation des femmes», *Questions féministes*, 2, 1978, et «Pratique du pouvoir et idée de nature: 2. Le discours de la nature», *Questions féministes*, 3, 1978.

5. Danielle Juteau-Lee, «Les religieuses du Québec: leur influence sur la vie professionnelle des femmes, 1908-1954», *Atlantis*, vol. V, n° 2, 1980.

6. Danielle Juteau et Nicole Laurin, «L'évolution des formes de l'appropriation des femmes: des religieuses aux mères porteuses», *Revue canadienne de sociologie et d'anthropologie*, vol. 25, n° 2, mai 1988.

7. Recette de la sole bonne femme: laisser mijoter à four modéré pendant 15 à 20 minutes les filets de sole repliés en bracelets et recouverts d'un court-bouillon (eau, vin blanc, champignons, fines herbes). Retirer les filets et ajouter une bonne tasse de crème au court-bouillon. Chauffer doucement jusqu'à ce que la sauce ait la consistance désirée. Verser sur les filets et servir.

8. Mary Daly, *The Church and the Second Sex,* New York, Harper and Row, 1975; Mary Ewens, *op. cit.;* Marguerite Jean, *op. cit.*

9. Micheline Dumont-Johnson, «Les communautés religieuses et la condition féminine», *Recherches sociographiques,* XIX, 1, 1978.

10. Bureau fédéral de la statistique, *Statistiques des hôpitaux, 1956, Vol. II: Finances,* Ottawa, 1958; on consultera surtout les tableaux 45,46,47,48, pp. 107-113.

11. Marc-A. Lessard et Jean-Paul Montminy, «Recensement des religieuses du Canada», *Donum Dei,* n° 11, Ottawa, Conférence religieuse canadienne, 1966.

12. «*Les hôpitaux dans la province de Québec. La situation en 1960*», Conférence catholique canadienne, Ottawa, 1961.

13. Jean-Paul Rouleau, *La religieuse hospitalière canadienne dans une société en transformation,* t. 1 et 2, Centre de recherche en sociologie religieuse, Faculté de théologie, Université Laval, Québec, 1974.

14. On peut consulter à ce sujet notre article «Les communautés religieuses de femmes au Québec: une recherche en cours» dans *Questions de culture,* 9, Institut québécois de recherche sur la culture, 1986.

Chapitre 2

À la recherche de *la* méthode

Fin décembre 1983: nous apprenons que les fonds sont décrochés pour que la recherche commence. Nous sommes folles de joie et buvons un peu de mousseux avec les employées du secrétariat: sans elles nous n'aurions jamais pu envoyer les documents dans les délais prescrits. Mais, lorsque nous regardons la situation en face, des interrogations nous font peur. Ce n'est pas tout d'avoir convaincu les organismes subventionnaires et obtenu les fonds. Comment allons-nous concrètement réaliser cette recherche?

Aucun problème de fond à vrai dire sur la méthode à employer pour recueillir et analyser l'information désirée dans le secteur hospitalier (volet 2); pas de problème non plus pour explorer le sens et l'organisation de la vie communautaire (volet 3) tel que cela a été exposé dans le projet de recherche soumis aux organismes subventionnaires. Il faudra toutefois bien distinguer les opérations de recherche à mener puis en organiser et en planifier l'exécution. Il en va autrement de la démarche à suivre pour connaître et estimer de manière satisfaisante le travail effectué par les religieuses à partir du début du siècle (volet 1). Des décisions fondamentales restent à prendre.

À partir de janvier — en attendant avril, date de l'utilisation effective des fonds — nous discutons «méthode», pratiquement tous les jours ouvrables. Maria et Carolle terminent à temps partiel leur contrat subventionné par le fonds octroyé par l'Université de Montréal l'été précédent. Il reste un peu d'argent, ce qui nous permet d'engager en février Lorraine Duchesne, experte en méthodologie quantitative. Comme nous, elle a fréquenté école et collège tenus par des religieuses. Elle a même enseigné quelques années dans une institution dirigée par une communauté. On lui confie provisoirement une tâche: préparer l'informatisation de l'information statistique sur les hôpitaux contenue dans le rapport de la Commission d'enquête Sylvestre sur les services de santé au Québec de 1948. En attendant, l'orientation future du volet 1 demeure l'objet premier des préoccupations de toute l'équipe. La pré-recherche a révélé l'existence de quelques sources d'information statistique sur les communautés de femmes et sur leurs activités depuis le début du siècle. Toutefois ces sources sont partielles et aucune ne permet de se faire une idée exacte des professions et des métiers exercés par les sœurs, ni de leurs emplois à un moment ou l'autre de la période qui nous intéresse. On sait une chose: les emplois des religieuses sont nommés «obédiences» ou «offices» dans le langage des communautés. Il se pourrait bien que la trace en soit conservée dans leurs archives. Mais sous quelle forme? Pour quelles périodes?

C'est alors qu'on découvre une mine d'or: le *Canada Ecclésiastique*. En fait, nous connaissons bien son existence, mais nous n'avions pas eu le temps de le consulter méthodiquement. On ne peut pas s'en passer dès qu'on se penche sur les communautés religieuses au Québec: l'étude de Dumont-Johnson en a fait usage. Celle de Denault et Lévesque nous a appris que cet annuaire des communautés de femmes et d'hommes est publié tous les ans par les Éditions Beauchemin depuis 1898, sur la base d'une sorte de recensement effectué au moyen d'un questionnaire expédié chaque année aux maisons mères de toutes les communautés religieuses au Canada. Cette trouvaille a des conséquences déterminantes sur notre travail: elle nous permet d'avoir enfin une idée claire de notre objet et une certaine prise sur lui. La série complète des volumes de ce *Canada Ecclésiastique* occupe à elle seule un rayon dans la bibliothèque.

Un monde englouti remonte à la surface

Les communautés défilent sous nos yeux. Les sœurs au grand complet se succèdent depuis la fin du XIXᵉ siècle, accompagnées de toutes leurs maisons, leurs œuvres: pensionnats, collèges, écoles, hospices, hôpitaux, monastères, orphelinats, et j'en passe, au Québec, au Canada, aux États-Unis et ailleurs autour du monde dans les missions. Leurs élèves, malades, orphelins, pauvres, vieillards, se déploient à l'infini, année après année: rien ne semble manquer entre les pages de cet étonnant révélateur. Il donne non seulement le chiffre de l'effectif des communautés de femmes mais pour chacune un petit texte relate sa fondation, son histoire, ses buts et son esprit propres; sans oublier le nom des membres des conseils (général et provinciaux) suivis d'une liste exhaustive des maisons de la communauté au Canada et à l'extérieur. On peut y lire le nom exact, le lieu, la fonction de chaque établissement, le nombre de religieuses y résidant et le nom de la supérieure locale. On indique même, pour le XIXᵉ siècle et le tout début du XXᵉ, le nombre de personnes assistées dans chaque maison, à titre d'élèves, orphelins, malades ou autres. Cette habitude se perd par la suite. Curieusement, aucune de nos sources n'a mentionné l'existence de ces merveilleuses données, ni semblé en faire le moindre cas. Par-dessus le marché, de nombreuses pages sont consacrées à la publicité s'adressant aux communautés religieuses. S'y retrouvent pêle-mêle les études de notaire, les bureaux de comptables, de conseillers financiers, les commerces de cierges ou de statues et les grossistes en tissus. Le *Canada Ecclésiastique* devient, ce sera pour longtemps, mon livre de chevet — c'est Nicole qui écrit — et le vade-mecum de toute l'équipe. Un monde englouti remonte à la surface au fur et à mesure de notre lecture. Peu à peu, il reprend forme, substance, couleur. Nous y retrouvons les communautés de nos jeunes années et les maisons mêmes que nous avons fréquentées ou connues. Nous découvrons aussi d'autres communautés et d'autres œuvres moins connues, plus mystérieuses.

À ce moment-là, ce que nous appelons la «folie» des
sœurs devient tangible. La croissance en flèche, au cours
du siècle, des instituts et des maisons nous laisse bouche
bée. Un essaimage tous azimuts s'opère — au XIXe siècle,
comme au début du XXe — hors des frontières de la région
ou de la province mère, au-delà du pays natal qu'on soit
d'ici ou de France. Les œuvres organisées foisonnent irré-
pressiblement et sont littéralement alignées au fil des
pages: «maison mère/noviciat/jardin d'enfance/ hospice/
hôpital/orphelinat/ asile pour jeunes femmes (150 religieuses)» ou «école de campagne (2 religieuses)». Les noms
des sœurs mentionnées et surtout ceux des communautés
s'alignent et se multiplient: «servantes», «filles», «petites
filles», «auxiliatrices», «réparatrices», «adoratrices», «petites
sœurs», «fidèles compagnes», «des saints-cœurs», «des
saints-noms». Les textes de présentation des communautés,
manifestement rédigés par les intéressées elles-mêmes, inti-
ment par le ton et le style une saveur spéciale à ce discours
religieux pré-conciliaire où pointe une espèce de frénésie
de s'occuper de tout le monde, de recueillir tous les démunis, d'instruire tous les illettrés, de sauver, de convertir, de
redresser. En trame de fond, on voit couler le «Précieux
Sang», souffrir «les âmes du Purgatoire» et les «cinq plaies
du corps du Christ» tandis qu'en pays lointains les
«sauvages» ne connaissent pas la vraie foi. Nous avions
pressenti et un peu ressenti cette folie au cours de la pré-
recherche, comme un miroir de la nôtre: nous sommes
tout aussi délirantes dans notre entreprise et dans notre
propre discours de chercheuses, de féministes. Nous disons:
«Elles sont folles.» C'est la plupart du temps avec sympathie, car nous comprenons ce genre de folie. C'est une
folie de femmes, de vouloir s'occuper de tout le monde,
répondre à tous les besoins, travailler inlassablement parce
que la souffrance est sans fin. Sauver le monde est un
délire d'homme, mais le délire des femmes est de sauver
les gens, tous les gens, un par un, dussent-elles y laisser
leur peau!

Le *Canada Ecclésiastique* livrera-t-il la nature exacte du travail des sœurs?

Revenons à notre objet: l'information présentée dans le *Canada Ecclésiastique* pourrait — pour n'importe quelle année entre 1898 et 1970 — estimer l'effectif des établissements tenus par des religieuses au Québec et leur taille, selon le nombre de sœurs y résidant. On pourrait aussi connaître la fonction de ces établissements et, en comptant le nombre de religieuses travaillant dans chaque catégorie de maisons, établir la proportion de chaque communauté globalement affectée à chaque secteur de travail, par exemple enseignement, hospitalisation, assistance aux vieillards. Ces estimations répétées pour plusieurs années, à des intervalles de cinq ou de dix ans, devraient fournir une vue d'ensemble de l'évolution de chaque communauté et ensuite de l'ensemble des communautés de femmes au cours du siècle, à partir des variables considérées. Nous pourrions y ajouter une évaluation monétaire de cette contribution des religieuses à la société québécoise, en se basant sur la valeur du travail fourni gratuitement par les religieuses et sur celle des biens meubles et immeubles investis par les communautés pour leurs œuvres. Nous pensions trouver une méthode pour cette estimation financière. Cela nous paraissait possible.

Si l'on adopte cette méthode de travail, le volet de la recherche sur le travail des sœurs pourrait être complété assez rapidement. Mais le résultat sera-t-il suffisant? Répondra-t-il aux questions que nous nous posons? Certaines lacunes posent problème. Le personnel laïc des établissements n'y est pas recensé. Leur taille doit donc être estimée seulement sur la base du personnel religieux. Ce qui entraîne un risque d'erreur incalculable. En effet, nous savons qu'une école publique, par exemple, dans laquelle est signalée la présence de trois religieuses dont une directrice, peut bien compter en outre une dizaine d'enseignantes laïques non signalées. Dans ces conditions, il n'est pas possible de mesurer l'évolution de la part respective du personnel religieux et du personnel laïc dans les divers genres d'établissements tenus par les communautés. Justement, cette question nous intéresse. Nous voulons aussi distinguer les établissements dont les communautés sont propriétaires et ceux dont elles n'ont que la gérance: qu'il s'agisse d'écoles, d'hôpitaux ou autres, quelle que soit par ailleurs l'importance du personnel religieux affecté à ces établissements. Encore une fois, le *Canada Ecclésiastique* reste muet.

En outre, il n'est pas rare que des établissements, pour lesquels on ne donne que le chiffre global du personnel, ne soient pas consacrés à une œuvre unique mais en abritent deux ou plus. Ainsi les religieuses d'un «pensionnat et hospice» ou bien d'un «orphelinat et hôpital» se trouvent recensées à la même enseigne. Le cas des maisons mères est le plus problématique. Souvent, des centaines de religieuses y résident. Parmi elles, on n'a aucun moyen de distinguer celles qui se trouvent rattachées à l'administration générale de la communauté, au noviciat, à la résidence des religieuses retraitées, à l'infirmerie, ou aux diverses œuvres intégrées dans cette maison mère. Le nombre et la nature de ces œuvres peut d'ailleurs varier: école normale, jardin d'enfance, scolasticat, hospice, ouvroir, etc. Comment deviner jusqu'à quel point ce dernier type d'imprécision peut diminuer la validité de ce que nous nous proposons de tenter: une estimation de la répartition par secteur d'activité de la main-d'œuvre religieuse? Nous pourrions chercher à résoudre ces problèmes et nous y adapter mais un autre problème, de loin le plus grave, subsiste de toutes façons.

S'il est sans doute intéressant de connaître la répartition de la main-d'œuvre religieuse entre les secteurs d'activité et l'évolution dans le temps de cette répartition, cela n'en éclaircit pas pour autant la question qui nous intéresse par-dessus tout: quelle a été la nature exacte du travail effectué par les religieuses? Lorsqu'il est indiqué que le personnel d'un pensionnat ou d'un hôpital compte quarante religieuses, il n'y a aucun moyen de distinguer les différents emplois de ce personnel, de la direction de l'établissement aux différents paliers de l'enseignement dans un cas et du soin des malades dans l'autre, en passant par les diverses tâches de soutien et autres. Ainsi, quel que soit le secteur d'activité considéré, on ne pourra estimer sur cette base que l'effectif global que les communautés ont consacré à ce secteur et on n'aura aucune notion de la composition professionnelle de cet effectif. On ne pourra rien dire non plus sur l'organisation du travail dans les établissements tenus par les religieuses, du nombre et de la nature des emplois requis par le fonctionnement d'un établissement, de la division des tâches entre les religieuses, entre celles-ci et les travailleurs (ses) laïcs. La structure de la main-d'œuvre religieuse — la typologie et la hiérarchie des emplois — aux niveaux d'une communauté, d'un sous-ensemble de communautés ou de leur ensemble, nous échappera et il sera par conséquent impossible de comparer le travail des religieuses à celui des autres femmes et des hommes, salariés et autres, estimé par le recensement du Canada. Or cette comparaison nous tient à cœur et nous ne sommes pas disposées à y renoncer facilement. On réfléchit à tout cela pendant quelques semaines. Chacune essaie de vendre sa stratégie.

Stratégie numéro 1: des échantillons puisés dans un *Canada Ecclésiastique* enrichi

Je propose de voir s'il n'est pas possible de compléter l'information tirée du *Canada Ecclésiastique* par d'autres sources, surtout en ce qui concerne les emplois des religieuses. Ne pourrait-on pas retrouver, par exemple, des données d'ensemble sur les religieuses enseignantes ou cadres scolaires — permettant d'estimer leur nombre, possiblement leur niveau d'enseignement, leur formation et autres caractéristiques — dans les archives des organismes reliés à l'éducation: département de l'Instruction publique, ministère, associations d'enseignant(es)? Même chose dans le domaine de la santé, pour les religieuses infirmières ou auxiliaires, administratrices hospitalières, etc. Ne pourrait-on pas aussi trouver dans les archives des communautés des données qui viendraient combler les lacunes de notre annuaire? On choisirait des établissements témoins dans les divers domaines de l'activité des communautés: un hôpital, une école, un pensionnat, un hospice, etc. En nous servant des archives des communautés responsables de ces maisons, nous tenterions de retracer l'emploi occupé par chacune des religieuses de ces maisons, au cours d'une période quelconque ou pour diverses périodes au cours du XXe siècle. On se servirait à cette fin des offices ou obédiences des religieuses dont certaines de nos informatrices nous ont parlé et dont elles nous ont laissé entendre qu'il existe des listes dans les archives des maisons. Lorraine et Maria restent perplexes: «Comment, me demandent-elles, vas-tu choisir ces maisons, selon quels critères? Comment pourras-tu savoir si elles sont ou non représentatives des établissements de leur genre, pour la communauté à laquelle ils appartiennent et, pis encore, pour toutes les communautés ayant des maisons de ce genre?» Elles affirment que la seule solution au problème de la représentativité serait un échantillon; dans un premier temps, il est question d'un échantillon d'établissements. Mais à cause de l'imprécision que provoquerait la présence du trop grand nombre d'établissements multifonctionnels recensés par le *Canada Ecclésiastique,* qui devrait forcément servir de base d'échantillonnage, l'idée d'un échantillon d'établissements cède la place à celle d'un échantillon de religieuses.

Stratégie numéro 2: un échantillon au hasard

Lorraine et Maria reprennent une idée déjà envisagée lors de la demande de subvention: la possibilité d'échantillonner des religieuses pour connaître de façon précise leur emploi et par la même occasion peut-être certaines caractéristiques personnelles de ces femmes (lieu de leur naissance, études antérieures, etc.). Elles avancent un argument de poids, la représentativité: si nous tenons à définir et à nous représenter le travail des religieuses comme l'ensemble des tâches effectuées par toutes et chacune d'entre elles, à un moment donné dans le temps, nous devons ou bien rechercher et découvrir l'emploi de chaque sœur et sur cette base compiler la totalité des emplois des sœurs à un moment donné, ce qui n'est pas possible, ou alors trouver un moyen de connaître l'emploi de certaines sœurs tout en s'assurant que ces sœurs, dont on s'efforcerait de découvrir le travail à un moment quelconque, seraient représentatives de l'ensemble des religieuses. Il n'y a pour cela que l'échantillon au hasard, construit de manière à garantir statistiquement la représentativité des cas choisis en regard d'une population donnée. Sinon, les observations, les descriptions et les mesures que nous pourrions faire de l'emploi des religieuses ne seraient valables que pour les religieuses étudiées, soit celles d'un établissement donné, dans telle région, en telle année et pour telle communauté. Autrement dit, sans échantillonnage au hasard, on ne pourrait généraliser le résultat de notre étude ni à l'ensemble des établissements d'un genre quelconque, ni à l'ensemble des religieuses d'une communauté ou de l'ensemble des communautés.

Compter ou ne pas compter: la mesure ou l'intuition du fait social?

J'oppose à ce discours une résistance épistémologique farouche. Je fais valoir aux assistantes scandalisées que la notion qu'elles se font de l'objectivité du fait social est d'ordre statistique et peut être très éloignée de l'objectivité construite par la pensée sociologique sur la base de l'intuition, de l'observation, de la réflexion. Les discussions deviennent très animées pendant quelques semaines. Danielle, pour sa part, se situe à mi-chemin entre les deux positions extrêmes qui s'affrontent et elle a raison. Car mon argumentation, valable en principe pour l'analyse sociologique lorsqu'elle se fonde sur les formes qualitatives de l'observation ou de l'expérience du fait social, perd presque tout sens dès lors qu'on discute d'une mesure du fait social, d'observations et d'expériences quantifiables ou formalisables dans le langage des mathématiques. Compter ou ne pas compter, telle est la question en un sens. Si on tient à connaître le travail des religieuses d'une manière précise et non pas seulement factuelle, mais aussi quantitative, il faut le mesurer et le jeu de la mesure comporte des règles qu'il faudra respecter, comme tous les autres jeux de l'esprit méthodique d'ailleurs. L'avantage de ce jeu-là est aussi son inconvénient: ses règles sont explicites, formelles et leur application, vérifiable; ce qui autrement n'est généralement pas le cas. Il devient clair pour nous que nous tenons non seulement à connaître et à comprendre le plus de choses possibles des emplois des religieuses mais nous tenons aussi à donner le maximum de poids et de force de conviction à ce qu'éventuellement nous en dirons. Or, dans l'univers où nous vivons, c'est le chiffre, la quantité, la mesure qui garantissent la validité du savoir et son objectivité. Pour une fois, jouer le quantitatif nous tente. Ce jeu, même s'il est érigé à tort en norme unique de la connaissance, n'est pas dénué en soi d'intérêt ni de valeur. Nous avons du temps, de l'argent et surtout deux assistantes compétentes que l'aventure de la méthode quantitative passionne. L'échantillon gagne.

Le principe de l'échantillonnage est donc admis comme méthode privilégiée pour accéder à la connaissance des emplois et éventuellement d'autres caractéristiques des religieuses. Alors, il faut d'abord concevoir l'échantillon, s'en faire une sorte de modèle ou de représentation; ensuite seulement on deviendra capables d'en spécifier concrètement les formes et les dimensions. Mais quelle population cet échantillon doit-il représenter? C'est simple en apparence. En principe, comme nous l'avons indiqué dans le projet de recherche, nous souhaitons parler de toutes les femmes qui au cours du XXe siècle, au Québec, ont gagné leur vie comme religieuses. Cette idée peut sembler a priori désigner une population qu'il est facile de cerner. C'est ce que nous allons voir! À nos dépens.

Les religieuses sont toujours groupées en communauté. Il est clair qu'on n'a accès à un échantillon de religieuses que par l'intermédiaire d'un échantillon préalable de communautés. Il faut donc délimiter une double population, l'une de religieuses et l'autre de communautés, en tenant compte des caractéristiques de ces deux populations. Mais nous ne savons pratiquement rien, sinon que l'univers des communautés religieuses est terriblement compliqué, comme le montrent l'enquête de Denault et Lévesque et le *Canada Ecclésiastique*.

Le spectre du Canada français

En tentant de définir et de repérer notre population, nous faisons une première et importante redécouverte, puisque nous en connaissons déjà les tenants et aboutissants historiques et théoriques. L'univers des communautés religieuses ne peut pas tenir à l'intérieur des frontières du Québec. Il ne coïncide pas avec l'espace d'une province ou d'un État. Mouvant, il épouse la nation, le Canada français tel qu'il s'est organisé et défini dans l'Église, jusqu'à l'époque, somme toute récente, de la Révolution tranquille. La nation, en s'investissant dans l'État du Québec, s'est alors rapetissée à la mesure du territoire de cette province. Le *Canada Ecclésiastique* et les chiffres de Denault et Lévesque donnent à voir le Canada français de jadis dans sa matérialité si l'on peut dire. Du Québec, il rayonne vers les aires francophones du continent nord-américain selon une logique qu'on pourrait qualifier d'hégémonique. Ce Canada français de et dans l'Église, c'est aussi des femmes, celles de toutes ces communautés religieuses, leurs établissements et leurs œuvres.

Ainsi, les communautés fondées au Québec, pour la plupart au XIXᵉ siècle, tout comme les communautés françaises venues s'installer au Québec à la même époque ou au début du XXᵉ siècle, ont essaimé plus ou moins massivement vers les États-Unis — Nouvelle-Angleterre, Oregon, Californie —, vers l'Ouest et le Nord canadiens, vers les Maritimes. Partout, elles sont allées desservir des populations francophones de souche plus ou moins récente, au sein desquelles elles ont fait de nouvelles recrues. Quelques communautés, qui ont été fondées dans des aires francophones des Maritimes, de l'Ouest ou d'ailleurs, ou bien qui sont venues de France s'installer dans ces régions, ont parfois essaimé vers d'autres régions et notamment vers le

Québec. Dans certains cas, elles y ont transféré leur maison mère. On peut constater aussi qu'une autre logique, celle de l'hégémonie anglophone, est parallèlement à l'œuvre dans le développement des communautés. Venues le plus souvent de France, quelquefois d'Angleterre, d'Irlande ou d'Italie, des communautés se sont installées dans une région ou une autre du Canada et parfois des États-Unis, au sein de populations anglophones, et de là, elles se sont répandues exclusivement dans d'autres aires anglophones du continent. Les quelques communautés fondées au Canada anglais ont eu le même destin.

Notre conclusion est immédiate et enthousiaste: le Canada français plutôt que le Québec doit être la base sociogéographique de notre échantillon des communautés religieuses. Hélas, cela se révèle d'emblée impossible pour des raisons surtout techniques mais inévitables. Inclure dans l'échantillon des communautés dont la maison mère se trouverait dans l'Ouest du Canada ou dans les Maritimes entraînerait des coûts de déplacement trop élevés. En outre, dans le cas d'un certain nombre de ces communautés, il est malaisé de juger à partir du *Canada Ecclésiastique* seulement, c'est-à-dire en se fiant au nom des localités où leurs maisons sont situées, si elles ont appartenu au Canada anglophone ou francophone. On se rend compte que notre population de communautés à échantillonner doit donc se limiter à celles ayant au Québec une maison mère, qu'il s'agisse d'une maison générale ou provinciale. En fait, ce qui est important, c'est qu'elles aient ici des archives où nous pouvons recueillir l'information recherchée sur les religieuses de ces communautés. Aussi se résigne-t-on peu à peu à suivre cette voie; comme Denault et Lévesque, pour les mêmes raisons.

La main-d'œuvre religieuse québécoise

Nous pensons que la plupart des religieuses de ces communautés sont québécoises de naissance, excepté les pionnières des communautés fondées hors du Québec (surtout en France) et ayant essaimé ici. Dans leur cas cependant, il s'agit de Québécoises d'adoption. Parmi les communautés ayant essaimé hors Québec, il ne faudrait retenir, pour rester dans la même logique, que les religieuses nées au Québec — où qu'elles soient de par le monde. Dans le cas des non-Québécoises, nous ne retiendrions que celles qui auraient travaillé au Québec. Ces critères permettent d'exclure de l'échantillon toutes les Canadiennes anglophones ou francophones et les Américaines appartenant aux grandes communautés québécoises mais qui n'auraient jamais mis les pieds au Québec. Ainsi notre population constituerait la main-d'œuvre religieuse québécoise. Elle comprend toutes les religieuses d'origine québécoise, qu'elles aient travaillé au Québec ou ailleurs en mission; ainsi que des religieuses d'origine non québécoise mais à condition qu'elles aient travaillé au Québec au cours de leur vie. Cette définition de la population nous semble intellectuellement satisfaisante; elle est praticable car elle devrait coïncider, à peu de chose près, avec les communautés ayant des archives au Québec, c'est-à-dire une maison générale ou provinciale. Mais ce «peu de chose» nous inquiète parce qu'il a une figure bien précise, celle d'une certaine communauté dont la maison mère est à Ottawa, chez qui Danielle a fait son cours primaire en Abitibi et qui devrait être exclue de la population selon les critères que nous avons fixés. C'est la seule communauté dont la maison mère se trouve hors du Québec et dont on a toutes raisons de penser qu'elle a, d'une part recruté de nombreux sujets au Québec, et d'autre part, compté de nombreux sujets travaillant dans les établissements que la communauté possède au Québec. Dans le cas des autres communautés basées hors du Québec, le *Canada Ecclésiastique* nous permet de croire que leurs religieuses nées au Québec ou qui y auraient œuvré, sont bien peu nombreuses. Cette communauté risquerait-elle de rester à jamais comme le vivant reproche d'avoir trahi le Canada français de notre enfance? Non, puisqu'une solution au problème existe. On l'inclura dans l'échantillon d'office, et ces religieuses représenteront toutes les exclues de la population qui auraient dû être incluses sur la stricte base de la définition adoptée.

Une étape vient d'être franchie. C'est en mars. Nous éprouvons le besoin de demander à Bernard Denault pourquoi il a refusé de se fier au *Canada Ecclésiastique* pour retourner à la source, c'est-à-dire dans les archives des communautés, afin de connaître la population des religieuses et son évolution depuis la fin du XIXe siècle. Nous aimerions consulter ses chiffres sur chacune des communautés. En effet, il ne présente dans son livre que des données regroupées pour l'ensemble ou pour des sous-ensembles de communautés. Il nous reçoit à Sherbrooke et explique que sa publication n'est qu'une partie d'une vaste étude demeurée à l'état de projet. Il a voulu repartir à neuf sur la base de données aussi exactes que possible et s'est donc adressé aux communautés elles-mêmes, présumant que leurs registres étaient plus fidèles et plus précis que le *Canada Ecclésiastique.* Il nous offre de photocopier son fichier qui donne notamment, pour chaque communauté — et pour chaque année du recensement: 1901, 1911, 1921, etc. — le chiffre des effectifs au Québec et hors du Québec. Le cadeau est inestimable parce que nous allons ainsi pouvoir contrôler notre propre estimation des effectifs des communautés: à la fois celle que nous nous proposons de tenter sur la base du *Canada Ecclésiastique* en vue de fixer les paramètres de notre échantillon, et celle que notre échantillon nous permettrait en retour de faire, en généralisant par calcul statistique les données de cet échantillon à l'échelle de la population.

L'assiette de l'échantillon: 50 communautés et 42 885 religieuses

Reste à faire la liste des communautés répondant aux critères fixés pour être incluses dans la population des communautés dont l'échantillon sera tiré. Quant au nombre de religieuses qui répondent dans ces communautés aux critères que nous avons fixés — nées au Québec et/ou y ayant travaillé —, nous n'avons aucun moyen de le déterminer dès maintenant, nous ne le saurons qu'à l'issue de notre étude sur le terrain. Nous devons toutefois nous faire une idée approximative de la population des communautés et de celle des religieuses qui sont visées par notre étude parce que la taille du double échantillon doit être fixée en fonction de la taille de cette double population. À cette fin, nous nous baserons à la fois sur les chiffres fournis par les communautés à Denault et Lévesque — le chiffre de leur effectif au Québec — et sur les données du *Canada Ecclésiastique* dont nous exclurons les sœurs résidant dans les maisons des communautés situées hors Québec. Mais à quel moment de la période comprise entre le premier et le dernier volumes du *Canada Ecclésiastique* convient-il de prendre cette mesure de la population? Depuis le début de notre aventure méthodologique, nous avons spontanément adopté le *Canada Ecclésiastique* de 1961 comme référence. C'est celui-là que nous avons lu et relu pour nous familiariser avec notre population. Très vite en effet, on a pu constater que la période couvrant la fin des années cinquante et le début des années soixante représente une sorte de sommet dans le développement du phénomène que nous étudions: le nombre de communautés, le nombre de sujets de ces communautés, le nombre de leurs maisons au Québec et ailleurs et la taille de ces maisons, atteignent alors leur maximum et cela, juste avant que tous ces paramètres commencent brusquement à décliner. Après 1971, le phénomène se transforme et les points de repère antérieurs disparaissent. Les années 1958, 1959, 1960, 1962 ou 1963 feraient tout aussi bien l'affaire que 1961, mais nous voulons privilégier les années correspondant aux recensements canadiens, dans la perspective de comparaisons éventuelles entre nos données sur les religieuses et les données sur la population des femmes et/ou des hommes en général. On retient donc l'année 1961 et on compte 68 communautés répondant à nos critères, et l'ensemble de ces communautés compte environ 45 000 religieuses. En réalité, avant d'arriver à ce chiffre, nous avons recensé un grand nombre de communautés et de religieuses mais nous nous sommes rendu compte que cette population compte une pléthore de communautés de moins de 50 religieuses et qu'il est impensable de garder ces très petites communautés dans la population dont sera tiré

l'échantillon, pour des raisons pratiques. En effet, on s'épui-
serait à courir d'une maison mère à une autre pour recueillir
seulement quelques dossiers de religieuses dans chacune des
communautés minuscules qui seraient sélectionnées. Il est
préférable de les éliminer, ce qui ne met pas en question la
validité de l'échantillonnage puisqu'elles ne représentent
toutes ensemble qu'un faible nombre de religieuses. En
outre, il n'y a aucune raison de penser qu'elles présente-
raient des caractéristiques singulières. Nous y reviendrons
aux chapitres 4 et 5.

Ici, il faut s'arrêter un moment pour ouvrir une fenêtre
sur l'avenir. En effet, nous allons fabriquer notre échantillon
en partant des 68 communautés de 50 religieuses ou plus.
Cependant, cette base de l'échantillon sera remise en question, un an plus tard, au moment où nous devrons pondérer
le nombre de religieuses dans chaque strate de l'échantillon
de manière à reconstituer la population. Cette opération, qui
prendra une tournure dramatique, est racontée au chapitre
4. Pour des raisons que nous expliquerons dans ce chapitre,
nous devrons exclure de la population les communautés qui
comptent moins de 150 religieuses en 1961. Ce qui fait,
pour l'année 1961, une «nouvelle» population de 50 communautés et 42 885 religieuses. Cette population est la base
véritable de l'échantillon. Pour éviter toute confusion, nous
citerons désormais les chiffres relatifs à cette population.

Stratification de l'échantillon:
4 tailles et 7 types d'activités

Cinquante communautés composent donc notre population de 1961. Elles présentent diverses propriétés qui les
différencient les unes des autres et dont l'échantillon doit
tenir compte. Qui dit échantillon dit stratification car
aucune population n'est parfaitement homogène sous tous
aspects et la représentativité de l'échantillon exige la prise
en considération de cette hétérogénéité ou du moins des
dimensions de l'hétérogénéité qui sont pertinentes quant à
ce que l'on souhaite étudier dans la population. Notre objet

d'étude est constitué par les emplois des religieuses, l'organi-sation et l'évolution de ces emplois, de même que certaines caractéristiques personnelles et sociales des religieuses. De toute évidence, la taille des communautés ainsi que leur spécialité peuvent avoir un effet ou une influence sur la nature et les autres caractères de l'emploi et sur les caractéris-tiques des religieuses.

En ce qui concerne la taille des communautés, quatre catégories semblent ressortir «naturellement» des chiffres présentés dans le *Canada Ecclésiastique*: les très grandes, de 2 000 sujets et plus; les grandes, de 1 000 à 1 999; les moyennes, de 500 à 999 et les petites, de 150 à 499. La population des communautés doit être ainsi ordonnée selon la taille. Le nombre de communautés de chaque catégorie de l'échantillon doit être fixé sur cette base. La spécialité — ce que nous conviendrions d'appeler l'activité principale des communautés, le genre d'œuvre ou de service auquel une communauté se consacre — représentera un autre critère de stratification qui se combinera avec le précédent. Le nombre de communautés à choisir dans chacune des catégories de taille et d'activité dépendra de la proportion de la popula-tion des religieuses présente dans cette catégorie. Le *Canada Ecclésiastique* permet de constater qu'une minorité de communautés seulement se consacre à une activité unique: les contemplatives, certaines communautés enseignantes et certaines communautés de service au clergé. Dans la majori-té des cas, à côté d'une activité qui semble la plus impor-tante, les communautés gardent toujours une ou plusieurs autres activités secondaires: une communauté enseignante peut avoir le soin du clergé dans certains presbytères ou évêchés ou bien prendre soin d'orphelins ou de vieillards, une communauté hospitalière aussi peut faire un peu de service au clergé, avoir quelques maisons d'enseignement ou quelques hospices, orphelinats... Dans le domaine des œuvres, toutes les combinaisons sont possibles. En nous penchant sur l'histoire de chacune des communautés, bien plus tard, nous verrons que cette apparente anarchie s'ex-plique par l'histoire propre à chaque communauté; les conditions de diverses natures qui ont marqué sa naissance, son développement et les stratégies que la communauté a adoptées pour assurer sa survie et son expansion.

Ceci étant, on prend la décision de considérer qu'une œuvre quelconque constitue l'activité principale d'une communauté lorsque plus de la moitié des religieuses de cette communauté s'y consacre. Cela peut être mesuré par le nombre de sujets de chaque communauté affectés à chaque type d'établissement ou de maisons énumérés et identifiés dans le *Canada Ecclésiastique* puisque nous n'avons aucun moyen, à cette étape, de connaître exactement le travail des religieuses prises individuellement. Les activités se présentent ainsi: enseignement (primaire, secondaire, spécialisé, public ou privé, en internats, externats, etc.); activité hospitalière (dans les hôpitaux, cliniques, dispensaires); service au clergé (dans les presbytères, évêchés, séminaires, etc.); ce qu'on peut appeler les services sociaux à défaut d'un meilleur terme, c'est-à-dire la prise en charge de personnes âgées et d'enfants dans les hospices et les orphelinats; ce qu'on appelait dans le langage des communautés, la «protection», c'est-à-dire la surveillance et éventuellement la formation de prisonnières et de délinquantes; l'activité en pays de mission; la contemplation, spécialité unique de certaines communautés de religieuses cloîtrées. À l'exception des services sociaux, chacun de ces types d'activité représente la vocation principale selon notre définition, d'une ou de plusieurs communautés. Les services sociaux sont toujours une activité secondaire. On constate aussi que certaines communautés n'ont pas d'activité principale; en général, ces communautés ont des hôpitaux, des orphelinats, des hospices et des maisons d'enseignement et moins de 50 % de leur effectif travaille dans chacune de ces catégories d'œuvre. Nous les baptisons communautés mixtes et cette «mixité» — à laquelle on ne trouvera jamais un terme de remplacement, sinon celui peu satisfaisant de «services sociaux-hospitaliers» — devient une des sept catégories d'activité.

Les tableaux 1 et 2 montrent comment se répartissent en 1961 les communautés et l'effectif des communautés, selon les catégories de la taille et de l'activité que nous avons

Tableau 1

Nombre de communautés religieuses de femmes au Québec, selon la taille et l'activité principale des communautés en 1961.

Taille

Activité principale	Très grande	Grande	Moyenne	Petite	Total
Enseignante	4	4	9	6	23
Services sociaux-hospitaliers	1	2	3	7	13
Service au clergé	-	1	-	5	6
Hospitalière	-	-	1	2	3
Protection	-	-	1	-	1
Missionnaire	-	-	1	-	1
Contemplative	-	-	-	3	3
Total	5	7	15	23	50

Tableau 2

Effectif religieux de femmes au Québec, selon la taille et l'activité principale des communautés en 1961.

Taille

Activité principale	Très grande	Grande	Moyenne	Petite	Total
Enseignante	10 163	6 405	7 090	1 730	25 388
Services sociaux-hospitaliers	3 500	3 080	2 690	2 374	11 644
Service au clergé	-	1 090	-	1 206	2 296
Hospitalière	-	-	824	404	1 228
Protection	-	-	800	-	800
Missionnaire	-	-	838	-	838
Contemplative	-	-	-	691	691
Total	13 663	10 575	12 242	6 405	42 885

retenues. Il s'agit des communautés ayant leur maison générale ou provinciale au Québec (plus celle d'Ottawa) — nous
avons téléphoné en cas de doute pour nous assurer de l'existence d'archives au Québec dans ces communautés.

Pour en arriver aux tableaux 1 et 2, nous avons compté
nos religieuses, comme on l'a mentionné, dans le *Canada
Ecclésiastique* de 1961. Il faut souligner que ce comptage est
une opération absolument fastidieuse et épuisante qui consiste à pointer, page par page et ligne par ligne, pour chaque
communauté, le nombre de religieuses indiqué dans chaque
établissement de la communauté et à placer ce chiffre dans
une de nos sept catégories d'activité; ensuite, on fait le total
sœurs/activités pour l'ensemble de la communauté. Pendant
plusieurs semaines, ce comptage «à la mitaine» occupe toute
l'équipe, alors composée des trois assistantes principales et
des deux chercheuses. Il provoque plusieurs moments de
découragement: le sens de la tâche s'évanouit. On s'interroge: est-il réellement possible de connaître le chiffre de la
population et des catégories qui la composent? Tout ce
travail semble absurde, sans rapport avec ce en quoi consiste, ou doit supposément consister, l'activité de recherche.
Il en reste des piles de feuilles couvertes de «sœurs» alignées
par «paquet» de cinq dans les sept colonnes d'activité. On y
reconnaîtra tour à tour l'écriture de chacune des cinq
personnes engagées dans cette aventure sans gloire pendant
les longs jours et les longues semaines de travail de février et
de mars.

«Toute religieuse doit avoir une chance connue d'être incluse dans l'échantillon»

Souvent, vers la fin de la matinée ou de l'après-midi, les
assistantes interrompent le comptage et nous discutons de
l'échantillon; nous en esquissons le modèle, nous apprenons
à raisonner selon sa logique. À l'occasion, on en parle avec
Jean Renaud, notre collègue méthodologue, avec Pierre
Bouchard, responsable de l'équipe du Centre de sondage qui
énonce un beau matin le principe fondamental devant

Danielle et moi: «toute religieuse doit avoir une chance connue d'être incluse dans l'échantillon», non pas une chance égale à celle des autres religieuses, non pas une chance quelconque, mais une chance déterminée, prévue, calculée d'avance. Il faudra s'accrocher à ce principe, s'en servir comme d'un levier pour soulever toute la théorie des probabilités que nous avons apprise, certes, il y a vingt ans, mais à laquelle nous avons eu peu souvent l'occasion de réfléchir au cours de notre carrière de théoriciennes jusqu'au jour où nous avons pris la décision fatale de construire cet échantillon monstrueux des religieuses ayant travaillé au Québec de 1901 à 1971.

Le problème que pose la période qui doit être couverte dans l'échantillonnage se trouve à l'ordre du jour depuis que nous avons résolu, du moins théoriquement, la question de la stratification par taille et par activité, de même que le problème de la détermination de l'effectif global et de l'effectif des différentes catégories de notre population. Comment ce problème de la périodisation de l'échantillon se pose-il? Nous voulons que les résultats de notre enquête, à l'instar des données du recensement canadien de la main-d'œuvre, nous permettent de dire: «En 1901, en 1911, en 1951, etc., voilà ce que sont et font les religieuses au Québec.» Pour cela, il faut donc qu'à chacune de ces dates, c'est-à-dire tous les dix ans, entre 1901 et 1971, nous puissions utiliser un échantillon représentatif de la population des religieuses telle qu'elle s'est présentée à ce moment précis au cours du siècle. Pour ce faire, lorsque nous aurons fixé les paramètres de l'échantillon global — sur la base de notre estimation de la population de 1961 — nous le décomposerons en huit sous-échantillons, un pour chaque période de dix ans, chacun de ces sous-échantillons étant proportionnel à la population des religieuses à cette date. Mais comment nous y prendre? La question est débattue jusqu'à ce que nous ayons le sentiment d'avoir épuisé toutes les ressources de notre intelligence et de notre imagination. Pierre Bouchard est de nouveau consulté. Après un raisonnement trop long à reconstituer étape par étape, nous optons pour une méthode de périodisation parmi d'autres possibles.

La stratégie retenue est la suivante: dans chacune des communautés incluses dans l'échantillon global, il nous faut tirer en premier un sous-échantillon de la population en 1901, c'est-à-dire de toutes les religieuses vivantes à cette date, quelle que soit la date de leur entrée en communauté. En 1901, un nombre de cas assez élevé sera nécessaire pour s'assurer que l'échantillon aura, dès les premières décennies, une taille suffisante pour les fins de l'analyse statistique des résultats ultérieurs. Nous garderons en 1911 toutes les religieuses encore vivantes de notre sous-échantillon de 1901. Et nous leur adjoindrons un échantillon des nouvelles religieuses, c'est-à-dire de celles qui auront fait leurs vœux entre 1902 et 1911. Ces dernières, en s'ajoutant au groupe précédent, composeront le sous-échantillon de 1911. Elles seront, comme les autres, conservées dans notre échantillon jusqu'à leur décès. Les religieuses entrées pendant chaque décennie continueront de s'ajouter aux survivantes des décennies précédentes, ainsi de suite, jusqu'en 1971.

Panique à bord: il faut encore consulter les sœurs!

Sur papier, notre stratégie semble parfaite mais d'autres sources d'anxiété surgissent: sera-t-il possible de trouver dans les communautés les listes qui serviront à faire l'échantillonnage imaginé? Si oui, est-ce que les communautés nous accorderont la permission de les utiliser? Pourrons-nous faire non seulement le travail d'échantillonnage mais aussi trouver par la suite l'information que nous souhaitons recueillir pour chacune des religieuses sélectionnées, à chaque décennie où elle sera vivante: Quel emploi? Dans quelle maison? À quel âge a-t-elle prononcé ses vœux? Année et lieu de naissance? Profession de son père et de sa mère? Les communautés disposent-elles ou non de ces informations, sous une forme qui en permette l'accès et pour toute la période qui nous intéresse? Sont-elles disposées à nous communiquer cette information?

Notre crainte que l'enquête projetée soit irréalisable augmente à mesure que l'échantillon s'échafaude entre les quatre murs du bureau. Arrive la mi-session. On se décide à faire la tournée des sept communautés numériquement les plus importantes, les cinq très grandes communautés enseignantes et mixtes et deux des grandes communautés mixtes. Bien qu'on n'ait pas encore tiré l'échantillon définitif des communautés, on peut déjà prévoir que, sans la participation de ces communautés, les résultats de notre enquête n'ont aucun sens et que tout, donc, doit être remis en question en cas de refus de leur part ou d'impossibilité de nous fournir l'information requise. Un texte de deux pages est préparé, expliquant les buts de la recherche et la nature de l'information que nous recherchons. On y présente aussi les responsables et l'équipe de recherche. Appelé entre nous «projet à l'usage des couvents», il est envoyé par la poste aux archivistes des sept communautés ou remis lors d'une première visite. Je prends quatre communautés. Danielle en prend trois, dont une à Lévis. Nous avons peur de commettre une maladresse ou une erreur, ou d'essuyer un refus. Par-dessus tout, nous avons peur des religieuses! Nous sommes assaillies par le sentiment d'être redevenues soudainement des couventines qui ont une permission difficile à demander à la préfète ou à la directrice. Certes, nous sommes des femmes adultes, mais à ce titre nous ne savons pas comment parler d'égale à égale avec des religieuses et encore moins parler d'affaires avec elles! Notre anxiété et notre panique sont telles que nous échangerions volontiers une visite dans l'une des communautés contre plusieurs cours en amphithéâtre, conférences publiques et autres performances pourtant éprouvantes. Nous négocions d'ailleurs, Danielle et moi, à l'occasion, des marchés de nature assez étrange: «Si tu te charges de téléphoner à Sœur X, je rédige le rapport pour l'organisme fédéral qui nous subventionne.» Ce genre de rapport (trois jours de travail) est spécialement fastidieux à réaliser.

Le premier entretien a lieu au parloir, la plupart du temps avec l'archiviste. Il a été précédé d'un ou plusieurs téléphones qui représentent en fait le moment le plus difficile parce que l'archiviste ne comprend pas — ou fait mine de ne pas comprendre — le motif pour lequel nous voulons parler avec elle et s'empresse de trouver diverses raisons de remettre à plus tard la rencontre que nous sollicitons. Une fois sur place, le genre de torture à laquelle nous sommes soumises change: nous posons des questions auxquelles on donne des réponses vagues ou même pas de réponse du tout. C'est long, très long, avant que la communication s'établisse mais on y arrive. À la fin, parfois, l'archiviste s'enthousiasme pour le projet. Il lui arrive de rester assez indifférente. D'ordinaire, l'ambiance de la conversation est en apparence cordiale, même chaleureuse, mais on sent bien que la religieuse reste toujours sur ses gardes. Elle a du mal à nous «placer», beaucoup de mal à croire que nous sommes professeurs à l'université. Même après avoir décliné nos titres et qualités, elle insiste: C'est pour votre mémoire de maîtrise? En sciences religieuses? On voit qu'elle se pose des questions: «Sont-elles même catholiques?» Elle essaie de sonder notre opinion sur «le Saint-Père» ou sur l'avortement. Nous cherchons à revenir au but principal de la conversation: les registres, les obédiences. Elle tergiverse.

Ces digressions sont extrêmement énervantes. Après coup, nous nous rendons compte qu'elles ont été fort instructives. Elles nous renseignent sur les questions qui intéressent les religieuses: la fondatrice de la communauté — ah! si on voulait faire une recherche sur la bienheureuse fondatrice, comme tout serait plus simple! —, la situation actuelle de la communauté, le jubilé d'or célébré la semaine dernière, le cousin jésuite de la supérieure portant le même nom de famille que l'une d'entre nous, la réfection de la chapelle voilà dix ans. On navigue dans des eaux peu profondes et criblées d'écueils. Une obsession nous habite: «Si elle me dit non, je perds les sœurs de X, 2 500 sujets en 1961 et la strate enseignantes/très grandes est fichue!» Alors on se répète: «Patience, persévérance, humilité.» C'est là précisément les attitudes qu'elles attendent de nous et qui nous mériteront l'accès aux documents convoités. Il y a des registres depuis la fondation. On y consigne les dates de naissance, d'entrée au noviciat, des vœux temporaires et perpétuels de chaque sœur et éventuellement de son décès. Chacune a un numéro. Pour les listes d'obédiences, il faut y voir de plus près: «Oui, non, cela dépend, pour certaines périodes, peut-être pas, pour d'autres, elles sont d'une précision variable.» C'est à vérifier. D'autres documents peuvent peut-être compléter ces listes. Tout cela doit être arraché à l'archiviste, bribe par bribe, entre les digressions. Puis on repart avec une assurance toute relative: «Venez toujours, on verra bien, on essaiera de se débrouiller.» En fait, nous n'avons pas vu un seul registre, une seule fiche, une seule liste! Dans deux communautés seulement sur les sept qui sont nos premiers contacts, on nous invite, après bien des épreuves, à passer dans la salle des archives, où on nous montre le genre de documents que nous cherchons: c'est un grand moment, enfin nous avons vu et nous pouvons croire! Dans la majorité des communautés visitées, l'archiviste, au terme d'un premier entretien, nous renvoie à la supérieure ou à la secrétaire générale pour obtenir d'elle la permission officielle de faire le travail d'enquête dans les archives de la communauté.

En général, les archives des communautés sont confiées à l'archiviste et à ses assistantes, mais elles sont sous la responsabilité de la secrétaire générale du conseil de la communauté. L'autorité suprême est toujours la supérieure générale. Dans les petites ou moyennes communautés, il arrive qu'on se passe d'archiviste, cette fonction est alors remplie par la secrétaire elle-même. Les demandes de permission en haut lieu sont des moments très éprouvants. Les supérieures générales ou provinciales et les secrétaires générales, surtout celles des grandes communautés, sont des femmes très occupées. Il ne faut pas les déranger pour rien. Ne leur parle pas qui veut au téléphone et encore moins au parloir. Les démarches à faire sont longues — lettre, téléphone, demande de rendez-vous — et délicates: il faut en dire juste assez mais pas trop. En personne, elles sont toujours très impressionnantes. On a le sentiment de se trouver en présence d'un premier ministre ou d'un archevêque. Une sorte d'aura les entoure. Un charisme émane de leur personne. Elles ont à la fois de l'autorité et du charme. On se sent petites et sottes sous leur regard, jaugées, pesées, percées à nu, jugées. Et le projet de recherche! On mise essentiellement sur deux arguments: la revalorisation des sœurs et des communautés («Nous voulons montrer ce que vous avez fait, le travail que vous avez accompli, le mettre en valeur, le sortir au grand jour») et le féminisme («les sœurs sont/étaient des femmes, ce que vous avez fait en tant que femmes, pour les autres femmes, pour la promotion de la femme; nous sommes des femmes, nous voulons rendre justice aux femmes, leur faire honneur».) Nous choisissons soigneusement nos termes, évitant les connotations trop «radicales», à tel point qu'une secrétaire générale finit par nous gronder: «Votre projet n'est pas assez féministe, trop timide», nous dit-elle. Nous essayons, sur le fond, de leur faire partager ce sentiment de solidarité entre les femmes que nous éprouvons en tant que personnes et en tant que chercheuses. Il faut aussi parfois expliquer très longuement ce qu'est un échantillon au hasard et sur quels principes il repose. Nous avons souvent recours à l'exemple des sondages effectués au cours des campagnes électorales. Elles y croient ou elles n'y croient pas, c'est selon. Enfin, après quelques semaines de démarches, de visites et de rencontres, nous sommes à peu près certaines que dans six des sept grandes et très grandes communautés que nous avons «testées», l'échantillonnage et la cueillette de l'information seront possibles. Une seule archiviste, malgré beaucoup de bonne volonté de sa part, ne peut retrouver les obédiences des sœurs dont les fiches ont été tenues par les divers secrétariats des provinces de la communauté, établis aux quatre coins du pays.

On a gagné la première bataille, et acquis assez de confiance en nous pour mettre en branle notre grande machine de guerre. Ces termes surprennent peut-être, pourtant c'est ainsi que nous ressentons les choses: il s'agit d'une grande campagne, de luttes à livrer en terrain hostile, de places fortes à attaquer et à pénétrer, de victoires à arracher, tout cela pour s'emparer du butin que nous désirons pardessus tout et à tout prix comme une sorte de Saint-Graal ou de Toison d'or: les obédiences! Nous sommes prêtes à tout, nous ne sommes au-dessous d'aucun sacrifice, d'aucun effort pour saisir ce trophée tant convoité. Cet état d'esprit ne va jamais se relâcher jusqu'à la fin de la recherche. Combien de fois n'allons-nous pas étonner et même scandaliser les assistantes qui nous voient aux petits soins pour une archiviste particulièrement revêche. Nous avons à peu près tout fait: sourires et compliments au parloir, ravissements au réfectoire, intérêt passionné pour le musée, génuflexions à la chapelle, prières à haute voix devant le tombeau de la fondatrice. Toute l'équipe, d'ailleurs, va finir par attraper cet état d'esprit par une sorte de contagion; ce qui fait de nous ce groupe étrange que nous allons peu à peu devenir.

Comment trouver 3 500 religieuses «pas une de moins» dans 25 communautés?

1er avril: jour J. Le moment est enfin venu d'engager les fonds pour commencer officiellement la recherche. Nous avons de nouveaux locaux: deux bureaux, un de grandeur moyenne et un plus vaste pour lesquels on s'est beaucoup battues, d'ailleurs, vu la rareté des locaux disponibles à proximité du Département. Trois nouvelles assistantes entreront en fonction le 1er mai. Carolle, Maria et Lorraine sont toujours à l'œuvre. À cette étape, il reste à fixer de manière définitive les paramètres de l'échantillon et à le tirer au hasard dans la population des communautés. Le nombre exact de religieuses qu'il faut inclure dans l'échantillon est enfin fixé après mûre réflexion, et discussion, en consultation avec Pierre Bouchard. Selon ses calculs, 3 800 cas seraient l'idéal. Nous essayons de négocier, de faire baisser ce chiffre. Pierre descend seulement jusqu'à 3 500. Autant dire un milliard! «Trois mille cinq cents, pas une de moins, répond Pierre avec douceur et fermeté, sinon vous allez avoir des problèmes, des cases vides ou presque vides lorsque vous voudrez faire certaines analyses, les analyses de mobilité par exemple, qui exigent plusieurs cases.» Et encore, ces 3 500, dans combien de communautés faudra-t-il les pêcher? Pierre, Lorraine et Maria lancent des chiffres qui nous paraissent extravagants: 35 communautés seraient l'idéal, 32 communautés pourraient être convenables à la rigueur. Nous venons de faire sept fois les manœuvres d'approche et les démarches de demande de permission, nous ne pouvons envisager de revivre ce parcours à obstacles trente autres fois, sans parler du temps et des frais que représente le travail dans 30 communautés. Un cri jaillit: «Non, pas trente!» La négociation est serrée. On finit par s'entendre sur 25 communautés. Rien qu'à y penser, à ces 25 communautés, nous perdons force et courage mais «puisqu'il le faut». On détermine ensuite le nombre de communautés et de religieuses à retenir dans chaque catégorie de taille et d'activité. De même, il faut aussi fixer le nombre de religieuses à retenir à chaque décennie et répartir ce nombre entre les communautés, de manière proportionnelle à la taille de chaque communauté.

Le tableau 3 présente la répartition des communautés sélectionnées selon leur taille et leur activité principale. En fait, nous avions initialement choisi 25 communautés, mais nous en perdrons une — on verra comment — et il en restera 24 au total. Le tableau 4 montre la répartition, après l'enquête, des religieuses sélectionnées dans les communautés de taille et d'activité diverses, selon la période de leur entrée en communauté. On voit que l'objectif initial de 3 500 religieuses a été dépassé et que nous en avons retenu 3 700 au total.

Tableau 3

Nombre de communautés sélectionnées sur le nombre des communautés dans la population, selon la taille et l'activité principale des communautés en 1961.

Taille

Activité principale	Très grande	Grande	Moyenne	Petite	Total
Enseignante	3/4	2/4	2/9	2/6	9/23
Services sociaux-hospitaliers	1/1	2/2	1/3	3/7	7/13
Service au clergé	-	1/1	-	1/5	2/6
Hospitalière	-	-	1/1	1/2	2/3
Protection	-	-	1/1	-	1/1
Missionnaire	-	-	1/1	-	1/1
Contemplative	-	-	-	2/3	2/3
Total	4/5	5/7	6/15	9/23	24/50

Tableau 4

Nombre de dossiers sélectionnés selon la taille et l'activité principale des communautés, pour chaque cohorte d'entrée.

Activité principale	1840-1901	1902-1911	1912-1921	1922-1931	1932-1941	1942-1951	1952-1961	1962-1971	Total
TRÈS GRANDE									
Enseignante	157	135	106	88	82	64	58	56	746
Services sociaux-hospitaliers	79	38	45	36	37	30	31	29	325
GRANDE									
Enseignante	77	63	55	43	40	29	30	38	375
Services sociaux-hospitaliers	72	59	54	40	41	32	33	34	365
Service au clergé	33	32	26	22	20	16	16	15	180
MOYENNE									
Enseignante	84	57	45	40	39	25	27	26	343
Services sociaux-hospitaliers	24	27	24	17	19	15	11	11	148
Hospitalière	30	37	29	35	36	31	21	15	234
Protection	45	29	22	19	16	14	12	15	172
Missionnaire	-	19	27	22	25	13	19	17	142
PETITE									
Enseignante	40	25	25	19	17	17	18	18	179
Services sociaux-hospitaliers	49	27	23	28	31	23	23	25	229
Service au clergé	-	-	-	1	17	9	10	16	53
Hospitalière	6	6	11	12	9	7	7	7	65
Contemplative	27	23	23	17	17	15	13	9	144
Total	723	577	515	439	446	340	329	331	3 700

On fait le tirage de l'échantillon et les 25 communautés prennent chacune un nom. On tire, comme à l'école, en nous servant de petits billets portant les noms des communautés qu'on a placés dans une boîte. On agite vigoureusement après chaque sélection. En principe, on ne procède pas de cette façon à un tirage dans un bureau de recherche sérieux mais le hasard est le hasard et la méthode artisanale nous plaît. Après le nom, il faut découvrir l'adresse de la maison mère de chaque communauté, son numéro de téléphone. Notre toute première découverte au début de la pré-recherche, le petit bottin rouge de la Conférence religieuse canadienne, se révèle alors très utile. Nous inaugurons un fichier intitulé «Communautés de l'échantillon»: nom de la communauté; adresse de la maison mère; archiviste, secrétaire; personnes rencontrées; lettres échangées; permission; état des archives; période fixée pour le travail. Il faut aussi mettre au point le formulaire qui servira à recueillir l'information dans les archives. On confie à Carolle la préparation du terrain, qui commencera en mai. Elle devra s'occuper de la logistique et de l'intendance: organisation des équipes et des déplacements, gestion du calendrier et de l'horaire, ravitaillement en papier et crayons, permanence téléphonique au bureau.

Le formulaire qui va servir à retranscrire l'information à recueillir sur chacune des 3 500 religieuses de l'échantillon, est élaboré et «prétesté» sur Danielle puisque nous n'avons pas de religieuse sous la main. Elle s'invente des vies et des carrières de religieuse, les plus compliquées possible et nous les transcrivons pour vérifier la cohérence et l'exhaustivité de notre grille. On imprime ce formulaire à des centaines d'exemplaires auxquels il faut apporter quelques corrections après les premières semaines sur le terrain: Danielle a eu beaucoup d'imagination mais elle n'est pas une vraie sœur... On ajoute notamment de nouvelles catégories pour permettre de distinguer les sœurs converses et les sœurs de chœur, ce qui est écrit d'abord «sœur de cœur» et imprimé de cette manière sur quelques centaines de formulaires que nous essaierons plus tard de soustraire en vain au regard d'une religieuse archiviste. De nouvelles catégories doivent être ajoutées non seulement après les premières semaines sur le terrain, mais aussi à la fin, parce que plusieurs des variables que nous voulons étudier se révèlent plus complexes que nous ne l'avons d'abord prévu.

Une nouvelle communauté

À la fin d'avril, le versement de la subvention de Québec permet d'engager les trois étudiantes qui travailleront à temps plein pendant les mois d'été et dix heures par semaine au cours de l'année scolaire. De plus, une étudiante surnuméraire sera embauchée pour les premiers mois de l'enquête sur le terrain. Ainsi, trois assistantes étudiantes viennent se joindre à l'équipe de base. D'abord Marie-Paule Malouin, étudiante au doctorat en sociologie et engagée depuis plusieurs années dans la carrière d'historienne. Nous jugeons que son expérience dans la recherche est précieuse. Elle a été l'assistante principale de Nadia Fahmy-Eid et Micheline Dumont-Johnson sur l'histoire de l'éducation des filles au Québec. Elle connaît l'univers des religieuses. Son mémoire de maîtrise retrace l'histoire d'une de leurs maison d'enseignement[1]. Elle a enseigné pendant quelques années dans un couvent. Puis arrivent les jeunes assistantes, celles qu'on appelle tout de suite les «novices», et les «petites». Danielle Couillard fait une maîtrise en histoire, elle a suivi, il y a deux ans, mon cours de baccalauréat sur la sociologie des femmes mais je ne l'ai pas revue et j'ai oublié son nom. Lorsque le moment de recruter des assistantes étudiantes vient, je dis à Danielle qu'il nous faut cette jeune femme. Je ne sais pas exactement pourquoi, mais ce poste est fait pour elle. On parvient à retrouver la liste des inscriptions du cours, le nom de neuf étudiantes d'histoire. Carolle est chargée de téléphoner à toutes avec une consigne: «La première que tu rejoins, dis-lui de venir.» Trois appels: personne à la maison. La quatrième répond. Peut-elle se présenter au bureau le lendemain? Oui. Elle vient. Miracle! C'est bien celle qu'on cherche. Myriam Spielvogel, enfin, est engagée sur dossier. Danielle a scruté le curriculum de toutes les étudiantes de maîtrise en sociologie. «Celle-ci», dit-elle! «Baccalauréat en communication à Laval, propédeutique en sociologie, a suivi tous les cours sur les femmes offerts dans les programmes de l'université, bonnes notes, veut travailler sur les femmes à la maîtrise.» Elle la convoque, c'est le coup de foudre. Quant à Nadine Jammal, nous la connaissons bien, et depuis des années, elle a suivi nos cours; tête de pont du féminisme étudiant au Département, elle est aussi l'une des meilleures étudiantes de sa cohorte. Son engagement va de soi, pour ainsi dire. Désormais, nous sommes une équipe, une vraie.

Lorsque nous réunissons toutes les assistantes pour la première fois et qu'elles défilent dans le couloir à l'heure du lunch pour descendre à la cafétéria, nos collègues sont ébahis: sept femmes! Elles ne se connaissent pas, ou bien peu, les unes les autres, à l'exception de Maria et Carolle qui ont fait ensemble la pré-recherche. Or, elles vont devoir travailler et souvent vivre ensemble. Comment cela va-t-il se passer? Et nous, comment allons-nous faire? Nous nous retrouvons du jour au lendemain patronnes d'une sorte de PME, sans expérience et pas forcément très douées pour la gestion des ressources et la direction du personnel. Nos assistantes, en plus, ont une vie privée — des maris, ex-maris, amants, amantes, des enfants, des parents — et il faudra composer aussi avec tout ce monde. Nous allons très vite nous en rendre compte. Elles auront des désirs, des répugnances, des malaises, des bonheurs et des malheurs qu'on ne pourrait pas ignorer. De but en blanc, nous sommes devenues mères de sept filles, grandes et petites, supérieures de sept sœurs, professes et novices!

C'est au cours des premières semaines où tous les membres de l'équipe se trouvent ensemble, au bureau, en train de se former et de se préparer à commencer le travail sur le terrain, que la métaphore du couvent prend forme et s'élabore un peu malgré nous, un peu aussi avec notre complicité. Le grand bureau où les trois assistantes principales prennent leur quartier s'improvise maison mère. L'autre bureau, plus petit et moins éclairé, où les assistantes étudiantes s'entassent, leurs quatre pupitres collés, devient noviciat. Elles se donnent le nom de communauté des Filles joyeuses vulgairement appelées Filles de joie. Elles décident que l'une de nous est la sainte fondatrice, l'autre reçoit le titre de supérieure générale et elles nous donnent des noms en religion. En retour, elles nous demandent de leur donner des noms. Nous recommandons la patience, jusqu'à ce que nous les jugions dignes de faire leurs vœux. Elles poussent même la métaphore jusqu'à chercher parmi nos collègues quelqu'un qui ferait office de confesseur et en discutent longuement. Leur vocabulaire étonnerait quiconque entrerait à l'improviste dans leurs bureaux. Nous préparons un chapitre, disent-elles, en parlant d'une réunion de toute l'équipe sur un sujet important. Elles n'ont plus de tâches ou de fonctions mais reçoivent des obédiences, ne rencontrent plus de difficultés mais des épreuves, ne sont plus intéressées par quelque chose, mais édifiées. Les questions d'ordre pratique sont qualifiées de temporelles, on ne parle plus de concentration mais d'élévation de l'âme. Elles s'initient au sujet de la recherche en le mettant en scène dans leur vie quotidienne et recréent une sorte de communauté de théâtre dans laquelle nos tâches, les rapports entre nous, notre histoire, vont se jouer avec des masques et des costumes de religieuses. Le langage est le lieu même de ce jeu. Au fur et à mesure que notre connaissance des communautés religieuses de femmes progressera, la métaphore deviendra toujours plus riche, plus complexe, plus subtile et l'ironie ne suffira pas toujours à marquer la frontière entre le réel et l'imaginaire. Depuis que l'archiviste d'une des communautés que nous avons visitées au cours de la pré-recherche a recommandé à l'intercession de sa bienheureuse fondatrice l'obtention de notre subvention, nous considérons ladite fondatrice comme notre patronne et nous l'invoquons. Une des assistantes principales m'offre un agrandissement laminé de la petite image de cette bonne mère. On l'accroche au mur, à la place d'honneur, au-dessus de la table autour de laquelle nous tenons nos réunions. Elle va nous accompagner au jour le jour avec son visage un peu triste, éclairé par un sourire énigmatique. Nous nous interrogeons souvent: «Elle a une drôle de mine aujourd'hui, elle n'est pas très contente, qu'est-ce qui lui déplaît?» «On dirait qu'elle se fiche de nous cette semaine, regardez-la, elle a l'air de quelqu'un qui pense à autre chose.» «N'oubliez pas de la remercier, les filles, elle nous a tirées d'un bien mauvais pas aujourd'hui.» Carolle, de son côté, a commencé la rédaction des *Chroniques,* sorte de journal collectif dont le style imite plus ou moins celui des chroniques, aussi appelées annales, tenues par les communautés dans chacune de leur maison. La tâche d'annaliste est toujours confiée à titre d'obédience à une des sœurs, souvent en complément d'autres tâches.

Les capacités insoupçonnables de l'échantillon

«Marie-Paule, malgré ses débuts tout récents dans l'équipe, est déjà en plein cœur de ce que peut vouloir dire "travailler dans le *Canada Ecclésiastique*": initiation ingrate mais ô combien formatrice, après cela on peut tout faire[2]...» Pendant ces semaines, les assistantes nouvellement arrivées s'initient au *Canada Ecclésiastique.* En effet, nous avons toujours l'intention de reconstituer le développement des communautés à partir du début du siècle, sur la base des données de ce document. Cette démarche consiste à établir tous les dix ans, comme nous l'avons fait en 1961, l'effectif total des communautés au Québec et hors du Québec et le nombre de sœurs engagées dans l'une ou l'autre des diverses activités correspondant aux genres d'établissements énumérés dans le *Canada Ecclésiastique,* sans oublier le nombre d'établissements de chaque type. Les assistantes détestent ce genre de travail parfaitement fastidieux. En outre, le calcul n'est jamais précis à cause notamment de la présence des établissements polyvalents dont on a parlé précédemment. Ce travail progresse très péniblement au cours de la période qui précède le terrain. On le continuera au cours de l'été, les jours où l'enquête dans les communautés fait relâche, et enfin à l'automne, au gré de l'humeur des assistantes, qui en contestent le principe et l'utilité. Elles se défoulent comme elles peuvent, notre chronique en fait foi: «Ces derniers jours, Danielle et Myriam se sont fait remarquer sous leurs aspects burlesques, employant leur temps à des promenades en chariot dans les couloirs et à la création d'une sculpture artisanale intitulée fort judicieusement *La suspension du Canada Ecclésiastique*[3]. Nous mettrons au moins un an avant de comprendre que les résultats de l'enquête que nous avons faite sur la base de l'échantillon nous permettront d'estimer et d'analyser ce que nous essayons d'arracher à mains nues au *Canada Ecclésiastique*. D'une part, l'échantillon permettra d'estimer, à chaque décennie, l'effectif de la population des religieuses, d'autre part, il nous fournira un ensemble d'établissements correspondant aux maisons où sont affectées les religieuses dont nous recensons les obédiences, puisque nous inscrivons aussi bien le lieu de l'emploi que l'emploi lui-même de chaque religieuse. Mais au printemps ces possibilités de l'échantillon et bien d'autres encore nous restent cachées, elles se déploieront au fur et à mesure que nous nous pencherons sur les résultats de l'enquête, variable après variable et tableau après tableau.

L'art de planifier

Ces semaines sont aussi employées à mettre au point avec le plus de soin possible, le travail à venir dans les communautés. Nous estimons que le terrain, c'est-à-dire la cueillette de l'information requise sur les 3 500 religieuses des 25 communautés de l'échantillon, prendra à peine plus de deux mois. Heureusement, nous ignorons qu'il nous prendra quatre mois à temps plein et trois mois à temps partiel. Le savoir nous aurait fait défaillir! On lit dans le cahier de planification: «Mi-avril, mai, juin: cueillette du matériel sur le terrain; juillet-août: codification.» C'est en réalité le programme d'une année entière de travail. Dans cette planification, on stipule en plus que, sur la base des documents qui seront consultés dans les archives des communautés, nous choisirons divers établissements types (hôpitaux, pensionnats, hospices, etc.) dont les archives seront par la suite explorées à fond, pour connaître l'organisation du travail dans les maisons: les tâches du personnel religieux, celles du personnel laïc, l'évolution de la division du travail. Cette étude doit se faire à l'automne. En fait, nous renonçons bien vite; par manque de temps et aussi parce que nous avons constaté que les archives des maisons n'offrent pas ce genre d'information, sous cette forme. Les connaissances à tirer de l'échantillon, sur cette question de l'organisation du travail, ne nous apparaîtront que bien plus tard.

Le cahier de planification prévoit aussi de colliger des statistiques sur les enseignantes et sur les infirmières, auprès des ministères et des associations syndicales et professionnelles. Au cours des dernières semaines, nous avons rendu visite à l'Ordre des infirmières, exploré leurs statistiques et nous avons commencé à explorer les archives du ministère de l'Éducation. Il s'agit de poursuivre cette recherche plus systématiquement. Ce qui montre bien que nous n'avons pas renoncé à l'idée de compter «à la mitaine» le nombre de religieuses enseignantes ou infirmières, à divers moments au cours du siècle, alors que l'échantillon permettrait pourtant une estimation du nombre de ces religieuses. En outre, nous aimerions trouver des listes de maisons d'enseignement tenues par les religieuses, permettant de distinguer les écoles privées des écoles publiques mais ni l'échantillon, ni les communautés, pas plus que le *Canada Ecclésiastique* ou d'autres sources, ne nous le donneront. Il faudra y renoncer. Comme il faudra renoncer à connaître le nombre d'employé(e)s laïcs dans les établissements tenus par les communautés à diverses époques. Nous ne trouverons jamais ce genre d'information sous une forme qui permettrait de généraliser. Quant à l'évaluation de la contribution financière des communautés religieuses, nous préférerons l'oublier, débordées par tout ce que nous aurons déjà entrepris!

Ces opérations, toutefois, ne concernent que le volet de la recherche sur le travail des religieuses. La planification de l'ensemble de la recherche a été ainsi conçue: toute l'équipe doit être mobilisée par le travail de terrain de ce volet 1, jusqu'à la fin de l'été. Ensuite, ce volet poursuivra tranquillement son chemin, c'est-à-dire que l'analyse du matériel serait faite sous la direction d'une des assistantes principales et avec le concours d'une ou deux étudiantes. Une autre assistante principale prendra alors la direction du volet de la recherche portant sur le secteur hospitalier qui occupera le reste du personnel au cours des deux années à venir. On verra plus loin que cette planification était parfaitement irréaliste. Entre-temps, deux grandes communautés, l'une à Montréal, l'autre à Magog, ont accepté de nous recevoir pour le travail d'enquête, à la fin d'avril et au début de mai. On forme deux équipes. Nous sommes prêtes. Nous avons très peur de nous casser la figure, mais il est déjà trop tard pour reculer. Il faut y aller. L'aventure du terrain commence.

NOTES

1. Marie-Paule Malouin, *Ma sœur, à quelle école allez-vous? Deux écoles de filles à la fin du XIXe siècle,* Montréal, Fides, 1985.

2. Extrait des *Chroniques,* rédigées par Carolle Roy, du printemps 1984 à l'hiver 1985.

3. *Ibid.*

Chapitre 3

Chroniques d'une saison chez les sœurs

Des débuts difficiles

Mai — «La grande expédition débute. En même temps, à Montréal et en province, nous plongeons au fond des archives remuant poussière et souvenirs[1].» Une équipe de quatre assistantes sans patronne commence par la communauté 3 à Montréal. Nous y frôlons le désastre. Cela ne se répétera plus. Tout s'annonce bien pourtant. Le rendez-vous est pris depuis mars. L'archiviste a été très sympathique, très professionnelle et motivée pour accepter de nous ouvrir ses dossiers: «Hé! bien, si les sœurs de X collaborent à votre enquête et si les sœurs de Z y sont, pas question que nous n'y soyons pas.» Ce sont de grandes communautés enseignantes «rivales». Elle tient à ce que nous venions au tout début de l'été parce qu'elle doit bientôt préparer le déménagement des archives dans une autre maison. Ensuite, il faudrait attendre des mois. Nous voici donc dans la salle des archives. Ce lieu d'ordre et de tranquillité est vite transformé en carrière et en chaîne de production. Jamais nous n'aurions imaginé le désastre que nous provoquons entre plancher et boiseries de chêne. L'archiviste demande l'aide d'autres sœurs pour assister l'équipe, sortir les centaines de fiches, les dizaines de documents dont nous avons besoin, les remettre ensuite à leur place. Les assistantes constatent que l'une des sœurs en question n'apprécie pas du tout que nous prenions connaissance des dossiers des sœurs toujours vivantes. Cela lui paraît dangereux, indiscret. Elles ont beau lui montrer comment l'anonymat sera respecté — nous n'inscrivons que des numéros sur nos formulaires, il n'y aura pas moyen pour nous de retracer qui que ce soit par la suite sur la base de ces formulaires et en plus, dans l'analyse que nous en ferons, les informations seront toujours agrégées — elles ne peuvent pas la convaincre. Le travail prend beaucoup plus de temps que prévu. Plus les jours passent, plus elle s'énerve. Elle en arrive à dire des choses désagréables et veut les chasser. Les assistantes pensent que cette sœur a parlé de ses angoisses à d'autres sœurs de la maison mère, que l'archiviste a eu peur de leur réaction et s'est inquiétée. Il faut terminer le travail le plus vite possible et dans une atmosphère très tendue. C'est une tâche minutieuse, très fatigante. Aussi ont-elles besoin de support moral les derniers jours. À midi, elles reviennent se détendre, se faire consoler et redonner courage dans le quartier de l'Université. «La tension atteint un point extrême, qui nous pousse à fuir et à nous réfugier à notre maison mère sur l'heure du dîner. La "sœur méchante" va nous hanter tout le temps de notre mission.»

L'échantillonnage est d'autant plus fastidieux que cette communauté compte beaucoup de sœurs américaines qui ne sont jamais venues travailler au Québec; comme leurs dossiers ne sont pas séparés des autres, il faut les mettre de côté une à une. C'est interminable. «Retirer les dossiers des sœurs américaines était une tâche ardue, à l'époque. Si aujourd'hui cet exercice se fait allègrement, la première fois il nous a arraché bien des soupirs et même quelques grognements. Sur le front de notre sœur chef d'équipe, perlaient des gouttes de sueur que malheureusement, nous avons oublié de récolter.» Pour couronner le tout, on se rend compte que, pour les premières décennies du siècle, on ne peut se fier aux dossiers des religieuses pour connaître leurs obédiences. Ou bien, elles n'ont pas de dossier ou alors les notations sont très vagues. La sœur archiviste sort d'autres documents. D'abord, des nécrologies, c'est-à-dire des notices biographiques de religieuses, rédigées après leur décès. En les lisant, on glane quelques dates, des lieux ou des obédiences[2]. On en découvre aussi dans les chroniques des maisons — histoires relatant la vie de chaque établissement — où l'on peut parfois trouver le nom et l'emploi d'une sœur dans la liste annuelle du personnel religieux de la maison. Cela prend encore beaucoup de temps. À l'heure de la pause-café, escortées de l'archiviste, les assistantes visitent le tombeau de marbre blanc de la bienheureuse fondatrice et, bien entendu, la chapelle. En arpentant l'immense maison mère elles admirent de beaux meubles anciens. Au bout de douze jours, la tâche est enfin terminée. Avant de partir, ayant découvert le côté mélomane de la sœur archiviste, elles lui offrent des disques. Pour ma part, dans l'espoir qu'elle n'aura pas de problèmes à cause de nous, je lui écris une lettre de remerciements, n'ayant pas osé me montrer une fois les dégâts commis (c'est Nicole qui écrit). Mais je me promets bien de ne plus jamais envoyer nos assistantes, seules, «en mission».

«Chère madame, votre échantillon est prêt...»

«...vous n'avez qu'à venir le chercher! — Comment? — Oui, je vous ai retranscrit plusieurs dossiers déjà, c'est beaucoup de travail mais c'est bien intéressant — Je ne comprends pas ... mais écoutez, je viens à la maison mère si vous le voulez bien.» Le lendemain de ce téléphone — reçu au bureau, à quatre heures cinquante-cinq, de la part de l'assistante de la secrétaire générale de la communauté 2, une des communautés enseignantes que nous avons rencontrées au mois de mars —, nous arrivons avec des fleurs. Elle a retranscrit la vie d'une vingtaine de sœurs choisies au hasard, dit-elle. Ce sont toutes des religieuses exceptionnelles à divers égards. Cela lui a demandé des semaines mais elle est très satisfaite de son enquête et prête à rajouter quelques dossiers si nous y tenons. Nous feuilletons son travail, admiratives. Nous parlons longuement, elle est très âgée, charmante, drôle. Nous nous plaisons. On reprend l'exposé sur le principe de l'échantillonnage, pour finir par insister: nous allons faire nous-mêmes le travail, choisir d'autres dossiers, les retranscrire en fonction de notre grille d'analyse. Ces dossiers viendront s'ajouter à ceux qu'elle a déjà faits. Son travail est inestimable. Mais il faut absolument le compléter, selon notre méthode. Elle est d'accord, tout s'arrange.

Pendant ce temps, l'autre équipe revient de très bonne humeur, d'une communauté spécialisée dans le service au clergé. Elles ont été accueillies à bras ouverts. On leur a communiqué tous les dossiers, tous les classeurs, sans aucune méfiance. On s'est mis en quatre pour faciliter la tâche. À l'heure de la collation, on a même décapsulé en leur honneur une boîte d'un jus de pêche d'une variété très rare et coûteuse envoyée en cadeau à la maison mère par une des sœurs actuellement en pays de mission. Un midi, elles ont mangé à la table d'honneur, si l'on peut dire, de la cafétéria, à proximité de la supérieure et de l'assistante générale. Les «petites sœurs», comme elles se qualifient elles-mêmes, étaient pour la plupart des filles de la campagne, sans instruction. Des lettres parfois émouvantes surgissent des dossiers: «Chez vous ma mère, au moins je pouvais manger à ma faim», écrit à son ancienne supérieure une sœur ayant quitté la communauté. La misère se révèle à travers des vies usées à la corde, tant elles ont frotté, lavé, repassé, cousu, cuisiné, d'une étoile à l'autre, dans les presbytères, les séminaires ou les évêchés. Des femmes humbles, effacées prennent forme sans histoire. Pourtant, entre les lignes d'un rapport glissé au dossier, une idylle, parfois, se devine avec un frère de cœur. Ici aussi, nos assistantes doivent utiliser, pour retrouver les obédiences des premières décennies, ces nécrologies dont, curieusement, on ne nous avait jamais parlé. L'archiviste leur a prêté pour quelques semaines ce qu'elle appelle les livrets de nomination, sortes d'annuaires donnant, pour une année précise, la liste du personnel de chaque maison de la communauté. Nous pourrons ainsi compléter, au bureau, les formulaires de plusieurs sœurs de la communauté. En fait, cette tâche a servi à initier hors terrain les nouvelles assistantes étudiantes à la pratique d'enquête dans les archives. «Ce mois de mai verra deux postulantes s'initier à la recherche en travaillant au bureau dans les livrets de nomination; pendant quelques jours, elles se pencheront et s'endormiront même sur leurs dossiers avant d'aller rejoindre les équipes sur le terrain.»

Amabilité, patience, humilité...

Nous sommes maintenant un peu rassurées sur la faisabilité de l'enquête: les documents sont disponibles, il est possible de trouver tout ce que nous cherchons dans les archives des communautés, mais à condition d'y consacrer beaucoup plus de temps que prévu. Au rythme où nous avons procédé dans les deux premières communautés, la recherche sur le terrain va durer plusieurs mois. Il reste 23 communautés à visiter. Sur ce nombre, nous en avons rencontré 5, Danielle et moi, le printemps dernier qui ont accepté en principe de nous recevoir mais sans fixer de date précise. Il faut les rappeler. Mais il y en a encore 18 avec lesquelles nous n'avons eu aucun contact. Le temps presse: 23 rendez-vous à fixer, 18 permissions à demander. Un moment d'angoisse épouvantable. Commençons par le plus facile: téléphoner aux archivistes de la communauté 7 et de la communauté 1 où les autorisations ont déjà été obtenues et leur demander de nous recevoir le plus tôt possible pour ne pas laisser l'équipe ne rien faire. Démarche réussie. Puis nous rejoignons la communauté 2, celle qui a fait son échantillon toute seule et la communauté 8, à Lévis, dont nous avons rencontré l'archiviste au printemps et qui a accepté de participer à notre recherche. On fixe des dates: juin pour l'une, août pour l'autre. Nous appelons ensuite l'archiviste de la communauté 4, celle dont la fondatrice est devenue notre patronne. Nous avons rencontré plusieurs fois cette archiviste, d'abord au cours de la pré-recherche, ensuite en mars, puis en avril avec sa secrétaire générale — celle qui nous trouvait trop peu féministes. La permission a été donnée et il avait été question de faire le travail dans les archives à la fin mai.

Coup de théâtre: elle nous annonce au téléphone dans des phrases emberlificotées qu'elle a changé d'avis... trop occupée... va fermer les archives jusqu'à l'automne. Il s'avère, après de longs détours, qu'elle ne veut plus que nous fassions le travail de la manière prévue: pas d'échantillon ni de consultation de documents. «Ce sont, dit-elle, des affaires de famille. Vous pourriez publier des informations qui permettraient d'identifier certaines religieuses, révéler des choses les concernant personnellement.» Nous frôlons le gouffre. Il s'agit d'une des plus grandes communautés et la seule de cette taille dans la catégorie d'activité mixte. J'insiste comme je l'ai appris: avec amabilité, patience, humilité. Aucun argument ne parvient à la convaincre; en aucun cas nous ne pouvons toucher aux documents, mais elle va réfléchir et me rappeler. Ce qu'elle fait avec une offre finale et globale: «Nous avons accepté de collaborer à votre recherche, mais à nos conditions, c'est-à-dire que nous ferons nous-mêmes le travail en suivant fidèlement vos consignes.» Ce n'est pas négociable. Je parviens tout de même à la convaincre que nous devons faire nous-mêmes, pour des raisons techniques, le travail d'échantillonnage à partir des registres de la communauté. Nous y allons, Maria et moi, quelques jours plus tard. La maison mère est un gigantesque édifice de *terrazzo* et de béton dans le style des années cinquante, début soixante. L'été précédent, nous y avons visité le musée où l'on conserve les os de la fondatrice, son tablier bleu et blanc, ses pantoufles et son chapelet. C'est la première fois qu'on nous conduit aux archives. Le long d'interminables couloirs, des photographies des supérieures générales et des supérieurs ecclésiastiques nous regardent passer sans sourire. Des sentences murales nous donnent froid dans le dos: «Une heure de délices, une éternité de supplices.» Pourquoi refusent-elles leurs dossiers? Aucune confiance. La fermeture, la crainte, la peur du diable? On dirait les sœurs de notre jeunesse: leur folie étroite et obstinée, avec son goût étrange et familier. L'archiviste, de mauvaise humeur, n'est pas contente qu'on lui ait apporté une fleur, se dit très pressée, nous installe avec les registres sur une petite table dans un coin sombre au sous-sol. Nous travaillons le plus vite possible. Elle ne quitte pas l'horloge du regard. Il faut choisir 300 sœurs; de 1840 à 1901: une sur 18; en 1911: une sur 23; en 1921: une sur 17... On compte, on calcule, on se trompe, on recommence, on continue, on n'y voit plus clair. Elle annonce que c'est l'heure de son dîner, elle ferme. Nous avons fait l'échantillon en un temps record. Une pile de formulaires lui est remise avec des instructions préparées pour elle. Nous sortons de là avec la migraine, très inquiètes de l'avenir.

Plans de campagne

Entre les téléphones et les courses à la maison mère des sœurs de la communauté 2 et celles de la communauté 4, une lettre est envoyée à chacune des 18 communautés restant à contacter. Manuscrite, longue de deux pages, elle est rédigée sur du papier à en-tête de l'Université de Montréal et adressée à la fois à l'archiviste et à la secrétaire générale. Nous nous y adressons à «Mes révérendes sœurs» en terminant par «nos sentiments les plus respectueux». On y explique le but de la recherche, la nature et la durée du travail dans les archives et les documents à consulter; le projet à l'usage des couvents y est joint. Une semaine après l'envoi de cette lettre, nous téléphonons à chacune des archivistes ou des secrétaires générales; 17 des 18 sont rejointes en moins de deux jours. C'est un *blitz*. Dans l'une des communautés, toutes les archives y compris les dossiers des religieuses sont en France, à la maison mère. On la remplace. Dans une autre, une des très grandes communautés, les archivistes ne parviennent pas à nous expliquer au téléphone la manière dont sont organisés leurs registres et les dossiers des religieuses. Nous devons nous rendre par trois fois au secrétariat général de la communauté. «Notre supérieure, aventurière dans l'âme, guidée par l'absolu de la recherche, s'embarque dans cette galère. Elle mettra plusieurs semaines à éclaircir une situation tout à fait extravagante: au décès d'une sœur, on redonne son numéro à une nouvelle sœur; les novices reçoivent des numéros matricules qui changent après les vœux à certaines fins mais qu'elles conservent par ailleurs à d'autres fins; les nécrologies, du moins les plus anciennes, sont au généralat à Rome; on a remis à chaque sœur son dossier scolaire sans en conserver une copie dans les archives, les obédiences ne peuvent être retracées que dans les chroniques annuelles de chacune des maisons et ces chroniques se trouvent dans les archives de ces maisons — il y en a des dizaines — ou dans celles des secrétariats provinciaux de la communauté (il y en a quatre)! Cette douce mais funeste folie vient à bout de notre supérieure.»

L'expérience que nous avons acquise avec les premières communautés commence tout de même à porter fruit. Nous savons à peu près quel langage et quel ton adopter au téléphone; quelles questions poser, quelles réponses donner pour susciter l'intérêt de notre interlocutrice, prévenir ses réticences, la rassurer, et — chose importante — permettre, à elle comme à nous, de se faire une idée relativement précise de la manière dont pourra se dérouler le travail d'enquête dans sa communauté. Nous aurons besoin des registres. Y trouve-t-on la profession du père? Sinon on pourra utiliser les certificats de baptême. Y a-t-il des dossiers cumulatifs pour les religieuses actuellement vivantes? Depuis quelle année a-t-on tenu à jour ces dossiers? Les chroniques des maisons donnent-elles la liste du personnel religieux de la maison? À quel intervalle? L'archiviste peut-elle vérifier ces détails? Certaines congrégations sont méfiantes, d'autres très ouvertes. Aucune ne refuse. Dans la majorité des cas on peut prendre rendez-vous sans qu'il soit nécessaire d'avoir d'abord une première rencontre. «Notre supérieure et notre fondatrice se sont lancées à l'assaut des communautés et celles-ci sont tombées une à une telles des fruits mûrs sous l'effet de paroles convaincantes et tenaces. Sous la plume de notre supérieure, nous voyons non sans inquiétude se remplir d'heure en heure le calendrier de travail de l'été à venir[7].» Plusieurs maisons mères se trouvent à Québec ou en province. Il n'aurait pas été aisé de faire plusieurs allers et retours. Nous essayons de regrouper celles qui sont à Québec ou dans la région du Bas-Saint-Laurent, par exemple. Ce n'est pas facile. Parfois, nous les bousculons un peu: l'archiviste doit faire sa retraite, ensuite elle va prendre ses vacances, avant, elle aura un chapitre général à préparer, puis quelques jours de récollection suivis d'une session de formation. La semaine prochaine? Non, elle se rend à un colloque. En septembre? Pas possible: c'est la visite du pape. On finit par s'entendre sur une date trop souvent provisoire et à reconfirmer. Ce qui risque de causer plus tard bien des soucis.

Deux communautés posent des difficultés particulières: elles ont peur que nous révélions des choses que nous aurions entrevues dans leurs archives. Ces communautés se sont occupées dans le passé de cas d'assistance très délicats qui doivent rester secrets ou recevoir le moins de publicité possible: délinquance, maternité hors mariage, prostitution. Dans les deux cas, nous devons nous présenter en personne à la maison mère pour poursuivre la négociation entreprise au téléphone. Dans la communauté 14, la secrétaire générale a le même âge que nous, les mêmes souvenirs du collège et de la JEC, et en plus des convictions féministes. Une complicité s'établit entre nous qui l'emporte sur la crainte mais seulement après plusieurs heures d'une discussion semée d'embûches d'ordre politique, intellectuel et moral. L'archiviste de la communauté 21 est encore plus coriace: nous n'irons pas plus loin que le vestibule de la maison mère. C'est définitif. Mais elle consent tout de même, à notre demande, à réfléchir quelques jours à une possible solution. «Hier, notre fondatrice a été inopinément interrompue dans son hygiène dentaire matinale par un téléphone de l'archiviste de la communauté 21 et à cette heure indue, elle eut la surprise d'apprendre que celle-ci entendait se charger elle-même du travail d'enquête comme l'archiviste de la communauté 4.» Les deux archivistes se sont-elles consultées? Nous le pensons. D'ailleurs, à cette étape, il est probable que certaines communautés ont communiqué entre elles au sujet des suites à donner à notre demande. On nous l'a d'ailleurs suggéré. Certaines archivistes réputées et respectées par leurs collègues ont reçu des coups de fil. Par chance, elles étaient parmi les premières que nous avons rencontrées et qui avaient accepté de nous recevoir. Une erreur sérieuse, une maladresse grave, une malchance tout simplement, auraient-elles pu provoquer un mouvement concerté de refus de la part des communautés? Jusqu'à quel point au début, leurs réticences, leur méfiance, étaient-elles réelles ou surtout prétexte à nous imposer les épreuves à traverser, de leur point de vue, pour mériter, sinon notre ciel, du moins les données que nous convoitons? En tout cas, le fichier intitulé «communautés de l'échantillon» a grossi à vue d'œil et le calendrier du terrain, placé bien en vue sur le mur du bureau des assistantes principales est à peu près rempli.

Nous avons mis au point une méthode de travail et notre organisation est déjà sinon bien rodée du moins, en état de fonctionner. Carolle va rester le plus souvent possible au bureau pour assurer l'intendance, la permanence et la communication: répondre au téléphone, rester en contact avec les équipes sur le terrain, les approvisionner en formulaires, crayons, fiches; tenir les comptes de dépenses, faire les réservations d'hôtels et autres à l'extérieur de Montréal; compléter, classer, ranger les formulaires rapportés du terrain, servir de chauffeur/secrétaire/thérapeute aux patronnes les jours de course folle d'une maison mère à l'autre. Elle ira prêter main-forte aux équipes sur le terrain seulement lorsqu'il y aura urgence. «Notre sœur tourière, ses clés cliquetant à la ganse de ses jeans, joue un rôle clé dans notre communauté. Par ses trottinements affairés, elle fournit à ses sœurs, papier, crayons, photocopies et autres "classiques" indispensables à leur labeur. Chauffeur de nos mères, l'acuité de son sens de l'orientation n'a d'égal que sa sérénité dans les moments de crise. Pour elle, les quatre points cardinaux sont interchangeables; aussi, nos mères ne s'offusquent-elles plus que notre tourière les fasse passer par Terrebonne pour les conduire à Lachine. En outre, le charme de sa voix au téléphone conquiert toutes les interlocutrices, laïques et religieuses[3].» Deux équipes travaillent sur le terrain en permanence, de sorte que le travail se fait au même moment dans deux communautés. Maria et Lorraine sont chefs de ces équipes: responsables de l'organisation et du déroulement du travail dans la communauté, de l'échantillonnage et de la cueillette de l'information. Marie-Paule se tient prête à prendre temporairement, au pied levé, la place de l'une ou de l'autre. Pour ce faire, elle apprend à faire un échantillon et à organiser les tâches de cueillette. Les assistantes étudiantes travaillent alternativement sous la direction de l'une et de l'autre chefs d'équipe. Toute cette entreprise ressemble parfois à un rêve que nous faisons tout éveillées. Nous n'osons même plus, Danielle et moi, nous demander si ça va marcher parce que nous n'avons plus le choix, nous ne pouvons plus reculer: il y aura 3 500 dossiers de religieuses dans l'ordinateur de l'Université, d'ici la fin de l'année.

S'apprivoiser mutuellement

Juin — On entreprend la communauté 1 et la communauté 7. L'archiviste de la communauté 1 — très grande et ancienne communauté enseignante — a une solide réputation dans le milieu des historiennes: difficile sinon impossible de lui plaire. Nous entrons par la grande porte, c'est-à-dire avec la double permission de la supérieure générale et de la secrétaire générale, très difficiles à obtenir. Nous les avons décrochées grâce au statut d'anciennes élèves de Danielle et de Lorraine. Les premiers jours dans ces archives sont semés d'embûches. En principe, l'archiviste n'accepte de sortir qu'un document à la fois. Ce procédé menace de faire durer le travail tout l'été. Par-dessus le marché, et c'est très agaçant, elle ne supporte pas un certain nombre d'attitudes qui provoquent chez elle et n'importe quand, une semonce envers l'une ou l'autre. Par exemple, l'assistante étudiante ne doit pas travailler les coudes sur la table. Passons sur les autres détails qui obligent à se tenir dans des positions peu confortables pour remplir les centaines de formulaires que l'échantillon exige dans cette communauté. Lorraine, responsable de l'équipe, se demande si on pourra tenir le coup.

C'est alors qu'on s'aperçoit, tout doucement, qu'un apprivoisement mutuel se dessine. L'archiviste et les assistantes prennent l'habitude de passer ensemble six heures par jour. La religieuse comprend la nature du travail et la manière dont elle peut le faciliter. Les assistantes acceptent de se plier gracieusement à ses désirs d'ordre et de bonne tenue. Chaque fois qu'elles quittent la salle de travail, elles replacent les chaises avec précision: sans les traîner ni les pousser, en évitant que les bras de cuirette ne viennent en contact avec le bord de la table — à cette fin, on place un doigt entre la table et le bras qu'on retire lorsque la chaise est en place. Lorraine se désespère tous les soirs ou presque, mais le lendemain, elle reprend la tâche là où elle l'a laissée la veille. On se demande comment l'archiviste, de son côté, peut survivre à l'épreuve pendant plus de deux semaines. L'information dont nous avons besoin est éparpillée dans une foule de documents différents qui doivent être consultés tous à la fois: chroniques de centaines de maisons pour les listes annuelles de leur personnel; fichiers du bureau des études pour la scolarité des sœurs; nécrologies, dossiers personnels, pour les obédiences; registres pour les années de naissance, de vœux, de décès. Sa patience et sa gentillesse s'avèrent, au bout du compte, infinies. Elle accepte même que l'une d'entre nous revienne à temps perdu pendant l'été pour compléter les formulaires de plusieurs religieuses.

Parallèlement, le travail dans la communauté 7 se déroule merveilleusement. On a affaire à trois archivistes très professionnelles qui ont une longue pratique de la réception de chercheurs et chercheuses. Cette communauté remonte au XVIIIe siècle. Cela fait deux cents ans ou plus qu'elle répond aux demandes, même les plus saugrenues. Ce sont ces archivistes qui, en avril, nous ont mis sous les yeux pour la première fois des listes d'obédiences. On procède de façon méthodique et ordonnée, ce qui facilite beaucoup le travail. Les sœurs ayant fait leurs vœux temporaires dans les noviciats de la communauté situés hors du Québec sont exclues de la population avant que l'échantillon ne soit tiré. Le nombre de dossiers rejetés par la suite en est minimisé d'autant.

Pour chaque sœur sélectionnée, les archivistes constituent un petit dossier contenant tous les documents dont nous avons besoin, regroupés dans une chemise étiquetée et numérotée: le formulaire rempli lors de l'admission au postulat contenant divers renseignements sur la famille d'origine de la novice, notamment le nombre de ses frères et sœurs; copie de l'extrait de baptême, à utiliser entre autres pour connaître la profession du père; le dossier cumulatif des obédiences de la religieuse donnant l'année, le titre de son emploi, la maison; la notice nécrologique de la sœur si elle est décédée, permettant de retracer l'information qu'on n'aurait pas trouvée dans les documents précédents et de se faire une idée plus précise de certains points, par exemple la nature des emplois exercés par cette sœur. Les nécrologies sont rédigées dans un style très littéraire et très fleuri, présentant la vie de chaque sœur comme une véritable épopée de travail et de sanctification. Chose rare, la salle des archives n'est pas à la cave mais au troisième étage, toute ensoleillée, donnant sur le jardin. On peut voir la statue de la fondatrice debout, toute blanche dans l'herbe nouvelle du mois de mai. Coude à coude, nous sommes quatre à deux petites tables, avec nos piles de formulaires, nos crayons, nos gommes à effacer et les documents, travaillant dans un silence profond à peine troublé par les archivistes qui circulent sur la pointe des pieds, nous apportant les dossiers et les reprenant après usage. Nous apprenons ce travail propre, précis, sans jamais perdre une minute; ensemble, de façon concertée, mais sans jamais nous parler ou presque: un minimum de temps et d'espace, un minimum de gestes et de paroles. Nous commençons à ressembler aux sœurs des chroniques et des nécrologies. «À être ainsi édifiées, nous en devenions édifiantes.»

Nos compagnes de l'autre équipe, quand nous les avons revues, ont appris la même chose que nous, lors de leur passage à la communauté 1. Pour le travail, nous sommes devenues identiques et interchangeables. C'est à ce moment-là que la frontière entre sujet et objet de recherche a commencé à bouger. Nous nous sommes mises à rêver aux sœurs. Les vies que nous lisons le jour dans les archives reviennent la nuit par bribes. Ça colle à la peau, ça s'accroche comme des mortes ramenées un moment à la vie.

On reste fixées sur elles, de peur de les voir retourner au néant dont nous les avons sorties. Pour la première fois, dans la communauté 7, nous nous sentons attachées à nos archivistes et elles aussi à nous, peut-être. Au moment de prendre congé, on échangera de vrais mots de sympathie: «Téléphonez-nous; si vous repassez par ici, venez nous saluer.» En attendant, les fins d'après-midi sont propices aux fous rires. Les sœurs ne peuvent manquer de nous entendre étouffer ces crises aiguës, déchaînées tout à coup par un détail: la mine d'un crayon qui casse et vole à l'autre bout de la pièce, la patronne qui tient des propos jugés ridicules, en réponse aux remarques d'une archiviste. Maria, la chef d'équipe, essaie en vain de demander quelque chose à l'une des archivistes, sourde, qui lit sur les lèvres mais tourne systématiquement le dos chaque fois qu'on lui parle. Le fou rire: hantise des patronnes et des chefs d'équipe sur le terrain. Elles-mêmes y succombent d'ailleurs mais le plus souvent elles sont dans l'obligation de l'expliquer aux religieuses qui en sont témoin. «La fatigue, excuse maison, eut souvent à répondre des épaules sauteuses des novices.»

Mystère ou perversité?

Nous avons tiré dans notre échantillon trois communautés dont la maison mère se trouve à Saint-P., petit centre urbain situé à moins d'une heure de Montréal. Cette ville, rebaptisée familièrement Saint-Pépé et qu'aucune de nous ne connaissait, est en voie de devenir un des hauts lieux de nos expéditions hors de Montréal. L'équipe qui sort tout juste de la communauté 7 est, presque sur l'heure, catapultée à Saint-P. dans la communauté 11 après une affirmation péremptoire de la secrétaire générale: «Vous commencez demain ou, pour ainsi dire, jamais.» Elle doit s'absenter plus tard, l'archiviste aussi... retraite, colloque, le pape: bref, un scénario déjà entendu. Départ de Montréal à sept heures du matin; trafic de l'heure de pointe. Les champs sont verts, baignés de lumière. Arrivée à Saint-P.; recherche de la maison mère de la communauté 11. Toutes les rues à sens unique: Maria, qui conduit la voiture, ne s'habituera jamais à circuler dans Saint-P., même après de nombreuses visites. Nous arrivons enfin et plongeons tout de suite dans les registres pour constituer l'échantillon. Premier écueil: on ne parvient pas à repérer dès le départ les sœurs non québécoises. La communauté a un noviciat en Nouvelle-Angleterre qui recrute notamment des Franco-Américaines. Elles recevront, après les vœux, des obédiences dans des maisons au Québec aussi bien qu'aux États-Unis. Deuxième écueil: au début du siècle, les sœurs converses ont un registre distinct de celui des autres. Par la suite, il n'y a qu'un seul registre. Troisième écueil: nous confondons les dates des vœux temporaires et perpétuels; de plus, le mode de numérotation des sœurs change au beau milieu de la période que nous couvrons.

Une grosse chaleur humide règne dans la pièce où on nous a installées. Nous ouvrons la fenêtre. Les papiers s'envolent, on referme; on suffoque: contradiction à ce jour insoluble dans toutes les maisons mères. La secrétaire générale et la supérieure générale sont de jeunes femmes d'action très occupées, d'allure sportive. À tout moment, on voit l'une ou l'autre au volant de sa voiture, entrer ou sortir en trombe du parking devant la maison mère. Elles sont très aimables à notre égard et nous font, entre deux courses, quelques visites éclair. Notre recherche n'a pas plus l'air de les passionner que de les déranger.

L'archiviste est une femme plus âgée, paisible et lente, que notre arrivée a manifestement perturbée. Elle nous apporte, dans de grandes enveloppes brunes, les dossiers des sœurs échantillonnées qu'elle empile soigneusement à un bout de la grande table en chêne autour de laquelle nous sommes assises. Nous nous partageons les enveloppes correspondant aux deux premières décennies et les ouvrons: elles sont vides. Vingt minutes plus tard, l'archiviste revient, la mine consternée, et nous explique que la maison mère a brûlé au début du siècle. Il n'est rien resté des archives ni des dossiers des religieuses vivant à cette époque. Comment faire? Nous ne pouvons nous passer des sœurs des deux premières décennies dont l'absence se répercuterait alors dans l'échantillon jusqu'aux années cinquante, soixante.

Elle nous aide à réunir les livres dont elle dispose sur l'histoire de la communauté au XIXe siècle et au début du XXe: le livre des supérieures, les chroniques et annales des maisons au Québec et aux États-Unis, des coupures de journaux et toutes sortes de brochures, cahiers, rapports concernant cette époque qui ont subsisté après le feu parce qu'il en existait plusieurs exemplaires. Pendant que les autres membres de l'équipe poursuivent le travail sur les sœurs des autres décennies, pour lesquelles il existe des fiches cumulatives et des nécrologies, l'une d'entre nous s'installe sur un coin de la table à la recherche de la trace incendiée de nos quarante sœurs du début du siècle. Elle y passe quatre jours: le temps que les autres consacrent au reste du travail.

À une date quelconque: où se trouve telle sœur? Que fait-elle? Il faut, pour répondre, jusqu'à une heure de travail. Parfois, après cette heure, on doit renoncer car on ne trouve aucune information. La dernière décennie nous cause aussi bien du souci: les sœurs entrées entre 1962 et 1971 sont sorties de communauté, dans bien des cas, avant d'avoir reçu leur obédience de 1971 et, souvent, elles n'ont plus de dossier, ce qui nous laisse en plan. Utilisant la technique des pelures d'oignon, nous nous rabattons sur d'autres dossiers, ceux qui ont été mis en réserve pour cette décennie, jusqu'à l'épuisement des cas utilisables. Ce procédé, employé également pour les premières décennies, met à la torture la sensibilité statistique de l'assistante principale qui gronde toute l'équipe. On n'ose plus la contrarier, mais nos sœurs de 1971 ne cessent pas pour autant de sortir. La fatigue se fait sentir. On a peur de ne jamais pouvoir en finir avec les dossiers de la communauté 11. «C'est à Saint-Pépé que la série d'épreuves physiques de la fondatrice débute. En effet à leur retour de mission, ses compagnes nous racontèrent non sans une vive émotion la souffrance de cette bonne mère lorsque dans un geste étonnant, surtout pour elle, sa tête heurta la table de chêne massif. Aussitôt, son visage exprime les plus vives douleurs et elle perd presque le sens. La table était demeurée intacte, mais un magnifique gonflement à la tempe de la fondatrice témoigne pendant quelques jours de ce malheur.»

Au milieu de la matinée et de l'après-midi, nous sortons marcher dix minutes puis rentrons; le rythme de travail est exténuant. Un jour, à l'extrémité du terrain où est bâtie la maison mère, à la lisière de la banlieue, nous apercevons le cimetière des sœurs, un immense jardin de petites croix blanches. À partir de ce moment, l'âme de la communauté s'est mise à remonter des documents que nous lisons. C'est une âme torturée. Les sœurs souffraient: leurs nécrologies évoquent inlassablement la douleur physique et morale, les peines de cœur, la détresse de l'esprit. Telle, devenue à demi-aveugle, incapable de lire ou de travailler, errait tout le jour dans les couloirs de la maison mère, s'arrêtait à la chapelle un moment pour y prier la Vierge avant de reprendre son errance. Des feuillets épars tombent parfois des grandes enveloppes brunes. Ce sont des pages de calendrier, ou des endos d'enveloppes où des sœurs ont écrit le récit de leur vie au crayon de mine, d'une petite écriture pâlie: elles parlent de leur mère, se disent orphelines au milieu des tentations de la vie dans le monde, très tôt vaincues par la vocation. Après le noviciat et les vœux, leur histoire disparaît: on est ici, on sera envoyée là, ou ailleurs, chaque obédience apporte ses épreuves, son cortège de souffrances vécues en silence, chacune pour soi. Le récit reprend à l'autre extrémité de la vie: à l'heure de la maladie mortelle, de l'agonie et de la mort, une anxiété extrême saisit la sœur, mais la communauté réunie prie pour elle avec tant de ferveur qu'elle peut mourir dans la paix.

La paix des sœurs, la souffrance des sœurs: nous sommes entrées dans quelque chose d'interdit. Le soir, cette perversité ou ce mystère — on ne sait pas — nous frôle. Sommes-nous dans un jeu? Dans un rêve? Dans la vraie vie soudain trop réelle? Qui sont les sœurs? Sommes-nous des sœurs? Les sœurs des sœurs?

Sœurs d'hier et femmes d'aujourd'hui

On a fait venir Myriam en autobus de Montréal pour nous prêter main-forte. Elle arrive le deuxième jour au milieu de la matinée, en pantalon coupé à mi-jambe, très ajusté, corsage d'été fort léger. L'archiviste, pourtant prévenue de son arrivée, vient me demander d'un air étonné s'il s'agit bien de mon assistante. Prise à part à l'heure du lunch, Myriam m'assure avec conviction qu'elle a choisi là une des tenues les plus sobres de sa garde-robe d'été. Le problème de définir ce qui représente une tenue convenable pour le travail dans les maisons mères ne cesse de se poser depuis le début de la période du terrain. Nous avons, les deux patronnes, édicté avant même que le travail ne commence, les normes vestimentaires dont toute l'équipe doit s'inspirer. Sont prohibés: le pantalon sous toutes ses formes, le corsage sans manche, le décolleté, les souliers de tennis. Faire respecter ces consignes est une autre affaire. Au moins deux des assistantes ne portent jamais la jupe ou la robe en temps ordinaire. Il a fallu les convaincre de se représenter la jupe comme une sorte d'uniforme de travail, telle la blouse blanche du médecin. Il a même fallu en mai traîner Carolle dans un magasin où on avait fait déjà une première reconnaissance. Elle en est sortie avec deux jupes. «Quoique charmante, notre sœur reste opiniâtrement réfractaire au port de la jupe, symbole d'une féminité qu'elle déteste. Cette attitude lui vaut les regards courroucés de nos mères qui, d'une main ferme, canalisent ces tendances délinquantes vers une tenue conforme à ses fonctions et à son état. Mais une personnalité aussi puissante ne peut se contraindre longtemps et trouve le moyen de se singulariser. Ainsi, elle provoque de nouveau des angoisses chez nos mères quand elle annonce son désir de se faire teindre une mèche en bleu, histoire d'ajouter une note colorée au costume de la communauté.» À la longue, le port occasionnel du pantalon a fini par être tacitement toléré, à condition qu'il soit d'un style classique. Mais la tenue vestimentaire n'est que la pointe d'un iceberg de convenances dont le nombre infini et la substance intangible de la partie submergée restent toujours un grave danger. Il y a une manière, répétons-nous désespérément, de parler avec des sœurs, de marcher et de s'asseoir dans un couvent, de se tenir en présence d'une religieuse en autorité et de se conduire lors de la visite d'une chapelle ou d'un tombeau. Pour cette première expédition à Saint-P., nous avons retenu des chambres dans une maison de retraite tenue par des pères. Le site est exceptionnel, les chambres agréables et d'un prix modique, mais c'est une erreur psychologique qu'on ne répétera plus. En effet, soir et matin, les assistantes y sont soumises à des contraintes semblables à celles qui pèsent sur elles toute la journée dans la maison mère. Seuls l'hôtel ou le motel leur permettent de se détendre, de rire et de porter les vêtements dont elles ont envie: jeans, bermudas, robe soleil. Après le souper, tous les soirs, on fait une balade en voiture dans Saint-P., ville d'églises et de clochers, de séminaires et de couvents cachés au fond de grands parcs verdoyants; «ville aux trois mille maisons mères», dit Maria non sans agacement. Il faut sortir du passé, échapper au filet de la nostalgie, rentrer dans le présent où les sœurs échantillonnées ne sont que fantômes. Danielle la jeune, Maria, Myriam sont vivantes. Elles font partie du présent. Tout de même, un soir, elles ont acheté, pour 2,00 $ dans un dépanneur de Saint-P., un sac de retailles d'hostie. Elles refusent de me dire ce qu'elles ont l'intention d'en faire.

La semaine suivante, une équipe attaque la communauté 2, grande communauté enseignante en banlieue proche de Montréal. On ne pourra jamais plus l'évoquer sans que les assistantes s'écrient en chœur: «Huit heures, métro Jolicœur!» Lorraine y ramasse dans sa voiture les membres de l'équipe venues des quatre coins de Montréal et les conduit à la maison mère. «Lorraine ne faisait pas que mener ses troupes, elle s'en occupait comme une mère. Au risque de sa vie, formulaire à la main, elle fonce dans les communautés et impose sa petite famille.» L'archiviste de la communauté 2 est celle qui a fait elle-même «son» échantillon en mai et qu'on a persuadée de nous laisser «compléter» l'enquête selon notre méthode. Le premier matin, elle a installé l'équipe de quatre personnes dans son bureau exigu, meublé d'une diversité de petits meubles: tables, commodes, classeurs et même un lit. La plus jeune des assistantes étudiantes est juchée sur une véritable chaise haute munie d'une tablette sur laquelle elle s'appuie pour écrire. Après quelques heures de travail dans ces conditions impossibles, la sœur s'est rendue à l'évidence qu'il faut trouver une salle plus grande et une table de bonne dimension pour que l'équipe puisse travailler à l'aise. Elle doit aussi demander l'aide d'autres religieuses pour fournir ses chercheuses qui consomment pile sur pile de fiches et de dossiers. Elle a douté jusqu'à la fin de notre méthode de sélection qui, selon elle, ne fait sortir que des dossiers médiocres. Néanmoins, elle est très fière de ses chercheuses et toutes les sœurs de la maison mère sont bientôt averties de leur présence. On insiste pour qu'elles mangent à la cafétéria où leur table est tous les midis, pendant deux semaines, le point de mire de la communauté. L'opinion de l'équipe est très partagée sur la question du lunch dans les communautés lorsque les sœurs nous y invitent. Pour certaines, on ne peut s'y détendre et on mange mal. D'autres jugent qu'on mange plutôt bien et pas cher et qu'on a ainsi l'occasion de parler avec les religieuses et de les connaître mieux. «Pour notre supérieure, la nourriture et la conversation des sœurs ne sont pas indigestes, mais délicieuses. Par contre, notre sœur Lorraine, à la seule pensée de la cafétéria, ressent des malaises symptomatiques. Les odeurs qui montent des cuisines dès dix heures du matin mettent en alerte sa volonté de vivre.» Après le repas, l'archiviste a prévu pour l'équipe une demi-heure de récréation, dont le programme change tous les jours: petite balade en voiture, promenade dans les jardins de la maison mère, prière devant la grotte de la Vierge de Lourdes; des jours de bonheur. Un après-midi, le fou rire éclate à propos des retailles d'hostie achetées à Saint-P. «Elles sont jeunes et elles travaillent très fort», explique le chef d'équipe aux religieuses d'ailleurs très compréhensives. Certaines sœurs se glissent subrepticement dans la salle de travail pour les apercevoir en activité. On cherche à leur parler. On leur fait force sourires, saluts et amabilités, dans les couloirs, l'ascenseur. «Des novices, s'exclament de vieilles religieuses, mi-sérieuses, mi-moqueuses, nous avons quatre novices!» Ce n'est pas la première fois que nous suscitons ce genre de remarques dans les communautés. Aurions-nous déjà le physique de l'emploi? Les trois plus jeunes assistantes, qui ont assagi leur vestiaire, particulièrement la plus jeune, sont à l'occasion, l'objet «d'avances» explicites. «Notre sœur Myriam est le plus doux agneau de notre troupeau parfois agressif et bien des religieuses se sont attendries devant cet ange laborieux. On lui témoigne ouvertement des attentions particulières et on l'invite à se joindre à la communauté. Nous savons bien, nous, quelle précieuse novice elle est, aussi ne pouvons-nous qu'approuver ces tentatives de séduction qui fort heureusement pour nous, ont échoué, jusqu'à présent du moins.» L'archiviste, qui n'habite pas à la maison mère, a pris l'habitude de rentrer chez elle en fin d'après-midi dans la voiture de Lorraine. Quelque temps après la fin du travail, nous avons été invitées à une fête de la communauté où nous nous sommes senties comme chez nous, comme des filles de la maison.

Il y a deux petites communautés contemplatives dans notre échantillon. La première, la communauté 24, pose des problèmes d'échantillonnage particuliers. On a découvert en effet qu'elle est décentralisée, composée de plusieurs monastères indépendants les uns des autres et situés dans des villes et des régions différentes du Québec. Chaque monastère a ses registres, ses dossiers, son archiviste et sa secrétaire. Pour éviter de sillonner toute la province à la recherche de quelques documents dans chacun des monastères, on décide d'en choisir deux au hasard, l'un se trouve à Montréal, l'autre à Saint-P. Mais un nouveau problème se pose: soumises à la clôture, les sœurs ne peuvent nous permettre de pénétrer à l'intérieur du monastère pour faire notre travail d'enquête. Comme elles sont extrêmement gentilles, une solution est vite trouvée. Notre première visite au monastère de Montréal se fait par un après-midi d'orage, au milieu du tonnerre et des éclairs. On franchit d'abord deux lourdes portes pour parvenir à une troisième que la tourière entrouvre pour nous inviter à passer au parloir, puis referme derrière nous. Cette porte est munie d'un mystérieux guichet. Le parloir est sombre. Un grand crucifix ensanglanté nous observe, du haut de son mur, d'un air lugubre. Des chaises basses, installées devant une solide grille, sont une invitation à nous asseoir pour attendre. L'assistante étudiante a peur. Elle veut s'enfuir. Survient, de l'autre côté de la grille, une jeune et aimable sœur, la secrétaire de la communauté. Elle a ce regard paisible et bleu, comme un peu délavé, que nous découvrons chez les contemplatives. Tout de suite son calme se communique à nous et le travail s'organise rapidement. Les listes des religieuses admises dans la communauté, retranscrites des registres, nous sont remises par un guichet. L'échantillon est vite fait et remis à la secrétaire par le même moyen. On lui laisse toutes nos consignes d'enquête par écrit. Au cours de la semaine qui suit, elle remplit tous nos formulaires. Lors de notre seconde visite, le parloir est ensoleillé. Nous visitons la chapelle et repartons après avoir fait l'achat de la biographie en trois volumes de la fondatrice de la communauté.

L'archiviste du monastère de Saint-P., avec laquelle Maria s'entretient d'abord au téléphone, est sourde. On apprendra par la suite qu'elle a quatre-vingt-dix ans. En attendant, elle n'entend pas le nom de Maria. «Vaccaro», hurle celle-ci dans l'appareil, au bord des larmes, «avec un V comme vache!» Elles finissent par se comprendre. Maria fait plusieurs visites au monastère de Saint-P., au grand plaisir de cette archiviste, pour mettre le processus d'auto-recherche en marche et le superviser. Le travail d'enquête enthousiasme la religieuse âgée: «Je n'arrive pas à retrouver l'année exacte du décès de cette sœur-là, confie-t-elle un jour, et j'ai mis une date approximative d'après la position de sa pierre tombale; en cas de doute, je vais toujours vérifier au cimetière.» La sœur est aussi loquace qu'elle est sourde et elle retient Maria chaque fois au parloir le plus longtemps qu'elle peut, lui racontant l'histoire de familles auxquelles les sœurs étaient apparentées, la questionnant sur sa propre famille et celle de son mari. Saint-P. nous coûte cher.

Après la communauté 2, Lorraine et Myriam font un voyage éclair en Gaspésie, en autobus, pour récolter les dossiers de la communauté 23, petite communauté au service du clergé de la région. Leur maison mère a emménagé, vu le très petit nombre de sœurs que compte maintenant cette communauté, dans un bungalow de la banlieue de Matane. Les assistantes travaillent dans la salle à dîner sous le regard attendri de vieilles religieuses. «Jamais on n'a tenu compte de nous dans aucune recherche. Jamais on n'a parlé de notre communauté dans aucun livre et bientôt, quand nous serons toutes mortes, la communauté va disparaître», disent-elles. Une chambre de la maison fait office de chapelle. On ne manque pas de la leur faire visiter. «Lors du voyage éclair à Matane, Lorraine édifie la novice qui l'accompagne en faisant avec souplesse une génuflexion.» Pour la «novice», il s'agit d'un geste hautement incongru.

La nostalgie d'Elvis Presley et de l'*Ave Maris Stella*

La première semaine de juillet est consacrée à la communauté 15, communauté missionnaire qui va devenir la communauté préférée des assistantes. Celles qui n'ont pas le privilège d'y travailler entendent parler de cette merveille tous les jours. Les sœurs sont «fines», leur fondatrice épatante, le costume ravissant, la maison mère agréable, les dossiers impeccables. Les religieuses dont elles ont retranscrit les caractéristiques sociales et les obédiences sont devenues les héroïnes d'aventures passionnantes dont on se transmet le récit d'une assistante à l'autre. Avec les sœurs de la communauté 15, la communication est facile, l'ambiance de travail détendue. Marie-Paule, chef d'équipe par intérim, a remplacé Lorraine, en vacances, sous le regard d'une des patronnes. La présence de l'une ou l'autre d'entre nous dans une équipe est parfois une épreuve pour la chef d'équipe qui, en principe, est seule maître à bord. En pratique, elle ne peut envoyer promener sa patronne. Celle-ci, forcément, se mêle de tout. Puis on la réclame au bureau ou dans une autre communauté. Elle quitte alors brusquement le terrain et remet toute la direction des opérations entre les mains de l'assistante principale. Jusqu'ici, ces conflits se règlent à l'amiable. «Notre sœur Marie-Paule se montre très loquace chez les sœurs de la communauté 15, où elle converse allègrement de sensualité, avec les archivistes, à propos d'un certain enregistrement d'Elvis Presley. Quel ne fut pas l'émoi de notre supérieure bien-aimée, témoin de cette scène. La mention de ce sujet épineux provoqua chez notre supérieure rien de moins qu'un état de transe. En outre, notre sœur s'adonne, ô horreur, au vice destructeur de la cigarette alors que les recommandations supérieures nous enjoignent à l'abstinence.» Les assistantes ont rapporté au bureau une multitude d'images de la fondatrice, des livres, des brochures et des bandes dessinées sur l'histoire et les œuvres de cette communauté. Ces souvenirs s'ajoutant à d'autres, on se demande parfois si les murs ou les étagères des deux bureaux des assistantes ne sont pas transformés en musée à la mémoire des bienheureuses fondatrices des communautés religieuses de femmes du Québec.

La semaine suivante, deux personnes font en une journée le travail dans la communauté 22. Lors du premier contact par téléphone, la secrétaire générale a invité Danielle à pique-niquer avec la communauté, mais nous préférons nous en tenir aux archives. Les dossiers de cette petite communauté hospitalière sont très bien tenus; les obédiences des sœurs des premières décennies ont été retranscrites par les archivistes sur des fiches à partir des nécrologies, ce qui nous facilite la tâche. Par contre, au cours de la même semaine, dans une modeste communauté, d'enseignantes cette fois, la communauté 16, le travail de quatre personnes pendant trois jours est nécessaire. La maison mère se trouve à trois quarts d'heure de route de Montréal, à Saint-A., petite ville de clochers semblable à Saint-P. Nous choisissons de faire le trajet matin et soir. L'archiviste nous reçoit à bras ouverts et fait tout ce qu'elle peut pour nous faciliter une tâche qui se révèle ardue. Les sœurs des premières décennies du siècle, venues de France, y sont retournées pour la plupart et leurs dossiers avec elles. Il faut lire et relire chroniques et annales pour retracer au moins une partie de leurs obédiences. En outre, des sœurs ont fait la navette pendant plusieurs décennies entre leurs établissements au Québec, dans les Maritimes et aux États-Unis; elles ont établi des secrétariats dans chacune de ces régions et les renseignements les concernant n'ont pas toujours été regroupés dans les archives de la maison mère.

Il semble se dégager trois modèles d'organisation d'archives: premièrement, celui des communautés québécoises actives, dont le généralat est au Québec et centralise la plus grande partie des archives de la communauté, y compris les dossiers des sœurs; les provinces, dans ce cas, ont des secrétariats provinciaux qui s'occupent surtout des affaires courantes et conservent peu de documents anciens. C'est le modèle idéal pour les besoins de notre recherche. Son seul inconvénient vient de la présence massive des dossiers de religieuses qui ne sont pas nées au Québec et n'y sont jamais venues. Nous retirons alors ces dossiers avant de faire notre échantillonnage, ce qui est fastidieux, ou bien nous les rejetons ensuite, ce qui biaise notre échantillonnage en nous obligeant à utiliser plusieurs échantillons de réserve, les fameuses pelures d'oignon. Le second modèle, décentralisé, est celui des communautés contemplatives dont chaque monastère a une secrétaire et une archiviste responsables de l'ensemble des archives du monastère. Le troisième modèle est celui des communautés d'origine étrangère, surtout françaises, qui ont essaimé à la fin du XIXe ou au début du XXe siècle au Québec et souvent au même moment, dans d'autres régions du Canada et des États-Unis. Le généralat de ces communautés se trouve en France ou en Italie, aussi leur maison mère québécoise n'abrite-t-elle qu'un secrétariat provincial. Dans les cas où le territoire québécois de la communauté coïncide avec une seule des provinces de la communauté, le secrétariat regroupe une bonne partie des archives concernant les sœurs qui ont travaillé au Québec. Toutefois, dans la plupart des cas, et c'est celui de la communauté 16, la communauté a fondé plusieurs provinces au Québec, au Canada et aux États-Unis, chacune de ces provinces conservant une partie des archives. Parfois, d'autres archives de ces provinces ont été envoyées au généralat européen, surtout ces dernières années alors que certains secrétariats provinciaux sont devenus trop petits et ont dû être fermés. Il arrive bien souvent que l'archiviste ne sache pas très bien elle-même où se trouvent tel ou tel type de documents: dans ce cas, nous cherchons pour elle et elle cherche pour nous. Celle de la communauté 16 est très heureuse de ce travail en commun. Dès le second jour, elle nous demande de la tutoyer, ce qui n'est pas facile pour nous, et elle exprime le désir de nous faire visiter la ville, dans notre voiture, après le repas du midi. Copilote de Marie-Paule, elle nous conduit à travers Saint-A., d'une église à une autre — il y a bien six ou sept paroisses dans cette ville — et nous montre toutes les maisons de sa communauté de même que celles des autres communautés de femmes. Le lendemain, la promenade se fait à pied, dans la cour du couvent. C'est là, devant une grotte de la Vierge de Lourdes — il y en a bien une dans le jardin de toutes les maisons mères — que l'*Ave Maris Stella* de notre jeunesse a fait un retour remarqué. «Notre chère compagne égayait parfois les longues journées passées à la maison mère par son répertoire, allant du classique au grivois mais elle sut aussi mettre sa voix au service de la recherche. C'est dans un geste sublime, à Saint-A., qu'elle entonna gracieusement un cantique marial: surprise pour ses compagnes, joie pour la sœur qui les accompagnait.» Le vendredi soir, une fois rangé le dernier dossier, elle insiste pour nous faire visiter la maison mère, immeuble assez banal construit dans les années cinquante. Nous sommes épuisées par le travail de la semaine et la chaleur mais nous n'avons pas le choix. La visite dure presque une heure au cours de laquelle elle nous montre chacune des pièces de la maison, de la chapelle jusqu'au dernier placard. J'essaie d'articuler des remarques polies — «très belle salle... très éclairée ... ces armoires sont bien pratiques ... les rideaux, jolis...» Les assistantes ne soufflent mot: nous sommes au bord le plus extrême de la crise de fou rire collectif qui éclate dès qu'on franchit le seuil.

Une armée noire et blanche
guerroyant contre les misères

Nous arrivons au milieu de l'été et de notre travail dans les communautés. Le cerveau de chacune a spontanément compilé les données absorbées en se penchant sur les registres, les dossiers, les nécrologies. Plus tard l'ordinateur s'y mettra systématiquement avec l'ensemble de l'information que nous lui fournirons. En attendant, chacune se fait déjà une idée des résultats de la recherche. Nous comparons nos points de vue et en discutons inlassablement: «Elles sont très instruites. — Non pas tant que ça! — Celles qui ont été supérieures ne redeviennent jamais enseignantes ou infirmières. — Au contraire, j'ai vu plusieurs cas de ce genre.» Plus tard, l'informatique tranchera.

Mais elle ne pourra jamais compiler ce que nous voyons et ressentons lors de nos visites dans les maisons mères, au cours de ces longues heures de travail, à l'occasion de nos conversations avec les archivistes, les secrétaires, les portières... et que pourtant nous ne pouvons pas retranscrire sur nos formulaires. Les communautés, les sœurs se situent dans le non-quantifiable tout autant et plus peut-être que dans les tableaux de chiffres à interpréter, ou les textes dont on fera l'analyse. Les lieux: corridors, escaliers, chapelles, cafétérias; les beaux meubles anciens, les crucifix et les posters du pape; le silence, les pas feutrés, les chuchotements, les bruits étouffés; l'odeur d'encens, d'encaustique et de soupe aux choux; l'ordre, la propreté, l'usure du temps mille et mille fois réparée. Les visages toujours plus jeunes que leur âge, les sourires omniprésents, uniformes, permanents, les fausses dents; les jupes un peu plus hautes que la mode, les petits voiles courts en tissu infroissable, bleus, gris, noirs ou blancs, les jumpers et les blouses avec un col noué; les fauteuils roulants, les cannes, le tremblement, la vieillesse. Le goût du jus d'orange ou du jus de raisin avec un biscuit feuille d'érable à l'heure de la collation. Si l'on pouvait décrire ce goût, il révélerait peut-être à lui seul ce que furent pour nous les maisons mères et les communautés.

Désormais, nous portons chacune intimement — et nous ne pouvons plus nous en séparer — toutes ces mortes et ces vivantes dont l'existence, longue ou brève, a pris forme sous nos yeux, est passée en quelques coups de crayon des archives aux formulaires, pour aller se perdre dans l'anonymat des cases et des codes. Leurs noms sitôt oubliés: Célanie, Malvina, Cécile, Thérèse, Georgette, Gertrude,

Pierrette, Louise ... en religion Marie-des-sept-douleurs, du Crucifix, de l'Agonie, Jean-Berchmans, Louis de Monfort, Joseph de la Trinité. Leurs visages serrés dans les plis de la cornette parfois entrevus sur un faire-part de décès, sur une photo de groupe. Leurs obédiences, leurs études, leurs maladies, leur agonie, parfois leur départ de communauté. Les humbles: aide aux cuisines de l'Archevêché pendant trente ans; les brillantes: médaille du lieutenant-gouverneur, premier doctorat en philosophie; les fortes: supérieure d'hôpital à trente ans, assistante générale à trente-cinq, supérieure générale à quarante; les aventurières: du Grand et du Petit Nord, de la Chine et de la Patagonie; les jeunes mortes de la tuberculose ayant prononcé leurs vœux *in articulo mortis* et les presque centenaires accomplissant leur vingt-septième obédience. Des dizaines, des centaines, des milliers d'enseignantes, de garde-malades, d'officières des vieillards, de compagnes à l'orphelinat, de buandières, de lingères, de sacristines, telle une armée noire et blanche défilant sous nos yeux, cohorte après cohorte, en ordre de bataille. Une armée engagée dans une guerre sans fin, toujours à recommencer contre la misère, la maladie, l'ignorance, la saleté. Une marée brassant et entraînant dans sa mouvance le flot ininterrompu de ses pauvres, vieillards, élèves, malades, orphelins, délinquants, handicapés. Nous vivons moitié en rêve, moitié éveillées, dans un espace-temps qui correspond à peu près aux années médianes de la période étudiée, quelque part vers la fin des années trente. Les rues familières de Montréal se métamorphosent sous nos yeux: les autos se font rares, les arbres repoussent, les pierres et les briques sont un écran où se déroule la version filmique, en trois dimensions, des chroniques et des nécrologies. Rue Saint-Denis, entre Roy et Cherrier, dans les jardins du CSSSRMM, réapparaissent les petites sourdes-muettes prenant leur récréation sous la surveillance de jeunes sœurs de la Providence. Ici ou là dans Montréal et dans Québec, à la lisière de la ville, des hôpitaux sont toujours en construction; en passant, on aperçoit l'économe et son assistante sur le chantier, discutant avec l'ingénieur, encourageant les ouvriers. Dans les petites villes et les villages que nous traversons, les centres commerciaux, les maisons de banlieue soudain s'effacent et toute la vie se polarise sur le couvent près de l'église, le pensionnat, l'école normale, l'orphelinat. La géographie québécoise devient une sorte de double des dossiers cumulatifs: crèche de l'Annonciation à Sherbrooke, hôpital du Saint-Sauveur de Mont-Laurier, orphelinat-pensionnat des Saints-Noms-de-Jésus-et-de-Marie à Sorel, école normale et scolasticat du Rosaire de Sainte-Rose. Une telle errance est difficile à partager avec les gens d'aujourd'hui: d'une certaine manière, nous ne sommes heureuses qu'entre nous, ensemble et avec nos bonnes sœurs.

Entre «mère et monstre»

Le dimanche soir 15 juillet, une équipe dirigée par Lorraine part pour Québec. Une grande communauté enseignante, la communauté 6, nous y attend. Elle n'est pas seule au désert. La vieille capitale est livrée aux festivités de «l'été mer et monde» que nous rebaptisons «mère et monstre»: les touristes se pressent en cohue, le trafic tourne à l'anarchie et le désordre général règne. Nous comptons loger aux résidences de la cité universitaire. Carolle y a fait des réservations confirmées par un chèque. À minuit, chèque et réservations demeurent introuvables, aucun hôtel n'a de chambres disponibles. Les préposés aux résidences cherchent vainement à nous loger. La semaine commence mal. On nous attribue finalement d'affreuses chambres au sous-sol, plutôt sales et donnant sur un corridor bruyant. Le lendemain, à sept heures du matin, la recherche de chambres par téléphone recommence et chacune se trouve un havre: Myriam, chez une amie, Nadine et Danielle la jeune, à l'auberge de jeunesse, Lorraine et moi dans un motel de Sainte-Foy. À huit heures et demie, nous nous présentons au parloir de la maison mère de la communauté 6 — gigantesque immeuble de béton et de terrazzo, planté au milieu des champs de la proche banlieue — où nous reçoivent l'adjointe de la secrétaire générale et l'archiviste. Lorraine a pris froid, aucun son ne sort de ses cordes vocales. Les deux religieuses finissent quand même par comprendre le genre de travail que nous avons à accomplir et décident d'aménager le petit bureau où nous sommes. On va avec elles chercher une table à la bibliothèque puis quatre chaises à l'autre bout de la maison mère; on s'installe, coude à coude. La pièce est tellement exiguë et encombrée que chaque fois que l'une de nous bouge, étend le bras ou se lève, un objet quelconque tombe: bloc-notes, petite statue en plastique, coupe-papier.

L'échantillonnage prend le temps habituel qui nous paraît toujours interminable. Il faut d'abord retranscrire sur une feuille, à partir des registres, le numéro et le nom de chaque sœur ayant fait ses vœux à partir de 1840 et qui était toujours vivante en 1901; le nom est nécessaire à l'archiviste dont les dossiers sont rangés la plupart du temps par ordre alphabétique. Il arrive souvent qu'on doive recopier et le nom civil et le nom en religion, les dossiers ayant été reclassés au cours des années soixante, après que les sœurs eurent abandonné leur nom religieux. Les sœurs converses dont les noms se trouvent d'ordinaire dans un registre distinct doivent être ajoutées aux autres sœurs et toute cette liste de sœurs doit être renumérotée. Dans cette première liste, on fait le tirage au hasard du nombre de dossiers nécessaires pour la décennie 01, nombre fixé d'avance en fonction des paramètres de l'échantillon global. Le travail d'échantillonnage ne peut pas être fait à plus de deux personnes. Les autres doivent attendre pour commencer leur travail que la liste des sœurs recherchées pour 1901 soit disponible. Avant ou pendant ce travail d'échantillonnage, la chef d'équipe et la patronne doivent examiner le genre de documents qui sont disponibles pour retracer l'information que nous recherchons sur les religieuses. Dans quel état se trouvent les dossiers cumulatifs? À partir de quelle année existent-ils? Faudra-t-il recourir aux nécrologies? Comment se présentent les textes de ces nécrologies, quelle information fournissent-ils au sujet des obédiences, des caractéristiques familiales? Les études et diplômes des sœurs se trouvent-ils dans les archives du bureau des études — cas courant dans les communautés enseignantes? Comment peut-on y avoir accès? Le nombre d'enfants dans la famille est-il noté au dossier ou doit-on le chercher dans les nécrologies? Dans le cas où le lieu des obédiences n'est pas spécifié dans les dossiers ou dans les nécrologies, peut-on retracer la religieuse dans les chroniques des maisons de la communauté? Comment se présentent les chroniques? Donnent-elles la liste du personnel de la maison et à quel intervalle?

À cette première étape de notre travail, qui suit notre arrivée dans une communauté, nous avons appris par l'expérience qu'il est nécessaire de distraire les religieuses présentes, de détourner leur attention des opérations en cours. En effet, toute cette activité de transcription des registres et d'exploration des tiroirs, fichiers, dossiers, les inquiète beaucoup et elles sont trop souvent portées à intervenir de diverses manières, troublant la concentration des échantillonneuses et ralentissant l'étude de la documentation. Amuser la sœur est donc devenu une tâche que doit assumer à ce moment l'une ou l'autre d'entre nous et c'est généralement peu aisé. «C'est dans ces moments particuliers que l'on reconnaît les grandes parmi nous. Ainsi, notre sœur Danielle (la jeune) démontra son habileté et son héroïsme lorsque se portant à la rescousse de son chef d'équipe, par deux fois au cours de la même journée, elle amusa longuement une archiviste très agitée, sauvant ainsi sa sœur aînée d'une crise de cœur probablement doublée d'une crise de nerfs.» Dès que la liste de 1901 est disponible, on peut commencer à sortir les dossiers des religieuses échantillonnées pour cette période et les autres documents requis, puis remplir les formulaires un à un pendant que les échantillonneuses dressent les listes des religieuses pour les sept autres décennies. À cette fin, on fait d'abord la liste de toutes les religieuses qui ont fait leurs vœux au cours de la décennie en cause, entre 1902 et 1911, entre 1912 et 1921, etc. On numérote cette liste et on tire au hasard dans la liste le nombre de religieuses requis selon les paramètres de l'échantillon global, pour cette décennie, dans cette communauté. D'ordinaire, à la fin de la matinée, on est en mesure d'estimer le degré de difficulté du travail à venir et ainsi le nombre de jours qu'il sera nécessaire de passer dans les archives de la communauté.

Pendant l'heure du midi, on met au point le plan et la méthode de travail qui paraissent le mieux adaptés à la situation, y compris la division et la répartition des tâches au sein de l'équipe. Il y a plusieurs manières de se répartir les tâches entre nous. Parfois nous travaillons à la chaîne; une personne, par exemple, inscrit une seule information sur chacun des formulaires (les dates, le nombre d'enfants, la profession du père ou autres) et les passe à une autre qui s'occupe d'y retranscrire un autre genre d'information, et ainsi de suite. Parfois, nous travaillons à la pièce, chacune remplit toutes les cases du formulaire correspondant au dossier de chacune des religieuses d'une décennie qu'on lui a données. Il y a aussi des solutions mitoyennes et la solution adoptée n'est souvent que provisoire, selon le genre et le nombre de documents dont nous nous servons, pour l'une ou l'autre des périodes que nous couvrons. La première journée et particulièrement la première matinée dans une communauté est donc l'étape la plus difficile et souvent la plus décourageante, notre première impression étant qu'on n'en viendra pas à bout, qu'on y sera toujours dans un mois, qu'on ne s'en sortira jamais ni de cette communauté, ni de la recherche dans son ensemble. Il s'agit alors de persévérer.

«À votre place, j'irais voir les grands voiliers…»

La communauté 6 est une de ces communautés décourageantes. Aucune des sœurs mortes avant 1950 n'a de dossier cumulatif donnant les titres et lieux de ses obédiences; tout cela doit être reconstitué à partir de l'information contenue dans la notice nécrologique: on doit donc se payer la lecture de centaines de nécrologies. Elles sont reliées dans des volumes annuels, à couverture noire rigide, dont toute la série se trouve dans la salle des archives, à trois corridors et quatre étages d'ascenseur du secrétariat général où nous avons nos quartiers. Les listes du personnel de certaines des maisons de la communauté, pour les décennies du début du siècle, s'y trouvent aussi. Le premier jour, l'archiviste fait la navette toute la journée entre le secrétariat et les archives, les bras chargés de livres et de documents: ça n'a aucun sens. Nous suggérons timidement que deux d'entre nous pourraient s'installer là-haut, ce qui ne semble pas entendu. Le lendemain matin, on nous explique à mots couverts la présence de l'ancienne responsable des archives, une sœur très âgée, qui dérangerait constamment et à tout propos les chercheuses. L'invraisemblable mouvement d'aller et retour reprend donc. Vers la fin de l'après-midi, on nous annonce que le lendemain, deux d'entre nous pourront déménager là-haut. Ce qui se produit le jour suivant sans détecter la moindre trace de l'ancienne archiviste. Le midi, dans l'ascenseur, nous rencontrons une petite religieuse toute ridée portant une valise minuscule. Elle nous interpelle joyeusement: «Ah! vous êtes les chercheuses universitaires, je me présente, je suis l'archiviste et j'aurais dû normalement m'occuper de vous mais voilà, je pars en vacances. Vous savez, je devais prendre mes vacances en août seulement mais on m'a trouvé une occasion formidable et je m'en vais à l'instant, on m'attend avec la voiture.» Nous nous plongeons, Lorraine et moi, dans les nécrologies pendant que les assistantes étudiantes, quatre étages au-dessous, remplissent à partir des fichiers les formulaires des religieuses des trois dernières décennies. Elles se retrouvent ainsi seules avec la secrétaire adjointe, une enseignante de carrière à la retraite qui les prend en main, leur enseignant la posture appropriée au travail en archives, les grondant lorsqu'elles mettent les coudes sur la table, courbent le dos, ou manipulent maladroitement un document. Elle me prend à part à la fin de la troisième journée pour me dire tout le bien qu'elle pense des «deux petites»: travaillent très très bien, très obéissantes, sérieuses, bien éduquées... elle les adore, elle retrouve le plaisir d'avoir des élèves.

Un dossier s'est perdu: une assistante ne l'a pas remis à la bonne lettre dans l'ordre alphabétique et il faut deux heures pour le retrouver et le remettre à sa place. Les nécrologies sont longues, interminables. Nous les lisons en diagonale avec une rapidité de plus en plus grande, saisissant et notant au vol le renseignement recherché, noyé dans une mer de détails factuels et de propos édifiants. Cette méthode de travail induit un état proche de la transe hallucinatoire. Il fait chaud, les fenêtres restent fermées, nous étouffons. Nous avons mal aux yeux, mal à la tête. Les cordes vocales de Lorraine demeurent muettes. Un après-midi, une des assistantes étudiantes s'évanouit. Le lendemain, elle bute contre un obstacle quelconque et se casse l'orteil. «À Québec, notre jeune sœur est prise de faiblesse et lutte contre la mort dans les archives. Mais elle va inlassablement où on l'appelle, en clopinant, faisant fi d'une douleur lancinante à l'orteil qu'elle a cassé.» «Je ne vous comprends pas de vous crever au travail comme vous le faites, en plein été, par de si belles journées, nous dit l'archiviste. Si j'étais à votre place, j'irais voir les grands voiliers dans le port.»

Tous les restaurants de Québec sont bondés et nous nous résignons souvent à Mc Donalds. La foule des piétons et des voitures rend les rues impraticables, le soir comme le jour. À cinq heures, toute l'équipe se retrouve dans la chambre du motel que Lorraine et moi partageons; on s'écroule sur les lits *queen-size* et sur le divan, sans avoir le courage d'aller plus loin. Tard le soir, Lorraine continue à compter et à recompter anxieusement les piles de formulaires — terminés, à compléter, à faire, à reprendre, rejetés — décennie par décennie. «Une autre épreuve nous attend: au cours d'une nuit d'insomnie, le tibia de la fondatrice se mesure à une table basse de sa chambre d'hôtel et c'est la table qui gagne.» Malgré tout, à la fin de la semaine, nous avons terminé et tous les formulaires sont complets. Les adieux aux religieuses de la communauté 6 sont émouvants. Nous nous sommes attachées à elles et réciproquement. «Votre passage a mis de la vie dans la maison», disent-elles, elles nous regrettent, les plus jeunes surtout — fantômes des élèves, postulantes ou novices de jadis. On retraverse la maison d'un bout à l'autre pour remettre à leur place tables et chaises déménagées en début de semaine. On fait la visite devenue rituelle au tombeau de la fondatrice et à la chapelle. On échange des cadeaux. Sur le seuil de la porte, on sort discrètement nos mouchoirs. Il ne nous reste qu'à plonger dans l'enfer des ponts et des autoroutes, ce vendredi d'été, vers cinq heures, emportant avec nous, entre les pages de nos formulaires serrés dans le coffre de la voiture, huit décennies silencieuses du travail, de la souffrance et de l'amour des sœurs.

L'énergie du désespoir

Au bureau, nous avons retrouvé les autres en état de choc. La veille, Danielle a téléphoné à l'archiviste de la communauté 8 pour confirmer le rendez-vous fixé depuis plusieurs mois pour le lundi de la semaine suivante. On lui annonce le décès subit de cette archiviste, quelques jours plus tôt. Les archives, a ajouté son interlocutrice, resteront fermées pour plusieurs mois, peut-être pour une année, jusqu'à ce qu'une nouvelle archiviste soit nommée et ait eu le temps de s'initier à son travail. La communauté 8 est une grande communauté mixte de l'Est du Québec, ses caractéristiques en font un cas assez singulier dont l'absence menacerait de déséquilibrer notre échantillon. L'archiviste décédée nous avait reçues au printemps et donné la permission, après un entretien de plusieurs heures, de faire le travail dans ses archives. Mais nous n'avons eu aucun contact avec d'autres religieuses de la communauté 8. On téléphone à la secrétaire générale qui répète que les archives resteront fermées jusqu'à nouvel ordre. Elle regrette, mais il faut que nous comprenions. Nous insistons avec l'énergie du désespoir, à tel point qu'elle suggère finalement qu'on lui fasse parvenir par la poste le projet de recherche avec une lettre d'explication, pour lui permettre de réfléchir à une solution possible. On envoie d'abord une carte de condoléances avec les honoraires d'une messe pour l'archiviste disparue. Le reste suit, quelques jours plus tard. Et l'on attend. Les choses finissent par s'arranger: une nouvelle archiviste est nommée. Elle n'entrera en fonction qu'à la fin de l'été mais elle accepte, avec la permission de la secrétaire générale, de nous recevoir à la fin d'octobre. Entre-temps nous sommes obligées de réorganiser notre calendrier avec la collaboration de certaines communautés qui acceptent aimablement de devancer la date fixée pour le travail.

Pendant que l'équipe de Lorraine demeure à Montréal, celle de Maria part à son tour en province, dans le Nord-Ouest cette fois. «Par une belle soirée de juillet, nous voyons notre sœur Maria, sourire aux lèvres, prendre la route accompagnée de Marie-Paule et de la jeune Danielle, prête à prendre d'assaut une nouvelle communauté, la communauté 5. À trois heures de route de Montréal, la joyeuse randonnée s'interrompt brusquement et se transforme en calvaire: notre sœur vient de réaliser avec horreur qu'elle a laissé à Montréal les trois cents formulaires, arme vitale de son commando. Nos sœurs tiennent conseil dans un petit patelin perdu et articulent rapidement une solution.» C'est Carolle, rejointe par téléphone, qui expédie par autobus, le soir même, les précieux formulaires dont l'équipe prend livraison le lendemain matin. Lorraine a connu une aventure semblable au début du travail sur le terrain. «Arrivée à la hauteur de Granby, le 28 mai, notre sœur Lorraine fait une constatation qui l'atteint au cœur: elle a oublié les livrets de nomination des sœurs de la communauté 9 que nous allions remettre à la maison mère de Magog.» Le travail dans la communauté 5 se déroule rapidement et avec une grande facilité. L'archiviste s'est bien préparée; en effet, elle a parfaitement compris, sur la base du projet qu'on lui a envoyé et de nos explications au téléphone, aussi bien le principe de l'échantillonnage que la nature et la forme de l'information que nous recherchons. Elle a déjà retiré des listes les sœurs qui n'ont jamais travaillé au Québec, elle a regroupé la documentation concernant chaque sœur. L'équipe s'est installée dans les salles spacieuses et bien éclairées d'une très belle maison mère, classée monument historique. Les résidences d'étudiants, où elles peuvent se loger, sont agréables bien qu'il y fasse très chaud la nuit. Seul incident: Danielle, venue rejoindre l'équipe, a pris une poussière dans l'œil au cours du trajet en voiture et doit, pendant quatre jours, se pencher sur les documents avec un seul œil, l'autre étant recouvert d'un pansement par suite d'une infection. «Notre supérieure venue renforcer les lignes de l'équipe, risqua d'y laisser un œil.»

Cette équipe silencieuse et appliquée, dirigée par une chercheuse ainsi handicapée, fait une profonde impression sur les religieuses. Nous recevons de plus en plus de compliments de leur part, elles admirent l'efficacité de l'équipe, le sérieux des assistantes et leur assiduité au travail. D'ordinaire, dans les maisons mères, nous travaillons de huit heures trente ou neuf heures à midi et de treize heures trente à seize heures trente ou dix-sept heures avec une pause de dix minutes au milieu de chaque demi-journée. Nous travaillons sans parler, sauf si nécessaire, et alors à voix basse et très brièvement; nous ne levons jamais les yeux de nos documents. «Ne pas perdre une seconde», telle est la consigne. Notre temps est compté et en outre, ces journées de terrain — en particulier celles que nous passons hors de Montréal — coûtent très cher en frais de déplacement et de séjour. Il faut avouer aussi que nous sommes souvent talonnées par la crainte que les religieuses perdent patience, se fatiguent de notre présence, du surcroît de travail et du dérangement que nous leur imposons et qu'elles ne nous mettent à la porte. Carolle, la jeune Danielle et Myriam doivent faire augmenter la force de leurs verres: les yeux se fatiguent beaucoup. Après l'accident de Danielle, c'est à mon tour de souffrir des yeux: une allergie rebelle à tout médicament. «À la suite de notre supérieure, c'est maintenant notre fondatrice qui est menacée de cécité.»

L'équipe restée à Montréal entreprend, à la suite l'une de l'autre, deux petites communautés qui sont complétées chacune en trois jours: la communauté 18 et la communauté 19. La communauté 18 nous a causé du souci en mai lorsque nous nous sommes mises à sa recherche après le tirage au sort des communautés de l'échantillon. En effet, nous ne trouvions plus aucune trace de son existence dans les listes et les bottins récents de communautés religieuses du Québec. Après bien des téléphones à des communautés appartenant à la même grande famille — car il y a un grand nombre de communautés qui se disent franciscaines, bénédictines, dominicaines, par exemple — on trouve enfin la clé de l'énigme: deux petites communautés semblables ont fusionné dans les années soixante pour n'en former qu'une qui porte un nom différent, et de l'une, et de l'autre. Renseignements pris, il s'avère que la fusion n'a pas modifié substantiellement l'activité principale de celle qui était mixte ni sa petite taille: on peut la conserver et on en a ainsi, si l'on peut dire, deux pour le prix d'une. La maison mère de la communauté 18, comme celle de la communauté 19, est une maison ordinaire d'un quartier populaire de Montréal. Nous y dérangeons beaucoup la secrétaire archiviste qui a fort à faire et ne croit pas trop à la recherche. L'ambiance de ces maisons est assez différente de celle des couvents. Les sœurs ne se tiennent pas de la même manière, elles ont l'air plus libres, plus détendues que dans les couvents. Paradoxalement, tout nous y est hostile et antipathique.

D'abord, il faut se livrer à la gymnastique d'un double échantillonnage, dans une double série de registres, ensuite réunir les nombreux documents des deux communautés d'origine pour retracer l'information sur les sœurs échantillonnées. Les documents sont souvent très incomplets, une partie s'est perdue: un casse-tête chinois. Les nécrologies sont rangées, non pas selon l'année, mais le mois du décès, quelle que soit l'année: nous mettons bien du temps à comprendre. Les dossiers médicaux des sœurs sont classés dans les mêmes chemises que leurs obédiences, nous essayons de nous dépêtrer des liasses de rapports d'analyse et d'interventions chirurgicales. Enfin, les notices nécrologiques des sœurs de cette communauté, tout comme les notes des supérieures versées au dossier, disent souvent du mal. Nous n'avons jamais vu cela ailleurs. De l'une, on rapporte qu'elle est laide et maladroite, d'une autre qu'elle a mauvais caractère, d'une troisième qu'elle a été sa vie durant «un pilier d'infirmerie». Une sorte de désolation suinte des archives et l'ennui nous engourdit.

Les deux communautés d'origine étaient sans mère fondatrice. Des clercs les avaient organisées l'une pour leur service, l'autre pour les œuvres sociales de leur diocèse; cette absence de mère rend peut-être compte du déficit d'amour dont les sœurs semblent avoir souffert. Nous souffrons nous aussi, de la chaleur et de l'humidité intenses dans la pièce où nous travaillons sur des tables très étroites avec les fenêtres fermées à cause du vent qui aurait pu faire s'envoler les

précieux documents. À un moment, la sœur enferme carrément l'une d'entre nous dans une pièce sans fenêtre ni
ventilation, pour y consulter des listes du personnel des
maisons. «Lorsqu'elle sortit de la petite pièce où l'archiviste
l'avait enfermée, ce fut pour nous annoncer sa mort
prochaine; puis nous la vîmes glisser dans un état coma-
teux.» C'est là que nous décidons enfin de résoudre coûte
que coûte la contradiction fenêtre/papiers: les dictionnaires,
la Bible, les annuaires du téléphone sont réquisitionnés pour
servir de presse-papier et on ouvre les fenêtres, ce qui déplaît
à la sœur, mais nous n'avons plus le choix, c'est une question de vie ou de mort. Le troisième jour, elle nous presse de
terminer notre travail en vitesse parce que la salle doit être
remise en ordre pour l'arrivée de religieuses de la communauté, venues de province en visite à l'Oratoire Saint-Joseph.
La communauté 19, qui nous accueille la semaine suivante,
est très vivante. Les sœurs sont peu nombreuses mais
plusieurs restent engagées dans l'action et le service en
milieu populaire. Notre recherche les intéresse beaucoup.
On en discute longuement avec elles. On se sent à l'aise. On
peut respirer malgré la chaleur toujours très grande. Dès la
première matinée, on place à notre portée un plateau avec
des verres et une grande bouteille thermos d'eau fraîche.

Deux d'entre nous vont chez le médecin. L'une pour
une ecchymose, dont elle pense qu'elle signale une fracture,
l'autre pour un rhume qu'elle craint de voir dégénérer en
pleurésie. La mort côtoyée tous les jours — dans les
centaines de dossiers et de nécrologies — nous renvoie
chacune à nous-même, à notre propre mort. Des mortes
nous habitent; la nuit, elles reviennent, nous accompagnent
dans le sommeil, puis font semblant de fuir à la lumière du
jour.

Août — On a fait la récolte des formulaires de l'«auto-
enquête» qui s'est poursuivie depuis juin dans la communauté 4 et la communauté 21. Nous constatons que, pour
certaines décennies, le nombre de dossiers rejetés dans la
communauté 4 exige qu'on puise dans l'échantillon de
réserve. Par mesure de précaution, dans un premier temps,
on n'avait pas fourni cette réserve aux archivistes, pour s'as-

surer que soit respectée la règle du hasard. Maria a dû interrompre sa semaine de vacances, pendant quelques heures, pour détacher cette seconde et ensuite, ô horreur! cette troisième pelure d'oignon de l'échantillon de la communauté 4, qui est très compliqué parce que la communauté a eu des noviciats aux États-Unis et en Amérique du Sud. La même chose se produit ensuite pour la communauté 21. De façon générale, dans toutes les communautés, la raison la plus fréquente pour laquelle des dossiers de religieuses sont rejetés après l'échantillonnage et remplacés, est qu'elles sont nées hors du Québec et n'ont pas travaillé au Québec à l'une ou l'autre des dates retenues par notre enquête, 1901, 1911, 1921, etc. La seconde raison de rejet est le manque d'information, surtout en ce qui concerne les obédiences. Ces dossiers incomplets viennent des toutes premières décennies et de la dernière; dans ce cas-ci, il s'agit des sœurs qui sont sorties de communauté peu après leurs premiers vœux et n'ont pas reçu d'obédience. Nous conservons les dossiers rejetés. Nous comptons les utiliser quand même pour certaines analyses, surtout démographiques, car ils contiennent presque toujours des informations valides: dates de naissance, décès, entrée en communauté, vœux, lieux de naissance, résidence.

Pendant plusieurs jours, Carolle et moi sillonnons Montréal, du sud au nord, d'est en ouest, du bureau à la maison mère de la communauté 4, puis à la maison de Maria, de retour à la communauté 4, à la maison mère de la communauté 21, au bureau, à la communauté 21 de nouveau. L'archiviste de la communauté 21 prend l'habitude de nous servir des cafés brûlants que nous n'osons pas refuser même par 30 degrés, de peur de la vexer. En examinant les formulaires remplis par sa collègue de la communauté 4, on découvre qu'elle n'a fourni, pour aucune sœur, de renseignement sur les études et diplômes avant l'entrée en communauté de même qu'après. Je le lui fais remarquer, à l'occasion de notre visite suivante. Explication: elle a pris la décision, après avoir consulté ses supérieures, de ne rien nous donner concernant l'éducation des sœurs, par souci de justice envers elles: en effet, l'information manque totalement pour certaines, dont on sait qu'elles ont fait des études; ou alors elle est incomplète. Pour d'autres sœurs, au contraire, on dispose de tout un dossier scolaire. Ainsi, si on ne donne que les renseignements qu'on détient, on porte préjudice à une partie des sœurs. Je lui explique longuement et laborieusement que dans toutes les communautés, l'information concernant les études des sœurs est relativement incomplète mais qu'il vaut mieux compiler ce dont on dispose, quitte à sous-estimer le niveau général de la formation scolaire, que de n'avoir rien à dire sur la question. En outre, la compilation et l'analyse seront faites à l'échelle des 25 communautés et la sienne ne sera en aucune manière identifiable. Toutes ces explications sont inutiles: la justice commande qu'elle garde le silence sur l'éducation de ses sœurs mortes ou vivantes. La relation avec cette archiviste de la communauté 4 menace de mener au désastre. Je ne suis plus capable de lui parler calmement. Je ne peux plus la supporter. Danielle pourrait peut-être faire mieux que moi, la sœur a toujours eu une préférence pour elle et elle l'a vue moins souvent que moi.

On prend donc rendez-vous une autre fois, toutes les deux, à la maison mère, par un après-midi d'orage. Nous sommes tellement trempées en arrivant que nos vêtements dégouttent sur le plancher du parloir. Pendant plus d'une heure, sans jamais cesser de sourire à l'archiviste, Danielle se bat pour avoir l'éducation des sœurs. L'enjeu de cette bataille réside dans le fait que l'information relative aux études des sœurs est souvent difficile à retracer, surtout pour celles des trois ou quatre premières décennies. Si nous ajoutons 350 dossiers sans aucune information aux précédents, le problème s'aggrave encore. «Nous voudrions tellement mettre en lumière, dit Danielle à l'archiviste, l'effort gigantesque que les communautés ont consenti pour former leurs sujets, l'effort inouï que les sœurs elles-mêmes ont été obligées de faire pour poursuivre leurs études, parfaire leur formation sans cesser pour autant de travailler. Nous comprenons vos réserves, vos réticences. Oh! oui, mais nous souhaiterions que tout le monde sache que beaucoup de sœurs étaient instruites. Vous connaissez les préjugés des gens, les calomnies qui ont été faites à ce sujet. C'est ainsi que la justice sera le mieux servie, etc. Le travail que vous avez fait déjà est tellement extraordinaire, important, édifiant, il vaut la peine de faire un effort de plus, etc.» Le charme de Danielle, son intelligence, sa persuasion auraient pu faire reculer un régiment, faire fondre un général en chef, mais notre archiviste reste inflexible. Cet échec est d'autant plus de mauvais augure que nous devons nous adresser à cette communauté, propriétaire de nombreux hôpitaux, dans la seconde phase de la recherche. Mais à chaque jour suffit sa peine.

Un débarquement sur les deux rives du fleuve

Nous décidons de tenir une journée de réunion à la campagne pour faire le point sur le déroulement du travail, le fonctionnement des équipes et la préparation des prochaines semaines de terrain qui s'annoncent difficiles. La mise en scène communautaire continue. Les assistantes qualifient la réunion de chapitre général. L'une d'entre elles nous demande, à Danielle et moi, d'être admise à faire ses premiers vœux à cette occasion et nous prie de lui donner un nom en religion, comme les deux premières professes l'ont fait le printemps dernier. L'ordre du jour est ainsi rédigé et polycopié par les trois assistantes principales: mot de bienvenue de la fondatrice, allocution de la supérieure, affaires temporelles (budget, compte de dépenses), affaires spirituelles, etc. Mieux vaut en rire... au point où nous en sommes! Le temps est splendide, nous pique-niquons et prenons des photos qui s'avéreront très réussies: toute l'équipe disposée sur trois rangées, en short, bermudas, T-shirt devant une pile de madriers sur fond de sapinage; les mains sont jointes à la hauteur de la taille comme celles des couventines sur les anciennes photographies, les mines sont angéliques et triomphantes. En fait, l'équipe est très satisfaite d'elle-même et de sa performance depuis le début du travail sur le terrain. Plus rien ne lui fait peur, pas même les prochaines semaines à Québec et au Lac-Saint-Jean où nous devrons visiter très rapidement plusieurs communautés dont les archives sont dans un état incertain. Danielle doit s'occuper des inscriptions des étudiant(e)s de maîtrise et de doctorat et ne pourra pas venir à Québec. De plus, une des assistantes étudiantes nous a quittées comme prévu: son contrat est terminé et elle veut se reposer avant d'entreprendre le doctorat. Revivrons-nous la déroute de Montcalm sur les plaines d'Abraham? Non. L'équipe est unanime pour affirmer que nous allons passer à travers les difficultés à venir.

Le voyage à Québec, cette fois, prend l'allure d'un véritable débarquement: trois voitures, une patronne, les deux chefs d'équipe, la tourière, les trois assistantes étudiantes; les piles de formulaires, tous les instruments de travail y compris les trombones, les élastiques, les crayons et la mine de crayon; les cahiers, les dossiers, les fichiers; les bagages personnels: tenues de travail et tenues de loisir, cintres, fers à repasser, à friser, séchoirs à cheveux; pharmacie de voyage. Nous avons réservé trois chambres d'un immense motel à l'entrée de la ville de Québec. Les prix y sont raisonnables mais décor et mobilier, assez vétustes. La répartition des chambres a été décidée bien avant le départ de Montréal et après avoir été le sujet, comme toujours, de longues discussions entre les assistantes. Des considérations complexes sont en jeu: les affinités électives mais aussi la compatibilité des biorythmes et des habitudes intimes: horaire de sommeil, préférence pour la douche du matin ou du soir, ronflement, sommeil léger ou lourd. À vrai dire, il faudrait que tout le monde se couche et se lève tôt pour être en forme tous les jours mais ce n'est pas souvent possible. «La tourière se transforme en Zorro, ennemi du petit matin et son masque noir fait peur à ses compagnes de chambre.» Chaque réveil matinal est une épreuve: tout le monde doit être debout à sept heures, et se retrouve pour le petit déjeuner trente minutes plus tard, suivi de l'inspection des troupes. Il y a toujours une jupe à repasser à la dernière minute, un bouton à recoudre. Les chefs d'équipe s'impatientent: chargement des trois voitures, récapitulation des consignes de la journée; à huit heures, départ des groupes vers leur communauté respective.

Il règne sur Québec un petit froid humide, comme un avant-goût d'automne. Nous essayons de faire trois communautés à la fois et ce sera un miracle d'y réussir à peu près, car les conditions nous sont peu propices. Le lundi matin, nous nous présentons au bureau de la secrétaire générale de la communauté 13. Au cours des semaines précédentes, Danielle s'est longuement entretenue de la recherche avec elle au téléphone. Une relation très cordiale s'établit. Au plan technique, jamais les choses ne se présentent aussi mal. Cette communauté était jadis formée de monastères indépendants les uns des autres; chacun ayant son propre noviciat et gérant ses activités, mélange de contemplation — les sœurs récitaient l'office et étaient soumises à la clôture — et d'assistance aux malades, aux orphelins, avec parfois de l'enseignement. Au cours des années cinquante, les maisons se sont regroupées en une association unique à laquelle le gouvernement général de la communauté a été confié. En pratique, cela signifie que les registres des religieuses qui ont fait leurs vœux dans la communauté se trouvent dans chacun des quinze monastères dispersés dans plusieurs régions de l'Est du Québec. Les plus anciens et les plus gros sont à Québec, ceux de province ont des tailles et des dates de fondation très différentes. Les dossiers et les nécrologies des sœurs mortes avant le regroupement sont dans les archives de leur monastère alors que les documents concernant les sœurs mortes après le regroupement et les sœurs actuellement vivantes sont dans les archives du secrétariat général, bien qu'elles soient inscrites et immatriculées dans les registres de leur monastère d'origine. Nous n'en croyons pas nos oreilles. Comment fabriquer un échantillon dans ces conditions? Il faut trouver rapidement une solution praticable sinon impeccable. On tient conseil et on négocie le plan de bataille avec la secrétaire qui est devenue aussi fébrile que nous. Elle est capable de se mettre à ma place, moi à la sienne. Cette empathie mutuelle va permettre de sauver une situation quasi désespérée au départ. On s'entend d'abord sur la nécessité de choisir trois monastères parmi ceux de Québec, où l'on puisse faire le travail d'échantillonnage et remplir les formulaires au cours de la semaine.

Notre interlocutrice décroche le téléphone et appelle les archivistes des couvents, leur explique la recherche, leur demande de nous recevoir le jour même si possible: elle finit par en convaincre trois, qui nous reçoivent au cours de la journée. Lorraine part sur le champ avec Carolle et la jeune Danielle, qui l'attendent dans la voiture, pour faire la tournée d'exploration des archives de ces trois couvents. Ensuite, il faut trouver au moins deux monastères de province dont on puisse avoir la liste des sœurs, transcrite des registres, dans les plus brefs délais, de manière à faire l'échantillon, à le communiquer à l'archiviste locale à qui on expédiera les formulaires pour qu'elle recopie les renseignements relatifs aux sœurs dont les dossiers sont dans ses archives. Enfin, nous remplirons nous-mêmes à la fin de la semaine, dans les archives du secrétariat général, les formulaires des sœurs originaires des cinq monastères qui seraient mortes après 1950 ou toujours vivantes. La secrétaire a une première inspiration: des sœurs de Québec rentrent le lendemain d'une des maisons de la Baie-des-Chaleurs. Elle va téléphoner en expliquant à la secrétaire locale la manière de constituer la liste de la population à échantillonner et les voyageuses apporteront cette liste. Une seconde inspiration suit la première: un des monastères de Gaspésie a publié un ouvrage commémoratif à l'occasion de son récent centenaire. Cet ouvrage donne en annexe la liste des sœurs qui y ont fait leurs vœux chaque année depuis le début, avec leur date de naissance et celle de leur décès s'il y a lieu. On cherche ce livre, on le trouve. C'est bien ça, nous pouvons bâtir notre échantillon à partir de cette liste et procéder ensuite comme dans le cas précédent: téléphone puis échantillon et formulaires expédiés et retournés par la poste. La matinée entière a été consacrée à mettre au point la logistique de l'opération. Il fait beau dehors, le fleuve est bleu, on aurait envie de s'étendre dans les chaises longues dans le grand parc ombragé autour de la maison ou de se cacher dans le silence de cette chapelle lumineuse que nous visiterons avant de repartir. On aurait envie de tout, sauf de nouvelles maisons mères, de nouvelles secrétaires et de nouvelles archives. Mais la communauté 25 et la communauté 27 nous attendent pour une première rencontre, l'une à treize heures pile, à l'autre extrémité de la ville; la seconde à quinze heures, en banlieue, et nous ne sommes que lundi.

Le parloir de la communauté 25 est sombre et grillagé, il s'agit d'une communauté de tradition contemplative mais qui a supprimé la clôture depuis quelques années. L'ambiance est sinistre, l'attente interminable et pour éloigner le cafard ou le fou rire qui se confondent facilement certains jours, on chante en chœur, doucement, à voix basse. La secrétaire nous surprend ainsi. Longs couloirs noirs, escaliers en colimaçon. Nous la suivons dans une salle de travail où nous attendent deux autres religieuses. Nous énumérons et décrivons les documents qui seront nécessaires au travail. Elles croient ne pas les avoir et sont bien ennuyées. Elles partent à leur recherche chacune de leur côté; reviennent, repartent; réapparaissent à plusieurs reprises avec, chaque fois, des piles de registres, de cahiers, de fichiers, des boîtes de documents qu'elles ont montés de la cave ou descendus du grenier. Une heure plus tard, nous sommes enterrées sous la documentation. Elles s'y plongent en même temps que nous. C'est alors que nous assistons à un concert de cris de surprise et de joie: «Voyez ma sœur, quelle découverte, ce sont les vieilles nécrologies!» «Oh! des documents de la fondation, c'est extraordinaire, venez voir!» Elles lisent à haute voix. Elles sont dans un tel état de transe que Marie-Paule et moi nous retirons sur la pointe des pieds sans prendre congé, laissant Maria et Myriam entreprendre le travail.

Nous nous retrouvons peu après au parloir de la communauté 17, au centre d'un luxueux complexe maison mère/résidence pour dames âgées/école maternelle. J'ai parlé deux fois au téléphone avec la secrétaire. En juin pour prendre rendez-vous et la semaine précédant notre venue à Québec, pour confirmer. Elle apparaît dans l'encadrement de la porte faisant, de la tête et des mains, de grands signes de négation, avant même qu'un seul mot soit échangé. Dehors, bulldozers, camions et autres machines sont mobilisés pour la construction d'une nouvelle école privée que la communauté ajoute à ses entreprises. Cette sœur ne peut pas nous voir, n'a pas le temps, n'est pas vraiment intéressée par la recherche. On s'entend à peine parler au milieu des vibrations des moteurs. Nous conjuguons toutes nos ressources de séduction et de persuasion. En fait, le travail sur la communauté 17 est déjà partiellement fait et il serait absurde de ne pas le terminer. La communauté, en effet, est d'origine européenne et n'a au Canada que des maisons provinciales, dont l'une à Montréal où nous avons trouvé les registres de toutes les sœurs des provinces canadiennes, ce qui nous a permis de faire l'échantillon. Cependant, nous n'y avons trouvé que les dossiers des sœurs, peu nombreuses, présentement rattachées à ce secrétariat de Montréal. Vous trouverez toutes les autres à Québec, nous avait assuré la secrétaire de Montréal, femme charmante et très accueillante, ce qui n'est pas le cas de celle de Québec, manifestement déterminée à se débarrasser de nous par n'importe quel moyen. Nous nous incrustons dans les fauteuils Louis XV campagnard du parloir. Nous plaidons: c'est l'affaire de quelques heures de travail. Nous flattons: bien qu'elle soit petite, la communauté a joué un rôle important dans l'histoire du Québec, a beaucoup contribué à la formation des femmes. On peut compter sur Marie-Paule pour citer la bonne date au bon moment. «Montrez-moi cette liste», lance sèchement la sœur. Elle sort enfin côté archives, nous laissant en silence, ahuries et épuisées. Nous ne le savons pas, mais nous sommes au début d'une aventure qui va durer toute la semaine. La sœur revient: seulement une vingtaine de dossiers de la liste relèvent de son secrétariat. Nous ne pouvons pas les consulter maintenant parce qu'elle est trop occupée. Peut-être pourrions-nous la rappeler dans quelques jours. Les autres dossiers, une quarantaine, relèvent, selon elle, de la province de Bellechasse. Voilà le nom de la secrétaire, nous n'avons qu'à lui téléphoner, c'est à une heure de Québec en voiture, bonne chance! Retour au motel, téléphone à la secrétaire de Saint-N. de Bellechasse, rendez-vous à neuf heures le lendemain, elle verra ce qu'elle peut faire.

Les autres équipes rentrent elles aussi au bercail: on se raconte les péripéties de la journée, récit qui durera jusqu'au soir, bien après le souper. Du côté de Maria et Myriam, les choses se sont plutôt bien passées; les sœurs se sont calmées peu à peu après notre départ. L'échantillon a été tiré et le remplissage des formulaires va déjà bon train. En revanche, Lorraine, Carolle et Danielle ont vécu des aventures rocambolesques en faisant la tournée des monastères de la communauté 13. Tout d'abord, dans le premier couvent où on les a envoyées, vers dix heures du matin, elles ont bu une grande bouteille de Pepsi et mangé des biscuits; ensuite, l'archiviste, qu'elles appellent Bécassine, les a longuement entretenues des noces d'or de trois sœurs de la maison qu'elle est chargée de préparer, préparatifs auxquels elle consacre le meilleur de son temps. On leur a montré le menu, les faire-part, l'adresse aux jubilaires, les bouquets de corsage; elles ont admiré, donné leur avis. Le temps passe. Lorraine essaie d'en venir aux archives, peine perdue. Quand la sœur consent enfin à s'y intéresser, il faut commencer par celles du régime français pour lesquelles l'archiviste a une prédilection: elle sort les cadastres des seigneuries, on s'y penche. Vers midi moins quart, Lorraine craque: le fou rire s'empare d'elle. Mais, racontent ses compagnes, elle ne rit pas extérieurement, de grosses larmes coulent de ses yeux. Au bout du compte, on doit laisser tomber ce monastère car les archives concernant les obédiences sont à peu près introuvables. Dans le second monastère, c'est à peine mieux mais on a de meilleures chances d'en venir à bout, elles vont s'y attaquer demain. L'archiviste du troisième monastère où elles se sont rendues tard dans l'après-midi les a consolées de toutes leurs peines: aimable, calme, efficace. Le travail ne sera pas facile dans ce couvent vu la complexité de la documentation, mais elles ont confiance en l'archiviste. Jusque tard dans la soirée, avec les chefs d'équipe, nous continuons à mettre au point la logistique des prochaines journées, à discuter des nombreux problèmes techniques que nous posent les trois communautés en chantier. Je dis à Danielle, au téléphone, que je ne sais plus pourquoi on s'est lancées dans cette affaire et que je ne sais pas si on va en venir à bout.

L'art de vivre au couvent

Les jours suivants passent comme un rêve. Nous sillonnons à fond le comté de Bellechasse à la recherche des nécrologies des religieuses de la communauté 17. À Saint-N., nous remplissons plusieurs formulaires. Nous sommes parfaitement heureuses d'ailleurs, dans un petit couvent de campagne, ancien, entouré de jardins en fleurs, au bord du fleuve. Mais les nécrologies — source unique de renseignements sur les sœurs des premières décennies — sont introuvables. Notre archiviste nous confie cependant que ces nécrologies avaient été à l'époque publiées dans un journal de la communauté dont certains couvents des alentours parmi les plus anciens, pourraient avoir conservé la collection complète. En avant pour Saint-T., Saint-C. et Saint-S. de Bellechasse! Des couvents de conte de fées, entourés de lilas, au cœur de petits villages paisibles; de vieilles religieuses exquises mettent à notre disposition les numéros de ce fameux journal que la maison a gardés. Nulle part on ne possède la collection complète. On trouve trois nécrologies ici, quatre là et on continue parce qu'on ne sait plus où s'arrêter. Jusqu'où faut-il aller pour dix sœurs de 1901? Pas de bonne réponse. Entre Saint-N. et Saint-T., la route est en réparation sur plusieurs kilomètres, on se demande si la voiture de Marie-Paule tiendra le coup. Elle tient! À Saint-C., on arrive à temps pour voir un attroupement de gens qui observent le remorquage d'une voiture entrée par accident dans le socle de la statue du Sacré-Cœur, au centre du village. La cuisinière du couvent nous offre des biscuits encore chauds du four et pendant qu'on se penche sur les archives, la supérieure se rend à la chapelle afin, dit-elle, de prier pour le succès de notre recherche. Les champs sont mûrs, l'air est parfumé. Ces balades nous font du bien.

Par contre, nous sommes mises à rude épreuve en retournant pour compléter nos dossiers chez la secrétaire de la province de Québec. Le travail n'a pas commencé depuis une heure et elle veut déjà tout ranger. Les sœurs passent, elles voient notre déballage — en effet, on travaille au parloir, quasiment sur nos genoux — elles n'aiment pas, il faut nous dépêcher. Un sprint, on bat nos propres records. À l'heure du midi, on achète des fleurs à cette secrétaire revêche. Maria et Myriam terminent la communauté 25 sans encombres et, à partir de mercredi, vont renforcer les troupes de Lorraine qui s'acharnent sur le dernier monastère de la communauté 13. On croit qu'on n'en verra jamais la fin. Jeudi, nous sommes six à pied d'œuvre dans les archives de ce dernier monastère. Nous nous livrons à un curieux ballet, ou plutôt à une invraisemblable série de chassés-croisés, pour six chercheuses et trois archivistes. Décor: une salle aux murs lambrissés de hautes bibliothèques en chêne dont les sections du haut et du bas sont séparées par une large tablette à mi-hauteur. Les listes du personnel des diverses œuvres de la maison, pour les huit années qui nous intéressent, sont déposées sur cette tablette, en petites piles bien séparées les unes des autres. Les longues tables sont couvertes des registres des religieuses dont une bonne partie est manuscrite et difficile à déchiffrer. Dans un coin de la pièce, sur une table haute, les archivistes ont placé les nécrologies, reliées dans d'énormes volumes à tranche dorée où des signets indiquent la page recherchée. Il faut rester debout pour lire et prendre des notes. Quelques fichiers dans un autre coin complètent l'ameublement. Pour respecter les consignes du chef d'équipe — une seule personne à la fois sur un document, se déplacer sans faire le moindre bruit, procéder dans l'ordre le plus strict — à chaque seconde, quelqu'une se lève doucement, une autre se rasseoit, une troisième traverse la salle sur la pointe des pieds dans un sens pendant qu'une quatrième la retraverse sur la pointe des pieds, dans l'autre sens. Un silence parfait règne. Les sœurs n'en reviennent pas: «Une telle organisation, une telle efficacité, une telle discipline, on ne voit plus jamais ça», me confient-elles. Il y a dans leurs paroles un peu d'envie mêlée à de la nostalgie. On voit, des fenêtres de la bibliothèque, les toits du vieux Québec et le fleuve au-delà des remparts. Il pleut. Dans les rares loisirs que leur laissaient le soin de leurs orphelins, leurs vieillards, leurs malades et la récitation des offices quotidiens, les sœurs parfois notaient leurs pensées intimes: «Souffrir pour Dieu n'est rien encore, ce qui est vraiment dur c'est de se laisser détruire et anéantir par lui, n'être rien et ne rien sentir.» Le cimetière des sœurs est au fond du jardin, sous le mur de clôture.

Jeudi soir, nous allons magasiner pour les cadeaux des sœurs: un porte-mine pour la secrétaire de la communauté 25 — c'est le douzième porte-mine de l'été — une plante grimpante pour la secrétaire générale de la communauté 13, une violette en fleurs pour les archivistes du monastère. Nous nous sommes promis d'aller souper un soir dans une petite auberge de l'Île d'Orléans mais trouver cette auberge, y réserver une table, s'y rendre et en revenir, nous paraît finalement trop compliqué, trop fatigant. Certains soirs, le groupe se scinde: les plus jeunes sortent en ville, les plus vieilles se paient un bon repas dans un restaurant tranquille. L'une va visiter sa cousine, l'autre des amis de Québec. Le lendemain, naturellement, on se raconte la soirée de la veille dans le détail. Jeudi, il y a un petit drame maison. La veille, Carolle et Danielle ont eu congé pour une partie de l'après-midi et nous leur avons demandé de recopier au propre les listes de noms et matricules des religieuses correspondant aux échantillons que nous avons fabriqués pour les deux monastères de province de la communauté 13, parce qu'il faut remettre ces listes à la secrétaire générale le vendredi avant de quitter Québec. Mais lorsqu'en fin de soirée jeudi, préparant mes affaires pour le lendemain, je demande ces listes, elles n'existent pas. Maria, Lorraine et moi recopions les noms jusqu'à minuit passé sans demander leur aide: elles sont allées se coucher pour une fois silencieusement. Vendredi, nous terminons le monastère de la communauté 13 et découvrons au dernier moment trois violettes en fleurs dans le bureau des archivistes, identiques à celle que nous nous apprêtons à leur offrir: cette violette rentrera donc avec nous à Montréal et nous enverrons un autre cadeau par la poste. Nous allons aussi faire nos adieux à la communauté 25, à l'heure du dîner. Nous retournons ensuite au secrétariat général de la communauté 13 où nous avons débarqué lundi matin, cette fois, pour remplir les dossiers des sœurs des monastères de cette communauté, encore vivantes ou mortes après 1950 et pour laisser à la secrétaire générale les listes des échantillons des monastères de province qu'elle fera parvenir aux archivistes locales.

Nous nous sentons tellement bien dans la maison mère de la communauté 13 que nous le disons à la secrétaire. C'est sans doute à cause de la lumière qui entre à flots par les hautes fenêtres, ou à cause du silence qui remplit cette maison, un silence exact, sans chuchotements, sans craquements ni agitation étouffée. Nous sommes en train de finir les dossiers, Maria et moi travaillons coude à coude sur une petite table pliante qu'on a rajoutée pour la circonstance au mobilier du bureau de la secrétaire. À l'heure du goûter, on nous apporte de la crème glacée et des jus de fruits, en prenant soin de ne pas nous déranger. La porte du bureau s'ouvre, une sœur entre; nous nous levons toutes les deux spontanément, elle est très grande et souriante. «On me dit que nous avons deux novices», dit-elle. La secrétaire générale entre à son tour précipitamment: «Ah! vous m'avez devancée, permettez-moi de vous présenter, Mesdames, la supérieure générale de notre communauté.» Nous échangeons quelques propos de circonstances sur la communauté, sur le travail universitaire, la recherche. Elle nous dit au revoir, prend nos mains dans les siennes — geste qui exprime l'affection chez les religieuses qui d'ordinaire ne s'embrassent pas. Nous nous confions après que nous avons résisté l'une et l'autre à l'impulsion de lui demander sa bénédiction ou quelque chose de ce genre. Une force émanait d'elle. Le travail terminé, nous avons envie de rester là comme si nous avions enfin trouvé ce que nous cherchions. Mais il faut partir. En fin d'après-midi, Danielle arrive de Montréal pour prendre la relève. L'équipe de Québec se sépare: deux assistantes vont accompagner Danielle au Lac-Saint-Jean dans la communauté 12; le reste de l'équipe rentre à Montréal. Comment pourrons-nous vivre une semaine les unes sans les autres? Nous chantons pendant tout le trajet du retour à Montréal. C'est une habitude prise au cours des voyages à Saint-P. dès le début de l'enquête sur le terrain; Marie-Paule conduit la voiture et dirige le chant; sur le siège arrière, nous prenons soin de ne pas écraser la violette.

Une pointe de déprime...

Le samedi et le dimanche, l'équipe de la communauté 12 se balade dans Charlevoix. Elles essaient de se détendre et font à Danielle le récit des péripéties de leur semaine à Québec. La communauté 12 est une communauté de remplacement. Celle que nous avions choisie originellement avait sa maison mère dans le Bas-Saint-Laurent mais à la suite de plusieurs lettres et d'entretiens téléphoniques, il a fallu conclure que l'état des archives ne permettrait pas de trouver les obédiences des sœurs. Même les dossiers de celles qui sont encore vivantes ne sont pas vraiment à jour, a avoué la secrétaire. Très occupées à ce moment-là par le travail sur le terrain, nous avons attendu trop longtemps avant de prendre la décision de rejeter cette communauté de l'échantillon, à tel point que la communauté destinée à prendre sa place n'a pu être rejointe par lettre qu'à la mi-août. Danielle s'est chargée de téléphoner à la secrétaire pour prendre rendez-vous, démarche importante. Advenant un refus, il ne resterait aucune autre communauté de remplacement dans cette strate de la population. Toute une nuit, au cours d'un cauchemar interminable dans lequel la secrétaire lui raccrochait plusieurs fois la ligne au nez, elle a raté cette démarche. Le lendemain, elle n'ose plus téléphoner. Tout a fini par s'arranger: en réalité, la secrétaire est fort gentille et elle s'arrange même pour nous recevoir à la date qui nous convient. La nouvelle communauté 12 présente la même taille et les mêmes caractéristiques que la communauté du Bas-Saint-Laurent: fondée au début du siècle par l'évêque d'une région périphérique pour pourvoir aux besoins des écoles dans les petites localités, elle s'est développée très vite à l'échelle de sa région, y fondant outre les petites écoles, des écoles normales et des instituts familiaux. L'équipe a rêvé d'un motel avec vue sur le lac, bonne table et ambiance de villégiature mais les touristes ont tout envahi. Elles doivent changer de gîte après la première nuit et atterrissent dans un hôtel où, disent-elles, le train passe dans les chambres. Une des sœurs de la communauté 12 propose aux assistantes qui se plaignent d'être mal logées de partager sa chambre. Les sœurs sont charmantes. Le travail se fait très vite et dans d'excellentes conditions techniques mais l'équipe, pas vraiment remise de l'effort fourni pendant la semaine à Québec, est sur les nerfs. On se fâche et on se réconcilie. «Notre supérieure fut malheureusement victime de la négligence inexcusable de la tourière. Alors que toutes ses filles peuvent profiter des technologies avancées, elle se voit soumise aux contraintes des aiguisoirs et réduite aux pointes de mine toutes rondes.» La secrétaire générale, très compréhensive, s'entretient avec Danielle des problèmes de son supériorat car les assistantes l'ont mise au courant de leur petit théâtre. Nous, cependant, n'appelons plus notre supérieure, ma mère, leur explique-t-elle, on l'appelle Louisette par son prénom, comme toutes les autres. Celle-ci les entretient de son «divin époux» comme s'il était là en chair et en os: «Je lui disais justement ce matin, en bavardant avec lui ...» Elles sont très impressionnées. Le dernier jour, on garde l'équipe à dîner, à la table de la supérieure générale... non, de Louisette, décorée de fleurs pour l'occasion.

L'équipe rentrée le vendredi à Montréal se retrouve le lundi matin dans la communauté 20, petite communauté venue de France au début du siècle et qui s'est peu développée à partir de ses premières activités d'enseignement et de protection des jeunes filles. On a eu du mal à les convaincre au début de l'été de collaborer à notre recherche et elles ont toujours refusé, sous un prétexte ou un autre, de nous fixer un rendez-vous précis. La secrétaire se disait méfiante, nous parlait des mauvais traitements que la Révolution française avait fait subir aux communautés religieuses. On est obligées de la «coincer»: «Bonjour, on est là, on reste!» Elle nous trouve sympathiques, se dit bien contente de pouvoir nous aider. Nous commençons le travail, mais tout marche de travers: les registres sont incomplets, la secrétaire ne retrouve que la moitié des nécrologies et des dossiers. D'autres sœurs sont appelées à la rescousse: elles cherchent de tous les côtés, s'affolent. Ce sont des femmes très âgées, l'une est cardiaque et respire avec peine, une autre boite.

Nous travaillons toute la journée pour nous rendre compte que nous n'y arriverons jamais et qu'il faudra remplacer cette communauté par une autre. Elles n'en peuvent plus, nous non plus. Elles se désolent. Nous nous excusons. Toute notre entreprise brusquement ne rime plus à rien, n'a plus de raison d'être. Les voir soudain, tellement vieilles, tellement fatiguées, nous atteint. L'été est fini. L'avons-nous vu du fond des couvents, dans les archives, ou au bureau, entre le téléphone et les classeurs? Nous avons le cœur en morceaux à la pensée des mortes, des vivantes et de notre petit groupe qui se traîne de maison mère en maison mère depuis quatre mois. Nous nous sommes fatiguées, tuées à retranscrire la vie de trois mille sœurs. Pourquoi? Pour qui? Pour rien! C'est la déprime.

… et quelques tempêtes

La session d'automne commence: cours, séminaires, réunions. Les assistantes étudiantes ont terminé leur période de travail à plein temps, elles passent au régime des dix heures de travail par semaine. Le terrain est loin d'être terminé. Trois communautés restent à l'agenda et nous devons en trouver une quatrième pour remplacer la communauté 12. Une équipe de trois se rend à Saint-P., le lundi matin de la semaine de la rentrée, pour faire la communauté 10. À onze heures, elles sont déjà revenues au bureau et en état de choc. À leur arrivée à la maison mère, on les a fait attendre au parloir une bonne demi-heure, brusquement l'archiviste entre et là, le ciel leur tombe sur la tête! «Nous avions rendez-vous la semaine dernière, je vous ai attendues pour rien, nous avions organisé nos horaires pour vous recevoir, nous n'avons plus de temps à perdre avec vous, allez-vous-en!» hurle-t-elle. Les assistantes se confondent en excuses. Maria, qui dirige l'équipe, essaie de s'entendre sur une autre date où la sœur pourrait éventuellement les recevoir: peine perdue. Elle les chasse après avoir traité Maria d'écervelée, d'effrontée et autres qualificatifs. «Nous avons compris que Saint-P. est devenu indubitablement la voie privilégiée de sanctification de notre sœur.»

Panique au bureau: on sort le dossier de la communauté 10. On relit les notes prises lors des deux entretiens téléphoniques avec la secrétaire et l'archiviste et de la visite que Danielle a faite à cette dernière en juin: la date du rendez-vous a été modifiée par deux fois et en effet, nous nous sommes trompées en la reportant sur notre calendrier. Que faire? Dans l'après-midi, je téléphone à l'archiviste qui n'est pas moins en colère que le matin. Après lui avoir offert mes excuses, j'égalise le terrain: vous avez insulté notre assistante, ma collègue et moi sommes très contrariées. Je ne sollicite pas d'autre rendez-vous. On décide de jouer le tout pour le tout: j'appelle la secrétaire générale et on s'explique. Le téléphone dure une demi-heure. L'archiviste va vous rappeler. Tout s'arrange, même Maria accepte de retourner la semaine suivante à Saint-P., mais cette fois sera la dernière et j'y serai.

Il pleut à verse le premier jour et on chante les funérailles d'une sœur, diffusées de la chapelle dans toute la maison mère par le système multivox. Nous n'ouvrons pas la bouche de toute la journée. Nous remplissons frénétiquement nos formulaires. Seule la présence des autres empêche chacune de sombrer dans des pensées sinistres. Le lendemain, le multivox relaie la description télévisée de la visite du pape. Nous travaillons à quatre sur une petite table coincée entre une porte qui s'ouvre sur nous et une étagère. À un moment, un mouvement quelconque fait tomber une carte posée debout sur un des rayons et aussitôt une petite musique grêle se fait entendre. Nous nous regardons, médusées, la musique continue. «C'est une carte de vœux musicale», explique l'archiviste, levant les yeux de son journal. L'incident la déride tout de même. Nous pouvons nous permettre d'emporter des photocopies des nécrologies pour terminer le travail au bureau, ce qui nous évite de revenir à Saint-P. pour une autre journée. Ni l'archiviste, ni aucune des sœurs de la communauté ne s'intéressent à nous, la visite du pape bat son plein.

Dans la strate de la population correspondant à la communauté 12, rejetée, il ne reste plus que la 23: petite communauté mixte d'origine européenne. Comme dans le cas de la communauté 17, les dossiers des sœurs sont dispersés aux quatre points cardinaux, parce que la communauté est organisée en provinces, chacune avec sa secrétaire et ses archives, l'une à Montréal, l'autre à Trois-Rivières, les autres en Ontario. Celle de Montréal, pour sa part, compte deux secrétariats. Chacune des secrétaires archivistes à qui nous téléphonons ou rendons visite, nous renvoie à une autre de ses collègues, à l'autre bout de la ville ou du pays. Le scénario du comté de Bellechasse recommence, à cette différence près que les sœurs de la communauté 23 manifestent le plus grand enthousiasme pour notre recherche: «Il faut absolument que nous y soyons, répètent-elles, ce serait une grande déception pour notre communauté de devoir renoncer à participer.» Pourtant, les choses se présentent mal: les sœurs des premières décennies sont introuvables; les dossiers des sœurs vivantes, divisés entre les provinces et plus ou moins complets. Les sœurs de Montréal vivent en appartement et ont un travail à l'extérieur, parfois salarié, parfois pour la communauté. Nous devons explorer des archives rangées sous des lits et dans les tiroirs des commodes. Des chiens ou des chats nous tiennent compagnie. Les tables de cuisine nous servent de bureau.

Danielle est d'avis de laisser tomber. Je m'obstine à croire que nous finirons par remplir assez de dossiers pour que l'échantillon soit valide — échantillon que nous essayons de fabriquer par province, sans grand succès d'ailleurs. La secrétaire de Trois-Rivières nous assure au téléphone qu'elle dispose de tous les documents nécessaires à la recherche. Il y a peu de chances que ce soit le cas, mais elle est fort sympathique: nous avons même pris l'habitude du tutoiement au cours de nombreux entretiens téléphoniques. Elle nous appelle «mes très chères». L'affaire traîne. Début novembre, nous allons à Trois-Rivières, dans une tempête de neige. Au fond, nous avons envie de refaire du terrain. L'ambiance de l'université ne nous vaut rien. Nous ne sommes heureuses, désormais, que penchées sur les vieux papiers des sœurs, dans le calme de leurs couvents. Notre secrétaire en personne est encore plus étonnante qu'au téléphone: à table, elle nous donne du même souffle des cours de féminisme et de théologie. Excellente professeur, elle n'en est pas moins, malheureusement, assez piètre archiviste. Danielle a raison. La communauté 23 est un piège qui se referme sur nous à Trois-Rivières où nous travaillons avec acharnement pendant deux jours, nous baladant en compagnie de la secrétaire, ravie, d'une maison de la communauté à une autre pour conclure que nulle part, nous ne trouverons au complet les documents que nous cherchons. Le sort donc en est jeté: l'échantillon comptera 24 et non 25 communautés. En rentrant, Carolle cependant a une nouvelle d'une autre nature à annoncer triomphalement aux assistantes étudiantes: «Nous avons vu une sœur en pantalon!»

Où l'on finit par entrevoir de grandes promesses

Entre-temps, nous consacrons la semaine de relâche, à la mi-session, à l'enquête dans la communauté 8, cette grande communauté dont l'archiviste est décédée en juillet et vient tout juste d'être remplacée. Une équipe passe la semaine à Lévis, siège de la monumentale maison mère de cette communauté qui ressemble un peu à celle de la communauté 4 et de presque toutes les grandes communautés, avec son style des années cinquante, mariant béton, verre et terrazzo. Ces immeubles gigantesques ont été conçus à l'époque pour accueillir les centaines de novices qui se pressaient aux portes de la communauté, regrouper les centres nerveux de l'administration des œuvres et de services alors en pleine expansion, fournir les espaces nécessaires aux activités de formation et d'animation des professionnelles et cadres de la communauté; enfin abriter sa population âgée dont le chiffre commençait à s'élever. Quelques années plus tard, parfois moins, la communauté se trouve sans novices, sans œuvres, avec une population déclinante et en partie inemployable. Très vite, ces immenses maisons mères se sont transformées en hospices et en infirmeries pour sœurs âgées, à la retraite ou malades. À la longue, elles sont deve-

nues des mouroirs. À la même époque, les petites communautés et les moyennes ont souvent dû, quant à elles, aban-
donner leurs maisons mères, devenues trop vastes et trop
dispendieuses pour se reloger dans des maisons construites
en fonction de leurs nouvelles conditions de travail et de vie
communautaire. D'allure plus moderne que les anciennes,
leur architecture se tient à mi-chemin de la conciergerie et
du couvent. À Lévis, comme ailleurs, la maison monumentale est bâtie sur un vaste terrain, moitié asphalté, moitié
gazonné, parsemé de quelques grottes, de statues, de balançoires fixes. Par beau temps, les sœurs s'y promènent en
petits groupes, mais le vent qui souffle avec force en toutes
saisons les oblige à mettre à leurs chapeaux de petits élastiques passés sous le menton. À l'heure de nos récréations,
nous adoptons leur rythme paisible de déambulation. Nous
nous berçons parfois dans les balançoires. La communauté 8
est accueillante. Les sœurs insistent pour que l'équipe
prenne les goûters et les repas du midi à la cafétéria. La
nouvelle archiviste, timide et encore peu sûre d'elle-même,
s'est entourée, pour la durée de notre visite, de quelques
sœurs qui lui servent d'assistantes. Les archives avaient été
fort bien tenues par la précédente. En outre nous avions
passé en revue avec elle, au printemps, les documents nécessaires à l'enquête. Le travail se déroule rondement, sans
écueils majeurs.

L'une des archivistes assistantes se révèle une conteuse
irrésistible qui régale l'équipe des anecdotes les plus comi-
ques de ses années de service dans l'hôpital psychiatrique
tenu par sa communauté. Ainsi, au cours de la semaine, les
occasions de rire ne manquent pas; d'autant moins qu'une
des particularités de la communauté 8 est d'avoir, tout au
long de son histoire, affublé ses religieuses des noms les plus
inusités: sœurs Saint-Pancrace, Saint-Pantaléon, Saint-
Macaire, Saint-Fulgence. À la fin de l'après-midi, quand le
poids de la fatigue s'alourdit, la lecture de tels noms est
déconcertante. «Lévis nous fit découvrir une supérieure
étonnamment mais délicieusement dissipée: que de rires
devant les noms burlesques des sœurs, que de larmes à ne
plus pouvoir ni lire ni écrire!»

Le terrain se termine avec la communauté 14, que nous visitons dans les tout premiers jours de décembre. C'est une communauté un peu triste dont les sœurs jadis cloîtrées étaient chargées de surveiller et de rééduquer des femmes et des jeunes filles délinquantes: des prisonnières de Dieu gardant des prisonnières de l'État. Elles se sont recyclées dans des services destinés aux femmes en difficulté, nous explique au dîner une des responsables. «Ce qu'on appelait jadis les femmes tombées, nous dit-elle, sont aujourd'hui les divorcées, les femmes chefs de famille monoparentale.» Nous sommes quatre ce jour-là dans l'équipe qui vient de commencer le travail: sur les quatre, trois sont divorcées dont deux avec charge d'enfants. Nous nous taisons prudemment. Pourtant cette religieuse, et quelques-unes de celles qui nous assistent dans les archives, ne sont pas plus âgées que certaines d'entre nous. Elles sont sympathiques. On voudrait bien se parler, de part et d'autre, mais on ne sait trop comment. On en reste aux sourires. La documentation des premières décennies est incomplète et nous donne beaucoup de mal, les dossiers rejetés s'empilent. Les anciennes nécrologies, surtout celles consacrées aux religieuses éminentes, sont de véritables romans-fleuves. Qu'importe, ce sont les dernières que nous lirons, leurs phrases s'éparpillent dans notre mémoire, se mêleront aux milliers d'autres qui y sont déjà enfouies et déjà s'effacent. Ici, la maladie est omniprésente: les corps s'usent vite, se disloquent, se convulsent et l'esprit souvent est emporté dans la tourmente. On s'effondre ou on sort. Dans les deux cas, le nom disparaît à jamais de la liste des obédiences. Nous sommes retournées trois jours de suite à la maison mère de la communauté 14, dans les Laurentides. Il faisait froid et le dernier jour, c'était vraiment l'hiver.

Pour remercier les sœurs, nous n'avons offert ni plante, ni stylo, ni porte-mine, contrairement à nos habitudes. Après en avoir longuement délibéré, nous avons opté pour le foulard de soie. Les sœurs nous ont offert un calendrier de la nouvelle année qui se présente sous la forme d'un bloc dont chaque feuillet porte la date et le saint du jour ainsi qu'une pensée du jour édifiante. Le calendrier a été mis à la place d'honneur sur une des étagères du bureau des assistantes principales qui présente un étalage des cadeaux et des trophées rapportés des visites dans les communautés: des dizaines de portraits et photos de fondatrices, des reliques dans un petit étui de plastique, des pamphlets, des dépliants, des albums commémoratifs, des cartes postales avec photos d'une maison mère à vol d'oiseau ou d'un tombeau, d'une chapelle, d'une statue; des images avec une petite prière à l'endos, des fleurs séchées montées sur une planchette de bois et une bouteille d'Orangina vide.

Au début des vacances de Noël, nous faisons un grand dîner communautaire, disent les assistantes. Chacune d'entre nous reçoit un cadeau symbolique destiné à lui rappeler ses meilleurs moments sur le terrain. Danielle J. reçoit un aiguisoir à crayon et des oreilles en fourrure qui permettent de ne pas entendre les propos déplacés d'une assistante devant une religieuse; Danielle la jeune, un petit clown mécanique, joueur de tambour, en souvenir de ses efforts pour amuser les sœurs; Myriam, une chaise haute d'enfant rappelant celle sur laquelle l'a installée l'archiviste de la communauté 2. Lorraine reçoit un carnet avec l'image de Bécassine sur la couverture; Marie-Paule, une grotte lumineuse évoquant celle devant laquelle elle a chanté l'*Ave Maris Stella.* Maria est gratifiée d'un bonhomme-carnaval de Saint-P., Carolle, d'un trousseau de grandes clés roses en plastique et on me donne une petite trousse de premiers soins. Après dîner, Carolle nous fait la lecture des *Chroniques,* qui se terminent sur la phrase suivante: «Si une certaine mélancolie nous envahit en cette fin d'une époque, pensons surtout à nos victoires et à nos découvertes à venir et réjouissons-nous toutes en songeant aux grandes promesses que recèle la suite de notre aventure.»

NOTES

1. Extrait des *Chroniques,* rédigées par Carolle Roy, printemps 1984 - hiver 1985.
N.B. Toutes les citations du chapitre 3 sont extraites de ces *Chroniques.*

2. On trouvera un exemple de notice nécrologique à l'annexe 1.

3. Les passages des *Chroniques* concernant Carolle ont été rédigés par Danielle Couillard.

Chapitre 4

Technique, art et cuisine

L'organisation et la division du travail: d'une crise à l'autre

Fini l'été, le «terrain», les voyages, les courses folles partout à travers la province, les chambres partagées à quatre, la peur de ne pas obtenir les permissions, l'anxiété des premiers contacts avec les archivistes, ou celle de ne pas trouver de bonnes données. Adieu (croyons-nous), les tensions liées à l'effort de coordination matérielle nécessaire au fonctionnement de l'équipe. Enfin, on cessera de vivre et de travailler ensemble dans des espaces exigus. Les membres de l'équipe envisagent avec plaisir l'idée de se retrouver dans des bureaux calmes pour se consacrer sereinement à l'analyse. Nous nous répétons naïvement: «On "nettoie" les données, on code puis on analyse.» Comme si c'était tout simple de traiter les 3 700 questionnaires valides entassés dans nos bureaux; 11 100 feuilles remplies d'informations; 370 000 questions et sous-questions à analyser; 246 variables. Tout se passe comme si nous avions effectué, à la sueur de nos fronts, un long et difficile marché d'approvisionnement. Reste à préparer le festin: des heures insoupçonnables de travail, pour qui ne s'y est pas déjà attaqué. Toutes théoriciennes que nous soyons, nous avons travaillé jadis comme assistantes de recherche dans le cadre d'enquêtes empiriques. Nous connaissons la «cuisine». Tout cela n'est pas si nouveau après tout. Mais la mission est en effet loin d'être accomplie. Il faut encore modifier l'organisation et la division du travail entrevues. Puis, on colle nos nez sur les questionnaires et on retrousse nos manches pour affronter ce qui va représenter des mois de travail pénible et lent, souvent peu motivant et pourtant nécessaire.

Codage et catégorisation

L'opération qui débute en septembre 1984 va requérir les efforts de toute l'équipe pendant deux mois à temps plein et continuer jusqu'en mai de façon intermittente. Les questionnaires, souvent remplis rapidement dans les archives afin de déranger le moins possible les religieuses, doivent être vérifiés, précisés et complétés. Il faut ensuite décider comment traiter cette masse d'informations. Un principe fondamental nous guide: coder au ras des données, c'est-à-dire ne pas regrouper immédiatement le matériel dans des catégories trop vastes, pour permettre de ne pas éliminer l'information sur laquelle on peut éventuellement revenir afin de poursuivre l'analyse sous un autre angle. Les faits — faut-il le rappeler? — ne parlent pas par eux-mêmes. Le codage, ou plus exactement l'opération qui précède, est une première mise en forme des données. Il s'agit d'un découpage de la réalité correspondant aux questions qu'on se pose. Les concepts et les catégories qu'on construit ne peuvent recouvrir la totalité du réel et ses multiples dimensions. Face à l'infinité intensive et extensive du réel, les chercheurs opèrent toujours un tri. C'est ce que nous allons voir dans les pages qui suivent, portant sur les opérations liées au codage, à la catégorisation des données et à la construction des variables. En parler ici permet d'alléger la présentation des résultats dans les autres chapitres et correspond à la chronologie réelle de la recherche. La somme et la nature du travail requis dépendent des variables. Certaines d'entre elles (âge, date d'entrée, date des vœux, statut, etc.), sans aller de soi, ne posent pas problème: il faut coder patiemment, ce que font les assistantes étudiantes sous la supervision de Lorraine et Maria. En revanche, le codage de certaines données nécessite plusieurs décisions impliquant une recherche plus ou moins longue et ardue.

Lieu de naissance

Le travail sur les lieux de naissance illustre bien à quel point codage et catégorisation sont intimement liés à la démarche sociologique proprement dite. On sait où les religieuses sont nées: pays, province, ville ou village de naissance représentent autant d'indices du milieu socio-géographique. Mais que veut-on en faire? Que veut-on savoir au juste? Dans notre cas, le lieu de naissance est important parce qu'il renseigne sur le milieu de vie, sur le passé social des religieuses. Quels sont les milieux qui produisent des religieuses? Ont-elles grandi dans des métropoles, dans de petites villes de type industriel ou de type agricole, ou sur des fermes? Pour répondre à ces questions, il faut créer une variable à partir de la distinction ville/village, ce qu'on fait en optant pour une catégorisation selon la taille de l'agglomération.

Les données de Statistique Canada permettent de classer chaque ville ou village selon trois tailles: moins de 5 000 habitants, de 5 000 à 15 000 habitants et 15 000 et plus. Cette opération est effectuée pour toutes les villes et villages, pour chaque décennie, de manière à tenir compte des modifications survenues dans la taille des agglomérations. Nous construisons ainsi huit variables d'agglomération, chacune correspondant à une décennie précise. Connaître la taille du milieu d'origine nous semble important mais insuffisant; habiter une petite agglomération de moins de 5 000 habitants sise près d'une grande ville n'est pas identique à vivre dans une agglomération de même taille dans une région éloignée, à vingt-quatre heures de route du centre; les expériences, les chances de vie, écoles, emplois, communications, services sociaux et médicaux, sont autres. Et si ces facteurs exerçaient une influence sur les vocations? Nous construisons donc une autre variable permettant de saisir, cette fois-ci, le degré d'urbanisation; on l'utilise en association avec la taille de l'agglomération, largement enrichie de ce fait. Cette variable zone est créée à l'aide des comtés ou des secteurs de recensement. Elle fournit des renseignements sur le milieu, principalement la proximité des centres urbains. Elle comporte trois catégories: la zone centrale, la zone médiane et la zone périphérique. Ce découpage de la réalité — on le verra dans les chapitres suivants — correspond à des intuitions sociologiques et peut donner sens aux faits observés.

Profession du père

Le travail effectué à partir de cette variable est quelque peu différent du travail sur le lieu de naissance: on ne la transforme pas. Il importe de construire des catégories professionnelles homogènes (éléments constitutifs de même nature) et pertinentes (qui font sens). Il faut pour cela comprendre la nature des emplois occupés et établir l'équivalence avec des emplois actuels, puisqu'au cours des ans, les emplois disparaissent ou changent de titre, la structure professionnelle du Québec s'étant beaucoup transformée depuis le début du siècle. Ce sont les informations présentées dans divers catalogues de Statistique Canada qui servent à la réalisation de ce travail. Pour coder les professions des pères des religieuses, il nous semble en effet préférable de ne pas partir de zéro et d'utiliser cette grille de codification déjà existante[1]. Nous sommes conscientes des problèmes que pose la grille de Statistique Canada quand on veut en faire l'application à des données historiques puisque le contenu des titres professionnels change constamment. Mais son utilisation a l'avantage de rendre possible la comparaison entre les pères des religieuses et d'autres hommes. La recherche d'équivalences est ainsi facilitée: employé d'un moulin à papier devient travailleur de l'industrie de la pâte à papier et du papier; carrossier devient mécanicien-réparateur de véhicules automobiles; employé, compagnie de tramway devient autre personnel des transports, et ainsi de suite. À partir de ce classement initial, on pourra procéder à une construction en fonction de catégories sociologiques renvoyant à la classe, au milieu social, à la profession.

Obédiences

Nos 3 700 religieuses ont reçu toutes ensemble dans leur vie 10 000 obédiences[2]; 10 000 obédiences correspondent environ à 250 catégories d'emploi à classifier et à analyser pour rendre compte de leur travail. Nous voici au nœud même de la recherche, à sa raison d'être, à notre objectif principal. Nous touchons à la fois le cœur de la recherche et celui de l'œuvre des religieuses qui bat dans les corps sociaux que sont la communauté, l'Église et la société québécoise. Nous retranscrivons un certain nombre de ces obédiences sur des fiches, afin de procéder à des essais de classement. On inscrit des titres qui nous sont déjà plus ou moins connus: compagne de salle, maîtresse des novices. On retrouve les admonitrices et les excitatrices dont la découverte avait provoqué des fous rires pendant l'été[3]. On observe ces fiches, on regroupe des emplois, on forme des ensembles, des sous-ensembles, on défait et on recommence. Parfois, nous constatons de doubles ou triples obédiences, dont une inoubliable «lavage, ménage, hosties», en l'occurrence une religieuse qui s'occupait du lavage, du ménage et de la fabrication des hosties. Ne serait-ce pas un titre parfait pour le livre ou un des chapitres du livre consacré au travail des religieuses puisque, d'une certaine manière, cela représente davantage leur réalité que les images de directrices et chefs d'entreprise? Les doubles obédiences sont nombreuses: directrice et enseignante, hospitalière et buandière, enseignante et responsable du dortoir. Il ne fallait surtout pas que ces femmes sans enfants, nourries et logées de surcroît, chôment. On les voit également se déplacer, de couvent en couvent, d'hôpital en hôpital, de poste en poste, de ville en ville; une obédience chaque année, rarement la même pendant toute une vie, plus souvent quatre ou cinq, quelquefois une quinzaine, remplies dans des lieux multiples.

Il faut donner forme à ce matériau. Un débat long et ardu survient sur la classification. Maria et Lorraine proposent qu'on continue à utiliser le code des professions de Statistique Canada. Tout en étant consciente des limites d'un tel outil — que tout le monde d'ailleurs s'empresse de critiquer avant de l'utiliser —, je me range de leur côté (c'est Danielle qui écrit). Nicole s'y oppose, soulignant les biais idéologiques implicites qu'on y retrouve. «Cette classification transforme les secteurs de travail en une grande famille où se côtoient le président-directeur général et le balayeur de l'usine et occulte ainsi la hiérarchie du pouvoir», répète-t-elle avec véhémence. Elle enchaîne par un exposé sur l'idéologie et ses fonctions de masque, la médiocrité sociologique et politique de la statistique gouvernementale... et finit par accepter, faute de mieux. Reste un dernier problème lié à la dimension historique et spécifique de notre étude: les emplois du début du siècle et les emplois relatifs au travail dans certaines institutions religieuses. Gardiennes de salles ou surveillantes de dortoirs, maîtresses des novices ou responsables de l'ouvroir n'ont plus ou n'ont jamais eu d'équivalent dans le Code des professions, ce qui nécessite un long travail de conversion et d'ajustements.

Mais le code de Statistique Canada, en dépit de toutes ses limites, d'autant plus nombreuses qu'on étudie des femmes, possède un énorme avantage: il existe et n'est donc pas à fabriquer. Son étendue permet de coder au ras des données sans perdre d'informations. Et de construire par la suite différentes variables, de façon à répondre à nos propres questions. On l'adopte pour les mêmes raisons que tout le monde, puisqu'on ne sait ni par quoi le remplacer ni où trouver le temps de fabriquer un nouvel outil nécessitant des années de travail. D'ailleurs, le recours à la classification établie par Statistique Canada facilite les analyses comparatives essentielles à notre projet. Un de nos objectifs, à savoir l'élaboration d'une théorie générale du travail des femmes, implique en effet une comparaison avec le travail des femmes laïques, présenté dans le recensement selon les catégories professionnelles de Statistique Canada.

Éducation

C'est ici que l'opération codage et catégorisation atteint le sommet de l'horreur. Lorraine a noté sur des fiches un échantillon des réponses aux questions touchant l'éducation: éducation reçue avant l'entrée au couvent puis celle acquise après l'entrée. La lecture des fiches dévoile une diversité inimaginable d'études: des diplômes de toutes sortes, allant du doctorat au certificat d'études primaires, avec des titres du début du siècle et des titres tout récents, post-cégépiens; des certificats, licences, brevets de tout acabit: brevets A, B ou C, brevet modèle, immatriculation junior ou senior... Des études dans toutes les disciplines, des sciences exactes à la théologie, en passant par toutes les nuances de la pédagogie. Une variété d'écoles normales — primaires ou supérieures — ménagères, classico-ménagères, commerciales. Ces études avaient été poursuivies par les religieuses partout au Québec mais également en Ontario, ailleurs au Canada et quelquefois aux États-Unis. Ajoutons les multiples petits certificats ou diplômes plus importants couronnant les cours liés à la spiritualité et les cours de perfectionnement. On a même découvert un cours de personnalité suivi par correspondance par une religieuse cloîtrée[4]. À partir des années cinquante, ces femmes — ou plus exactement une partie très visible d'entre elles — étudiaient beaucoup.

L'information qui défile sous nos yeux est donc aussi diverse qu'indigeste. Un travail monstrueux nous attend et, cette fois-ci, on ne peut se servir de catégories existantes. Il y a de quoi regretter les classifications de Statistique Canada! Un long et accablant processus de recherche commence. En réalité, chaque opération de catégorisation est, d'une certaine manière, fascinante. Elle représente une véritable recherche, une découverte d'un univers insoupçonné. À travers toutes ces écoles normales, ces milliers de brevets d'enseignement, ou ces quelques années d'étude jusqu'à la première communion, c'est l'histoire du système d'éducation lui-même qui se révèle à nous. Mais, à cette étape de la recherche, on s'impatiente, on veut en arriver à l'analyse et l'on se dit qu'à cette vitesse, on finira par publier un livre posthume.

Plusieurs démarches sont alors entreprises. On cherche désespérément des livres, des guides, des répertoires, des annuaires de diplômes, de cours et leurs équivalences. Marie-Paule, qui connaît bien le secteur de l'éducation des femmes, aide beaucoup, explique les fines distinctions entre les multiples diplômes recensés, nous renseigne sur le nombre d'années requis pour les obtenir, le sens et la valeur variables dans le temps de chacun d'entre eux. Mais la masse de données qui nous font face nécessite d'autres recherches. On demande des renseignements dans les communautés, on fouille dans leurs bibliothèques. Les religieuses nous aident et quelquefois trouvent des documents. On téléphone au moins à cinquante postes différents du ministère de l'Éducation, chaque service nous renvoyant à un autre. On va à l'Université d'Ottawa pour obtenir des précisions sur les diplômes et certificats de l'Ontario. Enfin on met la main sur des documents préparés par la Direction de la classification des enseignants du ministère de l'Éducation. Il s'agit d'une liste alphabétique des diplômes reconnus au Québec. Elle est publiée sous forme d'un tirage informatisé qui comprend quatre volumes et 2 508 pages. Une fois de plus, on a la vie sauve et on peut continuer. Toutefois, plusieurs types de catégorisations doivent être effectués. Pour certaines analyses, ce sont les niveaux et le nombre des années de scolarité qui importent: ont-elles un primaire, un secondaire, des études collégiales? Pour d'autres, ce sont les secteurs d'études (enseignement, musique, commercial, classique, nursing, mécanique, art, administration) qui représentent la classification la plus pertinente, ou encore le genre d'école qu'elles ont fréquenté et ainsi de suite.

Les assistantes étudiantes envisagent avec fort peu d'enthousiasme un travail laborieux et ennuyeux de codage. D'ailleurs, à raison de dix heures de travail chacune par semaine, on ne peut entrevoir la fin de l'opération. Mieux vaut plonger et terminer le plus rapidement possible. On décide en février de faire appel au centre de sondage. Maria et Lorraine supervisent l'opération et codent elles-mêmes les cas problèmes pour terminer le tout en juillet. Le centre de sondage effectue également l'informatisation des données. Presque un an a été consacré à ce travail ingrat aussi invisible, indispensable et sans gloire que le travail domestique.

Établissements

Le codage des établissements où travaillent les religieuses s'effectue séparément et seulement pendant la troisième année de la recherche. Les religieuses, dans la plupart des communautés, travaillent dans plusieurs types d'établissements. Dans une communauté enseignante, par exemple, on peut exercer son obédience dans une école publique, un pensionnat, un collège, une infirmerie, ou à la maison mère. Certaines communautés comprennent une très grande variété d'institutions. On pense à la catégorie services sociaux-hospitaliers où l'on trouve des établissements aussi divers que des hôpitaux, des orphelinats, des crèches, des asiles, des hospices, des écoles, des fermes. Nous voulons bien sûr connaître ces maisons: nombre, lieu, taille, type, évolution. Nous ne sommes pas en possession d'un échantillon véritable d'établissements. Nous détenons seulement un échantillon de religieuses et d'obédiences et, pour chacune, la maison où elles se sont effectuées. Nos analyses portent ainsi sur les établissements recensés dans notre enquête qui sont sans doute assez représentatifs, mais néanmoins on ne peut généraliser à l'ensemble pour chaque période.

Nous hésitons devant l'ampleur de ce travail en rapport avec sa pertinence. Mais au fur et à mesure que progresse l'analyse, on comprend l'importance du lien entre les obédiences et les établissements. En effet, le travail des religieuses du point de vue de sa répartition et de son organisation est intimement lié à la nature et aux caractéristiques de l'établissement. Un hôpital ne fonctionne pas comme un couvent ni comme un orphelinat et chacun de ces établissements ne requiert pas les mêmes catégories de travailleuses. Une institution dotée d'un effectif de 300 personnes engendre une organisation du travail différente de celle qu'on trouve dans une maison où vivent trois religieuses. En outre, une analyse plus approfondie des établissements enrichit les études de mobilité professionnelle que nous envisageons. On pourra alors saisir dans sa totalité la trajectoire des religieuses, le lien entre leur mobilité professionnelle et leur mobilité relative au genre d'établissements, leur lieu, leur taille. Commencent-elles dans de petits établissements ou dans des gros? Restent-elles toute leur vie dans des maisons de même genre, de même taille, situées dans la même région? Sont-elles nommées, à une étape ou l'autre de leur carrière près de leur lieu de naissance, proche de la maison mère, dans une zone du centre ou en périphérie? Autant de questions qui retiennent notre attention.

Le travail préliminaire à la préparation de ce codage représente une entreprise gigantesque confiée éventuellement à une employée surnuméraire, à qui les membres de l'équipe prêtent occasionnellement main-forte. On a, en effet, essayé de l'accomplir entre nous mais ici aussi on se heurte à la résistance des assistantes qui ont effectivement d'autres dossiers à compléter. On se trouve donc devant 10 000 obédiences. Or, pour chacune d'entre elles, on a noté l'établissement où elles se sont effectuées: enseignante à l'école x, supérieure au couvent y, buandière à la crèche z, surveillante à l'hôpital d, et ainsi de suite. Il faut trouver la localisation et la nature de l'établissement et dans bon nombre de cas, pour plusieurs décennies. En effet, la plupart des grandes communautés sont incapables de fournir une liste exhaustive de l'ensemble de leurs établissements depuis 1900 tenant compte de leur localisation, de leur nature et des changements de vocation qu'ils ont connus à diverses époques, un pensionnat devenant école publique, une crèche devenant orphelinat, etc. On prend l'établissement à la décennie où il apparaît sur le formulaire, puis on cherche dans le *Canada Ecclésiastique* des renseignements sur la nature, le lieu, le nombre de religieuses. On découvre ainsi qu'une «enseignante, à Notre-Dame de la Protection, 1941», exerçait sa profession dans une école publique avec trois autres religieuses à Amos et qu'une «aide-cuisinière, à la crèche de la Merci, 1911» aide à la cuisine dans un orphelinat de Québec où travaillaient 46 religieuses. On s'interroge souvent sur l'utilité de ce travail qui exige un temps considérable. On acquiert une connaissance approfondie au sujet d'un nombre imposant d'institutions; l'information recueillie nous servira, c'est sûr; mais, d'une certaine façon, on le fait pour le progrès des connaissances, comme on dit, pour la suite du monde. Ce travail est tellement vaste qu'il faut ouvrir un fichier informatique particulier, ce qui entraîne, on l'imagine bien, de nombreuses complications techniques puisqu'on doit réunir les deux fichiers pour nos analyses.

Pondération: d'une crise à l'autre

Avant de commencer l'analyse, il faut reconstituer la population que l'échantillon représente. Cette reconstitution nécessite une pondération afin de donner à chaque communauté et à chaque strate de l'échantillon son poids relativement aux autres[5]. Par exemple, une petite communauté enseignante de l'échantillon peut représenter six communautés de ce type dans la population; une grande communauté mixte n'en représente que deux autres; une missionnaire moyenne, seulement elle-même.

À l'automne 1985, nous effectuons ces opérations et nous nous trouvons face à un problème de taille. On compare nos chiffres: la population reconstituée à partir de l'échantillon, à la «vraie» population (celle comptée dans le *Canada Ecclésiastique* en 1961 et celle établie par Denault et Lévesque en 1961). Les petites communautés sont trop grosses, ou, en d'autres mots, on a trop, beaucoup trop de religieuses des petites communautés. Que se passe-t-il? On cherche très longtemps. On s'inquiète. Y a-t-il une erreur? L'échantillon est-il valide? On consulte toutes les deux heures Pierre Bouchard, le spécialiste de l'échantillonnage qui nous a aidées à le construire. Notre échantillon ressemble à un nouveau-né malade, un bébé bleu qu'il faut sans cesse conduire chez le pédiatre, autant pour calmer la famille que pour soigner le malade.

On regarde de plus près encore les communautés de l'échantillon pour enfin découvrir que «nos» petites communautés ne sont pas si petites que cela après tout. Par l'effet du hasard, nous n'avons pas dans l'échantillon de communautés comprenant moins de 150 sujets. Leur effectif, qui devait se situer dans la catégorie entre 50 et 500 religieuses, se rapproche davantage de 300 à 400 religieuses. Il faut accepter de ne représenter que les communautés comptant 150 membres et plus. Par conséquent, notre échantillon n'est pas représentatif des communautés de moins de 150 religieuses — contemplatives, services sociaux, quelques enseignantes et missionnaires. Elles ne constituent qu'une part très faible de la population: 2 351 sujets en 1961 d'après le *Canada Ecclésiastique*. Il serait étonnant qu'elles aient des caractéristiques singulières, différentes des autres. Nous y reviendrons au chapitre 5. On peut donc conclure que notre nouveau-né est en bonne santé après cette opération et qu'il survivra. L'échantillon est valide et les parents pensent naïvement qu'il peuvent dormir en toute tranquillité.

Nous voici à l'automne 1986. La pondération étant faite et la population ajustée pour 1961, on a pu passer à une autre étape. Pendant plusieurs mois, on sort des distributions de fréquences et des tableaux. On commence nos analyses, entre autres sur l'origine sociale, ethnique et géographique des sœurs et sur les obédiences. Dans ce dernier cas, en se servant de l'analyse nominale hiérarchique[6]. Puis on aborde les données de type démographique. On effectue des distributions de fréquences relatives à l'âge, aux dates d'entrée et de décès, aux entrées et aux sorties, etc. Dans le cas de ces variables démographiques, on travaille sur la population et non sur l'échantillon, comme pour les variables origine et obédiences. Ce qui nous amène à reconstituer la population, non seulement pour 1961, mais pour les autres décennies. Un coup d'œil sur Denault et Lévesque pour comparer notre population à la leur: nouvelle catastrophe! Lorraine vient annoncer à Nicole: «La pondération est fausse. Tout est à recommencer.» Nous avons plus de religieuses qu'eux, nous en avons beaucoup trop pour les premières décennies (1901, 1911 et 1921). On cherche à comprendre, on consulte à nouveau les experts. Plusieurs explications plausibles sont examinées puis rejetées. Qui s'est trompé? Denault et Lévesque ou nous? Nous vivons un cauchemar sans réussir à résoudre l'énigme. C'est alors que nous nous rappelons que la population a été ajustée pour 1961 et qu'on s'est trouvé ainsi à inclure, dans nos analyses des premières décennies, des communautés qui n'ont pas encore été fondées. En effet, quelques communautés de la population ne sont pas fondées au début du siècle (voir au chapitre 5). Il faut donc les soustraire de manière à ne pas compter dans la population des premières décennies des religieuses faisant partie de communautés non existantes à l'époque. On réajuste donc la pondération en conséquence, prenant soin cette fois-ci d'inclure les communautés au moment de leur fondation et non avant... Ainsi, quelques communautés auront un facteur de pondération différent selon les décennies. Il faut refaire tous les tableaux déjà préparés, en particulier les fameux calculs de l'analyse nominale hiérarchique, si longs et douloureux, qui ont demandé tout l'été à Lorraine. Juste à ce moment, Myriam, penchée sur les traités de spiritualité (volet 3), traverse une crise existentielle. Elle accepte de bonne grâce de recopier les nouveaux tableaux de Lorraine. Heureusement, cette opération a changé les chiffres mais non les tendances ni le sens des résultats.

Reconstitution de la population

Examinons de plus près cette population reconstituée à partir de l'échantillon. Le tableau 5 présente l'effectif de la population des religieuses au 31 décembre de chaque décennie, de 1901 à 1971. Il permet de comparer cette population — établie à partir de notre échantillon — à l'évaluation qu'en font Denault et Lévesque pour les mêmes périodes.

Rappelons que le travail de Denault et Lévesque est analogue à un recensement, réalisé à partir des archives des communautés. Ces chercheurs ont distingué les sujets des communautés, ayant une maison mère au Québec, qui se trouvent sur le territoire du Québec de ceux qui se trouvent à l'extérieur du Québec. Cependant leur distinction Québec/hors Québec ne coïncide pas avec la nôtre. C'est-à-dire avec la distinction que nous avons établie entre les religieuses nées au Québec et/ou ayant travaillé au Québec à une des périodes de notre échantillonnage — celles que nous avons incluses dans notre définition de la population des religieuses — et les autres ne répondant pas à ces critères qui

Tableau 5

Population religieuse féminine selon l'évaluation de Denault et Lévesque* et selon notre étude.

| Décennie | Denault et Lévesque | | | Notre étude |
	Québec	Hors Québec	Total	
1901	6 628	2 973	9 601	10 592
1911	9 964	4 335	14 299	15 210
1921	13 579	5 760	19 339	20 788
1931	19 616	7 671	27 287	27 110
1941	25 488	9 687	35 175	34 138
1951	30 383	10 171	40 554	38 271
1961	35 073	11 860	46 933	40 493
1971**	33 565	12 082	45 647	35 050

* Bernard Denault et Benoît Lévesque, *Éléments pour une sociologie des communautés religieuses au Québec*, p.43.
** Denault et Lévesque citent le nombre de religieuses en 1969 et non en 1971.

ont été exclues. Une des conséquences de notre définition est l'inclusion, dans la population des diverses décennies, de religieuses nées au Québec mais n'y ayant jamais travaillé, c'est-à-dire ayant travaillé hors du Québec et, cas beaucoup plus fréquent, de religieuses qui ont travaillé au Québec à une date quelconque mais qui se trouvent hors Québec aux dates qui correspondent à d'autres décennies. De plus, nous incluons des religieuses ayant travaillé au Québec et dont la maison mère est située à l'extérieur du Québec, puisqu'elles font partie de la main-d'œuvre religieuse québécoise. Nous l'avons expliqué au chapitre 2.

Les particularités de notre échantillon expliquent donc sans doute une grande partie de l'écart entre notre évaluation de la population et celle de Denault et Lévesque, de même que l'augmentation de cet écart au cours de la période considérée. On présume bien entendu que les chiffres fournis à Denault et Lévesque par les communautés sont justes. Autrement dit, si nous retranchions de notre population de chaque décennie les religieuses qui ne travaillent pas au Québec à ce moment, et si nous retranchions les religieuses qui travaillent au Québec et dépendent de maisons mères situées à l'extérieur du Québec, nos chiffres seraient très proches de ceux de Denault et Lévesque. Une autre source de divergence, moins importante toutefois, mérite d'être signalée: notre estimation pour chaque décennie à l'étude est faite à la date du 31 décembre alors que celle de Denault et Lévesque remonte au 1er janvier de la même année.

Il n'en reste pas moins que notre population ne peut pas être tout à fait la même que celle de Denault et Lévesque ou celle du *Canada Ecclésiastique,* que nous avons comptée pour 1961; ces populations sont définies par la présence de sujets sur un territoire donné. La nôtre l'est aussi mais d'une manière plus intangible, si l'on peut dire. Les critères qui nous ont servi à délimiter notre population sont de nature théorique et pas seulement pratique. Ainsi, elle représente toutes les femmes qui ont fait partie de la main-d'œuvre religieuse québécoise, peu importe leur lieu d'origine et leur future destination. Quelle que soit la date à laquelle elles sont devenues religieuses, pourvu qu'elles aient été vivantes au cours d'une période quelconque entre 1901 et 1971. Ce que nous appelons la main-d'œuvre religieuse québécoise, à chacune des décennies pour lesquelles nous l'avons évaluée, n'a jamais été rassemblée sur le territoire québécois. Un tel rassemblement n'aura pu avoir lieu que dans notre échantillon parce que c'est d'abord dans notre imagination et dans notre esprit que s'est formée l'idée de main-d'œuvre religieuse québécoise.

Analyse

Réorganisation du travail

Revenons à l'été 1985, deuxième été, deuxième moment intensif de cueillette des données portant cette fois-ci sur les volets 2 et 3 de la recherche[7]. Nous avons dû procéder à une nouvelle réorganisation du travail des assistantes. Pendant que Lorraine et Maria terminent le codage et l'informatisation des données du premier volet après avoir réglé la crise de la pondération, Myriam, guidée par Nicole, se consacre exclusivement au troisième volet axé sur la dimension du sens, des significations. On sait que notre étude porte principalement sur le travail effectué par les religieuses; or ce travail comporte deux dimensions, renvoyant à deux faces, l'une concrète et l'autre discursive, les deux formant un ensemble cohérent. Aussi se penche-t-elle sur des textes aussi divers que les constitutions, les catéchismes des vœux, les nécrologies, les ouvrages de spiritualité, s'imbibant des discours propres à cet univers et qui donnent un sens aux choix effectués, aux gestes posés au cours de la vie quotidienne des religieuses. Pour une jeune universitaire, ce langage et cet univers pré-conciliaires sont aussi lointains et mytérieux que la Chine ancienne. Chose étrange: elle en acquerra une connaissance presque aussi intime que si elle avait vécu une vingtaine d'années en communauté au début du siècle.

Par ailleurs, trois assistantes, Carolle, Marie-Paule et Danielle la jeune ont été affectées au volet 2 et doivent se rapporter à Danielle. Ces «obédiences» (nous jouons encore entre nous à la communauté) leur conviennent parfaitement. Carolle, on s'en souviendra, s'amusait follement à construire un roman policier autour de la fusion des associations hospitalières. Elle poursuit son enquête de façon magistrale, allant de dépôts d'archives en dépôts d'archives. Dans les communautés de femmes, la collaboration est toujours assurée; dans les organismes davantage liés aux hommes la tâche est plus ardue, mais elle parvient à vaincre les embûches les plus insidieuses pour trouver des perles. Certaines de ces découvertes font l'objet d'une publication[8]. Marie-Paule passe son été à l'ombre des archives d'une communauté et retrace l'historique d'un hôpital-témoin. Nous avons en effet décidé de recueillir des informations détaillées sur le fonctionnement de deux hôpitaux afin de mieux cerner les changements survenus dans des établissements au cours des années soixante et soixante-dix et comprendre de l'intérieur leur dynamique: rapports entre les divers groupes en présence, médecins, religieuses, employé(e)s laïques, syndicats, État; transformation du travail hospitalier et de son organisation, du financement et du cadre juridique, et ainsi de suite. Les archives de l'autre hôpital-témoin seront dépouillées l'été suivant par une assistante surnuméraire, Martine Cardin. Le travail méticuleux et d'un grand professionnalisme de Marie-Paule est effectué dans des conditions fort difficiles puisque l'archiviste remet constamment en question la permission accordée par la supérieure. Les deux Danielle, quant à elles, s'ennuient à mourir aux archives nationales où elles cherchent désespérément à se retrouver dans les fonds du ministère des Affaires sociales. Nous sommes en quête de données sur les hôpitaux, leur financement, leur fonctionnement; de renseignements sur les divers aspects et étapes de leur prise en charge par l'État. Mais les fichiers se transforment au gré des visites, les numéros et les codes changent de telle sorte qu'à chaque fois on ne trouve rien et on recommence presque à zéro. Des centaines de boîtes ouvertes, de documents consultés inutilement pour parfois mettre la main — par hasard — sur une trouvaille. En revanche, il est fascinant d'observer, à travers toute cette paperasse, la constitution d'un appareil d'État et sa bureaucratie; depuis les lettres écrites par monsieur et madame tout-le-monde à divers ministres et au premier ministre, jusqu'aux comités, commissions d'enquête ou autres commissions parlementaires, en passant par des budgets toujours croissants, des organigrammes, des législations... Nicole arpente les archives des religieuses hospitalières, prêtant main-forte à Myriam et Carolle quand elle n'est pas occupée à éteindre les multiples incendies à l'hôpital-témoin.

Une analyse spécifique à l'usage des communautés

À la fin de l'automne 1985, avant de passer définitivement à l'analyse, nous voulons faire signe aux communautés qui nous ont si généreusement et (presque toujours) gentiment accueillies. Nous pensons les intéresser en préparant pour chacune d'elles des tableaux et des analyses qui lui sont spécifiques, afin de lui présenter les données relatant en quelque sorte son histoire: l'évolution de l'effectif de cette communauté entre 1901 et 1971, sa composition, son origine, sa répartition par catégories professionnelles. Lorraine et Maria accomplissent ce travail pour chacune des 24 communautés de l'échantillon, sans utiliser de pondération pour que ça colle à leur réalité; nous leur faisons parvenir ces résultats en décembre 1985, comme un cadeau de Noël, accompagnés d'une lettre et d'un guide d'interprétation auquel est annexé un code pour la lecture de tableaux construits par l'ordinateur. Elles répondent toutes poliment, sans plus, ce qui nous laisse soupçonner que notre envoi a été mis sur des tablettes et archivé sans susciter beaucoup d'intérêt. Ceci sera confirmé lors de rencontres ultérieures avec certaines communautés. Il leur a été malaisé de comprendre la vie de leur communauté à partir de ce genre de données chiffrées, reposant sur un échantillon où les sujets sont anonymes. Il n'en reste pas moins qu'une — une seule — des communautés a vu l'intérêt et l'utilité pour elle-même de ces résultats, ce qui nous fait grand plaisir. La secrétaire nous écrit: «C'est un travail fantastique qui nous fait connaître une évolution grandissante et qui nous enrichit mutuellement en prenant conscience de nos origines.»

Nouvelle crise: celle des hypothèses

Le moment tant attendu est arrivé, notre analyse peut enfin commencer. C'est alors qu'une autre crise — on progresse, semble-t-il, de crise en crise, majeures ou mineures, mais toutes épuisantes — éclate. En effet, après plusieurs mois d'effort, les premiers tableaux apparaissent. On les regarde, on les contemple. Pour parler comme les religieuses d'antan, «une joie indescriptible nous envahit». Les assistantes réclament alors des hypothèses afin de procéder au travail d'analyse. On leur dit que ça peut attendre, qu'il faut d'abord savoir, voir des tableaux descriptifs: le nombre de religieuses par cohorte d'âge et pour chaque décennie, la proportion de religieuses originaires du Québec et de l'extérieur de la province, le pourcentage de religieuses provenant de la ville et de la campagne, la répartition des religieuses par catégories professionnelles, etc. «Impossible, répondent-elles, il nous faut des hypothèses pour poursuivre.» «Sortez des tableaux, répondons-nous, ça ne doit pas être si difficile.» L'impatience est à son comble: deux ans se sont écoulés depuis la rédaction du projet, 24 communautés ont été visitées, 3 700 dossiers ont été nettoyés, codés: on veut voir enfin la «réalité». «C'est impossible», rétorquent-elles, complètement bloquées, paralysées, incapables d'avancer. On veut tout simplement savoir d'où viennent les religieuses, qui elles sont, ce qu'elles font; par exemple, combien d'entre elles administrent, combien enseignent, combien sont affectées à la buanderie, à la cuisine; on aimerait également savoir si cette distribution varie en fonction de la taille des communautés, du secteur où elles œuvrent, de la décennie examinée. Elles reviennent à la charge: «Et les hypothèses?» Nous nous braquons: «Il n'y en a pas.» Il est évident qu'on s'attend à trouver des enseignantes dans les communautés enseignantes, des infirmières chez les hospitalières et du travail domestique chez les servantes du clergé. Pour la première et la seule fois je crois, on s'impose d'autorité: «Il faut le faire, un point c'est tout.» On leur conseille de nous faire confiance, qu'elles comprendront éventuellement; on leur recommande la lecture de Merton sur les liens entre théorie et empirie[9]. Je ne crois pas qu'elles nous font confiance, mais elles se mettent au travail.

Chacune de notre côté, Nicole et moi, examinons de très près les données, décennie après décennie. Le travail des religieuses, entre autres, se concrétise, mais il est de plus en plus évident que la classification de Statistique Canada ne suffit pas. Elle capte mal cette réalité qu'est l'organisation conventuelle. Je regroupe les emplois de manière à produire une catégorisation qui distingue un aspect fondamental du travail des religieuses, l'entretien des êtres humains. Il y a des religieuses qui s'occupent du cerveau des êtres humains en leur assurant une formation scolaire, dans les écoles et les noviciats, d'autres s'occupent des corps — malades, vieillards dans les hospices, hospitalisés de toutes sortes, enfants dans les crèches — qui doivent être nourris, soignés, lavés. Tandis que d'autres effectuent un travail qu'on pourrait qualifier d'infrastructure et de

support: buanderie, cuisine, nettoyage, comptabilité, nécessaires à l'entretien de tous ces êtres humains et à leur
propre travail. Un parallèle s'impose: l'épouse-mère accom-
plit l'ensemble de ces travaux dans le cadre de la famille,
les religieuses effectuent les mêmes tâches, à une autre
échelle, dans le cadre d'une organisation caractérisée par
une division du travail. Nicole propose une catégorisation
qui place l'accent sur le procès de travail et les modalités
de la production: ce qui est produit, à quelle fin, avec
quels moyens, dans quelles conditions. On voit et on
comprend déjà beaucoup de choses. On montre aux assistantes notre travail, on leur explique comment à partir
d'une orientation théorique, d'une problématique matérialiste et féministe, on a construit une analyse des obédiences. C'est alors que commence à se résoudre la crise
des hypothèses, sans sombrer dans l'empirisme vulgaire ni
dans l'explication post-factum ou la spéculation gratuite.

Il existe un lien entre les critiques adressées par le collègue qui avait eu l'amabilité de lire notre projet de recherche
(voir chapitre 1) et la première réaction des assistantes. Dans
les deux cas, on nous demande de formuler des hypothèses
afin de les voir confirmées ou infirmées. Dans ce modèle,
l'analyse scientifique consisterait principalement, pour faire
progresser les connaissances, à mettre à l'épreuve des théories, en soumettant les hypothèses qui en dérivent à la vérifi-
cation, afin d'établir dans quelle mesure elles sont vraies ou
fausses. Dans le premier cas, on les conserve, dans le second,
on les rejette. Or les problématiques — questions et proposi-
tions issues de théories — ne sont pas vraies ou fausses,
bonnes ou mauvaises. Ce ne sont pas des instruments. Elles
s'avèrent fécondes ou non fécondes, selon qu'elles produisent ou non sens et cohérence. Les questions qu'on pose, les
réponses qu'on donne, les données recueillies, l'analyse et
l'interprétation de ces données, tout cela est théorie. La
théorie est ici concept, là, intuition. Elle est avant tout
regard. On voit ou on ne voit pas. C'est dans cette optique
que nous convions les lecteurs et lectrices à lire les pages des
chapitres suivants qui présentent une interprétation des
données chiffrées. Dans cette seconde partie du livre, le récit

cède la place à l'analyse. Par conséquent, le style et le ton changent, il ne faudra pas s'en étonner.

La question des converses

On sort donc des tableaux. Mais quels tableaux? Dans quel ordre? Il faut convenir d'un programme d'analyse. On décide de procéder par aire de questionnement: qui sont les religieuses, d'où viennent-elles et que font-elles? Chacune de ces questions renverra à un dossier que nous présenterons brièvement.

Mentionnons avant d'aller plus loin que nous nous penchons d'abord sur la question des sœurs converses. Nous savons qu'il existe, dans la plupart des communautés, des religieuses de statuts différents: sœurs de chœur, converses, tourières, du moins avant la réforme post-conciliaire des années soixante. Traditionnellement, les sœurs de chœur d'une part, les sœurs converses et tourières d'autre part, forment deux catégories ou classes jouissant de privilèges différents. Les secondes n'ont accès ni à la direction et au gouvernement de la communauté, ni à la formation des novices. Elles sont généralement affectées aux travaux manuels et domestiques[10]. Faut-il introduire cette variable — le statut des religieuses — dans les analyses?

Dans l'enquête, nous avions soigneusement relevé le statut des religieuses. Pour l'ensemble de la période, 12,4 % des religieuses sont converses et 0,4 %, tourières, pour un total de 12,8 %. On a par ailleurs constaté que la proportion des converses et des tourières parmi les religieuses recrutées décroît d'une décennie à l'autre. En 1901, elles représentent ensemble 18,4 % des religieuses. Dans la cohorte entrée entre 1930 et 1940, elles ne sont plus que 10,3 % et seulement 3 % parmi les religieuses entrées dans les années soixante. Les proportions les plus élevées de converses et tourières se retrouvent dans les communautés cloîtrées, actives ou contemplatives: pour l'ensemble de la période, 20 % des religieuses vouées à la protection ont ce statut, 37,8 % des hospitalières et 21,9 % des contemplatives proprement dit[11].

A priori, nous pensions que le statut de converses ou celui de tourières représenterait une variable importante, que ce statut serait relié à d'autres caractéristiques qui les distingueraient des autres religieuses. Toutefois, ce n'est pas le cas. Si les converses et les tourières sont en général d'origine modeste, elles ne représentent qu'une mince partie des religieuses d'origine modeste; plusieurs religieuses d'origine modeste ne sont ni converses ni tourières. Qui plus est, si les converses et les tourières n'accèdent pas à certaines fonctions et à certaines places dans une communauté, il en est de même pour une grande partie des religieuses de chœur, dont la vie est consacrée à des emplois domestiques et ménagers. Et si les converses et les tourières sont en général peu instruites, c'est le lot d'une fraction importante des religieuses de chœur, ainsi qu'on le verra dans nos analyses. Les sœurs converses et tourières comprennent donc une petite fraction seulement des religieuses peu instruites, venant de milieux modestes et occupant des emplois de soutien.

Richesse et misère insoupçonnées de la démographie

Le dossier démographique comprend des renseignements en apparence d'une grande simplicité et d'une relative banalité à première vue: la date de naissance, l'âge à l'entrée, aux vœux, à la sortie, au décès. Ces renseignements, nécessaires à notre avis, n'étaient pas d'un grand intérêt... jusqu'à ce que l'enthousiasme croissant de Lorraine — à qui nous avions confié le dossier démographique — nous gagne. À force de travailler sur ces données et d'en discuter, leur potentiel fabuleux se révèle graduellement à nous. On peut, par exemple, comparer l'espérance de vie des religieuses à celle des laïques et mesurer en quelque sorte, en termes d'années et de mois vécus en plus, l'effet du rapport de sexe comme d'autres l'avaient fait pour la classe sociale ou le groupe ethnique[12]. On peut également approfondir notre connaissance de la structure des communautés, voir se profiler leur histoire dans leur évolution numérique: de leur croissance à leur stabilisation jusqu'à leur déclin dans le sillon de la Révolution tranquille. On a, en fait, une population. On peut étudier ses caractéristiques, ses mouvements et la comparer, à diverses fins, à celle des femmes laïques, actives ou inactives, mariées ou célibataires en âge de se marier. C'est une véritable mine d'or et on s'en sert. Mais la comparaison avec les femmes laïques, par exemple, aussi riche soit-elle, nécessite un travail long et ardu dans le recensement, qui pose toujours des problèmes car les séquences historiques changent, les catégories utilisées ne recoupant jamais exactement les nôtres. On se met à calculer les taux d'entrée et de sortie, de décès, on «invente» des taux de reproduction, de renouvellement, de vocation, de persévérance, dont certains auront la vie courte, et tout cela selon la période, la taille et l'activité. Fascinant, certes, mais périlleux: nous ne maîtrisons que peu et souvent pas du tout les méthodes d'analyse démographique. Pour écrire à ce sujet, il faut plonger dans un mode de réflexion à cent mille lieues de l'analyse sociologique à laquelle nous sommes habituées. Les conseils et la lecture attentive des textes de notre collègue démographe Marianne Kempeneers s'avèrent indispensables à la réalisation de ce dossier qui atteint finalement des proportions gigantesques à tel point qu'il représente une part importante de ce volume, les chapitres 5 à 9 inclusivement, et qu'il faudra rendre compte dans des publications ultérieures de ce qui constituait l'objectif principal de notre étude, le travail des religieuses et sa comparaison avec la main-d'œuvre laïque.

Qui sont-elles? D'où viennent-elles? Que font-elles?

Le dossier «origine» tente de répondre à la question: «d'où viennent les religieuses?» Il porte précisément sur leur milieu social de provenance. Pour analyser ce milieu on possède quatre types d'information: le lieu de naissance, la profession du père, le nombre d'enfants dans la famille et la scolarité. Maria se penche sur ce dossier et procède à des analyses d'un grand intérêt. Son mémoire de maîtrise porte sur cette question[13]. Les chapitres 10 à 12 inclusivement y seront consacrés. Les données relatives à l'éducation sont d'une telle complexité qu'on crée un dossier éducation. On a déjà parlé du casse-tête monstrueux que représentait la catégorisation de ces données. L'analyse porte ici notamment sur les niveaux et les types de scolarité à l'entrée, les établissements scolaires fréquentés, ainsi que sur l'impact de ces facteurs sur la scolarité acquise après l'entrée au noviciat. En effet, on examine également la scolarité acquise après l'entrée: Qui a pu y avoir accès? À quel rythme? Dans quels secteurs d'études? Dans ce dossier comme dans les précédents, on tente une comparaison avec les laïques, ce qui représente toujours un travail difficile et délicat. Le chapitre 13 présente l'analyse de la scolarisation avant l'entrée en communauté.

Le dossier «obédiences» correspond à la question: «Que font-elles?» Il mobilise beaucoup d'énergie et fait accomplir des prouesses méthodologiques à Lorraine. La consigne donnée aux assistantes était la suivante: «Vous servant de notre classification des emplois des religieuses, sortez des tableaux selon la taille des communautés, le secteur d'activités et la période, puis écrivez ce que vous observez: tout ce qui vous passe par la tête.» Des tableaux apparaissent et, après certaines hésitations, du texte. Et encore du texte: des piles énormes et vacillantes de feuillets manuscrits huit et demi sur quatorze. On change la méthode, les calculs, les chiffres tous les trois jours: chi carré, analyse factorielle, correspondances, lambda, etc. Les tableaux sont immenses, avec 5 ou 6 chiffres par case. On va sombrer. Une grande insatisfaction — liée à la difficulté de rendre compte des différences observées, de savoir exactement à quel facteur les imputer — se dessine. Lorraine poursuit son chemin, consulte des spécialistes en méthodologie quantitative. Puis, après le retour de Jean Renaud — qui vient de passer une année sabbatique au Massachusetts Institute of Technology de l'Université Harvard — on passe aux techniques de pointe, à l'analyse nominale hiérarchique et à la méthode de l'analyse des biographies. Inutile de mentionner que les deux patronnes se sentent à des années-lumières derrière et font tout pour se recycler. Après trois mois de travail, tout ceci nous dépasse, on est devant des résultats impeccables dont le sens est parfaitement obscur. On reconsulte les experts, et aucun d'entre eux ne réussit à nous dire comment les interpréter. C'est alors qu'on se dit qu'absolument rien ne remplace une bonne théorie et un peu d'intuition.

Entre-temps, d'autres dossiers s'ajoutent, le dossier «établissements» dont on a déjà parlé et celui de la comparaison religieuses-laïques du point de vue du travail. Cette comparaison nous tient à cœur et représente un des objectifs centraux de l'étude. C'est l'occasion d'examiner empiriquement l'effet des différentes formes de l'appropriation sociale des femmes. Par exemple, dans quelle mesure le fait de ne pas être mariée exerce une influence sur les emplois des femmes, laïques ou religieuses. Louise-Marie Marquis — étudiante à notre département — s'est jointe à nous pour travailler cet aspect des données et rédige son mémoire de maîtrise sur la comparaison de la main-d'œuvre féminine laïque et religieuse, entre 1931 et 1961[14]. On en traitera dans des publications ultérieures, de même que de la thèse de doctorat de Lorraine sur la mobilité professionnelle et géographique des religieuses. Les analyses ne seront terminées qu'en 1987-1988, un an après la fin des premières subventions.

L'écriture

Pendant que se déroule ce processus, de longues conversations ont lieu quotidiennement dans les bureaux de recherche, au cours desquelles des explications sont forgées, proposées, débattues. Nicole nous impressionne avec ses systèmes, notamment le système famille-Église-État, centré sur la place de la mère et de la maternité dans l'Église: l'Église notre mère, les mères des religieuses, les religieuses filles de l'Église et aussi mères, les femmes en tant que courroie de transmission entre l'Église et la société canadienne-française, l'ambiguïté sexuelle symbolique du prêtre, le Christ en tant que figure maternelle! Le tout avec épîtres de saint Paul à l'appui. Je m'applique à la garder dans le droit chemin, près des données et de la ligne féministe «juste», m'assurant que l'appropriation et le sexage restent au centre de l'analyse.

Quoi qu'il en soit, une fois les dossiers terminés, il faut passer à une autre forme d'action. On élabore un plan du livre et l'écriture commence, difficile, passionnante. À cette étape, Carolle, Maria et Danielle la jeune nous ont quittées depuis un an. La communauté, réduite à Lorraine, Marie-Paule, Myriam et leurs «mères», vit d'une maigre subvention provinciale qu'il faudra «étirer» sur deux ans et compléter par des «aumônes» institutionnelles. Françoise Deroy, étudiante au doctorat, se joint à l'équipe en tant que correctrice linguistique. Elle possède non seulement une formation en sociologie, mais également une solide expérience d'écriture. Outre de nombreux travaux journalistiques, elle a publié trois livres, le dernier sur Marie de l'Incarnation, ce qui explique les affinités entre Françoise et l'équipe[15]. On lui confie la tâche d'améliorer le style et la syntaxe, de simplifier la présentation dans l'espoir que nos tableaux et analyses passent la rampe d'un public plus élargi que celui des spécialistes québécois en sciences sociales. Nous souhaitons que ce vaste travail, bien subventionné par Québec et par Ottawa, auquel sont associées un grand nombre de personnes, des assistantes et des religieuses de 24 communautés, soit lu au-delà d'un cercle restreint.

Ce travail d'écriture, est, comme tout le reste, plus long que prévu. Nous ne voulons rien sacrifier de cette masse de matériaux et d'idées. Tout doit être dévoilé: l'objet de la recherche — les religieuses —, mais aussi la recherche elle-même: les questions de départ, le terrain, l'équipe, la mise en forme des données, l'analyse. En général, je tiens la plume (c'est Nicole qui termine ce chapitre), mais comme tout le reste l'écriture sera aussi un travail collectif. Danielle, Françoise, Lorraine — et Marianne pour les chapitres démographiques — lisent, commentent, critiquent, contestent, approuvent, chacune dans sa spécialité. Pour Lorraine, la mise au point des tableaux et graphiques, la concordance entre le texte et les données. Lorsqu'elle décide de modifier un tableau, on reprend le texte. Danielle travaille la cohérence théorique et la justesse de l'analyse; pour peu qu'elle trouve une interprétation, un cas, un fait, une date qui échappe à une proposition générale, on reprend le texte. Françoise joue le rôle ingrat d'admonitrice de celle qui écrit. Elle note dans les marges: «C'est trop subtil pour moi, je n'ai rien compris» ou «Revoir tout cela, je perds le fil». Et aussi, au besoin: «Point de vue matérialiste cachant une partie de la réalité», «conception réductionniste», «interprétation biaisée». Et on reprend. L'art du compromis et de la nuance est à l'ordre du jour.

Marie-Paule et Lorraine rédigent leur thèse de doctorat et Myriam termine sa scolarité de troisième cycle. Les autres membres de l'équipe, celles qui sont parties, restent proches de nous. Carolle a géré pendant deux ans une entreprise fournissant des services à domicile pour le compte des Centres locaux de services communautaires et elle amorce un retour aux études. Danielle la jeune fait de la recherche à la pige et Maria travaille au service de la recherche de l'Hydro-Québec.

NOTES

1. *La classification type des professions,* Statistique Canada, 1980 (1981). (Version remaniée de la classification des professions de 1971.)

2. Comme on l'a vu dans les chapitres précédents, l'obédience est l'emploi d'une religieuse. «Vous êtes nommée à tel poste de travail» se dit dans le langage des communautés: «Vous recevrez telle obédience».

3. Une admonitrice est chargée de surveiller et de conseiller moralement et discrètement la supérieure d'une communauté et de lui signaler ses éventuels écarts. L'excitatrice doit veiller à ce que l'horaire soit correctement respecté. Admonitrices et excitatrices sont généralement des sœurs âgées et expérimentées. Si leurs forces le leur permettent, elles cumulent l'une de ces fonctions avec une autre.

4. Bref aperçu de la variété des diplômes de perfectionnement reconnus aux sœurs: diplôme-attestation de formation en pastorale hospitalière, certificat d'art oratoire, premier degré de chant grégorien, certificat de comptabilité supérieure, classico-ménager, cours abrégé de Saint-Pascal, diplôme d'administration, diplôme de tenue de livre, cours pour enfants prématurés (Alberta), brevet d'école normale, cours académique, brevet supplémentaire, certificat universitaire, diplôme de l'académie culinaire de Paris, diplôme de moniteur en cinéma, bachelier en pharmacie, brevet d'études de cadre, infirmière sans études régulières, certificat français pour l'enseignement de cette langue à la haute école, et bien d'autres encore.

5. La pondération utilisée dans le cas présent est relativement simple compte tenu de l'étendue et de la complexité de l'échantillon. On a vu au chapitre 2 que nous avions construit deux échantillons: un pour les communautés, l'autre pour les religieuses. Dans les deux cas, les facteurs de pondération sont tout simplement l'inverse des fractions d'échantillonnage. L'échantillon concernant les communautés comprend deux strates: la taille et l'activité principale. Dans chaque taille, une fraction d'échantillonnage pour chaque type de communauté, selon l'activité principale. L'échantillon concernant les religieuses comprend aussi deux strates, la période et la taille. Une fraction pour chaque période, pour chaque communauté. Le nombre de dossiers choisis pour chaque taille est proportionnel au nombre de religieuses présentes dans chacune des tailles, pour l'ensemble des communautés en 1961.

6. L'analyse nominale hiérarchique permet d'étudier les relations entre des variables nominales de manière analogue à l'analyse de régression appliquée aux variables métriques. Voir David Knoke et Peter-J. Burke, *Log-linear Models*, série Quantitative Applications in the Social Sciences, Sage University Paper, Série n° 20, Beverly Hills, 1980.

7. Rappelons que le volet 1 de la recherche correspond au travail dont une partie est exposée dans ce livre. Le volet 2 porte exclusivement sur le secteur hospitalier et le volet 3 est une analyse de textes. Cette analyse sera présentée dans des publications ultérieures avec l'autre partie des données du volet 1. Le volet 2 fera l'objet de publications distinctes.

8. Pour une synthèse provisoire de l'analyse du secteur hospitalier, voir Danielle Juteau et Nicole Laurin, «La sécularisation et l'étatisation du secteur hospitalier au Québec de 1960 à 1966», dans Robert Comeau (sous la direction de), *Jean Lesage et l'éveil d'une nation,* Montréal, Les Presses de l'Université du Québec, 1989.

9. Robert K. Merton, *On Theoretical Sociology,* New York, The Free Press, 1967 (plus particulièrement, le chapitre 4 sur le lien entre l'analyse théorique et l'analyse empirique).

10. Voir Dom Pierre Bastien, *Directoire canonique à l'usage des congrégations à vœux simples,* cinquième édition, Bruges, Charles Beyaert, 1951, article 1V, n° 98.

11. On verra, au chapitre suivant, comment, depuis le XVIIe siècle, certaines communautés cloîtrées se sont démarquées de la forme traditionnelle du monachisme au féminin en se consacrant à l'éducation des filles, au soin des malades et autres services, comme des communautés «actives» qui, elles, ne sont pas soumises à la clôture.

12. Lorraine Duchesne, Danielle Juteau et Nicole Laurin, «La longévité des religieuses au Québec, de 1901 à 1971», *Sociologie et Sociétés,* vol. XIX, n° 1, 1987. Voir chapitre 6.

13. Maria Vaccaro, *L'origine familiale: un facteur indicatif de la vocation des religieuses au Québec (1901-1971)*, mémoire de maîtrise présenté au département de sociologie de l'Université de Montréal, 1987.

14. Louise-Marie Marquis, *Analyse comparative de la main-d'œuvre féminine religieuse et laïque, 1931 à 1961*, mémoire de maîtrise présenté au département de sociologie de l'Université de Montréal, 1987. Il a fallu, pour procéder à cette comparaison, utiliser, pour les religieuses et pour les laïques, les catégories de Statistique Canada.

15. Françoise Deroy-Pineau, *Marie de l'Incarnation, femme d'affaires, mystique, mère de la Nouvelle-France*, Paris, Robert Laffont, 1989.

Chapitre 5

La main-d'œuvre religieuse: structure interne et évolution

Les communautés: phénomène ancien et moderne

Les communautés religieuses de femmes sont un phénomène très ancien. Dès les premiers siècles de l'ère chrétienne, des femmes se regroupent de manière stable pour vivre ensemble les préceptes évangéliques de pauvreté, chasteté et service du prochain. Le Moyen Âge et la Renaissance voient l'épanouissement du monachisme au féminin aussi bien qu'au masculin[1]. C'est au XVIIe siècle que les instituts de vie consacrée apparaissent sous leur forme moderne. Ils s'épanouissent au XVIIIe, après bien des résistances de l'Église, soutenue par les pères de familles. On estimait instable une forme de vie ne soumettant plus les femmes à la clôture monastique, les laissant libres de se consacrer à des œuvres d'éducation et d'assistance, hors de chez elles. Les nouvelles communautés sont alors dites actives, par opposition aux formes traditionnelles, demeurées contemplatives[2]. Mais ces communautés dépendent encore étroitement de l'Église, qui les organise et les gouverne en les dotant d'un cadre juridique et de règles de fonctionnement. Or, en un sens, l'Église est une institution masculine: seuls les hommes y détiennent pouvoir et autorité; qu'il s'agisse de la gestion de l'appareil tout autant que de l'élaboration et de la surveillance des discours et pratiques. L'Église est cependant à sa base, tout particulièrement depuis le XIXᵉ siècle, largement féminine. Elle s'appuie, en effet, sur une forte proportion de femmes, masse des croyantes et des pratiquantes. Elle suscite le travail sous son égide d'un nombre important d'entre elles dans diverses activités bénévoles de nature religieuse et sociale[3]. Les communautés religieuses sont un moyen privilégié de cette mobilisation du travail féminin, au moins depuis le XIXᵉ siècle, sinon avant, dans les sociétés catholiques. C'est à ce titre que nous en avons fait l'objet d'une recherche sociologique.

Contrairement à un cliché fort répandu, cette mobilisation n'est pas le fait de sujets passifs, embrigadés et utilisés hors de leur conscience ou contre leur volonté. À l'origine des communautés, on trouve le plus souvent des femmes dont l'activité est déjà organisée ou en voie de structuration. Leur disponibilité est si profondément engagée qu'elle en heurte le scepticisme de l'autorité constituée. Si bien qu'elles finissent par se voir conférer une reconnaissance officielle. Mais cette légitimité, acquise parfois de haute lutte, est assortie d'une protection financière, politique, sociale ou juridique, de nature ambiguë. L'histoire des communautés modernes montre en effet qu'il y a presque toujours, au départ, contradiction et compromis entre l'Église et les femmes en cause. Reconnaisance et protection sont payées au prix de l'autonomie du projet. Cette tension initiale perdure et jalonne les étapes du développement des communautés. Chacune gère ses propres affaires, génère son essor spécifique, élabore et poursuit rêves et visions souvent grandioses, parfois utopiques, mais toujours dans des cadres juridique et administratif fixés par l'Église. Heurts, conflits, négociations et compromis témoignent d'une surveillance et d'une influence politiques, doctrinales et morales sans relâche. Tout se passe comme si l'activité féminine — lorsqu'elle déborde le cadre domestique et se veut inspirée par des motifs de perfectionnement spirituel, de charité et de réforme sociale — ne pouvait survivre hors du contrôle de l'Église et n'était capable de se reproduire ou de se structurer qu'au prix de toutes les limitations que cette institution impose à la parole et à la liberté d'action des femmes[4]. Nous ne pensons évidemment qu'aux contextes sociaux où l'Église est présente et jouit d'une certaine influence, dans son champ religieux et au-delà: éducation et services divers à la collectivité. C'est le cas au XIXe siècle et pour une partie du XXe dans plusieurs sociétés européennes — la France, la Belgique, l'Italie, l'Espagne et l'Irlande notamment —, ou en Amérique du Nord ou du Sud — Argentine, Mexique, États-Unis, Canada, entre autres[5].

Au Canada, donc, et dès 1639, au tout début de la Nouvelle-France, des religieuses sont venues se joindre aux premiers colons, vivre et travailler ici, s'occupant de l'éducation des filles, amérindiennes et françaises, du soin des malades, des orphelins et des personnes âgées ou démunies. Dès les XVIIe et XVIIIe siècles, deux autres communautés fondées dans la colonie s'ajoutent aux trois premières venues de France. Après la Conquête, les communautés et leur œuvre continuent, mais leur développement reste relativement lent jusqu'au milieu du XIXe siècle. Un tournant marquant se dessine alors. Un mouvement de renouveau religieux suscite des vocations plus nombreuses. L'épiscopat en profite pour créer de nouvelles communautés qu'il destine aux multiples fonctions d'assistance sociale que l'Église prend alors en charge[6]. L'Église catholique canadienne connaît justement une nouvelle prééminence sociale et politique. On se souvient que deux faits saillants dominent la conjoncture: la défaite des Patriotes, suivie de l'union des deux Canada. Pour les communautés religieuses de femmes, c'est l'aube — on s'en apercevra plus tard — d'un essor exceptionnel, nourri, de plus, à la fin du XIXe siècle et au début du XXe, de l'arrivée de communautés françaises ouvrant ici des noviciats. Elles deviendront en quelques années des communautés autochtones, quant à leur population[7].

Le Québec bat tous les records!

Nous voici donc arrivées en 1901, date du début de notre étude. La majorité des communautés de femmes œuvrant au Québec pendant le XXᵉ siècle est déjà établie. On compte alors, selon notre estimation, 34 communautés, dont 22 autochtones et 12 d'origine française ou autre[8]. Ces communautés regroupent environ 10 000 religieuses. Cette jeune population — on constatera par la suite sa jeunesse — reflète le recrutement assez intense des décennies précédentes et représente, si l'on peut dire, le produit de la phase de démarrage qui, d'ores et déjà, est en train de céder la place à une phase de croissance accélérée qui ne se ralentira vraiment pas avant les années 1940. Le chiffre brut de la population, au début de chacune des décennies de la période que nous avons étudiée, permet de se faire une idée de l'importance et de l'évolution démographique des communautés religieuses — du début de ce siècle jusqu'aux années soixante-dix[9]. Les chiffres du tableau 6 représentent le résultat d'une projection réalisée en nous basant sur l'échantillon construit. La procédure utilisée[10] a été expliquée au chapitre 4.

Tableau 6

Population des religieuses québécoises, selon notre échantillon, au 31 décembre de chaque décennie, de 1901 à 1971.

Décennie	Nombre
1901	10 592
1911	15 210
1921	20 788
1931	27 110
1941	34 138
1951	38 271
1961	40 493
1971	35 050

L'originalité québécoise dans l'évolution générale des communautés religieuses de femmes, au cours de cette période, est frappante. Nous allons voir où elle se situe. Dans la recherche sur *Le catholicisme au féminin*, Claude Langlois effectue une comparaison du nombre de religieuses pour 1 000 femmes, recensé dans quelques pays catholiques aux XIXe et XXe siècles[11]. La France connaît un accroissement important et rapide de l'effectif religieux féminin pendant tout le XIXe siècle; l'optimum de 7 religieuses pour 1 000 femmes est atteint vers 1880. Suit une période de stabilité relative, jusqu'en 1945 où se marque le début d'une chute, d'abord lente, accélérée ensuite. La situation belge évolue de manière semblable à la française jusqu'en 1880. Ensuite, l'accroissement de l'effectif ne se ralentit pas; du moins, pas avant le début du XXe siècle. Un taux optimum de 12 religieuses pour 1 000 femmes, plus élevé qu'en France, est alors atteint. Ce taux se maintient jusqu'à la fin des années quarante, pour décliner ensuite, surtout après 1960. Comme en France, la baisse devient désormais très sensible. L'Italie se singularise. Un démarrage assez lent au XIXe siècle est suivi d'une phase d'accroissement entre 1910 et 1950, date de l'apogée du mouvement, avec un taux de 6 religieuses pour 1 000 femmes. Le déclin après cette date paraît toutefois moins accusé que dans les pays précédents. Quant au Québec, il se démarque de l'évolution générale par sa croissance spectaculaire au cours du XXe siècle. En effet, le mouvement naît, au XIXe siècle, plus tard qu'en Belgique et en France, mais la croissance ne se ralentit plus par la suite et dépasse largement celle des autres pays. Avec un taux de 18 religieuses pour 1 000 femmes, on bat tous les records en 1940! La chute se produit comme ailleurs vers 1950. Les statistiques postérieures à 1970, non comprises dans l'étude de Langlois, feraient ressortir, à n'en pas douter, le caractère plus brutal encore du déclin des communautés québécoises, comparées aux belges et aux françaises. Nous y reviendrons au prochain chapitre.

Les différences notées dans l'évolution de la population religieuse féminine entre les pays en présence doivent être mises en parallèle avec la conjoncture: les événements politiques qui marquent, dans ces diverses sociétés, la période observée. Dans la mesure, bien entendu, où les relations entre État et Église sont en jeu dans cette conjoncture. Au-delà des considérations politiques, ces différences témoignent aussi d'une diversité, au sein des sociétés catholiques, de rythme et d'intensité dans la mobilisation du travail féminin par l'Église. Cette diversité dépendrait de l'interaction complexe et mouvante des institutions entre lesquelles se partage le travail des femmes: la famille, le capital, l'État, l'Église. Nous nous proposons d'analyser dans cette perspective l'évolution générale de la main-d'œuvre religieuse regroupée dans les communautés de femmes au Québec et de décrire ses principales caractéristiques démographiques. Auparavant, examinons sa structure interne.

Structure interne de la population: taille et activités

Notre population est formée de communautés que l'on peut regrouper différemment selon plusieurs critères. Nous en avons retenu deux: la taille relative des communautés et leur activité principale. En fonction de la taille des communautés, nous avons distingué quatre catégories: les très grandes communautés (2 000 membres et plus en 1961), les grandes (1 000 à 1 999 membres en 1961), les moyennes (500 à 999 membres en 1961) et les petites (150 à 499 membres en 1961). Les communautés de moins de 150 membres ont été exclues de la population, rappelons-le; elles ne sont pas représentées dans l'échantillon. Néanmoins, nous les présenterons plus loin et leurs caractéristiques seront analysées séparément. Par ailleurs, nous avons distingué sept catégories de communautés en fonction de leur activité principale: les enseignantes, les communautés de services sociaux-hospitaliers, de service au clergé, les missionnaires, les hospitalières, les communautés spécialisées dans la protection (en liaison avec le système carcéral) et les contemplatives[12]. Cette catégorisation, comme on l'a expliqué au chapitre 2, se réfère à l'état de la population des communautés en 1961, c'est-à-dire à la taille et à l'activité des cinquante communautés qui formaient alors la population, telles qu'elles pouvaient être reconstituées à partir du *Canada Ecclésiastique* de cette année 1961. L'échantillon, on s'en souvient, a été tiré de cette population et a été réparti suivant la taille et l'activité des communautés, telles qu'elles ont été définies.

Sur la base de ces critères, la structure interne de la population est assez stable, dans son ensemble, au cours de la période étudiée, de 1901 à 1971. Nous constatons — dans l'échantillon de 24 communautés tiré de la population — que l'activité principale de chaque communauté, d'une part, et l'éventail des activités de l'ensemble des communautés, d'autre part, ne se modifient pas, ou très peu, au cours des années. Par ailleurs, la catégorie relative à la taille dans laquelle se situe chacune des communautés resterait généralement la même pour toutes les décennies. C'est pourquoi nous avons traité la position relative de chaque communauté comme effet de sa taille — telle qu'elle a été fixée sur la base de l'effectif de 1961 et selon les quatre catégories ci-haut décrites — à la manière d'une variable non métrique. Il faut bien voir que la taille, en chiffres absolus, de chaque communauté varie dans le temps. Si l'on remonte de 1961 à 1901, elle s'amenuise. Cependant la position relative occupée par chaque communauté en fonction de sa taille reste stable à chaque décennie[13]. Quelques communautés seulement s'écartent de cette constante. En effet, quelques-unes ont été classées dans la catégorie des moyennes en 1961, mais on a pu constater que, pendant quelques années au début du siècle, elles auraient plutôt appartenu à la catégorie des petites; ce qui s'explique sans doute par le fait qu'elles ont été fondées à la fin du XIXe siècle. Telle communauté située en 1961 dans la catégorie des grandes était, au cours des deux premières décennies du siècle, petite, puis moyenne. En fait, tout se passe comme si, non seulement l'œuvre principale d'une communauté était fixée dès l'origine — elle est souvent d'ailleurs inscrite dans les Constitutions — mais aussi la taille de son organisation, relativement à celle des autres communautés.

Comment s'expliquent ces différences relatives à la taille entre les communautés québécoises? Pour répondre à cette question, il convient d'examiner les caractéristiques des communautés de même taille. On considérera leur spécialité, leur origine (canadienne-française ou étrangère),

leur ancienneté (la période à laquelle correspond leur fondation ici ou leur arrivée) et leur mode d'implantation sur le
territoire. Le *Canada Ecclésiastique* fournit cette information
pour la plupart des communautés.

Parmi les 50 communautés qui composent la population, en 1961, on compte cinq très grandes communautés:
quatre enseignantes et une de services sociaux-hospitaliers.
Quatre sont autochtones, fondées avant le milieu du
XIXe siècle, et la cinquième est française, établie au milieu du
XIXe siècle. On remarque que toutes ces très grandes communautés ont leur maison mère à Montréal. Ainsi, trois conditions sont nécessaires pour se tailler une place dans le sous-
ensemble des très grandes communautés: avoir été fondée
ou établie avant la seconde moitié du XIXe siècle, dans la
métropole du Québec, avec une spécialisation dans l'enseignement ou les services sociaux-hospitaliers. Ces conditions
sont nécessaires, mais pas suffisantes: d'autres communautés
présentent ces caractéristiques, mais se trouvent dans des
sous-ensembles relatifs à d'autres tailles. Toutefois celles-ci
présentent des singularités. L'une, consacrée aux services
sociaux-hospitaliers, fondée à Montréal dès le XVIIIe siècle,
appartient à la catégorie des grandes communautés et non à
celle des très grandes, sans doute parce que certaines de ses
fondations du XIXe ont été juridiquement détachées de la
communauté mère, pour former des communautés autonomes. Une autre, fondée à Montréal avant 1850, et que
nous avons catégorisée dans le sous-ensemble des services
sociaux-hospitaliers, est de petite taille, sans doute parce
qu'elle s'est consacrée à une clientèle très particulière: les
mères célibataires, dont le chiffre est forcément limité. Les
communautés qui présentent les trois caractéristiques
mentionnées se sont sans doute trouvées mieux placées que
les autres pour augmenter leur recrutement et multiplier
leurs œuvres, à la fin du XIXe siècle, lorsque le développement phénoménal des communautés religieuses de femmes
s'est enclenché. En effet, elles disposaient d'une bonne
longueur d'avance sur les autres communautés, fondées ou
arrivées plus tardivement, ou établies dans d'autres villes. Le
bassin régional de la population métropolitaine sera, en

effet, le plus fécond en vocations religieuses à la fin du XIXe et au début du XXe siècle, comme on le verra dans un autre chapitre. On observe dans la région de Montréal une très grande densité d'implantation des très grandes communautés, mesurée par le nombre et l'importance de leurs maisons. Par ailleurs, on peut supposer une très forte demande sociale, au début de la période considérée, pour l'enseignement et les services sociaux-hospitaliers. Notons enfin que toutes les très grandes communautés ont essaimé dans plusieurs régions du territoire québécois, ainsi qu'au Canada et à l'étranger, surtout aux États-Unis et dans certains pays de mission. Ce sont de vastes organisations multirégionales et multinationales. La lecture du *Canada Ecclésiastique,* de même que l'analyse que nous avons faite des lieux où se situent les établissements des communautés échantillonnées permettent de se faire une idée de ce mode de développement[14]. Nous y reviendrons dans un prochain chapitre.

Les sept grandes communautés sont, à plusieurs égards, semblables aux très grandes. Quatre d'entre elles sont des communautés enseignantes, deux, de services sociaux-hospitaliers. En outre, une grande communauté se consacre au service du clergé. Six des sept sont autochtones, une seule française. Elles ont toutes été fondées ou établies au XIXe siècle ou avant; toutefois trois d'entre elles l'ont été dans la seconde moitié de ce XIXe. Contrairement aux très grandes communautés, leur maison mère se situe, dans six cas sur sept, hors de la métropole; l'exception étant la communauté démembrée au XIXe siècle. C'est peut-être cette condition qui les a empêché d'accéder à la catégorie des très grandes communautés, malgré deux facteurs positifs: leur arrivée ou leur fondation assez anciennes et leur spécialité, à une exception près, dans l'enseignement ou les services sociaux-hospitaliers. Plusieurs grandes communautés ont concentré une grande partie de leurs établissements dans quelques régions voisines sur le territoire québécois, formant toutefois pour chacune une aire assez vaste, par exemple Québec, Charlevoix, le Saguenay-Lac-Saint-Jean, ou bien Ottawa, l'Outaouais, le Témiscamingue et l'Abitibi. Quelques-unes sont plus dispersées, ayant essaimé dans plusieurs régions assez éloignées les unes des autres. Comme les très grandes communautés, les grandes essaiment aussi hors du Québec, dans d'autres provinces canadiennes et aux États-Unis, souvent en pays de mission. Plusieurs d'entre elles sont des multinationales, de moindre envergure toutefois que les très grandes communautés.

On compte quinze communautés de taille moyenne. La majorité, neuf d'entre elles, sont enseignantes, trois assument des services sociaux-hospitaliers. Les autres sont respectivement missionnaire, hospitalière et vouée à la protection. Contrairement à ce que l'on a observé dans les deux sous-ensembles précédents, le sous-ensemble des communautés moyennes compte pratiquement le même nombre de communautés d'origine française (huit) et d'origine canadienne-française (sept). La majorité des communautés moyennes (11 sur 15) ont été fondées ou sont arrivées avant le XXe siècle, mais en général plus tardivement — seconde moitié du XIXe siècle — que les très grandes ou les grandes. On peut penser qu'une origine étrangère, combinée à un établissement tardif, après 1850 ou même après 1900, ce qui est le cas de plusieurs communautés moyennes, tendraient à limiter la propension d'une communauté à se placer parmi les grandes ou les très grandes. On doit remarquer en outre que quatre des communautés d'origine française qui se situent dans la taille moyenne sont des communautés actives, mais soumises à la clôture. Cela signifie que leurs religieuses se consacrent à l'enseignement, au soin des malades hospitalisés ou à d'autres services, tout en vivant cloîtrées dans un monastère et en récitant l'office plusieurs fois par jour. Il est probable que cette condition particulière en limite le développement, malgré un établissement ancien au Québec: le XVIIe siècle pour trois d'entre elles, et la première moitié du XIXe pour la quatrième. Plusieurs communautés enseignantes de taille moyenne sont à vocation régionale. Elles ont été fondées ou établies à la fin du XIXe ou au début du XXe, dans une ville de province — Chicoutimi, Rimouski, Saint-Hyacinthe, Sherbrooke —, centre de la région que la communauté est appelée à desservir. Elles ont peu essaimé à l'extérieur de leur coin de province, rarement à l'extérieur du Québec. Les établissements des autres communautés moyennes, dont la maison mère est à Montréal, Québec ou ailleurs, sont souvent dispersés dans plusieurs régions du territoire québécois. La plupart ont aussi des maisons au Canada et à l'étranger, mais l'importance de cette émigration est moindre que celle des très grandes et des grandes communautés, excepté pour la communauté missionnaire. La dispersion des établissements dans plusieurs régions, souvent assez éloignées les unes des autres, et l'essaimage — d'envergure variable — hors des frontières du Québec et du Canada, peuvent être considérés comme des tendances générales du développement des communautés de toutes tailles. Plusieurs petites communautés même n'y échappent pas.

Il semble possible de penser que l'adoption exclusive par une communauté d'une activité différente de l'enseignement ou des services sociaux-hospitaliers limite son développement. Peu importe qu'elle soit d'origine autochtone ou étrangère, de fondation ou d'arrivée ancienne ou récente. En effet, sur les seize communautés de la population qui se consacrent, exclusivement, au service du clergé, aux hôpitaux, à la protection, aux missions ou à la contemplation, douze sont petites, trois seulement moyennes et une seule est grande. Sans doute la demande pour les services auxquels correspondent ces spécialités est-elle plus restreinte que celle qui correspond à l'enseignement ou aux services sociaux-hospitaliers multiples. À moins que le désir de s'engager dans ce type d'activité soit moins commun chez les futures religieuses que d'autres types de vocation.

Les communautés de petite taille sont très hétérogènes. Plusieurs conditions et combinaisons de conditions semblent associées au fait qu'une communauté se situe dans ce sous-ensemble. On y trouve la plus forte proportion de communautés spécialisées dans des activités autres que l'enseignement et les services sociaux-hospitaliers. C'est le cas de 12 sur 23 de ces petites communautés. Parmi elles: le plus grand nombre (douze) de communautés d'origine étrangère, soit plus de la moitié, comme dans les moyennes. De même on relève la plus grande proportion et le plus grand nombre (douze) de communautés fondées ou arrivées au Québec très tard, c'est-à-dire au XXe siècle. Quelques-unes, d'ailleurs, n'apparaissent qu'après 1920. Enfin, les communautés comtemplatives ne se trouvent que dans ce sous-ensemble.

Quant aux très petites communautés, celles de moins de 150 membres en 1961, elles ont été exclues de la population telle que nous l'avons définie et décrite. Selon l'estimation que nous en avons faite à partir du *Canada Ecclésiastique*, elles sont au nombre de 43 en 1961 et regroupent 2 351 sujets[15]. Il peut être intéressant de dégager certaines de leurs caractéristiques, récapitulées dans le tableau 7[16].

La grande majorité de ces très petites communautés, 34 sur 43, sont d'origine étrangère: majoritairement françaises et, dans huit cas, d'autres nationalités. À deux exceptions près, elles ont été fondées ou sont arrivées ici au XXe siècle, après 1931, pour la majorité (25 cas). Les dernières se sont installées dans les années cinquante. Pas moins de 30 % d'entre elles (treize) sont des communautés contemplatives,

Tableau 7

Les communautés de moins de 150 sujets en 1961, selon leur activité principale, leur origine et la date de leur fondation ou de leur arrivée au Canada.

Activité principale	Canadienne-française			Étrangère			Total
	1875-1901	1902-1930	1931-1955	1875-1901	1902-1930	1931-1955	
Enseignante	-	-	-	1	5	2	8
Services sociaux-hospitaliers	-	2	-	-	1	9	12
Service au clergé	-	-	2	-	-	1	3
Missionnaire	-	2	-	-	2	2	6
Hospitalière	-	-	-	-	-	1	1
Contemplative	-	-	3	1	4	5	13
Total	0	4	5	2	12	20	43

28% (douze), des communautés de services sociaux-hospitaliers. On compte de plus huit communautés enseignantes, six communautés missionnaires, trois communautés de service au clergé et une hospitalière.

Récapitulons les facteurs positifs de développement: fondation ou arrivée remontant au XIXᵉ siècle ou avant, établissement de la maison mère à Montréal ou dans un autre centre urbain important, spécialisation dans l'enseignement ou les services sociaux-hospitaliers. Par contre, les facteurs négatifs de développement seraient une spécialisation dans toute autre activité, une fondation ou une arrivée au XXᵉ siècle et la combinaison d'une arrivée tardive et d'une origine étrangère.

La répartition de la main-d'œuvre religieuse entre les types de communautés

En 1901, nous l'avons mentionné, le système que forment les communautés au Québec — taille relative de leur organisation et nature de leur œuvre respective — est de constitution récente, mais il est déjà bien en place. Des communautés de l'échantillon, trois seulement ne sont pas présentes en 1901. L'une sera fondée en 1902, les deux autres, dans les années trente: bon reflet de la situation qui prévaut dans l'ensemble. Passé le tournant du siècle, il semble que de nouvelles communautés puissent toujours trouver une place dans le système. Mais elles sont cantonnées dans la catégorie des petites et, plus souvent encore, dans celle des très petites communautés, comme l'a montré l'analyse du groupe de ces communautés exclues de la population.

Le système que forment les communautés est fondé sur la répartition entre elles du champ global de l'activité assumée par les religieuses dans la société. Ce champ ne se transformera quasiment pas au cours des années, mais l'activité des communautés va s'y intensifier à mesure qu'augmentera à la fois leur effectif et la demande sociale pour leurs services. Cette demande correspond, dans une certaine mesure, aux besoins de la population que les communautés éduquent, soignent, logent, assistent de diverses manières, population qui augmente graduellement au cours des années. Les communautés sont, par ailleurs, en concurrence, aussi bien pour l'établissement d'œuvres nouvelles que pour l'élargissement d'œuvres existantes. Elles rivalisent aussi pour le recrutement de nouveaux sujets au sein des jeunes cohortes féminines. En effet, pour maintenir leurs œuvres en état de fonctionnement, les communautés doivent recruter des sujets qui remplacent ceux qui meurent ou qui sortent de leurs rangs. Bien plus, la multiplication des œuvres ou leur élargissement exigent l'accroissement de la population des communautés: un recrutement plus intense que le strict nécessaire au simple remplacement. Recrutement, multiplication et élargissement des œuvres sont donc des objectifs indissociables, enjeu de la concurrence que se livrent les communautés.

La position relative des communautés ou des sous-ensembles de communautés (par exemple, les enseignantes, les hospitalières) dans le champ d'activité commun, peut être interprétée comme le résultat toujours provisoire de cette concurrence. Aux fins de notre analyse, c'est le chiffre de la population d'une communauté qui servira d'indice de sa position par rapport aux autres. Autrement dit, on considérera que la population d'une communauté ou d'un sous-ensemble de communautés, à un moment quelconque, correspond grosso modo à la part ou à la fraction du champ d'activité de la main-d'œuvre religieuse que cette communauté ou cette catégorie de communautés est parvenue à se tailler. Cette part variera selon les époques. Dans cette perspective, examinons maintenant la répartition de la main-d'œuvre religieuse, de 1901 à 1971, entre les sous-ensembles de communautés de tailles et d'activités diverses. La distribution de la main-d'œuvre religieuse n'est pas homogène, on le verra, quelle que soit la période observée. Certains aspects de cette distribution sont relativement stables dans le temps, alors que d'autres aspects se modifient substantiellement à long terme[17]. Voyons d'abord comment se distribue la population du point de vue de l'activité principale des communautés.

Tableau 8

Répartition procentuelle de la population religieuse selon l'activité principale des communautés, de 1901 à 1971.

Activité principale	1901	1911	1921	1931	1941	1951	1961	1971
Enseignante	49,7	49,8	52,1	55,7	57,0	59,0	60,5	61,6
Services sociaux-hospitaliers	35,4	36,6	35,8	32,6	31,1	28,5	26,3	24,9
Service au clergé	0,8	2,2	2,6	2,6	3,8	4,4	4,6	4,5
Hospitalière	3,0	2,4	2,3	2,4	2,6	2,9	3,3	3,5
Protection	3,5	3,1	2,8	2,6	1,9	1,5	1,2	1,1
Missionnaire	-	0,1	0,3	1,0	1,4	1,7	2,0	2,4
Contemplative	7,7	5,7	4,1	3,2	2,3	2,0	2,0	1,9
Total	100%	100%	100%	100%	100%	100%	100%	100%
Nombre de cas	10 592	15 210	20 788	27 110	34 138	38 271	40 493	35 050

De 1901 à 1971, plus de 80 % de la main-d'œuvre religieuse est mobilisée par les communautés enseignantes et sociaux-hospitalières. L'enseignement est, de loin, l'activité la plus importante. Les communautés enseignantes regroupent toujours, en effet, la moitié, ou plus, des religieuses. Ce qui ne veut pas dire que toutes ces religieuses soient des enseignantes, mais plutôt que leur travail — administration, soutien, entretien — est relié à cette fonction propre. Cette part du lion détenue par les communautés enseignantes ne cesse d'augmenter d'une décennie à l'autre. En 1971, la fraction relative des communautés enseignantes dans l'ensemble de la population religieuse représente 12 % de plus qu'en 1901. Même entre 1961 et 1971, alors que décline la population religieuse en général, la concentration de l'effectif dans le secteur de l'enseignement augmente toujours. En 1971, ce secteur regroupe en effet 62 % de la main-d'œuvre globale.

Du primaire au collégial, dans tous les domaines de la formation générale ou spécialisée, pour les enfants des deux sexes et pour les jeunes filles en particulier, la demande de services scolaires n'a cessé de s'accroître au Québec, pendant la portion observée du XXe siècle. Même avant les années soixante, l'offre de services scolaires de la part des religieuses a probablement toujours été inférieure à la demande, notamment dans le secteur de l'enseignement public. On sait que la part des ressources investies dans le système d'éducation, par l'État provincial et les commissions scolaires locales, est restée relativement faible jusqu'aux années soixante. Par conséquent, l'Église, jusqu'à cette date, a détenu le quasi-monopole du secteur privé de l'enseignement et a investi en outre des ressources humaines et matérielles considérables dans le secteur public[18]. N'oublions pas que l'enseignement est, de tous les services, celui dont le contrôle est stratégiquement le plus important pour l'Église, parce qu'il assure la pérennité de son influence morale, religieuse et politique dans la société. Ainsi les communautés religieuses de femmes auront été un des instruments les plus importants de ce contrôle par l'Église du secteur scolaire québécois. En effet, les religieuses étaient beaucoup plus nombreuses dans l'enseignement et dans l'administration scolaire que les frères et les clercs[19]. Quel que soit l'échelon, le secteur d'enseignement et surtout la région, même la plus éloignée, elles étaient présentes. Alors que collèges et séminaires étaient réservés à la formation de l'élite masculine — petite-bourgeoisie des clercs et des notables —, les petites écoles, les couvents et pensionnats des sœurs instruisaient les femmes: futures épouses et surtout futures mères de famille, de toutes classes et de tous milieux[20]. On verra dans un autre chapitre que ces maisons d'enseignement ont joué en outre un rôle crucial dans le processus de reproduction des communautés. En effet, les femmes qui ont fréquenté ces maisons — la majorité des catholiques québécoises — y ont été mises en contact avec les religieuses, influencées par leur discours, leur mode de vie [21].

L'évolution de la fraction de la main-d'œuvre religieuse qui travaille dans les services sociaux-hospitaliers est l'inverse de celle des enseignantes. La part relative de la population engagée dans ces communautés diminue sensiblement à partir des années vingt. Elle passe de 35 % de la main-d'œuvre en 1901 à 25 % en 1971. On sait qu'au

Québec, du moins jusqu'aux années soixante, une très forte proportion de personnes des deux sexes ayant des problèmes physiques ou sociaux particuliers — handicapés, aveugles, épileptiques, déficients mentaux, orphelins, enfants pauvres ou nés hors mariage, délinquants, adolescents difficiles, personnes âgées — sont placées dans des institutions, de manière temporaire ou souvent permanente. L'incidence de l'«institutionnalisation» — on pourrait dire «enfermement» — est plus élevée ici que dans d'autres provinces, surtout dans les premières décennies du siècle[22]. L'importance de la main-d'œuvre, affectée aux communautés de services sociaux-hospitaliers qui prennent en charge une bonne partie de cette population en institution, en témoigne. Malgré sa diminution progressive au cours des années, elle représente tout de même plus ou moins le tiers de la population religieuse jusqu'aux années quarante et approximativement le quart, pour le reste de la période. Il est possible cependant que le développement de certaines ressources et services de la part de l'État, des municipalités ou des agences sociales laïques ait tout de même produit une certaine baisse de la demande de main-d'œuvre religieuse dans les secteurs correspondants. Par ailleurs, il est également possible que le développement des communautés hospitalières, des missionnaires et des communautés de service au clergé, susceptibles de recruter des sujets présentant des caractéristiques semblables à ceux recrutés par les communautés mixtes — et d'assumer, dans certains cas, des services semblables — ait pu contribuer à les affaiblir par rapport aux autres.

On constate, en effet, que la proportion de la main-d'œuvre religieuse dans les communautés de service au clergé connaît une croissance régulière particulièrement sensible dans les années trente et quarante. La demande est en hausse dans ce secteur d'activité, probablement en liaison avec l'accroissement de l'effectif clérical. La part relative des communautés hospitalières, comme celle des missionnaires, s'accroît aussi, légèrement, mais de manière constante à partir des années vingt. Les communautés qui se consacrent à la protection des femmes et les communautés contemplatives suivent un mouvement inverse. La fraction de la population religieuse qui s'y trouve rassemblée diminue légèrement d'une décennie à l'autre. Ce sont, il faut le dire, des communautés spécialisées dans des activités très précises. Dans le cas des communautés contemplatives, il est intéressant de remarquer qu'elles semblent engagées dans un processus de simple renouvellement: le nombre de contemplatives — plus ou moins 800 — reste constant pendant plus de soixante ans.

Tableau 9

Répartition procentuelle de la population religieuse selon la taille des communautés, de 1901 à 1971.

Taille	1901	1911	1921	1931	1941	1951	1961	1971
Très grande	43,7	41,1	38,3	36,2	33,3	30,9	29,4	28,9
Grande	24,9	25,3	24,5	24,0	24,7	24,7	24,3	23,7
Moyenne	17,9	19,8	21,8	23,4	24,9	26,3	28,2	28,9
Petite	13,5	13,8	15,5	16,4	17,1	18,1	18,2	18,5
Total	100%	100%	100%	100%	100%	100%	100%	100%
Nombre de cas	10 592	15 210	20 788	27 110	34 138	38 271	40 493	35 050

La répartition de la population religieuse entre les sous-ensembles de tailles différentes, d'une décennie à l'autre, révèle d'autres dimensions du système que forment les communautés. Au début du siècle, les très grandes et grandes communautés regroupent ensemble près de 70 % de la main-d'œuvre religieuse. Les très grandes, à elles seules, en comptent plus de 40 %. Cette proportion formée par les très grandes et les grandes communautés va beaucoup diminuer au fil des années, mais cette diminution aura principalement affecté les très grandes. Leur part relative entre 1901 et 1971 passe de 43,7 % à 28,9 %. Pour leur part, les grandes communautés rassemblent une fraction à peu près constante de la population religieuse, à peu près 24 % de 1901 à 1971. Elles représentent le type d'organisation le plus stable relativement aux autres, du point de vue des œuvres et du recrutement.

Cette diminution de la population appartenant aux très grandes communautés se trouve compensée par un accroissement graduel de la population des moyennes et des petites. L'effet global de ce double mouvement est une répartition de plus en plus égale de la main-d'œuvre religieuse entre les sous-ensembles de tailles différentes. En 1971, les très grandes communautés et les moyennes détiendront une proportion identique de la population, 28,9 %, et les grandes communautés les suivront de près avec une part de 23,7 % de cette population. Le sous-ensemble des petites communautés malgré sa croissance relative, conservera toujours la part la plus faible, de 13,5 % en 1901 à 18,5 % en 1971.

Le tableau 10 de la page suivante permet de nuancer l'analyse relative à l'évolution de la population, du point de vue de la taille et de l'activité des communautés considérées simultanément. On observe que, parmi les petites communautés, la part des contemplatives diminue alors qu'augmente celle des communautés spécialisées dans d'autres activités (service au clergé, services sociaux-hospitaliers et surtout, enseignement). L'augmentation notée précédemment de la part relative des communautés de service au clergé vient surtout, on le voit, des petites communautés fondées au cours des années trente. Par ailleurs, l'augmentation des petites communautés de services sociaux-hospitaliers contraste avec la diminution que subissent les très grandes communautés de même activité et, à un moindre degré, les grandes et les moyennes. Enfin, l'accroissement de la fraction de la main-d'œuvre dans les petites communautés enseignantes est assez important, surtout jusqu'aux années quarante, mais il est toutefois moins frappant que celui des communautés enseignantes de taille moyenne.

La part relative de la main-d'œuvre religieuse dans l'ensemble des communautés de taille moyenne augmente beaucoup au cours de la période étudiée. Elle passe de 18 % à 29 % de l'ensemble, et cette croissance, comme le montre le tableau 10, est le fait des enseignantes, c'est-à-dire de ces communautés régionales dont on a parlé précédemment. Elles sont de fondation relativement tardive (fin du

Tableau 10

Répartition procentuelle de la population religieuse selon la taille et l'activité des communautés, de 1901 à 1971.

Activité	1901	1911	1921	1931	1941	1951	1961	1971
TRÈS GRANDE								
Enseignante	30,2	27,8	26,4	26,0	24,1	23,3	22,8	22,6
Services sociaux-hospitaliers	13,5	13,2	11,9	10,1	9,2	7,6	6,6	6,3
GRANDE								
Enseignante	12,3	11,2	10,8	11,6	13,1	13,8	13,8	13,3
Services sociaux-hospitaliers	11,9	11,8	11,0	9,8	8,9	8,2	8,0	7,8
Service au clergé	0,8	2,3	2,6	2,6	2,6	2,6	2,6	2,6
MOYENNE								
Enseignante	4,8	6,9	8,7	10,6	12,6	14,4	16,9	18,0
Services sociaux-hospitaliers	6,7	7,4	7,8	7,2	7,1	6,4	5,6	4,8
Hospitalière	2,9	2,3	2,1	2,0	2,0	2,2	2,4	2,5
Protection	3,5	3,0	2,8	2,5	1,9	1,6	1,2	1,1
Missionnaire	-	0,1	0,3	1,0	1,4	1,7	2,0	2,4
PETITE								
Enseignante	2,5	3,9	6,2	7,3	7,2	7,4	7,0	7,7
Services sociaux-hospitaliers	3,2	4,1	5,0	5,4	5,8	6,2	6,2	6,0
Service au clergé	-	-	-	,0	1,2	1,8	2,0	1,9
Hospitalière	0,1	0,1	0,2	0,4	0,6	0,7	0,8	1,0
Contemplative	7,6	5,6	4,0	3,2	2,3	2,0	2,0	1,9
Total	100%	100%	100%	100%	100%	100%	100%	100%
Nombre de cas	10 593	15 211	20 788	27 110	34 139	38 271	40 494	35 045

XIXe siècle), et implantées hors des grands centres. Représentant 4,8 % de la main-d'œuvre religieuse en 1901, ce type de communautés en regroupe 18 % en 1971. Ce sont les sœurs des petites écoles de campagne, isolées dans les villages les plus éloignés des régions de province. De grandes ou très grandes communautés enseignantes se seront très souvent déjà établies sur le territoire de ces communautés moyennes. Mais elles auront mis sur pied pensionnats, écoles normales et autres grandes maisons d'enseignement, dans les villes les plus importantes. Les communautés moyennes recueilleront les restes: substantiels. Ils s'accroîtront au rythme de la colonisation et du peuplement des régions périphériques. Aussi les communautés moyennes connaîtront un développement remarquable pendant tout le XXe siècle, alors que la part relative des très grandes communautés enseignantes aura tendance à plafonner dès le début du siècle, puis à diminuer graduellement, grignotée par les communautés enseignantes de moindre envergure. La part des missionnaires, également communautés moyennes, et propres au XXe siècle, aura aussi tendance à augmenter. Quant à la part respective des autres communautés moyennes — services sociaux-hospitaliers, protection —, elle restera à peu près constante ou diminuera légèrement.

Deux tendances principales se dégagent donc de l'évolution de la population religieuse regroupée selon la taille et l'activité des communautés entre 1901 et 1971. D'abord, l'augmentation importante de la part relative des communautés enseignantes au sein de cette population, sans doute en liaison avec la demande et l'offre croissantes de services scolaires. En second lieu, la restructuration interne de la main-d'œuvre religieuse qui provoque un affaiblissement relatif et graduel des très grandes communautés et un renforcement relatif des communautés de taille moyenne et, à un moindre degré, des plus petites. Ces deux tendances se recoupent. En effet, l'accroissement relatif des communautés de taille moyenne vient pour une bonne part de l'augmentation de l'offre et de la demande de services scolaires dont profitent les communautés enseignantes de cette taille, au détriment des communautés enseignantes de grande envergure. Quelques traits secondaires de l'évolution de la structure interne de la main-d'œuvre religieuse sont également à retenir. La diminution de la part relative de cette main-d'œuvre dans les communautés de services sociaux-hospitaliers et l'augmentation de la part des hospitalières, des missionnaires et des communautés de service au clergé. Notons enfin la remarquable stabilité du sous-ensemble de la population religieuse que forment les grandes communautés. Plusieurs d'entre elles sont installées de longue date, on s'en souvient, hors de la métropole, dans les villes importantes du Québec, au centre de vastes régions où elles se sont développées de manière intensive. D'un côté, ces grandes communautés ont peut-être réussi à éviter la baisse relative d'effectifs qu'ont connue les très grandes communautés parce qu'elles étaient absentes de la concurrence féroce que se sont livrée les communautés de toutes tailles dans la région de Montréal. On verra plus loin que le recrutement et sans doute l'implantation d'œuvres nouvelles y atteignent la saturation. Mais d'un autre côté, elles n'ont pas pu éviter la concurrence des communautés moyennes et des petites communautés installées sur leur territoire. Ce qui les a empêchées d'augmenter la part relative de leur effectif.

L'amour nous presse

Pourquoi ce régime de concurrence entre les communautés? Il résulte des pratiques de libre entreprise et de l'absence de concertation entre elles; tant en ce qui concerne la fondation même de communautés, que les œuvres à établir, le lieu (ville, région, pays) de leur établissement, les bassins de recrutement à exploiter. Passé le début du siècle, dans pratiquement toutes les régions du Québec, une foule de communautés — de tailles et d'activités semblables, aussi bien que différentes — se coudoient, se pressent, se bousculent. On est porté à penser qu'un développement mieux planifié et concerté aurait pu assurer une répartition des ressources plus équitable et plus raisonnable entre les communautés; en personnes, aussi bien qu'en investissements, sur une base sectorielle (champ d'activité) ou régionale (aire de développement). Les faits rapportés par Claude Langlois, pour le XIXe siècle français, illustrent éloquemment le problème de l'orientation générale du développement des communautés et la difficulté de le résoudre[23]. En effet, au moment où les communautés actives connaissent en France un essor sans précédent, favorisé par les politiques du Premier Empire à leur endroit, l'empereur et son ministre des cultes tentent de mettre ordre dans ce développement en s'appuyant sur l'épiscopat: fusion ou regroupement de communautés, noviciat commun analogue au séminaire, implantation moins anarchique sur le territoire, assurance de viabilité préalable à l'autorisation de communautés nouvelles. Ces tentatives toutefois auront peu de succès.

Il ne semble pas que les autorités ecclésiastiques québécoises et canadiennes — qui pourtant en détenaient les moyens politiques et juridiques — se soient efforcées d'exercer une planification générale du développement des communautés au XIXe et au XXe siècles. Au contraire, l'intervention des évêques ou des curés aggrave souvent l'anarchie déjà présente. À la fin du XIXe et dans les premières décennies du XXe siècle, plusieurs évêques, par exemple, veulent fonder une communauté enseignante qui leur appartienne en propre, ou une communauté de service au clergé à leur usage diocésain[24]. Caprices qui contribuent à la multiplication de ces types de communautés dont il existe pourtant de nombreux exemplaires implantés parfois sur le territoire même du diocèse ou en territoire voisin. Pour des raisons d'intérêt politique, financier ou personnel, certains prélats jouent les communautés les unes contre les autres. Par exemple, on fera appel pour la fondation d'une œuvre quelconque, à une communauté étrangère à la région concernée, parfois même au pays, ou à une communauté spécialisée dans des œuvres différentes de celle qu'on veut fonder, alors qu'une ou plusieurs communautés déjà présentes sur le terriroire seraient bien en mesure de se charger de cette fondation. Ne citons que l'exemple de l'ouverture de certains hôpitaux en région, confiés à de petites communautés françaises.

Du côté des communautés elles-mêmes, aucune trace visible de concertation, aucune tentative manifeste de planification du développement par le bas. L'objectif de chacune paraît être le plus souvent l'élargissement à tout prix du territoire et des œuvres, au mépris d'une concentration et d'une spécialisation qui paraîtraient plus avantageuses. Nous avons catégorisé les communautés selon leur activité principale, mais il ne faut pas oublier qu'elles exercent bien souvent une ou plusieurs activités secondaires. Par exemple, des communautés enseignantes gèrent certains établissements de service au clergé et quelques crèches ou hospices dont la fondation répond à une demande ponctuelle, ou à l'espoir de s'installer, par ce moyen, dans une nouvelle ville ou région. Des communautés mixtes, chargées d'hôpitaux, d'hospices, d'orphelinats ne cessent pas pour autant de concurrencer les communautés enseignantes dans le secteur scolaire privé ou public. La combinaison et la juxtaposition que font ces communautés mixtes des œuvres les plus hétéroclites — pensionnat, jardin de l'enfance[25], clinique, hospice, ouvroir, assistance à domicile — défient l'entendement, même si on les replace dans le contexte de leur époque. Combien de communautés, d'un type ou d'un autre, déjà bien installées dans certaines villes et régions, semblent ne pouvoir résister à une invitation ou simplement une occasion de fonder un petit établissement à l'autre bout de la province, du pays ou du monde? Même lorsque le territoire est bien quadrillé par d'autres communautés et que le nouvel établissement ne correspond pas tout à fait à leur spécialité!

Certaines des contradictions auxquelles on a fait allusion, entre les besoins et l'intérêt de l'appareil ecclésial, d'une part et, d'autre part, les désirs et les projets des femmes regroupées dans les communautés, sont parfois à l'origine de politiques peu rentables ou même coûteuses pour elles. Ainsi, au XVIIIe siècle, la scission imposée par les évêques, sur une base régionale, à la grande communauté de services sociaux-hospitaliers dont nous avons parlé précédemment; ou bien le cas des fondatrices nourrissant des projets d'activités novatrices que les autorités ont réorientées vers des engagements plus conformes aux modèles conventionnels; ou encore celui d'œuvres imposées à des communautés à titre de condition à l'approbation de leur fondation ou de leur établissement au pays (service du clergé, soin des prisonnières) et auxquelles elles ne parviendront pas à se soustraire, même lorsqu'elles se réorienteront vers d'autres types de services plus conformes à leurs aspirations. Par ailleurs, bien des communautés ont sans doute été poussées à essaimer hors de leur territoire d'origine par le désir d'échapper au contrôle exclusif d'une autorité épiscopale diocésaine.

Même lorsqu'une communauté est forte, c'est-à-dire assez ancienne, disposant d'un effectif important et d'un réseau d'établissements suffisamment vaste et stable, elle ne peut composer sans difficulté avec les pressions de la concurrence et celles du clergé. C'est visiblement le cas, par exemple, des très grandes communautés de notre population. À plus forte raison, la liberté d'entreprise des communautés, conjuguée à l'arbitraire fréquent des autorités ecclésiastiques qui les gouvernent, rend l'existence difficile aux communautés les plus faibles, celles qui sont jeunes, qui ont un effectif peu nombreux, un réseau d'établissements en formation, un champ d'activité instable. Il demeure malgré tout que le système, tel qu'il est organisé, permet à de nombreuses communautés de voir le jour et d'inventer leur destin — «que mille fleurs s'épanouissent» aurait-on pu dire à l'époque, anticipant l'ordre maoïste. Chaque communauté représente une source singulière d'inspiration où se mêlent la personnalité de la mère fondatrice, l'illumination et la vision présidant aux débuts de la communauté, la nature du patronage, le nom et le charisme propres, l'histoire toujours mythifiée de la fondation et de l'élargissement de la communauté, les rêves de conquêtes missionnaires ou d'expansion planétaire. Tout cela relève du sens, source de motivation et de légitimation, d'une activité de service incessante dont il ne faut pas oublier qu'elle est gratuite, désintéressée et très exigeante pour les femmes qui s'y sont engagées. Pour que le système fonctionne à plein rendement, peut-être faut-il qu'il ne se présente pas comme un système, mais comme une utopie, un champ ouvert à l'infini où tout est possible et rien n'est déterminé. *Caritas Christi urget nos* disait la devise d'une association de communautés hospitalières[26]. «L'amour nous presse» ... et l'objet de l'amour ne peut s'épuiser en aucune forme, s'arrêter en aucun lieu, se tenir en deçà d'une frontière. L'amour lui-même ne peut se fixer de limite sinon il ne serait plus l'amour.

NOTES

1. Voir Michel Parisse, *Les nonnes au Moyen Âge,* Paris, Christine Bonneton, 1983; Geneviève Reyne, *Couvents de femmes, la vie des religieuses cloîtrées dans la France des XVIIe et XVIIIe siècles,* Paris, Fayard, 1987.

2. Pour la période du XIXe siècle en France, voir Claude Langlois, *Le catholicisme au féminin, les congrégations françaises à supérieure générale au XIXe siècle,* Paris, Le Cerf, 1984. Voir aussi Yvonne Turin, *Femmes et religieuses au XIXe siècle, le féminisme en religion,* Paris, Nouvelle Cité, 1985. Pour l'histoire des communautés autochtones et étrangères au Canada et au Québec, voir Marguerite Jean, *op.cit.* On trouvera dans ce dernier ouvrage l'exposé des différences de nature juridique entre les divers types de communautés: ordres, congrégations, instituts, sociétés. Suivant cette auteur, nous avons adopté le terme de communauté pour désigner l'ensemble de ces catégories, ce qui correspond aussi à l'usage dans le langage courant et dans celui des religieuses elles-mêmes, au Québec.

3. Sur la question de la «féminisation», au cours des derniers siècles, tant de la pratique religieuse, de la dévotion que des vocations, voir notamment Claude Langlois, *op. cit.*

4. De nombreux exemples dans l'histoire des communautés au Québec illustrent cette situation. Toutefois, il n'est pas possible de les citer dans le cadre du présent ouvrage. La documentation que nous avons recueillie et analysée sur l'histoire des communautés et de leurs œuvres, la vie de leurs fondatrices et leurs tractations avec les différentes instances de pouvoir fera l'objet d'une publication ultérieure.

5. Bernard Denault et Benoît Lévesque résument ainsi la question pour la société québécoise: «Dans une société où le clergé se donne idéologiquement un grand pouvoir et le détient en fait, il était inévitable que la fondation des communautés féminines soit assujettie à son contrôle. D'ailleurs, la situation de la femme en général, et des fondatrices en particulier, n'aurait pu permettre que des fondations existent sans cette médiation cléricale. Le prêtre est donc l'agent tout-puissant qui définit le besoin social à combler, permet l'organisation de la communauté, rédige la règle et l'impose; il infléchit même le développement de la communauté par des interventions dans la nomination des successeurs. En somme, il permet à une communauté de naître et de survivre.» (Denault et Lévesque, *op.cit.,* p.107).

6. Les données recueillies par Louis Rousseau sur le recrutement dans les communautés de femmes établies dans le diocèse de Montréal, montrent une expansion remarquable des vocations féminines, entre 1840 et 1880. L'auteur situe cette expansion dans le contexte du mouvement de renouveau religieux; «Crise et réveil religieux dans le Québec du XIXe siècle», *Interface*, n° 24, janvier-février 1990. L'opinion de Marta Danylewycz va également dans ce sens, bien que les données qu'elle présente pour la période 1840-1920 proviennent de deux communautés montréalaises seulement, dont l'une est très petite. Voir, de cette auteur, *Profession: religieuse; un choix pour les Québécoises, 1840-1920;* Montréal, Boréal, 1988.

7. L'implantation des communautés françaises s'inscrit, au XIXe siècle, dans un mouvement missionnaire vers l'Amérique du Nord, alors qu'au début du XXe, elle sera plutôt l'effet de l'émigration imposée par l'adoption en France des lois anti-congréganistes.

8. Pour 1901, Denault et Lévesque citent le chiffre de 36 communautés dont 20 autochtones et 16 venues de l'extérieur du Québec. Nous comptons deux communautés autochtones de plus parce que nous incluons dans cette catégorie les communautés fondées au Québec et ailleurs au Canada français, alors que nos collègues excluent certaines de ces dernières de la catégorie des autochtones. L'estimation de Denault et Lévesque inclut aussi deux très petites communautés d'origine française, que nous excluons.

9. Nous n'avons pas étudié, au cours de la même période, l'évolution des communautés de religieux, frères et prêtres, ni celle du clergé séculier. Notons toutefois que les données colligées par d'autres chercheurs indiquent une très forte prédominance des vocations féminines sur les vocations masculines, tant au XIXe qu'au XXe siècles. Par exemple, selon Denault et Lévesque, pour l'année 1910, date à laquelle ils recensent 14 299 religieuses, il faudrait compter selon leur recensement 3 770 religieux appartenant à des communautés. S'ajouteraient à eux 1 000 prêtres séculiers. L'effectif masculin serait donc de 4 770, soit le tiers de l'effectif féminin. En 1960, selon la même procédure, on aurait 46 933 religieuses, d'une part, et de 12 625 religieux, d'autre part, plus 3 000 à 4 000 prêtres séculiers, ce qui donne entre 15 625 et 16 625 vocations masculines — le tiers, cette fois encore, des vocations féminines. Voir Denault et Lévesque, *op. cit.*, pp. 42,43 et 54. Ces auteurs s'appuient aussi, pour évaluer l'effectif clérical, sur la recherche de Louis-Edmond Hamelin, «Évolution numérique séculaire du clergé catholique du Québec», *Recherches sociographiques,* vol. II, p. 189-238, 1961.

10. Pour les estimations et les analyses se rapportant aux données de nature démographique, nous avons utilisé, en plus des 3 700 dossiers de religieuses jugés complets, 208 dossiers tirés aussi de l'échantillon et qui étaient incomplets sur divers points, mais pour lesquels nous disposions d'informations valides sur des variables pertinentes: dates de naissance et

de décès, date d'entrée ou de sortie, etc. Dans les analyses présentées par la suite, le nombre de communautés et de religieuses varie parce que, dans certains cas, l'information n'est disponible que pour une partie des communautés ou des religieuses. À noter aussi que le total des pourcentages dans les tableaux n'est pas toujours égal à 100 % parce que la seconde décimale n'est pas présentée.

11. Voir Claude Langlois, *op. cit.*, pp. 310 et 311. Nous reprenons en résumé le commentaire de l'auteur. Les statistiques présentées par Langlois sont tirées des sources suivantes: pour la France, les recensements nationaux, ecclésiastiques et civils, joints aux estimations de l'auteur; pour la Belgique, A.Thion, «Les religieuses en Belgique du XVIIIe au XXe siècle. Approche statistique», *Revue belge d'histoire contemporaine*, VII, 1976, 1-54; pour l'Italie, voir *Dizionario digli Istituti di perfezione*, article «Italie», t.V, col. 235-236; pour le Québec, voir B. Denault et B. Lévesque, *op. cit.*, 1975. À remarquer: le taux pour 1 000 femmes revêt, à notre avis, une signification assez limitée, parce qu'il ne prend pas en considération l'âge de l'effectif religieux et de la population féminine, ni la confession religieuse de la population. Il demeure intéressant toutefois à des fins de comparaison.

12. Comme on l'a expliqué, l'activité principale est celle dans laquelle la moitié ou plus de l'effectif d'une communauté est engagé. Elle ne correspond pas toujours à ce que les communautés identifient elles-mêmes comme étant leur vocation principale. Denault et Lévesque se fondent sur la définition que les communautés donnent de leur activité principale, ce qui entraîne certaines divergences entre leur classification et la nôtre. Rappelons par ailleurs que les communautés de services sociaux-hospitaliers, dont l'activité est mixte, sont celles qui n'ont pas une spécialité majeure, c'est-à-dire qui mobiliserait 50 % ou plus de leurs sujets. En pratique, elles offrent des services de divers genres à des personnes en institution — malades (hôpitaux), personnes âgées (hospices), enfants (orphelinats, crèches) — et elles font aussi, dans bien des cas, de l'enseignement ordinaire ou spécialisé (aveugles, sourdes-muettes, handicapé(e)s). Les communautés qui ont été placées dans la catégorie des hospitalières sont celles dont la majorité des religieuses travaillent dans des hôpitaux. Cependant, comme elles sont de taille moyenne ou petite, ces communautés hospitalières dans leur ensemble détiennent moins d'hôpitaux que l'ensemble des communautés de services sociaux-hospitaliers, parmi lesquelles on trouve de grandes et de très grandes communautés. Nous le verrons plus en détail dans l'analyse des établissements.

13. Bien sûr, les paramètres servant à délimiter chacune des catégories relatives à la taille auraient été différents si on les avait fixés sur la base de l'année 1901, ou de toute année autre que 1961.

14. Sur la base de l'information disponible, nous n'avons pu dégager que les grandes tendances du développement territorial des divers types de

communautés. Des conclusions précises ne pourraient être formulées qu'au terme d'une recension des dates et lieux de fondation de toutes les maisons établies par les communautés, au cours de chaque décennie. Sur cette base, on pourrait mesurer le rythme et la densité de leurs implantations dans divers localités, régions, provinces, pays.

15. Entre notre estimation en 1961 et celle que font Denault et Lévesque pour 1969, l'année-cible de leur étude, on constate une différence importante du nombre de communautés de moins de 150 membres. Pour les communautés de 150 membres et plus, la différence est négligeable; ils en comptent une de plus que nous, ce qui s'explique probablement par le décalage entre les deux années-cible. Par contre, Denault et Lévesque comptent 82 communautés de moins de 150 membres, c'est-à-dire 39 de plus que nous. Ils ont identifié ces communautés sur la base de divers documents dont le *Canada Ecclésiastique,* et aussi sur le terrain. Certaines d'entre elles ont peut-être été fondées ou établies au cours des années soixante, ce qui expliquerait leur absence du *Canada Ecclésiastique* de 1961. Bien d'autres, toutefois, n'ont sans doute pas été recensées en 1961, ni dans les années ou décennies précédentes, parce qu'elles étaient trop petites. En effet, selon Denault et Lévesque, en 1969, une soixantaine d'entre elles ont moins de 50 membres, un bon nombre n'ont même pas dix membres. L'analyse que font Denault et Lévesque de l'évolution de la population religieuse au cours du XXe siècle se fonde souvent sur le nombre de communautés plutôt que sur leur effectif. À notre avis, le nombre pléthorique de très petites, voire de minuscules communautés, après 1930 surtout, mais aussi dans les décennies précédentes, biaise quelque peu ce genre d'interprétation. La cinquantaine de communautés fondées ou implantées entre 1931 et 1961, par exemple, n'a aucun poids démographique. Certaines des analyses que fait Marta Danylewycz *(op. cit.)* de l'évolution des communautés de femmes jusqu'aux années trente présentent le même biais.

16. En ce qui concerne l'activité, le pays d'origine, les dates de fondation ou d'arrivée de certaines des communautés de moins de 150 membres, l'information est parfois incertaine ou contradictoire dans le *Canada Ecclésiastique* et dans l'ouvrage de Denault et Lévesque. Nous avons vérifié nous-mêmes l'information dans certains cas douteux, mais quelques communautés sont introuvables.

17. Dans l'analyse de l'évolution de la répartition de la main-d'œuvre religieuse entre les communautés, il faut se garder de confondre le chiffre de la population d'une communauté ou d'un sous-ensemble de communautés, et celui de la fraction de l'ensemble représentée par cette communauté ou ce groupe de communautés. Ainsi, l'importance d'un sous-ensemble, par exemple les communautés de services sociaux-hospitaliers, peut diminuer alors que le nombre de religieuses dans ces communautés augmente et cela parce que l'ensemble de la population religieuse est en croissance,

mais que la croissance d'autres sous-ensembles de cette population, par exemple les communautés enseignantes, est plus forte. Autre erreur à éviter: établir une correspondance exacte entre la population d'une communauté (ou d'un sous-ensemble de communautés) et l'envergure des œuvres assumées par cette communauté ou ce sous-ensemble. Il y a certes un rapport étroit entre les deux, mais on ne peut faire abstraction de la part fournie par la main-d'œuvre laïque dans les diverses institutions religieuses, qu'il s'agisse d'enseignant(e)s, d'infirmier(e)s, d'aides, d'ouvrier (e)s ou autres. Il ne nous a pas été possible d'estimer, à aucune époque, la taille de cette main-d'œuvre laïque employée par les communautés religieuses mais elle est importante, à partir surtout des années trente ou quarante. Il est également certain qu'une communauté ou un groupe de communautés ont pu compenser, du moins dans une certaine mesure, la baisse absolue ou relative de leur effectif en recourant à des laïcs.

18. Pour les communautés, l'enseignement privé dans les pensionnats et autres établissements spécialisés a pu représenter, dans bien des cas, une source de gain financier. Les profits ainsi réalisés auraient permis de soutenir d'autres services éducatifs ou sociaux, gratuits ou moins rentables. Cette hypothèse semble fondée dans le cas de la communauté étudiée par Marie-Paule Malouin; voir son ouvrage *Ma sœur, à quelle école allez-vous? Deux écoles de filles à la fin du XIXᵉ siècle, op. cit.*

19. En se fondant sur les données colligées par Micheline Dumont, qui les a puisées dans les *Rapports du surintendant de l'instruction publique* et dans divers travaux d'historiographie, on peut montrer que les religieuses forment plus ou moins le tiers du personnel enseignant des écoles publiques du Québec, protestantes et catholiques, en 1900 et en 1940; cette proportion est de 24 % en 1960. Elles y sont trois fois plus nombreuses que les frères enseignants. Selon Dumont, les religieuses dominent largement le personnel des niveaux postérieurs au primaire: complémentaire, supérieur, enseignement spécialisé. Dans le secteur privé, elles sont, bien sûr, très largement majoritaires, à tous les niveaux, jusqu'aux années soixante. En ce qui concerne l'administration scolaire, les religieuses détiennent, encore en 1960, 48 % des postes de direction de tout le secteur catholique, privé et public. Plus de 83 % de toutes les écoles de filles sont sous leur direction. Voir Micheline Dumont «Les congrégations religieuses enseignantes», dans Micheline Dumont et Nadia Fahmy-Eid, *Les couventines; l'éducation des filles au Québec dans les congrégations religieuses enseignantes, 1840-1960*, Montréal, Boréal, 1986, pp. 253 à 274.

20. En ce sens, on est peut-être redevable aux religieuses de la survivance du fait francophone en Amérique du Nord. C'est du moins l'avis du linguiste Poirier; voir Philippe Barbaud, compte rendu du livre de Claude Poirier, «Le choc des patois en Nouvelle-France», *Revue d'histoire de l'Amérique française,* vol. 39,1,1986. La langue dite justement maternelle est transmise par les femmes, non seulement sous sa forme orale, mais aussi

écrite. On sait que l'écriture dans les milieux populaires du Canada français était l'affaire des femmes. C'est au couvent qu'on apprenait à écrire.

21. En général, sur le rôle des communautés religieuses de femmes dans le secteur scolaire, on se référera aux remarquables travaux de recherche de Micheline Dumont et Nadia Fahmy-Eid, en particulier, *Les couventines*, *op. cit.*

22. Gonzalve Poulin parle, dans son étude, de «la tendance exagérément hospitalière de l'assistance québécoise.» Voir Gonzalve Poulin, «L'assistance sociale dans la province de Québec, 1608-1951», Annexe 2 du *Rapport de la Commission royale d'enquête sur les problèmes constitutionnels,* Province de Québec, 1955.

23. Claude Langlois, *op. cit.*

24. Voir les cas évoqués dans Marguerite Jean, *op. cit.* Le procédé est courant en France aussi, où on va jusqu'à scinder certaines communautés sur une base diocésaine. Langlois parle à ce sujet «d'évêques prédateurs», *op. cit.,* p. 251.

25. Les «jardins de l'enfance» sont des pensionnats de niveau primaire (première à sixième), pour les petits garçons, tenus exclusivement par des religieuses.

26. L'Association patronale des services hospitaliers, qui regroupait jusqu'aux années soixante les communautés propriétaires d'hôpitaux dans la région de Québec et l'est de la province.

Chapitre 6

Le mouvement de la population religieuse au XXe siècle: de la croissance à l'effondrement

Jusqu'en 1961, la population totale des religieuses augmente; celle de toutes les communautés, quelle que soit leur taille ou leur activité. Elle quadruple en soixante ans, passant de 10 592 sujets en 1901 à 40 493 en 1961. Puis elle commence à décliner. La chute s'accélère au cours des années soixante[1]. C'est alors la première période du XXe siècle où l'on peut observer un mouvement de régression démographique de la main-d'œuvre religieuse. On a vu le chiffre de la population au début de chaque décennie, présenté au tableau 6 du chapitre précédent. Pour comprendre ce mouvement, allons chercher quelques éclairages du côté de la démographie.

Le mouvement général d'une population dépend du rythme et de l'intensité des entrées et sorties des individus qui la composent. Il varie aussi selon la durée de leur présence dans cette population. Une population, entendue au sens classique (coexistence de plusieurs générations) se renouvelle ainsi sous l'effet combiné des mouvements de la natalité, des migrations et de la mortalité. La population des communautés religieuses évolue et se renouvelle de la même façon, à deux variantes près: on y entre par recrutement et on en sort par décès, ou par abandon de la vie religieuse. La durée de la présence en communauté dépend de l'âge à l'entrée et de l'espérance de vie selon l'âge. Rappelons qu'aux fins de notre étude, l'entrée en communauté signifie la profession des vœux temporaires et non pas l'admission au postulat, suivi du noviciat. Par conséquent, les sorties et les décès que nous comptabilisons sont toujours ceux de religieuses ayant déjà prononcé au moins leurs vœux temporaires dans une communauté, jamais ceux de postulantes ou de novices[2].

Les taux d'entrée, de mortalité, de sortie ou d'abandon, qui sont présentés plus loin, mesurent la fréquence d'apparition de chacun de ces événements dans la population. Les taux d'accroissement de la population résultent logiquement de la combinaison des trois taux précédents[3].

Tableau 11

Taux d'accroissement de la population religieuse comparé au taux d'accroissement de la population laïque féminine de 15 ans et plus, de 1901 à 1971.*

Décennie	Population religieuse	Population laïque
1901-1911	35,8	17,9
1911-1921	31,0	18,1
1921-1931	26,4	23,3
1931-1941	22,9	20,8
1941-1951	11,4	18,5
1951-1961	5,6	22,8
1961-1971	-14,4	22,9

* Sources: pour la population laïque, 1901, 1911 et 1921, *Recensement du Canada 1921*, vol. 2, tableau 4, p.11; 1931, vol. 111, Population, tableau 20, p. 318 à 319; 1941, vol. 111, Population, tableau 19, p. 300 à 301; 1951, vol. 11, Population, tableau 22, p. 22-17; 1961, vol. 1, part. 2, Population, p. 22-5; 1971, vol. 1.2, cat. 92-713 à 92-721, p. 8-5.

Les taux décennaux d'accroissement montrent que c'est au début du siècle, c'est-à-dire jusqu'aux années trente, que l'effectif religieux augmente au rythme le plus rapide, plus ou moins 30 % par décennie. Au cours des années trente, cette croissance demeure très élevée, 22,9 %. Elle ne ralentit sensiblement qu'à la décennie suivante. En effet, pendant les années quarante, le taux d'accroissement de la population n'est que la moitié de celui de la décennie précédente. Ce taux diminue encore de moitié au cours des années cinquante. L'augmentation de 5,6 % de la population entre 1951 et 1961 reflète une situation de quasi-stagnation par rapport aux décennies précédentes. La baisse de population qui se produit entre 1961 et 1971 est très impressionnante. La décroissance en effet est de 14,4 % au cours de cette décennie. C'est le début d'une chute vertigineuse, dont on a toutes raisons de croire à l'aggravation au cours de la décennie suivante[4].

La population féminine du Québec constitue le réservoir de main-d'œuvre auquel s'alimentent les communautés religieuses. Or, au cours de la période que nous étudions, cette population est en pleine expansion. On découvre toutefois, en comparant les taux d'accroissement (positifs ou négatifs) respectifs de la population féminine en général et de la population des communautés, que le rythme et l'intensité de la croissance des deux populations ne sont pas identiques. Autrement dit, l'évolution démographique de ce sous-ensemble que représente la main-d'œuvre religieuse n'est pas le reflet exact de celle de la population féminine québécoise[5]. La comparaison met bien en lumière le caractère absolument phénoménal de la croissance que connaissent les communautés religieuses dans les quatre premières décennies du XXe siècle. Jusqu'en 1941, le taux d'accroissement de la population religieuse demeure plus élevé que celui de la population féminine adulte au Québec. Entre 1901 et 1911, la croissance des religieuses est le double de celle des laïques et cette proportion est à peine moindre pour la décennie suivante. Entre 1921 et 1941, les taux d'accroissement des deux populations se rapprochent en gardant une certaine distance qui est à l'avantage des communautés religieuses.

Communautés et société: de la réciprocité à la brisure

On pourrait dire que cette période, dans son ensemble, en particulier les années trente, reflète une sorte d'équilibre du système que forment les communautés en relation avec la société québécoise. Celle-ci, en effet, fournit à celles-là leurs nouveaux sujets et bénéficie en retour du travail de ces religieuses par l'intermédiaire des services dispensés. En ce sens, on observe que les communautés, au cours de cette période, reçoivent leur «juste» part de la population féminine adulte: une part proportionnée à l'importance des nouvelles cohortes de main-d'œuvre disponibles. Dans les décennies précédentes, elles auront pris plus que leur part des nouvelles cohortes et cette «suralimentation» leur aura permis d'atteindre leur niveau optimum de développement. Après 1940, par contre, elles tireront de moins en moins profit d'une croissance démographique, qui d'ailleurs se ralentit entre 1941 et 1951, aussi bien dans les communautés que la population féminine. Le taux d'augmentation de l'effectif religieux tombe alors pour la première fois au-dessous de celui de la population laïque féminine. Entre 1951 et 1961, la «sous-alimentation» des communautés devient tout à fait évidente. Tout se passe comme si la réciprocité entre les communautés et la société était en train de se briser. Alors que la population des femmes adultes retrouve un niveau élevé de croissance, des taux de plus de 20 %, comparables à ceux des années vingt et trente, les communautés doivent se contenter d'un maigre 5 % d'accroissement. La décennie suivante confirme la rupture démographique, si l'on peut dire, entre les communautés et la population féminine adulte. Celle-ci, pour la première fois depuis le début du siècle (et en réalité depuis plus longtemps encore), ne joue plus exclusivement le rôle de réservoir de main-d'œuvre religieuse. Sa croissance alimente désormais d'autres marchés, on le verra plus loin, et les communautés ne peuvent plus que se résorber. L'écart entre les taux d'accroissement de la population des laïques et de celle des religieuses est de 37,3 % entre 1961 et 1971, au détriment des communautés qui ont perdu dans cette décennie, comme on l'a vu précédemment, 14 % de leur effectif.

Ces taux d'accroissement, rappelons-le, résultent du bilan calculé à chaque décennie, entre les décès, les entrées et les sorties de communauté. Nous analyserons l'évolution de chacun de ces phénomènes pris séparément et, surtout, nous essaierons de montrer son importance relative, à travers le temps, dans le mouvement général de la population religieuse. Le tableau 12 présente l'évolution de ces taux. Nous ne considérerons pour le moment que les données relatives à la mortalité, les autres données présentées dans le tableau seront étudiées plus loin. On se référera aussi au tableau 59, à l'annexe 2, pour connaître les fréquences annuelles des décès, des entrées et des sorties, de 1901 à 1971.

Tableau 12

Taux d'accroissement, de mortalité, de sortie, et d'entrée de la population religieuse, de 1901 à 1971.

Décennie	Taux d'accroissement	Taux de mortalité	Taux de sortie	Taux d'entrée
1901-1911	35,8	14,7	1,3	51,8
1911-1921	31,0	12,5	1,7	45,2
1921-1931	26,4	12,3	0,9	39,6
1931-1941	22,9	11,1	1,9	36,0
1941-1951	11,4	10,3	2,1	23,8
1951-1961	5,6	10,9	2,3	18,8
1961-1971	-14,4	14,0	9,2	8,9

Mortalité et espérance de vie

La mortalité est toujours la cause la plus importante de perte d'effectif pour les communautés religieuses. En effet, tout au long de la période étudiée, les décès sont plus nombreux que les sorties, relativement à la population de chaque décennie[6]. Le taux de mortalité le plus élevé est celui de la première décennie du siècle. Il reflète probablement les conditions de vie du moment, et celles qui ont prévalu à la fin du XIXᵉ siècle dans la société en général et dans les communautés en particulier. Nous y reviendrons. Par la suite, et jusqu'aux années cinquante, le taux de mortalité des religieuses diminue graduellement. Il se compare avantageusement au taux général de la mortalité au Québec. Entre 1961 et 1971, le taux de mortalité des religieuses augmente de manière importante, il rejoint pratiquement le taux de la première décennie. Le vieillissement très prononcé de la population des communautés semble la raison la plus plausible de ce retournement. Nous examinerons de plus près, au cours du prochain chapitre, la structure d'âge de la population religieuse et son évolution.

Pour l'instant, attardons-nous sur un intéressant phénomène: les religieuses ont une espérance de vie plus élevée que les laïques de sexe féminin[7]. Ce résultat s'observe pour l'ensemble de la période étudiée et pour toutes les cohortes d'âge, sauf celle des religieuses de vingt ans en 1901. Nous y reviendrons plus loin. On le voit dans le tableau 13 ci-contre présentant la différence entre l'espérance de vie des femmes religieuses et celle des laïques, dans chaque cohorte, pour toutes les années cibles. C'est en 1951 que l'écart entre l'espérance de vie des deux groupes est le plus grand. Dans l'ensemble, les religieuses sont doublement «gagnantes»: non seulement ont-elles une meilleure chance d'atteindre l'âge de cinquante ans, mais par-dessus le marché, elles gagnent environ trois ans sur les laïques.

Les résultats d'une recherche menée par C.J. Fechner sur la santé et la longévité de 90 000 religieuses américaines démontrent que, à l'instar des religieuses québécoises, la durée moyenne de leur vie est plus grande que celle de leurs compatriotes laïques de sexe féminin et de «race» blanche, dans tous les groupes d'âge, au cours de la période 1900 à 1954 couverte par cette recherche[8]. De manière générale, l'espérance de vie des religieuses américaines et québécoises est très semblable. Comme nous ignorons les causes du décès des religieuses de notre échantillon, il ne nous est pas possible de comparer sur ce point nos résultats à ceux de la recherche de Fechner, sauf en ce qui concerne l'incidence de la tuberculose au début du siècle.

Tableau 13

Différence en nombre d'années entre l'espérance de vie des religieuses et celle des femmes laïques au Québec, de 1901 à 1971.*

Âge

	20 ans	30 ans	40 ans	50 ans
1901	-1,91	+1,65	+0,95	+2,62
1911	+0,55	+1,55	+1,71	+1,32
1921	+4,82	+5,77	+4,70	+5,49
1931	+2,07	+2,24	+2,52	+2,97
1941	+4,10	+4,04	+3,27	+3,05
1951	+7,57	+6,52	+5,35	+4,57
1961	+5,27	+4,63	+3,89	+3,51
1971	+3,67	+3,21	+3,05	+2,87

* Sources: pour l'espérance de vie des laïques, Robert Bourbeau et Jacques Légaré, *Évolution de la mortalité au Canada et au Québec, 1831-1931*, Montréal, Les Presses de l'Université de Montréal, 1982; Statistique Canada, *Longévité et tables de mortalité chronologiques, (abrégées 1921-1981), Canada et Provinces*, Dhuva Nagnur, Can. Catalogue 89-506, 1986.

L'étude américaine constate, en effet, que la tuberculose est responsable de 50 % à 60 % des décès en 1905, chez les jeunes religieuses américaines, c'est-à-dire celles qui ont moins de quarante ans. Or, nous avons de bonnes raisons de penser qu'à la même époque, la tuberculose décimait aussi les rangs des communautés québécoises. Les notices nécrologiques des religieuses font fréquemment mention de cette maladie qui est aussi une des causes souvent invoquées pour justifier les changements de poste de travail et les séjours prolongés à l'infirmerie. En outre, quelques articles provenant de communautés hospitalières font état de l'inquiétude des supérieures des communautés quant aux ravages de la tuberculose parmi leurs jeunes sujets. Il est possible que nous tenions là un des facteurs qui permettraient d'expliquer que l'espérance de vie à vingt ans des religieuses québécoises qui sont entrées en communauté avant 1902, soit moindre (1,91 année) que celle des laïques du même âge, comme on l'avait brièvement noté au tableau 13. Le taux de mortalité des religieuses, de 1901 à 1911, plus élevé que celui des autres décennies, pourrait aussi être mis en relation avec l'incidence de la tuberculose dans une population qui est alors très jeune comme on le verra.

La situation se corrige en 1911. Les religieuses de vingt ans disposent alors d'une espérance de vie plus élevée (0,55 année) que les laïques. Ce qui pourrait être relié à une diminution des décès de jeunes religieuses provoqués par la tuberculose. Quoi qu'il en soit, cette situation ne semble pas affecter l'accroissement de l'espérance de vie des religieuses québécoises à partir de 1911. Ce phénomène est impressionnant: entre 1911 et 1961, l'espérance de vie des religieuses, à l'âge de vingt ans, augmente de quinze années. Si on mesure de 1904 à 1961, cet accroissement de la durée moyenne de vie est de dix-huit années. Fait intéressant: les religieuses, à cet égard, semblent avoir précédé les laïques. D'après une étude sur l'évolution de la mortalité au Québec, celle de Louis Duchesne, les gains les plus importants pour la population dans son ensemble paraissent s'être produits dans les décennies trente et quarante; par contre, à partir de la fin des années soixante, les gains annuels moyens sont très faibles[9]. Dans ce contexte, les gains de longévité des religieuses semblent s'être réalisés sur une période plus courte que ceux des laïques. Entre 1931 et 1951, l'espérance de vie des religieuses augmente plus, proportionnellement, que celle des autres femmes. Dès 1951, elle semble toutefois atteindre un plateau, ce qui se produit plus tard pour les laïques.

On pourrait longuement spéculer sur les causes de la longévité des religieuses, car il semble difficile, dans l'état actuel des recherches sur le sujet, d'étayer fermement quelque hypothèse que ce soit. La sélection des sujets au moment de leur admission dans la communauté est probablement une des raisons de l'écart entre la longévité des religieuses et celle des laïques. Nous pensons cependant que l'analyse des facteurs associés à la longévité dans la population religieuse devrait prendre en considération aussi bien les caractéristiques propres aux sujets que celles qui sont propres à l'organisation dont ils font partie. Nous y reviendrons dans l'analyse des stratégies de recrutement des communautés, au chapitre 8.

Sorties et entrées

Les sorties, comme l'indiquent le tableau 12 et le tableau 59, n'entraînent que de légères pertes d'effectif pour les communautés; sauf dans les années soixante et soixante-dix où un grand nombre de sujets quittent la vie religieuse. Avant 1930, le taux d'abandon est négligeable, puis il s'élève quelque peu au cours des années trente, quarante et cinquante, bien qu'il demeure encore très bas. Survient alors l'hémorragie: entre 1961 et 1971, ce taux quadruple. Il est clair que ces sorties massives sont l'indice d'une situation de crise dans les communautés et dans l'Église. Observons ce mouvement de hausse des départs: il commence dès la fin des années cinquante et augmente graduellement pour atteindre son paroxysme à la fin des années soixante et au début des années soixante-dix, c'est-à-dire plus précisément entre 1968 et 1973; il semble par la suite en voie de régression[10]. Entre 1964 et 1974, les dix années au cours desquelles le mouvement d'abandon frappe avec le plus de force, les communautés auront perdu autour de 4 000 sujets, pratiquement 10 % de leur effectif. Nous analyserons plus loin différents aspects du mouvement d'abandon caractéristique de cette période, notamment le profil des femmes qui sont sorties de communauté.

Le recrutement au cours des années soixante ne suffit pas à compenser la perte importante de l'effectif qu'entraînent à ce moment tant les sorties massives que les décès dont le nombre est alors élevé. Avec le résultat que la population des communautés, pour la première fois depuis un siècle au moins, cesse de se reproduire et entre dans une phase de régression qui se traduit entre 1961 et 1971 par une perte nette d'environ 14 % des sujets. La structure d'âge, on le verra plus loin, se déséquilibre complètement: les sujets de moins de quarante ans, susceptibles d'assurer la relève, sont quasiment absents parce que les religieuses de ces cohortes sont sorties et que de nouvelles recrues ne sont pas venues les remplacer.

Le taux d'entrée est très élevé au cours des premières décennies, du début du siècle jusqu'aux années trente inclusivement. On le voit au tableau 12. Entre 1901 et 1911, plus de la moitié de l'effectif est constitué de nouvelles recrues, c'est-à-dire de religieuses qui ont fait leurs premiers vœux au cours de cette décennie. Celles-ci représenteront plus ou moins 40 % de la population des communautés jusqu'en 1940. En nombres absolus, les années 1930 à 1938 sont celles qui voient éclore le plus grand nombre de vocations religieuses. Chaque année, plus de 1 100 jeunes femmes prononcent leurs vœux temporaires dans les communautés, près de 10 000 au total pour ces huit années seulement. Nous étudierons plus loin ce phénomène des vocations pour chaque génération de religieuses, en le replaçant dans le contexte démographique de son époque. Le taux très élevé d'accroissement des communautés dans cette première moitié du siècle est donc, de toute évidence, l'effet d'un recrutement intensif de nouvelles vocations. La décennie quarante cependant signale une baisse du rythme d'accrois-sement et cette baisse se confirme dans les années cinquante. Si la croissance vertigineuse est alors chose du passé, les communautés cependant sont loin d'être en diffi-culté du point de vue démographique. En effet, des taux d'entrée de 23 % dans les années quarante et de 18 % dans les années cinquante suffisent amplement à assurer leur développement.

L'inimaginable catastrophe

On a tout lieu de penser que les communautés n'ont pas pris clairement conscience de la diminution, tant du rythme d'accroissement que de l'intensité du recrutement, dans les années quarante et cinquante. Le nombre absolu de décès, année après année, ne s'élève pas de manière dramati-que; le nombre absolu d'entrées ne chute pas de manière très sensible. Dans les années cinquante, près de 20 % de la population est encore composée de nouvelles professes. Tout juste se sera-t-on rendu compte que des sœurs quittaient la vie religieuse en plus grand nombre que par le passé. On se disait sans doute: «Mais pas tant que ça. L'avenir reste prometteur.» Aussi, construisait-on de nouvelles maisons d'enseignement. On agrandissait les hôpitaux et autres établissements. Songeant aux futures générations de religieuses, on édifiait les gigantesques et modernes maisons mères en béton de la fin des années cinquante, sans se douter qu'elles deviendraient vingt ans plus tard des hospices et des «mouroirs» de religieuses. Rien, semble-t-il, ne permettait donc de prévoir l'effondrement qui allait se produire dans la décennie soixante. Pour que cette catastrophe ait lieu, il fallait que les femmes, pour la première fois en plus de cent ans, cessent d'entrer en communauté ou qu'elles n'y entrent que pour en ressortir aussitôt. C'est pourtant exactement ce qui allait se passer. Après 1960, le nombre des entrées est en chute libre et, comme en outre la mortalité et l'abandon sont en hausse, les nouvelles recrues ne représenteront que 10% de l'effectif des communautés pendant cette décennie soixante, un taux de renouvellement extrêmement faible. En 1969 et en 1970, une centaine de femmes seulement font profession dans l'ensemble des communautés. En 1971, elles ne sont que 39 et encore, une partie d'entre elles sortiront; on est loin des 1 286 professions de 1933!

Le recrutement comme nerf de la guerre

Ainsi, il est clair que le recrutement est le nerf de la guerre pour les communautés. Il agit comme facteur principal sur la courbe d'accroissement de la population religieuse jusqu'aux années soixante. Les deux autres facteurs, mortalité et abandon, on l'a remarqué, n'évoluent pas sensiblement entre les années vingt et les années soixante. Le taux d'entrée analysé — ainsi que le taux d'accroissement qui en résulte — est à interpréter, comme nous l'avons expliqué plus haut, en tant qu'indice de reproduction (ou de renouvellement) de la population des communautés. Ce taux d'entrée décennal varie selon le type de communauté, défini par la taille ou l'activité. Le taux propre à chaque sous-ensemble de communautés, dépend principalement de la part des nouvelles recrues de chaque décennie qui sont entrées dans ce type de communauté. Mais il est aussi fonction, rappelons-le, de la proportion des sorties et des décès qui s'y sont produits, les décès étant par ailleurs liés à la structure d'âge de la population.

Tableau 14

Taux d'entrée selon l'activité principale et la taille des communautés, de 1901 à 1971.

Activité principale	1901-1911	1911-1921	1921-1931	1931-1941	1941-1951	1951-1961	1961-1971
TRÈS GRANDE							
Enseignante	0,44	0,42	0,39	0,31	0,21	0,15	0,07
Services sociaux-hospitaliers	0,51	0,34	0,26	0,34	0,09	0,09	0,06
GRANDE							
Enseignante	0,41	0,44	0,50	0,44	0,24	0,15	0,09
Services sociaux-hospitaliers	0,48	0,35	0,30	0,21	0,20	0,16	0,05
Service au clergé	1,36	0,52	0,25	0,34	0,19	0,20	0,07
MOYENNE							
Enseignante	0,89	0,73	0,53	0,48	0,34	0,30	0,15
Services sociaux-hospitaliers	0,62	0,45	0,28	0,35	0,16	0,08	0,02
Hospitalière	0,47	0,43	0,43	0,35	0,39	0,35	0,09
Protection	0,37	0,31	0,30	0,17	0,16	0,07	0,04
Missionnaire	-	1,34	1,28	0,80	0,37	0,28	0,18
PETITE							
Enseignante	0,82	0,86	0,55	0,24	0,19	0,18	0,13
Services sociaux-hospitaliers	0,78	0,65	0,41	0,44	0,32	0,24	0,06
Service au clergé	-	-	-	2,07	0,83	0,55	0,11
Hospitalière	0,66	0,95	1,02	0,67	0,23	0,27	0,04
Contemplative	0,21	0,21	0,25	0,20	0,18	0,21	0,05

On remarque que, pour l'ensemble de la période considérée, le taux d'entrée en communauté suit un mouvement général en baisse, mises à part quelques légères oscillations ponctuelles. Ce qui veut dire que l'importance relative des nouvelles recrues dans la population est de moins en moins grande d'une décennie à l'autre. Il n'en demeure pas moins que ces taux d'entrée sont fort élevés jusqu'aux années quarante et ne diminuent sensiblement qu'à partir de 1941.

Cette évolution à la baisse n'affecte pas au même degré tous les types de communautés. Ce qui a pour effet de modifier progressivement l'importance relative de chaque sous-ensemble au sein de la population religieuse. On a décrit ces modifications au chapitre précédent. Ainsi on constate, dès les années quarante, une chute du taux d'entrée des communautés de services sociaux-hospitaliers: drastique, chez les très grandes, à un moindre degré chez les moyennes. Chez les communautés spécialisées dans la protection, la baisse de recrutement est très manifeste aussi, à partir des années quarante. Cas original: les communautés contemplatives, dont le rythme de renouvellement n'est jamais très élevé, mais dont le taux d'entrée demeure le plus constant entre 1901 et 1961. En revanche, les types de communautés dont l'importance relative dans l'ensemble de la population religieuse augmente au cours de la période, connaissent un renouvellement plus intense. Il s'agit des communautés enseignantes de taille moyenne, des missionnaires et des communautés de service au clergé, surtout les petites. Leur taux d'entrée, comparé à celui des autres, est très élevé. Comme on l'a vu précédemment, ce sont des communautés fondées ou établies à la fin du XIXe ou du XXe siècle, pour répondre à de nouvelles demandes. Leur population est, dans une large mesure, composée de nouvelles recrues dans les années qui suivent leur fondation ou leur établissement. Le rythme élevé de recrutement qui les caractérise jusqu'en 1961 est aussi l'indice du dynamisme propre à ces communautés. La même remarque s'applique aux petites communautés, qui dans l'ensemble se renouvellent plus fortement que les autres, surtout dans les trois ou quatre premières décennies. Ce renouvellement intense explique l'importance croissante qu'elles prennent dans la population religieuse au cours du siècle.

La fin d'une histoire fabuleuse

Entre 1961 et 1971, les taux d'entrée de tous les types de communautés s'effondrent. Les seuls taux qui ne tombent pas sous 10 % sont ceux des missionnaires (18 %), des communautés enseignantes moyennes et petites (15 % et 13 %, respectivement) et des petites communautés de service au clergé (11 %). Leur chute est sans doute légèrement amortie par une poussée de croissance relativement plus récente que celle des autres communautés et une population plus jeune dans l'ensemble. Elles continuent, en quelque sorte, sur leur lancée. Il se pourrait aussi que, pour différentes raisons, l'attrait pour les communautés missionnaires et pour ces communautés enseignantes moyennes et de service au clergé, installées en région, soit demeuré assez fort, même dans les années soixante. Des emplois y étaient encore disponibles. Il faut noter, par contre, que la catastrophe démographique avait atteint, dès les années quarante, les très grandes communautés de services sociaux-hospitaliers et, dès les années cinquante, les communautés moyennes de services sociaux-hospitaliers et les communautés vouées à la protection. Leur taux d'entrée, en effet, était déjà tombé sous les 10 % avant 1961. Pour toutes les communautés, le début de la décennie soixante-dix marque la fin d'une époque. La fin aussi de l'histoire fabuleuse que racontent, à leur manière, les chiffres présentés dans ces chapitres. L'impact du bouleversement démographique a emprunté, pensons-nous, une forme dramatique. On s'est douloureusement questionné le long de corridors désormais dépeuplés: «Ce moment n'annonce-il pas la fin pure et simple des communautés? Qui sait, celle d'une religion?» Le Québec de jadis avait accueilli, fait naître et grandir les communautés, un Québec nouveau les laissait mourir.

Les communautés comme mécanismes
de régulation sociale

Où trouver, en effet, ce qui permet de comprendre cette évolution des communautés au cours du XXe siècle, sinon dans l'organisation sociale avec laquelle elles ont partie liée? Nos données ont permis de récapituler les moments de grandeur et de décadence de l'histoire démographique des communautés religieuses. Deux points d'ancrage sont possibles pour une interprétation: la place de l'Église dans la société québécoise et la manière dont cette Église et cette société se sont servi des femmes. Cette interprétation, en outre, peut se placer aussi bien du point de vue des structures et des institutions que de celui des sujets, en particulier des femmes.

À partir de la fin du XIXe siècle, l'Église prend à sa charge les services scolaires, l'assistance aux démunis et les soins hospitaliers, en les assumant à titre d'œuvres charitables. Elle crée alors une demande de main-d'œuvre qui croîtra en fonction du nombre et de l'ampleur des services qui seront dispensés et des institutions qui les assureront. Est-ce un hasard que ce soit une main-d'œuvre féminine? Pas vraiment, si l'on considère que ce sont des femmes qui sont disponibles pour ce travail. Toutes les femmes ne se marient pas et elles ne peuvent survivre indéfiniment aux crochets de leur famille et de leur voisinage. Or le marché du travail pour les femmes est restreint et difficile d'accès. Il n'y a guère, jusqu'à la Seconde Guerre mondiale, que quelques emplois, en ville et en nombre limité, dans l'industrie, les services domestiques et commerciaux[11]. Quasiment point de fonction publique; à peu près pas de services publics, puisque l'Église tient lieu, avant la lettre, d'État-providence. Cette Église va donc recruter des femmes à sa manière: non pas des fonctionnaires, salariées, mais des religieuses, bénévoles, qui vont affluer dans les noviciats. «Dieu, dit-on, suscite de nombreuses vocations lorsqu'elles sont requises.» C'est le cas au moins jusqu'aux années quarante. On peut d'ailleurs imaginer que — en reprenant le vocabulaire des communautés — plus les ouvrières sont nombreuses, plus la moisson grandit et plus son champ s'élargit. Autrement dit, à mesure que l'effectif des communautés religieuses augmente, les services dispensés par ces communautés se multiplient et s'étendent, ce qui peut avoir comme effet de retour d'intensifier encore le recrutement.

Ce processus de reproduction élargie et simultanée de la production de services et de l'organisation qui assure cette production s'est probablement enclenché dans la seconde moitié du XIXe siècle. Pour notre part, nous pouvons l'observer sur la base de nos données, au moment où le mouvement prend toute sa force, au début du XXe siècle, et où il tend ensuite à se stabiliser à un niveau optimum. Ainsi la croissance très rapide de l'effectif des communautés — due à un recrutement intense et favorisée également par la forte stabilité de cet effectif —, croissance qui caractérise cette période de près d'un demi-siècle, ne peut-elle être considérée comme l'effet de facteurs conjoncturels et de courte durée. Tels seraient, par exemple, un déséquilibre temporaire du marché matrimonial, la crise économique, ou une flambée de ferveur religieuse. La croissance des communautés au cours de la période que nous étudions paraît relever au contraire d'une structuration extrêmement stable des éléments du contexte social qui la rendent possible et qu'en retour, elle-même fortifie.

La puissance sociale et politique que représente l'Église dans la société québécoise s'appuie pour une part sur ces communautés en expansion constante. Cette situation explique pourquoi il est impossible de déloger l'Église des champs d'activités profanes ou extra-religieux dans lesquels l'État pourtant cherche à se tailler une place ou, à tout le moins, exercer un contrôle, qu'il s'agisse de l'assistance sociale, de l'hospitalisation ou de l'instruction publique. On connaît, en effet, les nombreuses batailles plus ou moins perdues d'avance par l'État, concernant par exemple le droit de regard sur les fonds versés aux institutions religieuses aux termes de la loi de l'assistance publique, ou le contrôle des écoles normales, ou, sous Taschereau, les divers projets avortés de gestion étatique de l'assistance financière et institutionnelle aux différentes et nombreuses catégories de démunis. Par ailleurs, le quasi-monopole que détient l'Église à titre d'employeur de ce qui représente à l'époque, on le verra plus loin, la main-d'œuvre féminine la plus stable et notamment la main-d'œuvre féminine professionnellement qualifiée, entraîne en retour un renforcement des conditions défavorables aux femmes sur le marché du travail salarié. Plus largement, l'éventail étroit des choix de vie possibles pour les femmes peut difficilement s'élargir dans la mesure où c'est l'Église qui régit par ses lois et par son influence morale, non seulement le champ du célibat, religieux ou laïc, mais celui du mariage et de la procréation. En ce sens, les communautés religieuses sont un mécanisme de la régulation sociale dont l'Église du Québec assume diverses fonctions, démographiques, idéologiques et politiques[12].

L'Église favorise une forte natalité qui s'avérera être en fait une production intensive de main-d'œuvre pour l'agriculture, puis l'industrie nord-américaine en expansion[13]. Dans le cas de la main-d'œuvre féminine, elle va plus loin encore que le contrôle de la production et de la formation intellectuelle et morale des agents, elle contrôle dans une large mesure l'utilisation et la répartition des ressources humaines. En effet, d'une part l'Église proscrit le travail salarié des femmes qu'elle ne tolère, à la limite, qu'avant le mariage; d'autre part, elle favorise les vocations religieuses et embrigade dans les rangs des communautés une part importante, on le verra, des femmes de chaque génération qui ne seront pas affectées à la reproduction dans le cadre de la famille. Combien de fois, par le passé, n'a-t-on pas souligné les écarts significatifs de comportement entre les Canadiennes francophones, notamment les Québécoises, et les anglophones, celles de l'Ontario, en particulier: taux de natalité plus élevé chez les francophones, présence plus faible de leur part sur le marché du travail, après le mariage tout particulièrement... Ces caractéristiques, qu'on a expliquées par les mentalités, sont l'effet du mode de régulation de la population féminine propre à la société québécoise et canadienne-française.

Le travail féminin, enjeu des rapports
entre Église, État, capital

Le capital et l'État, à la faveur de la guerre, vont transformer ces règles du jeu de la régulation, pourtant fermement établies. Les années quarante, on l'a vu, sont un point tournant dans l'évolution des communautés[14]. Il se marque par un ralentissement sensible de leur croissance, dont la baisse du recrutement est le facteur déterminant. Ce facteur suggère l'intervention d'un changement des conditions dans lesquelles se trouve, à ce moment, la main-d'œuvre féminine. Ce n'est pas, en effet, à une diminution du nombre possible de vocations que l'on assiste — ce qu'auraient pu entraîner, par exemple, une forte dénatalité ou une déchristianisation de la société — mais à un élargissement des choix de vocation ou de vie possibles pour les femmes. Entre 1939 et 1945, les femmes et en particulier les jeunes femmes ont été, on le sait, très vite recrutées dans l'industrie de guerre ou d'autres emplois dans le commerce et les services privés et publics, à titre, surtout, de main-d'œuvre de remplacement. Mariages et maternités sont remis à plus tard et le célibat laïc devient pour la première fois acceptable et même payant. De plus, on le sait maintenant, les femmes ne se sont pas massivement retirées du marché du travail après la fin des hostilités [15].

L'après-guerre ouvre une période de développement capitaliste important et par conséquent de multiplication et de diversification des emplois. L'immigration rurale et la croissance urbaine s'accélèrent dans cette conjoncture. À ses divers paliers, l'État augmente son personnel, ses champs et ses modes d'intervention; en particulier, ce qui relève de la régulation de la main-d'œuvre (assurance-chômage, formation), de l'éducation, des services sanitaires (maladie et hygiène publique) et de l'assistance sociale (allocations maternelles, pensions de vieillesse). Ainsi la concurrence se fait-elle plus vive entre ces grandes institutions que sont l'Église, le capital et l'État, tant du point de vue de la demande de main-d'œuvre féminine qu'en ce qui concerne la prise en charge de la gestion de cette main-d'œuvre. La concurrence entre l'État et l'Église commence à se manifester également, bien qu'elle demeure faible, dans les divers secteurs de la production des services publics d'éducation, de santé et d'assistance. On n'a pas moins besoin qu'avant de religieuses, mais on n'en a plus besoin, exclusivement. Par exemple, des postes d'infirmières hygiénistes, d'assistantes sociales, de techniciennes s'ouvrent dans les services publics pour les femmes laïques.

Ce qui n'empêche pas les communautés religieuses de demeurer très prospères, tant sur le plan démographique qu'au point de vue des œuvres, non seulement dans les années quarante, mais aussi bien dans les années cinquante. Toutefois, le rythme de leur reproduction s'est modifié en fonction des nouvelles conditions sociales de cette reproduction, dont nous avons esquissé la forme générale. Un nouveau régime de développement des communautés s'est mis en place, son rythme est plus lent que celui du précédent, mais il compose adéquatement avec un niveau de recrutement plus faible et un taux de mortalité et d'abandon à la hausse. Ce régime stable tiendra au moins vingt ans. Qui sait s'il n'aurait pas tenu quelques décennies de plus? Mais l'imprévisible survient: la Révolution tranquille vient abolir, non seulement les règles du jeu, mais aussi le jeu même dans lequel les communautés et l'Église sont engagées.

L'impact de la Révolution tranquille et du Concile

Permettons-nous de spéculer sur ce qu'aurait pu être l'avenir des communautés, dans l'hypothèse où l'on aurait plutôt assisté à une évolution graduelle du contexte social: ne pourrait-on penser que les communautés auraient survécu au moins jusqu'aux années quatre-vingt et quatre-vingt-dix sans trop de mal? Supposons que l'évolution des paramètres démographiques entre 1961 et 1971 ait suivi à peu près la même tendance que celle qu'on a décrite pour les décennies quarante et cinquante, et ainsi de suite au cours des années suivantes. On peut imaginer alors que les communautés auraient atteint au cours des années soixante le niveau de croissance zéro, c'est-à-dire que les entrées auraient exactement compensé les décès et les sorties. Pour la première fois au cours du XXe siècle, aurait prévalu une situation d'équilibre démographique, de simple remplacement de la population. Les communautés seraient entrées par la suite dans une phase de décroissance lente. Au cours des années soixante-dix, la population aurait diminué de 5 %, puis de 10 % dans les années quatre-vingt. Autrement dit, un recrutement de plus en plus faible n'aurait plus suffi à compenser le déficit croissant causé par une mortalité de plus en plus élevée et un taux d'abandon en hausse graduelle. Avant le début des années quatre-vingt-dix, ce déséquilibre n'aurait sans doute pas produit d'effets très sensibles dans les communautés, comme par exemple un manque aigu de personnel pour les œuvres, un excès de population âgée, l'absence manifeste d'une relève.

Le contraste entre cette évolution hypothétique et le changement qui s'est produit en réalité dans les années soixante montre bien la forme tout à fait révolutionnaire de ce changement. La Révolution tranquille est une véritable révolution pour les communautés religieuses. Elle provoque un effondrement complet du système dont les communautés étaient tributaires et qui assurait leur croissance et leur reproduction depuis près d'un siècle. L'arrêt brutal du recrutement et la soudaine montée en flèche des sorties en sont la plus éloquente manifestation. Les facteurs structurels que nous avons évoqués pour rendre compte de la transformation du rythme de la reproduction des communautés au cours des années quarante et cinquante ne sont plus seuls en cause: élargissement de la concurrence entre Église, capital et État dans le champ de la production des services et dans celui de la régulation de la main-d'œuvre féminine. C'est bien plutôt la dislocation soudaine des rapports même entre ces trois institutions dans la société québécoise. C'est-à-dire entre l'Église d'une part, le capital et l'État d'autre part. L'Église disparaît de la scène — soit qu'elle s'en trouve éliminée, ou qu'elle s'en retire elle-même, ou, possiblement, les deux en même temps. Cette quasi-disparition de l'Église du domaine public ne prend pas la forme d'un processus graduel, elle est l'affaire de quelques années. L'Église abandonne une grande partie des services d'éducation, de santé et d'assistance sociale et l'État prend sa place. Il devient ainsi le grand demandeur de main-d'œuvre féminine: c'est lui désormais qui va recruter ces agents pour lesquels l'Église n'a plus d'emploi. Le quasi-arrêt de recrutement dans les communautés accélère probablement d'ailleurs le mouvement de retrait de l'Église des divers services dont elle assumait la gestion.

De plus, l'impact des réformes prônées par le Concile Vatican II vient se conjuguer à celui de la Révolution tranquille. Ce concile, en effet, incite le clergé et les communautés religieuses à remettre aux pouvoirs publics les œuvres qui n'ont pas un caractère directement religieux. Dans le domaine proprement religieux, ses effets, comme ceux de la Révolution tranquille, sont ambigus. On assiste, d'une part, à un mouvement de désaffection qui se traduit par une baisse de la pratique religieuse chez les fidèles et une remise en cause de l'autorité morale et temporelle de l'institution. D'autre part, l'institution elle-même formule une réinterprétation de la pratique et de l'engagement religieux qui va dans le sens d'une revalorisation de l'action des laïcs et d'une redéfinition de la vocation religieuse. La diminution drastique des vocations et les sorties massives de communautés — comme le désengagement de l'institution elle-même — s'expliquent aussi en fonction de ce contexte moral et spirituel. Notons que les réformes du Concile ont eu des effets semblables dans d'autres sociétés, en Europe occidentale, aux États-Unis, au Canada anglais. Le développement des communautés religieuses en a sérieusement souffert, mais les ravages ont été probablement plus graduels qu'au Québec [16].

Ainsi, dans les années soixante, les sorties, tout comme les vocations avortées ou simplement inexistantes, sont l'indice d'un déplacement de la main-d'œuvre féminine, de l'Église vers l'État, l'entreprise privée ou la famille. Elles sont aussi l'indice d'un changement idéologique profond qui se reflète dans une nouvelle mentalité des femmes, du moins les jeunes. La régulation sociale a changé de mains ou de maîtres. Ce faisant, elle a changé de forme et de signification. Les choix de vie seront autres, tout simplement. «J'me marie, j'me marie pas, j'fais une sœur» est un dilemme du passé. Désormais on se mariera, on divorcera, on vivra en concubinage, et l'on fera aussi d'autres choses: études, métier, carrière, enfants. Le travail va diviser en deux sphères la vie de pratiquement toutes les femmes; celle du travail rémunéré et celle du travail gratuit — travail domestique, vie conjugale et familiale, maternité, bénévolat. La division du travail entre les femmes elles-mêmes — célibataires laïques, religieuses, épouses, mères —, caractéristique des précédentes décennies, s'abolira graduellement[17]. Cette segmentation de la population féminine nous intéressera dans le prochain chapitre. Nous l'analyserons du point de vue des variables démographiques qui font l'objet de notre étude.

NOTES

1. Entre 1961 et 1971, les chiffres de la population sont les suivants: *1961:* 40 493; *1962:* 40 400; *1963:* 40 321; *1964:* 40 191; *1965:* 40 047; *1966;* 39 558; *1967:* 39 304; *1968:* 38 376; *1969:* 37 300; *1970:* 36 118; *1971:* 35 050.

2. Lorsqu'une jeune fille décide d'entrer (ou est admise) au couvent, elle commence son postulat (six mois), suivi du noviciat (un an). Si elle réussit ces deux premières étapes, elle prononce des vœux temporaires, suivis, au bout de trois ans, de vœux définitifs. Nous y reviendrons dans un prochain chapitre.

3. Les taux d'entrée, de mortalité et de sortie ont été calculés de façon classique, en rapportant le nombre d'événements apparus au cours d'une décennie, à l'effectif moyen de la population en présence durant cette période. En l'absence de fécondité comme événement constitutif du mouvement de la population des communautés, le taux d'entrée tout comme le taux d'accroissement qui en résulte, sont à interpréter comme des indices de la reproduction ou du renouvellement de la population religieuse [taux d'accroissement = taux d'entrée – (taux de mortalité + taux d'abandon)].

4. Selon les statistiques publiées par la Conférence religieuse canadienne, la population des religieuses vivant en communauté au Québec — excluant celles qui travaillent hors du Québec — serait de 26 294 en 1981 et de 21 761 en 1989. Bien que cette définition de la population ne coïncide pas exactement avec la nôtre, on peut néanmoins estimer de manière approximative que l'accroissement négatif de la population religieuse féminine aurait été de –28,5 % entre 1971 et 1981, ce qui représente le double de l'accroissement négatif observé au cours de la décennie précédente. Entre 1981 et 1989, l'accroissement négatif aurait été de –18,8 %. Voir *Statistiques des congrégations religieuses du Canada,* Ottawa, Conférence religieuse canadienne, 1981 et 1989.

5. Aux fins de cette comparaison, nous avons retenu seulement la population des femmes de plus de quinze ans, soit celle des cohortes d'âge

présentes dans les communautés. Nous avons retenu par ailleurs les femmes appartenant à toutes les confessions religieuses recensées et non seulement les femmes catholiques. Or ces dernières sont le véritable réservoir démographique des communautés. Mais, par contre, la main-d'œuvre féminine comprend toutes les femmes adultes et pas seulement les catholiques et c'est bien de ce point de vue que la comparaison peut être intéressante.

6. Voir le tableau 59, présentant les fréquences, à l'annexe 2.

7. Les résultats concernant l'espérance de vie ont été présentés dans un article, de même que les méthodes que nous avons utilisées pour en faire le calcul. Nous reprenons ici des extraits de ce texte. Lorraine Duchesne, Danielle Juteau et Nicole Laurin, «La longévité des religieuses au Québec, de 1901 à 1971», *Sociologie et Société, op. cit.*

8. Con. J. Fechner, «Health and Longevity of Today's Sister», *Social Compass,* v. 18, 1961.

9. Louis Duchesne, *Tendances passées et perspectives d'évolution de la mortalité au Québec,* Bureau de la statistique du Québec, 1976.

10. Nous avons pu calculer sur la base de notre échantillon les sorties et les décès jusqu'en 1984, année où nous avons fait l'enquête. Pour les années postérieures à 1971, ces chiffres sont toutefois approximatifs parce qu'ils ne tiennent pas compte des décès et des sorties des religieuses qui seraient entrées après 1971, mais on a toutes raisons de penser que le recrutement a été très faible au cours de cette période.

11. Sur le travail salarié des femmes, avant la Seconde Guerre mondiale, on se référera aux nombreux et excellents travaux d'historiennes québécoises. Nous ne citons que les principaux ouvrages collectifs et recueils de textes qui permettent d'identifier ces travaux ou qui en font la synthèse. Collectif CLIO, *L'histoire des femmes au Québec depuis quatre siècles,* Montréal, Éditions Quinze, 1982. Sous la direction de Nadia Fahmy-Eid et Micheline Dumont, *Maîtresses de maison, maîtresses d'école,* Montréal, Boréal, 1983. Sous la direction de Marie Lavigne et Jennifer Stoddard, *Travailleuses et féministes, les femmes dans la société québécoise,* Montréal, Boréal, 1983.

12. On trouvera des considérations théoriques et historiques sur la question du partage des fonctions de la régulation sociale entre l'Église et l'État, au Québec et dans d'autres sociétés, dans Nicole Laurin-Frenette et Louis Rousseau, «Les centres de la régulation: les relations entre l'Église et l'État dans l'histoire religieuse québécoise», *Studies in religion/Sciences religieuses,* v. 12, n° 3, 1983.

13. Cette hypothèse est présentée dans Nicole Laurin-Frenette, *Production de l'État et formes de la nation,* Montréal, Nouvelle optique, 1978.

14. Non seulement au Québec, mais aussi dans d'autres pays catholiques, la Belgique, la France, l'Italie; on l'a vu au chapitre précédent.

222 À LA RECHERCHE D'UN MONDE OUBLIÉ

15. Sur le travail et la situation générale des femmes au cours de la Seconde Guerre mondiale et l'après-guerre, voir, entre autres, Geneviève Auger et Raymonde Lamothe, *De la poêle à frire à la ligne de feu; la vie quotidienne des Québécoises pendant la guerre de 1939-1945*, Montréal, Boréal, 1981. Francine Barry, *Le travail de la femme au Québec: l'évolution de 1940 à 1970*, Montréal, Les Presses de l'Université du Québec, 1977; Mona-Josée Gagnon, *Les femmes vues par le Québec des hommes: trente ans d'histoire des idéologies, 1940-1970*, Montréal, Le Jour, 1974; sous la direction de Michèle Jean, *Québécoises du XXᵉ siècle*, Montréal, Le Jour, 1974.

16. Nous n'avons pu trouver, pour d'autres pays que le Québec, de données comparables aux nôtres. Toutefois, nous disposons de quelques renseignements sur les communautés françaises et américaines. Une enquête réalisée auprès des communautés religieuses de femmes en France, en 1969, rapporte que le nombre moyen de sorties par année est assez stable de 1945 à 1969. La moyenne annuelle est de 150 sorties de 1945 à 1965; de 149 sorties de 1965 à 1969; à noter que la population des religieuses en France est plus grande qu'au Québec. La situation en France paraît donc bien moins dramatique qu'au Québec. Selon l'auteur de cette étude, la diminution de l'effectif des religieuses au cours de cette période est surtout attribuable à la baisse des entrées. De plus on constate que la structure d'âge de la population des religieuses françaises en 1969 est semblable à celle des religieuses québécoises en 1971 (que nous présentons au chapitre 7), à une différence près: les cohortes de moins de trente ans sont proportionnellement plus importantes en France qu'au Québec. Cette différence pourrait s'expliquer par l'effet combiné d'un nombre de sorties proportionnellement moins élevé et d'un nombre d'entrées proportionnellement plus élevé en France qu'au Québec, dans les décennies cinquante et soixante. Voir *Les religieuses en France, résultats de l'enquête réalisée en 1969*, sous la direction de A. Luchini, Paris, Union des Supérieures majeures de France, 1971. Une enquête réalisée auprès des communautés religieuses de femmes aux États-Unis montre un important mouvement de hausse des sorties et une chute significative des entrées au cours des années soixante (il s'agit des entrées et des sorties de novices et de professes). On a toutefois l'impression que ces deux mouvements démarrent un peu plus tard aux États-Unis qu'au Québec. Selon les données de l'enquête américaine, la perte de l'effectif des communautés aux États-Unis entre 1965 et 1981 est considérable; l'accroissement négatif de la population serait de –40 % au cours de cette période. Voir Marie-Augusta Neal, *Catholic Sisters in Transition: From the 1960's to the 1980's*, Wilmington, Michael Glazier Inc.,1984.

17. On trouvera une formulation plus élaborée de notre réflexion sur le travail des femmes dans Danielle Juteau et Nicole Laurin, «L'évolution des formes de l'appropriation des femmes; des religieuses aux mères porteuses», *La Revue canadienne de sociologie et d'anthropologie, op. cit.*

Chapitre 7

Les religieuses, pierre angulaire de la main-d'œuvre féminine

Au cours du XXe siècle, seule une mince fraction de l'ensemble des femmes se trouve regroupée dans les communautés religieuses. Mais dans le processus de régulation de la population féminine, dont nous avons décrit les mécanismes, cette fraction joue un rôle clé. Comparer les résultats de notre étude de la population religieuse aux données fournies par le recensement canadien sur l'ensemble des Québécoises peut constituer une tentative d'illustration de cette théorie. La population qui sert de base à cette analyse ne comprend que les femmes de quinze ans et plus, et regroupe les femmes appartenant à toutes les confessions religieuses relevées dans le recensement[1].

Le tableau 15, page suivante, montre que, de 1901 à 1961, les religieuses représentent une proportion relativement stable de la population féminine, se situant entre 2 % et 3 %. En 1971, cette proportion diminue, elle est de 1,6 % seulement. Ainsi, en 1961, le poids des religieuses dans la population (2,4 %) est assez semblable à ce qu'il était au début du siècle: 2 % en 1901 et 2,5 % en 1911. C'est dans l'intervalle, surtout au cours des décennies vingt, trente et quarante, que la fraction des femmes qui vivent en communauté est la plus importante relativement à l'ensemble de la

Tableau 15

État civil des femmes de 15 ans et plus, au Québec, de 1901 à 1971 (en pourcentage).*

État civil	1901	1911	1921	1931	1941	1951	1961	1971
Religieuse	2,10	2,50	2,90	3,00	3,00	2,80	2,40	1,60
Célibataire	35,80	34,40	33,90	37,20	37,20	30,40	27,90	29,00
Mariée	53,90	55,30	55,10	52,10	51,40	58,80	61,60	60,10
Veuve	8,20	7,70	8,00	7,70	7,50	8,00	8,00	8,50
Divorcée	0,01	0,02	0,10	0,04	0,05	0,10	0,10	0,70
Légalement séparée	-	0,08	-	-	0,80	-	-	-
Total	100%	100%	100%	100%	100%	100%	100%	100%
Nombre de cas	506 944	605 179	724 598	918 121	1 132 155	1 363 310	1 715 186	2 160 220

* Sources: pour la population laïque, 1901, *Recensement du Canada*, vol. 1, tableau VII, p. 93; 1911, vol. 1, Areas and Population, tableau 11, p. 361, (l'état civil de 1 461 femmes est inconnu); 1921, vol. 2, tableau 28, p. 133, (l'état civil de 2 971 femmes est inconnu); 1931, vol. 111, Population, tableau 2, p. 97; 1941, vol. 111, Population, tableau 19, p. 300-301; 1951, vol. 11, Population, tableau 30, p. 30-15; 1961, vol. 1, part. 2, Population, tableau 29, p. 29-3; 1971, vol. 1.2, Population, cat. 92-713 à 92-721, p. 19-3. À chaque décennie, nous avons soustrait du nombre des célibataires, les femmes de 15 ans et moins; nous avons ainsi obtenu l'état civil des femmes de 15 ans et plus, à quelques exceptions près.

population féminine. Toutefois, les variations de la proportion des religieuses dans la population, d'une décennie à l'autre, sont relativement faibles.

Entre 1921 et 1941, la fraction des femmes mariées a tendance à diminuer et celle des célibataires laïques, à augmenter. C'est en 1941 qu'on constate la plus faible proportion de femmes mariées dans la population féminine (51,4 %) et la plus élevée de célibataires (37,2 %). La fraction des religieuses atteint alors 3 %, son poids relatif le plus important au cours de la période étudiée. Ce sont les années de la crise économique et de la Seconde Guerre mondiale. Elles marquent un retard et une régression de la nuptialité. Par contre, les décennies vingt et trente sont celles où le plus grand nombre de femmes entre en communauté; nous y reviendrons au chapitre suivant. On pourrait penser que les communautés religieuses ont absorbé, au cours de cette période, une certaine partie de l'excédent de femmes célibataires.

Par la suite, entre 1951 et 1971, la fraction des femmes mariées prend une ampleur sans précédent, alors que celle des religieuses diminue, de même que celle des célibataires laïques. Il semble bien qu'à partir des années cinquante l'état conjugal ait tendance à prendre largement le pas sur les autres formes de vie précédemment ouvertes aux femmes, notamment la vie religieuse. Avec plus de 60 % des femmes mariées en 1961 et en 1971, si on y ajoute en outre les célibataires vivant en union libre, on peut parler de triomphe de la «conjugalité». À partir de 1971, cependant, une nouvelle catégorie de femmes va se constituer, celle des divorcées qui restait jusqu'alors insignifiante. Elle prendra toute son ampleur dans les années soixante-dix et quatre-vingt[2]. Par son poids démographique, cette nouvelle catégorie va remplacer en quelque sorte l'ancienne catégorie des religieuses qui se trouve pratiquement en voie de régression.

Âge des femmes laïques et religieuses

La structure de l'âge des deux populations de femmes que nous comparons, laïques et religieuses, évolue différemment au cours de la période étudiée, comme le montre le graphique 1. Dans le cas des religieuses, l'évolution de la structure de l'âge est l'effet conjugué des divers facteurs démographiques que nous avons analysés dans les chapitres précédents: recrutement et renouvellement de la population, abandon, mortalité, espérance de vie.

Au cours de cette période, on constate à la fois un net vieillissement de la population religieuse et de la population féminine de quinze ans et plus, telle qu'elle apparaît dans les recensements du Canada. Cependant, à partir de 1951, le processus de vieillissement s'accélère dans les communautés, pour prendre une forme tout à fait dramatique en 1971.

Jusqu'aux années trente, la structure de l'âge de la population religieuse et celle de la population féminine adulte sont assez semblables. En 1901, 1911 et 1921, par exemple, la proportion des femmes qui ont moins de quarante-cinq ans est à peu près la même dans les communautés et dans la population. Ces années, on l'a vu, sont marquées par une forte croissance de la main-d'œuvre religieuse. Celle-ci se renouvelle à un rythme très rapide. Au cours des décennies suivantes, la pyramide d'âge des communautés commence à se transformer et s'écarte graduellement de la pyramide générale. Les religieuses dans leur ensemble vieillissent. Le rythme de renouvellement des communautés — on l'a vu — se ralentit.

En 1951, l'écart entre les deux populations devient manifeste. En particulier parmi les jeunes cohortes. Les femmes de quinze à trente-cinq ans forment 24 % de la population des communautés mais 49 % de la population en général. Celles de moins de quarante-cinq ans représentent la moitié de l'effectif religieux, alors qu'elles constituent près de 70 % de la population féminine. À cette étape, le vieillissement de la main-d'œuvre religieuse n'est pas encore l'indice d'une situation de crise dans les communautés. Il coïncide d'une part avec la normalisation du taux de recrutement que l'on a observée pour cette période. Il dépend, d'autre part, de l'évolution graduelle de l'âge moyen des

Graphique 1

Distribution procentuelle de la population des religieuses
et celle des femmes laïques québécoises, de 15 ans et plus,
par groupe d'âge quinquennal, en 1921, 1951, 1961 et 1971.*

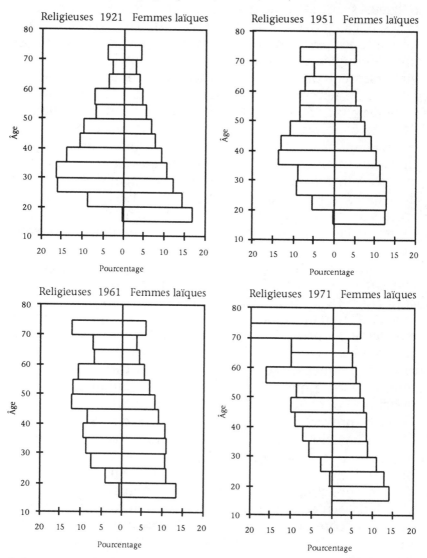

* Sources: pour les femmes laïques, 1921 et 1951, *Recensement du Canada*, 1951,
vol. 1, Population, tableau 9, p. 19-3 et p. 19-4; 1961, vol. 1, part. 2, Population,
p. 22-5; 1971, vol. 1.2, p. 8-5, cat. 92-713 à 92-721.

cohortes de religieuses qui sont entrées massivement au cours des premières décennies du siècle. Par ailleurs, ce vieillissement ne semble pas de nature à entraîner des conséquences notables pour les communautés. La proportion des religieuses qui se situent dans les cohortes jeunes et dans celles d'âge moyen leur permet en effet de combler sans difficulté les postes de travail disponibles et de compter sur une productivité élevée de leur personnel. En 1961, le vieillissement des religieuses s'accélère, comme celui de la population féminine laïque, mais beaucoup plus fortement. Il ne reste plus à ce moment que 20 % de l'effectif religieux dans les cohortes de moins de trente-cinq ans et 38 % dans celles de moins de quarante-cinq ans. Cependant ces proportions ne cessent de représenter une main-d'œuvre suffisante et assez jeune pour assurer le fonctionnement des œuvres et des établissements. Aussi est-il peu probable, au début des années soixante, que les communautés aient été incitées à se retirer de certains champs d'activité par manque de personnel.

La catastrophe ne se produit véritablement que dans le courant de la décennie soixante. Un recrutement soutenu aurait même pu permettre de l'éviter. Mais, on le sait, les entrées s'arrêtent pratiquement au cours de cette décennie et au même moment le mouvement des sorties prend toute son ampleur. La pyramide d'âge de la population religieuse en 1971 permet de se rendre compte du caractère dévastateur de la crise que traversent alors les communautés, dans le double contexte de la Révolution tranquille québécoise et de celle provoquée par le Concile. Plus de 55 % des religieuses ont alors plus de cinquante-cinq ans. Près de 65 % d'entre elles ont plus de cinquante ans. Les cohortes jeunes ont été décimées. Le quart seulement des religieuses a moins de quarante-cinq ans; à peine 10 %, moins de trente-cinq ans. Non seulement il n'y a plus de relève, mais les religieuses encore en communauté ne constituent plus désormais une main-d'œuvre apte à assumer collectivement une importante charge de travail[3].

Poids des religieuses dans la main-d'œuvre féminine

En réalité, bien qu'elles ne reçoivent aucune rétribution pour leur travail, les religieuses font partie de la main-d'œuvre active. Aussi est-il intéressant de les mettre en relation avec les autres catégories de femmes qui travaillent hors du foyer, contre rémunération. Pour pouvoir comparer les différentes fractions de la main-d'œuvre active, nous n'avons retenu, chaque année de recensement, que les religieuses en activité. Nous avons donc exclu de nos calculs les religieuses malades, à la retraite, ou étudiantes à plein temps.

On constate que le poids des religieuses dans la main-d'œuvre active est assez considérable. Du début du siècle jusqu'aux années cinquante, elles représentent entre 10 % et

Tableau 16

Répartition procentuelle de la main-d'œuvre active féminine, selon l'état civil, de 1911 à 1971. ***

État civil	1911	1921	1931	1941	1951	1961	1971
Religieuse	14,1	14,0	12,3	11,8	10,1	7,4	3,8
Célibataire	*	70,9	73,4	73,9	67,5	55,2	41,8
Mariée	*	5,3	6,8	7,5	17,2	31,7	48,7
Veuve	*			4,8	4,7	5,0	4,3
		9,7**	7,3**				
Divorcée	*			1,7	0,3	0,4	1,2
Total		100%	100%	100%	100%	100%	100%

Nombre de cas   98 429 136 872 202 404 260 191 341 646 478 694 754 745

* Données non disponibles.
** Ces pourcentages regroupent les veuves et les divorcées.
*** Sources: pour la main-d'œuvre laïque, 1911, *Recensement du Canada*, vol. VI, Occupations, tableau 11, p.13; 1921 et 1931, Nicolas Zay, «Analyse statistique du travail de la femme mariée dans la Province de Québec,» *L'Actualité économique*, XXXIII, no. 3, octobre-décembre 1956 p. 132; 1941 à 1971, Francine Barry, *Le travail de la femme au Québec, l'évolution de 1940 à 1970*, op. cit., p. 77.

14 % des femmes qui travaillent hors du foyer. Cette proportion diminue graduellement d'une décennie à l'autre. Elle passe de 14,1 % en 1911 à 10,1 % en 1951. Ce n'est qu'à partir des années cinquante que la présence des religieuses s'estompe. En 1961, elles constituent 7,4 % de la main-d'œuvre active. En 1971, elles ne sont plus qu'une fraction insignifiante (3,8 %) de cette main-d'œuvre.

L'augmentation du volume de la main-d'œuvre féminine au cours de la période observée est importante. Cependant, le trait le plus remarquable de l'évolution de cette main-d'œuvre demeure sans aucun doute la participation de plus en plus intense des femmes mariées à l'activité professionnelle. Avant 1941, leur part est très faible. Elle est moins importante que celle de toutes les autres catégories: célibataires, religieuses, veuves et divorcées. En 1941, les femmes mariées ne représentent encore que 7,5 % de la main-d'œuvre féminine. Entre 1941 et 1951, leur proportion augmente de plus du double (17,2 % en 1951) et continue de monter en flèche au cours des décennies suivantes. En 1971, pratiquement la moitié des femmes qui travaillent hors du foyer sont mariées. Ici encore, on constate qu'à l'accroissement relatif de la fraction des femmes mariées dans la population active correspond une diminution de la catégorie des célibataires laïques et, surtout, des religieuses.

Au Québec avant les années soixante, on l'a vu, le taux de participation des femmes mariées à l'activité rémunérée, malgré son évolution en hausse, a tendance à demeurer plus faible que celui de l'ensemble du Canada ou d'autres pays industrialisés. En 1951, par exemple, le taux d'activité des femmes mariées est de 7,3 %, alors qu'il est de 11,1 % au Canada (15 % pour l'Ontario), de 26,6 % aux États-Unis et de 15,5 % en France (4). La présence significative des religieuses dans la sphère extra-domestique du travail n'est certainement pas étrangère à ce phénomène. Nous y reviendrons.

Les indicateurs de la croissance globale de la main-d'œuvre féminine et de la modification de ses caractéristiques relatives à l'état civil masquent cependant une dimension fondamentale du travail féminin: son instabilité et sa précarité. Selon la période que l'on étudie, cette dimension revêt des formes différentes. Mais elle est toujours présente. Au cours de la première moitié du siècle, comme sans doute à la fin du XIXᵉ siècle, on vient de constater que ce sont majoritairement les femmes célibataires qui se livrent à l'activité rémunérée. Aussi tard qu'en 1941 — alors que l'emploi féminin est en pleine expansion, et diversifié, par rapport aux décennies précédentes — près des trois quarts des femmes actives sont encore des célibataires laïques. Jusqu'aux années d'après-guerre, la majeure partie de ces célibataires — on le sait — sont des femmes jeunes qui travaillent avant de se marier et vont par la suite disparaître définitivement du marché du travail. Entre 1931 et 1951, c'est aussi dans la catégorie des jeunes de quinze à vingt-quatre ans que le taux d'activité des femmes mariées est le plus élevé[5]. La participation au travail salarié diminue beaucoup avec l'âge, à mesure que les responsabilités familiales augmentent. Par ailleurs, le retour sur le marché du travail, à l'âge mûr, n'est pas une pratique courante avant les années cinquante. Par la suite, la participation de plus en plus grande des femmes à l'emploi, particulièrement celle des femmes mariées, comportera de nouvelles formes d'instabilité, plus complexes que les précédentes. Elles se caractérisent par une succession d'allers et retours entre travail salarié et travail familial, comme le montrent les analyses de Marianne Kempeneers[6].

On peut penser que ce roulement très élevé de la main-d'œuvre féminine, célibataire et mariée, à toutes les époques, affecte d'une manière déterminante la place et les conditions qui sont faites aux femmes dans la sphère du travail rémunéré. Les femmes ont les emplois les moins payants, les plus précaires et ceux qui offrent peu de possibilités de formation, de mobilité, de promotion. Ces conditions médiocres de travail ne peuvent qu'aggraver en retour l'instabilité de la main-d'œuvre féminine. Les religieuses échappent aux conditions d'emploi précaires qui caractérisent le marché féminin du travail rémunéré. Elles se trouvent en dehors de ce marché. En effet, elles travaillent sans rémunération et évoluent dans une sphère protégée par le quasi-monopole que détient l'Église: les services d'éducation, de santé, d'assistance sociale. Elles constituent par conséquent la seule catégorie de main-d'œuvre féminine stable. Cette stabilité est invisible dans les statistiques, tout aussi invisible que l'instabilité des autres catégories de travailleuses. Elle représente, à notre avis, une caractéristique importante de la main-d'œuvre religieuse. Cette importance devient manifeste si on prend en considération l'âge des travailleuses religieuses et laïques, lorsqu'on compare ces deux catégories. Nous avons établi cette comparaison pour chaque cohorte d'âge, aux années du recensement pour lesquelles nous disposions de la répartition par groupe d'âge, de la main-d'œuvre féminine.

Tableau 17

Proportion de religieuses dans la main-d'œuvre active féminine, par groupe d'âge, de 1931 à 1971.*

	1931		1941	
Groupe d'âge	Total de la main-d'œuvre active	% de religieuses	Total de la main-d'œuvre active	% de religieuses
15-19 ans	43 958	0,1	46 621	0,6
20-24 ans	56 485	4,1	65 753	2,6
25-34 ans	48 533	15,7	73 201	13,3
35-44 ans	23 638	29,3	36 309	21,8
45-54 ans	14 609	32,9	20 813	31,8
55-59 ans			6 521	42,9
60-64 ans	8 611	32,7	4 712	31,4
65-69 ans	2 595	38,4	3 067	48,2

* Sources: pour la main-d'œuvre féminine, 1931, *Recensement du Canada*, vol. VII, Occupations et Industries, tableau 56, p. 696-697; 1941 à 1971, Francine Barry, op. cit., p. 75.

Dans l'ensemble, le poids des religieuses est important dans la population des femmes actives de vingt-cinq ans et plus. Plus les cohortes sont âgées, plus le poids des religieuses dans ces cohortes est lourd. Les femmes mariées, ainsi que les veuves, constituent une grande partie de cette population active de plus de vingt-cinq ans et elles sont peu présentes sur le marché du travail. Par exemple, parmi les femmes de trente-cinq à quarante-quatre ans, la force de l'âge, on constate qu'en 1931, pratiquement une travailleuse sur trois est religieuse, et à peu près une sur cinq, en 1941 et 1951. Dans les cohortes de femmes de quarante-cinq ans et plus, l'importance des religieuses est très considérable. Jusqu'en 1951, elles représentent en général le tiers ou plus du tiers des travailleuses qui se situent dans ces groupes d'âge.

Tableau 17 (suite)

1951		1961		1971	
Total de la main-d'œuvre active	% de religieuses	Total de la main-d'œuvre active	% de religieuses	Total de la main-d'œuvre active	% de religieuses
67 396	0,1	85 264	0,2	99 485	0,0
81 490	2,6	96 223	1,7	169 725	0,1
77 665	8,8	99 496	6,6	170 330	1,6
53 684	18,9	83 251	8,6	123 930	4,5
35 664	21,0	67 974	14,3	107 380	6,1
10 732	36,6	21 540	19,6	38 530	14,6
7 022	30,9	13 214	20,6	24 540	14,4
4 064	48,6	6 621	45,0	10 220	34,5

En revanche, parmi les femmes actives de moins de vingt-cinq ans, les religieuses représentent toujours une part beaucoup plus faible de l'effectif que dans l'ensemble des cohortes de vingt-cinq ans et plus. Il est frappant de constater que le poids des religieuses est insignifiant dans la main-d'œuvre la plus jeune, celle des femmes de quinze à dix-neuf ans. L'importance des religieuses s'accroît dans la cohorte des vingt à vingt-quatre ans, mais elle demeure bien moindre que dans les catégories d'âge suivantes. Ainsi, en 1931, parmi les femmes de vingt à vingt-quatre ans, une travailleuse sur 24, seulement, est religieuse; en 1941 et en 1951, une sur 38; en 1961, une sur 59; en 1971, aucune pratiquement. C'est parce qu'une grande partie des travailleuses laïques appartiennent à ces cohortes de quinze à vingt-quatre ans, jusqu'au début des années soixante, que la part relative des religieuses dans cette masse de main-d'œuvre est restreinte. Ces cohortes de quinze à vingt-quatre ans sont celles des célibataires qui travaillent avant le mariage et des femmes mariées qui ne se sont pas encore retirées de l'emploi. En 1931, les femmes de moins de vingt-cinq ans représentent 57 % des femmes actives; en 1941, 43,3 % et 43,7 % en 1951. En 1961 et en 1971, leur poids respectif est de 37,9 % et 35,6 %. Il est essentiel de prendre aussi en considération le fait que peu de religieuses sont professionnellement actives avant l'âge de vingt-deux ou vingt-trois ans puisque, après leur entrée en communauté, elles doivent obligatoirement passer de deux à trois ans au postulat et au noviciat avant d'être admises à exercer leur premier emploi. Notons que si leur vie active commence plus tard que celle des laïques, elle est plus longue. En communauté, l'âge de la retraite n'existe pas. On travaille aussi longtemps qu'on en a la capacité. En outre, l'espérance de vie des religieuses est plus élevée que celle des femmes laïques, ce qui accroît leur poids relatif dans les cohortes les plus âgées.

Le poids des religieuses dans toutes les cohortes de la main-d'œuvre féminine de vingt ans et plus diminue d'une décennie à l'autre. Cette diminution relative est principalement l'effet de la participation plus intense des femmes

laïques à l'emploi salarié. Après 1941, l'impact de l'intégration croissante des femmes mariées dans la main-d'œuvre
se fait nettement sentir. Il se traduit par une baisse significative du poids des religieuses dans les catégories d'âge
médianes, d'abord celle de vingt-cinq à trente-quatre ans,
puis celle de trente-cinq à quarante-quatre ans. Aussi, en
1961, il n'y a plus qu'une religieuse sur 12 travailleuses de
trente-cinq à quarante-quatre ans, cohorte dont elles repré-
sentaient plus du cinquième en 1941. En 1971, il n'en reste
qu'une sur 22 travailleuses. Le vieillissement de la population religieuse, dans les dernières décennies, accentue la
diminution relative de leur poids dans ces cohortes d'âge.
Parmi les cohortes de femmes de quarante-cinq ans et plus,
le poids des religieuses diminue aussi après 1941, mais leur
importance demeure assez grande, même dans les années
soixante-dix. Ainsi, les religieuses représentent le cinquième
des femmes actives de quarante-cinq à cinquante-quatre ans
en 1951. Même en 1971, dans la cohorte des cinquante-cinq
à cinquante-neuf ans, une travailleuse sur 7 est religieuse.

Le noyau stable de la main-d'œuvre féminine

Ces caractères spécifiques à l'activité des religieuses —
exclusion du marché du travail rémunéré, champs d'activités
protégés, stabilité en emploi — ne sont pas sans conséquence pour les religieuses elles-mêmes, et peut-être aussi les
autres catégories de la main-d'œuvre féminine. Une partie
des religieuses peuvent accéder à des postes dans l'administration, l'enseignement, le nursing. Ils offrent la possibilité
d'une carrière et présentent plus d'intérêt, de manière générale, que ceux qui sont réservés aux autres travailleuses. En
1961, par exemple, les religieuses détiennent environ 40 %
des postes de cadre occupés par des femmes au Québec, alors
que leur importance relative dans la main-d'œuvre féminine
est pourtant en régression[7]. En effet, elles ne représentent
plus alors que 14 % de la cohorte des femmes actives de
quarante-cinq à cinquante-quatre ans, âge où on a le plus de
chances d'atteindre ce niveau professionnel. On le verra

dans des publications ultérieures, cette fraction de la main-d'œuvre féminine que représentent les religieuses est pratiquement la seule qui bénéficie — en partie — d'une formation intellectuelle et professionnelle sérieuse et continue. De diverses manières, les communautés religieuses créent donc probablement une pression à la baisse sur les conditions de travail des femmes et limitent les possibilités d'avancement des travailleuses laïques dans les secteurs d'emploi où les communautés religieuses sont présentes. Dans cette perspective, on peut conclure que jusqu'aux années cinquante, les religieuses forment la pierre angulaire de la main-d'œuvre féminine. Elles en sont le noyau stable, solide et organisé autour duquel gravitent les autres éléments — atomisés et instables — de la population féminine active.

À partir des années cinquante, ce n'est pas tant la diminution du nombre des religieuses actives qui représente le changement le plus significatif. C'est la transformation que subissent alors les formes de précarité propres au travail féminin en général. L'augmentation de la part des femmes mariées dans la main-d'œuvre n'est qu'un indice de cette transformation. En effet, le travail rémunéré devient le fait, non seulement des femmes mariées, mais aussi bien des femmes de toutes catégories d'âge, de tous milieux sociaux, de femmes sans enfant et de femmes ayant charge d'enfants[8]. L'instabilité de ce travail féminin devient plus grande encore que dans les périodes précédentes. Elle prend la forme, comme on l'a mentionné précédemment, d'allers et retours multiples entre l'emploi rémunéré et le travail domestique non rémunéré. Par ailleurs, ces mouvements ne sont pas attribuables aux seules exigences de l'activité domestique et familiale des femmes (mariage, maternité, responsabilités dans le réseau familial élargi). Ils sont tout autant tributaires des conditions d'emploi qui leur sont faites sur le marché du travail: travail à temps partiel, mises à pied, emplois de courte durée, à la pige[9].

Ainsi, au cours de la période qui voit l'élimination progressive des religieuses de la main-d'œuvre active, la masse de travail féminin mobilisable sur le marché augmente considérablement et, en outre, elle devient plus malléable qu'auparavant. Autrement dit, le rythme et l'intensité de la mobilisation du travail féminin peuvent être ajustés étroitement à la demande de main-d'œuvre. Cette main-d'œuvre présente à cet égard les qualités et les caractéristiques requises. Après 1960, les emplois des religieuses — aussi bien professionnels que manuels — vont passer à d'autres femmes: célibataires laïques, femmes mariées, divorcées. À leur tour, elles s'échangeront ces emplois, comme au jeu de la chaise musicale. Seule exception: les postes de cadre que les religieuses détenaient aux niveaux les plus élevés des institutions dont elles avaient la charge: hôpitaux, maisons d'enseignement, hospices et autres. Ils reviendront à des hommes. Ces emplois échappent d'ailleurs à la précarité, alors que la plupart des emplois des religieuses que les femmes auront conservés glisseront tôt ou tard dans la précarité.

NOTES

1. Il aurait été plus juste de comparer les religieuses avec les femmes catholiques seulement, qui sont exclusivement le bassin de recrutement des communautés. Le recensement cependant ne donne pas la répartition de la population catholique selon l'état civil, l'activité et d'autres variables que nous utilisons dans notre analyse. Il aurait aussi été préférable de comparer les religieuses avec une population laïque légèrement plus âgée que celle que nous avons retenue, parce que très peu de religieuses font leur premiers vœux avant l'âge de dix-sept ou dix-huit ans. Toutefois les catégories d'âge du recensement sont quinquennales et ne peuvent être scindées. Cette dernière limitation nous entraîne fort probablement à sous-estimer le poids des religieuses dans la population des femmes adultes: ce poids doit être supérieur de 1 % environ à ce que nous avons calculé.

2. La fréquence annuelle des divorces au Québec passe de 481 en 1960 à 5 203 en 1971, puis à 14 093 en 1975 et à 19 193 en 1981. L'indice synthétique de «divorcialité» est ainsi de 14,5 en 1971, de 36,5 en 1975 et de 44,3 en 1981. Pour une excellente analyse sociologique de ce phénomène, voir Renée B.-Dandurand, *Le mariage en question, essai sociohistorique,* Institut québécois de recherche sur la culture, 1988, (nous avons repris les statistiques citées par l'auteur).

3. Jacques Légaré a tenté de prévoir l'évolution de l'âge de la population des religieuses canadiennes, en se basant sur le recensement des religieuses au Canada, réalisé par la Conférence religieuse canadienne en 1965. Il estimait, selon l'hypothèse la plus faible, que la population des religieuses canadiennes, en 1971, se répartirait comme suit: 12,1 % des sujets auraient moins de trente ans, 57,4 %, entre trente et cinquante-neuf ans et 30,6 %, soixante ans et plus. Notre propre estimation montre que l'âge des religieuses québécoises, en 1971, est plus élevé que les prévisions les plus pessimistes de Légaré. Les sujets de moins de trente ans représentent 3,2 % seulement de l'effectif, ceux de trente à cinquante-neuf ans 56,2 % et les plus de soixante ans, 40 %. Ce qui confirme l'ampleur imprévisible de la baisse des entrées et de l'augmentation des sorties qui ont affecté la structure de l'âge dans les communautés québécoises. Voir Jacques Légaré, «Les religieuses du Canada: leur évolution numérique», *Recherches sociographiques*, X (1), janvier-avril 1969. Repris dans la collection des tirés à part du département de démographie de l'Université de Montréal, n° 11.

4. Voir Nicolas Zay, «Analyse statistique du travail de la femme mariée dans la Province de Québec», *L'Actualité économique*, XXXIII, n° 3, octobre-décembre 1956.

5. *Ibid.*

6. Marianne Kempeneers, *Le rôle des femmes dans la production sociale: essai de réunification conceptuelle du champ du travail féminin*, thèse de doctorat présentée au département de démographie de l'Université de Montréal, 1987, à paraître aux Presses de l'Université de Montréal. Voir également «Questions sur les femmes et le travail: une lecture de la crise», *Sociologie et Sociétés*, XIX, 1,1987.

7. Cette information est extraite de l'analyse des emplois exercés par les religieuses au cours de la période étudiée. Nous la présenterons dans des publications ultérieures. On peut consulter à ce sujet: Louise-Marie Marquis, *Analyse comparative de la main-d'œuvre religieuse et laïque*, mémoire de maîtrise présenté au département de sociologie de l'Université de Montréal, 1987.

8. Sur l'évolution et les conditions du travail salarié des femmes et l'articulation du travail salarié et du travail domestique, on consultera, entre autres: P. Armstrong et H.Armstrong, *The Double Ghetto: Canadian Women and their Segregated Work*, Toronto, McLelland and Steward, 1978; Francine Barry, *Le travail de la femme au Québec, op. cit.*; Patricia Connelly, *Last Hired, First Fired: Women and the Canadian Work Force*, Toronto, The Women's Press, 1978; Nathalie Sokoloff, *Between Money and Love*, New York, Praeger, 1980; l'ouvrage collectif *Le sexe du travail, structures familiales et systèmes productifs*, Grenoble, Les Presses de l'Université de Grenoble, 1984; Hélène David, *Femmes et emploi: le défi de l'égalité*, Montréal, Les Presses de l'Université du Québec, 1986; Sylvia Walby,

Patriarchy at Work: patriarchal and capitalist relations in employment, Cambridge, Polity Press,1986.

9. À ce sujet, voir Marianne Kempeneers, *op. cit.,* On peut consulter aussi Françoise Deroy-Pineau, *Les journalistes pigistes au Québec,* mémoire de maîtrise présenté au département de sociologie de l'Université de Montréal, 1981, publié aux Éditions Sciences et Culture sous le titre *Les francs-tireurs de l'information;* une observation participante et l'analyse de plusieurs récits de vie permettent de conclure que, dans le champ de l'information, les femmes, ainsi que les travailleurs jeunes ou âgés, constituent un bassin de main-d'œuvre quasi inépuisable, bon marché et périodiquement renouvelable.

Chapitre 8

Vocation religieuse et marché matrimonial

«J'me marie, j'me marie pas, j'fais une sœur.» De quelle époque date ce petit refrain que scandaient fillettes et jeunes filles en effeuillant la marguerite? À quel moment est-il passé de mode car le destin des femmes changeait de route? Pas avant les années soixante, sans doute. Une enquête à faire. Toujours est-il que la possibilité d'entrer en communauté devait être sérieusement considérée par toutes les jeunes catholiques au même titre que le mariage et le choix d'un conjoint. Scénario différent pour le célibat laïc: objet d'un choix, comme la vie conjugale et la vie religieuse? Ou résultat de circonstances fatales dont on imagine les variantes, des fiançailles rompues aux conséquences d'une santé précaire, sans oublier les obligations familiales (soin de parents âgés, de frères et sœurs en bas âge) ou — dans les classes supérieures — absence de dot? Le célibat, d'ailleurs, n'est pas nécessairement définitif. Avant la quarantaine, il permet toujours l'escapade vers un autre état. Néanmoins, il est considéré comme une vocation propre, aussi valable que les autres, vie religieuse et mariage, états définitifs, irréversibles et rien moins qu'interchangeables. Mais peu importe le statut juridique ou symbolique des trois vocations ouvertes aux femmes. Elles représentent, à la période que nous étudions, trois modes de travail différents et trois modes distincts de relation à autrui dans le contexte social de ce travail. C'est ce qui nous intéresse.

Les trois vocations

En effet, les trois vocations sont, pour les femmes des années concernées par notre étude, ce qu'elles ne sont plus désormais: des manières propres de gagner et de vivre leur vie. Jusqu'aux années soixante, on l'a vu, se marier veut dire dépendre d'un conjoint pour assurer sa subsistance. Cela signifie aussi, la plupart du temps, avoir des enfants et s'occuper gratuitement du conjoint et des enfants. Le travail au service de la collectivité comme telle, en tant qu'activité principale et permanente, est tout aussi bien exclu que le travail salarié. Entrer en communauté, par contre, c'est se consacrer gratuitement au service de la collectivité, à temps plein, pour toute sa vie. Le travail salarié est alors exclu, de même que la possibilité d'être au service d'un homme en particulier, ou d'une famille. Du point de vue des procès de travail et des relations de travail, il y a donc incompatibilité entre vie religieuse, d'une part, mariage et maternité, d'autre part. Incompatibilité aussi entre vie religieuse et célibat laïc. Dans les faits, par exemple, on ne permet pas à une religieuse de retourner dans sa famille pour y apporter son aide. Par contre, le célibat laïc implique le travail salarié et/ou le travail gratuit au service de la famille d'origine. Sauf exception, ces procès et ces relations de travail ne sont pas compatibles, par ailleurs, avec ceux de l'état conjugal, de fait ou de droit, ou la maternité. Cependant, les célibataires qui ne sont ni obligées de gagner leur vie, ni indispensables à leur famille, ainsi que les veuves se trouvant dans les mêmes conditions, peuvent se consacrer au service bénévole de la collectivité. Cette situation est le terreau des communautés religieuses. Les fondatrices et les premières recrues des communauté, sont très fréquemment issues de cette catégorie de femmes célibataires ou veuves, disponibles pour l'emploi bénévole. En résumé, on peut donc considérer que les états de vie ou ce qu'on appelait les vocations, dans le langage catholique, étaient pour les femmes des manières spécifiques, stables, non interchangeables et le plus souvent irréversibles, de produire leur vie et de reproduire celle d'autrui.

Il est permis de supposer que la division du travail entre les femmes est plus poussée dans les sociétés catholiques, où l'activité des communautés religieuses est importante, que dans les sociétés où l'Église joue un rôle mineur; en Ontario, par exemple, ou dans d'autres régions anglophones du Canada. La somme globale du travail fourni par les femmes est sans doute équivalente dans les deux types de société, mais le travail est réparti différemment entre elles. En l'absence de l'Église et des communautés, le bénévolat féminin laïc prend beaucoup plus d'envergure que dans une société comme le Québec où il ne joue qu'un rôle d'appoint. Les femmes des classes aisées, principalement, mais non exclusivement, sont mobilisées par ces activités bénévoles d'assistance sociale ou d'éducation[1]. Elles seront soutenues, financièrement et socialement, dans leurs diverses initiatives par les hommes de leur milieu social, notamment par les pasteurs dans les milieux protestants, et aussi par l'État. On peut penser que, dans ces sociétés, avant l'avènement de l'État-providence, une plus grande part du soin des personnes dépendantes — âgées, handicapées, sans soutien — incombait aux femmes laïques, au sein de la famille ou du milieu social immédiat. En effet, l'existence d'institutions spécialisées dans la prise en charge gratuite de ces personnes suppose la présence d'une main-d'œuvre religieuse. Ainsi, on l'a vu, l'incidence du placement en institution, si on le compare au placement en milieu familial ou dans la communauté locale est, avant les années soixante, bien plus élevée au Québec que dans d'autres provinces, sans doute parce que le Québec est une société relativement pauvre, mais aussi et surtout parce qu'il peut compter sur les communautés religieuses de femmes.

Le travail familial et le travail au service de la collectivité semblent donc moins cloisonnés en milieu non catholique, de même que le travail familial et le travail salarié, si l'on se fie aux statistiques citées dans le chapitre précédent. Peut-être l'absence de main-d'œuvre religieuse rend-elle nécessaire une plus forte participation des femmes laïques, même mariées, à l'activité productive rémunérée, surtout dans les services publics ou privés d'éducation ou de santé. Les femmes non catholiques, en outre, ont moins d'enfants. Certes, de multiples facteurs sociaux et culturels sont ici en cause et il n'est pas question d'attribuer à l'absence ou à la présence des communautés religieuses toutes les différences entre les modes de vie des sociétés canadiennes anglophone et francophone. Quoi qu'il en soit, au Québec, les femmes se font religieuses ou elles se marient et élèvent des enfants. Pour quelques-unes d'entre elles, le mariage ou l'entrée en religion auront été précédés par un épisode de travail en usine ou à l'école du rang. Celles qui restent célibataires ou sans enfant vont aider leurs sœurs à élever les enfants ou les sœurs à assister les pauvres, handicapés, laissés-pour-compte.

Les vocations disparaîtront lorsqu'il ne sera plus ni nécessaire, ni souhaitable ou utile socialement d'établir et de maintenir ce genre de cloisonnement entre les diverses dimensions de l'activité féminine générale. Les différents procès du travail féminin perdront leur relative autonomie. Ils se recouvriront, partiellement du moins. À partir des années soixante, l'activité féminine prendra des formes très variables, en combinant de façon novatrice les éléments constitutifs des anciennes vocations éclatées. Ces éléments seront alors devenus compatibles: mariage et travail salarié, célibat et entretien d'un conjoint, maternité et célibat, service de la collectivité et travail salarié, ou autres. Faire un choix de vie consiste désormais pour les femmes à opter pour une composition quelconque de modes et de manières différentes de gagner sa vie et de reproduire celle d'autrui. Cette combinaison sera presque toujours temporaire et transformable, l'engagement qu'elle suppose est réversible[2]. Les anciennes vocations se sont désagrégées et fondues les unes dans les autres. Leur essence — ce qui faisait de chacune d'elles une manière propre d'être femme — subsiste encore dans l'imaginaire individuel et social, mais leur trace dans le langage, l'état civil et les statistiques s'estompe peu à peu[3].

Rythme et intensité du recrutement

Près de 10 000, parmi les femmes qui avaient choisi au cours du XIXᵉ siècle d'entrer et de rester en communauté, étaient toujours vivantes au 1ᵉʳ janvier 1901, date à laquelle nous avons commencé nos relevés dans les registres des communautés. Entre 1901 et 1971, près de 55 000 femmes, selon notre estimation, feront le choix définitif de la vie religieuse. Nous ne connaissons pas le nombre de celles qui, après un essai de durée variable, ont quitté postulat ou noviciat, ces états réversibles, équivalent de la période des fiançailles précédant le mariage. Nous n'avons retenu que celles qui ont terminé le noviciat, donc prononcé au moins leurs vœux temporaires, suivis dans la plupart des cas de vœux perpétuels, au terme fixé par le droit canon[4]. En effet, la novice n'appartient pas plus encore à sa communauté que la fiancée à son futur conjoint. Nous considérerons la profession des premiers vœux comme l'entrée de plain-pied dans la vie religieuse. Ces vœux, en effet, rendent impossibles et le mariage et le retour dans la famille d'origine, du moins pendant la période pour laquelle ils ont été contractés. En outre, au moment de prononcer ses vœux, une religieuse reçoit son nom en religion (jusqu'aux années soixante dans la majorité des communautés) et sa première obédience. Sa personne, ses biens, son travail et le produit de ce travail appartiennent désormais à sa communauté qui est libre d'en disposer et d'en tirer profit comme le conjoint dans le cas de son épouse, à l'époque où notre étude se situe[5].

Le chapitre 6 a porté sur le recrutement en tant que facteur de reproduction et d'accroissement des communautés. Nous y avons examiné l'évolution du taux d'entrée en tant qu'indice de renouvellement. C'est-à-dire la proportion de la population religieuse de chaque décennie représentée par les nouvelles recrues — religieuses qui ont fait profession au cours de cette décennie. Cette étude nous a permis de mettre en relief les fonctions et les aléas du processus de recrutement au cours du siècle. Cependant, deux aspects distincts du recrutement sont restés dans l'ombre: d'abord le rythme et l'intensité du recrutement d'une décennie à

l'autre; en second lieu, la structure de la population recrutée
et son évolution.

Tableau 18

Nombre et répartition procentuelle des entrées en communauté, par
décennie, de 1902 à 1971.

Décennie	Nombre	Pourcentage	Pourcentage cumulatif
1902-1911	6 682	12,2	12,2
1912-1921	8 134	14,8	27,0
1922-1931	9 478	17,3	44,3
1932-1941	11 034	20,2	64,5
1942-1951	8 603	15,7	80,2
1952-1961	7 421	13,5	93,7
1962-1971	3 350	6,1	99,8
Total	54 702	100%	100%

De 1902 à 1971, le nombre des entrées par décennie
dessine une courbe de forme normale. Ce nombre s'élève
graduellement pour atteindre son sommet entre 1932 et 1941,
puis il redescend tout aussi graduellement dans les deux
décennies suivantes, pour s'effondrer brusquement au cours
de la dernière décennie. Entre 1912 et 1921 et entre 1942 et
1951, par exemple, le nombre de nouvelles professes est pratiquement le même. Dans les vingt années au cours desquelles
le recrutement est à son niveau le plus élevé, les décennies
vingt et trente, plus de 20 000 femmes vont faire profession
dans les communautés du Québec; elles représenteront à elles
seules près de 40 % de toutes les religieuses qui seront entrées
au cours des soixante-dix années que nous étudions[6].
Il se pourrait que l'«épidémie» de vocations religieuses
des années vingt et trente soit reliée, dans une certaine
mesure, aux conditions de vie extrêmement difficiles que
provoque la crise économique pendant plusieurs années, au
cours de cette période. Dans certains milieux, paysans ou
ouvriers, on meurt quasiment de faim. En ville, on s'entasse
dans des logements insalubres. L'emploi est introuvable,

l'instruction des jeunes, impossible. Cependant l'augmentation des vocations pourrait aussi être reliée à d'autres facteurs, de nature démographique. Céline Fortier, dans une étude de l'évolution de la nuptialité féminine au Québec depuis le début du siècle, observe que la natalité a augmenté à un rythme très rapide de 1901 à 1922, ce qui a eu certains effets sur la nuptialité des cohortes de femmes nées au cours de ces années[7]. Compte tenu de la différence d'âge entre les époux au mariage — les femmes épousent généralement des hommes plus âgés qu'elles —, les femmes de ces générations se sont trouvées en surnombre sur le marché matrimonial et ont dû rencontrer quelques difficultés à se marier. Ce qui pourrait expliquer en bonne partie la tendance enregistrée à l'augmentation de l'âge moyen au premier mariage pour les premières de ces générations (1901-1916). Comme la tendance s'inverse de 1922 à 1937, les générations de femmes de 1916 à 1922, même si elles étaient à première vue dans un marché désavantageux, ont pu épouser des hommes plus jeunes, en surplus. D'après nos observations, il semble aussi que ces femmes soient entrées en plus grand nombre dans les communautés, du moins celles de la première génération de surnatalité, de 1901 à 1916, qui correspond à peu près à ces cohortes, les plus nombreuses, de religieuses qui ont fait profession dans les années vingt et trente. Cela ne signifie pas que les femmes de cette génération se soient mariées dans une moindre proportion que celles des autres générations, mais que les célibataires parmi elles sont entrées en communauté dans une plus forte proportion. Cependant, la plus récente période de forte natalité, 1937-1959, qui a produit aussi, selon Fortier, un surplus de femmes sur le marché matrimonial dans les années soixante et soixante-dix, n'a pas eu de répercussion sur le nombre des entrées en communauté. Les communautés étaient alors en déclin.

Quelques singularités dans le rythme de recrutement

Les tableaux 19 et 20 permettent de comparer le nombre et la proportion des entrées de chaque décennie, dans les différentes catégories ou sous-ensembles de communautés, considérées selon leur taille ou leur activité principale.

Tableau 19

Répartition procentuelle des entrées, selon l'activité principale des communautés, par décennie, de 1902 à 1971.

Activité principale	1902-1911	1912-1921	1922-1931	1932-1941	1942-1951	1952-1961	1962-1971	Total	Nombre de cas
Enseignante	10,2	14,3	18,4	19,4	15,9	14,1	7,4	100%	32 354
Services sociaux-hospitaliers	17,2	17,8	16,3	21,1	13,5	10,4	3,3	100%	14 873
Service au clergé	10,8	8,8	6,0	26,3	23,6	18,6	5,5	100%	2 644
Hospitalière	9,0	10,7	15,6	17,6	19,4	22,0	5,4	100%	1 819
Protection	20,0	20,9	24,4	14,7	12,4	5,0	2,5	100%	774
Missionnaire	1,6	5,0	18,6	25,8	17,9	18,0	13,2	100%	1 163
Contemplative	17,0	16,4	20,1	15,2	12,8	15,1	3,3	100%	1 078

Tableau 20

Répartition procentuelle des entrées, selon la taille des communautés, par décennie, de 1902 à 1971.

Décennie	Taille			
	Très grande	Grande	Moyenne	Petite
1902-1911	15,4	13,2	10,1	8,9
1912-1921	17,1	14,6	12,5	15,0
1922-1931	19,2	18,1	15,2	16,4
1932-1941	20,5	20,5	19,9	19,3
1942-1951	12,8	15,7	17,1	18,0
1952-1961	10,1	12,0	16,7	16,0
1962-1971	4,5	5,5	8,2	6,0
Total	100%	100%	100%	100%
Nombre de cas	16 341	12 433	15 609	10 319

On constate d'abord que le rythme du recrutement observé à l'échelle globale reflète assez fidèlement le rythme du recrutement des divers types de communauté. Ainsi, par exemple, plus ou moins 40 % des entrées ont lieu au cours des années vingt et trente. Quelques singularités apparaissent toutefois dans le rythme de recrutement des petites et des moyennes communautés, lorsqu'on les compare aux grandes et aux très grandes, comme le montre le tableau 20. En effet, les communautés moyennes et petites voient affluer une plus forte proportion de vocations, dans les décennies postérieures à 1941, que les grandes et les très grandes communautés. Ainsi, les petites et les moyennes recrutent 40 % et plus de leurs sujets après 1941, alors que les grandes et les très grandes n'en reçoivent que 30 % environ après cette date. On sait que plusieurs communautés moyennes et petites sont de fondation ou d'implantation plus récente que les plus grandes communautés. En outre, on sait que la proportion relative de la population religieuse regroupée dans les moyennes et dans les petites communautés s'accroît au cours de la période étudiée et que le poids relatif des grandes et surtout des très grandes communautés dans cette population a tendance à diminuer. La différence dans le rythme respectif de recrutement de ces sous-ensembles de communautés, avant et après 1941, est l'indice de cette évolution, que nous avons analysée au chapitre 5. Il en est de même de la différence qu'on peut observer aussi dans le rythme de recrutement des communautés d'activité distincte. Le tableau 19 indique, en effet, que les communautés de services sociaux-hospitaliers recrutent une proportion beaucoup plus élevée de leurs sujets (35 %), au cours des deux premières décennies. On sait que les communautés qui se consacrent à cette activité voient aussi leurs poids relatif dans la main-d'œuvre religieuse décliner de manière importante à partir des années trente. De même pour les communautés vouées à la protection qui reçoivent quant à elles plus de 40 % de leurs recrues au cours de ces deux premières décennies. À l'opposé, les communautés missionnaires, dont l'expansion, contrairement à d'autres types de communautés, a lieu assez tard au cours de la période, recrutent davantage que les autres après 1931.

Structure du recrutement

Les nouvelles recrues ne se répartissent pas de façon homogène entre les sous-ensembles de communautés. Les tableaux 21 et 22 des pages suivantes montrent la structure de la population recrutée, c'est-à-dire sa répartition par taille et par activité à chaque décennie. Ils permettent d'analyser l'évolution de cette structure dans le temps.

On se rend compte immédiatement que cette répartition des vocations entre les sous-ensembles de tailles ou d'activités différentes est plus ou moins un décalque de la répartition de la population religieuse entre ces mêmes sous-ensembles, telle qu'elle a été présentée et analysée dans le chapitre 5. En effet, mettons en parallèle les données du tableau 8 (chapitre 5, page 181) et celles du tableau 21 ci-contre, et de même les données du tableau 9 (chapitre 5, page 184) et du tableau 22 page 252. On remarque que chaque taille, aussi bien que chaque type d'activité, accueillent, toutes les décennies, une part de l'ensemble des entrées qui correspond, grosso modo, à la part relative de la population religieuse que regroupent, à ce moment, les communautés de cette taille ou de cette activité. Étant donné l'importance numérique du phénomène des entrées dans le processus général de reproduction de la population, par rapport aux phénomènes de mortalité et d'abandon, on ne s'étonnera pas de constater que la structure de la population recrutée, entre deux décennies, influence de façon déterminante la structure de la population dénombrée à la fin de cette période.

La force d'attraction des communautés

On peut supposer que la répartition des nouvelles recrues entre les communautés est fonction de l'attraction que chaque type de communautés exerce sur les femmes qui souhaitent se consacrer à la vie religieuse. Cette attraction dépend de nombreux éléments objectifs et subjectifs, dont plusieurs nous sont inconnus. Toutefois la comparaison des tableaux 8 et 21 et celle des tableaux 9 et 22 permet d'imaginer deux manières dont cette attraction s'exercerait. D'une

Tableau 21

Structure de la population recrutée, en pourcentage, selon l'activité des communautés, par décennie, de 1902 à 1971.

Activité	1902-1911	1912-1921	1922-1931	1932-1941	1942-1951	1952-1961	1962-1971
Enseignante	49,4	57,1	63,0	57,0	60,0	61,4	71,6
Services sociaux-hospitaliers	38,4	32,7	25,7	28,5	23,3	20,9	14,7
Service au clergé	4,2	2,8	1,6	6,3	7,2	6,6	4,4
Hospitalière	2,4	2,3	3,0	2,9	4,1	5,4	2,9
Protection	2,3	1,9	1,9	1,0	1,1	0,5	0,5
Missionnaire	0,2	0,7	2,2	2,7	2,4	2,8	4,5
Contemplative	2,7	2,1	2,2	1,4	1,6	2,1	1,1
Total	100%	100%	100%	100%	100%	100%	100%
Nombre de cas	6 682	8 134	9 478	11 034	8 603	7 421	3 350

Tableau 22

Structure de la population recrutée, en pourcentage, selon la taille des communautés, par décennie, de 1902 à 1971.

Taille	1902-1911	1912-1921	1922-1931	1932-1941	1942-1951	1952-1961	1962-1971
Très grande	37,8	34,4	33,2	30,4	24,4	22,3	22,2
Grande	24,5	22,5	23,8	23,1	22,7	20,2	20,5
Moyenne	23,7	24,0	25,0	28,2	31,0	35,1	38,5
Petite	13,8	19,1	17,9	18,1	21,6	22,2	18,6
Total	100%	100%	100%	100%	100%	100%	100%
Nombre de cas	6 682	8 134	9 478	11 034	8 603	7 421	3 350

part, il semble qu'elle soit directement fonction de la place, c'est-à-dire de l'importance relative qu'un sous-ensemble de communautés a acquise dans le champ d'activité propre à la main-d'œuvre religieuse. En effet, de manière générale, plus l'effectif d'un sous-ensemble de communautés est nombreux, plus nombreuses sont les vocations que ce type de communautés parvient à recruter. Un effectif nombreux signifie, pour les communautés, des œuvres d'une envergure considérable, un grand nombre d'établissements sur un vaste territoire, un grand nombre de personnes à qui sont offerts leurs services. À l'inverse, plus un sous-ensemble est petit, plus faible est sa moisson décennale de vocations. La visibilité des communautés — l'importance de leur présence et la force de leur intégration dans le milieu social — agirait comme un catalyseur de recrutement. Le recrutement, dans la mesure où il est proportionnel à l'effectif déjà atteint par une catégorie de communautés, ne pourrait que renforcer en retour sa place relative dans l'ensemble de la population religieuse. Les grandes communautés recrutent plus que les petites. Elles deviennent ainsi plus grandes, et les petites restent telles qu'elles sont. Les enseignantes recrutent plus que les contemplatives et il y a ainsi de plus en plus d'enseignantes par rapport aux contemplatives et vice versa. Mais ce serait trop simple. Les choses ne se passent pas seulement ainsi...

En effet, la structure du recrutement se modifie dans le temps. Le tableau 22 montre que la part des nouvelles recrues reçues par les très grandes communautés subit une très nette diminution; celle des grandes communautés est plutôt stable. Par contre, l'augmentation de la part des vocations recrutées par les communautés moyennes est frappante. La part des petites communautés augmente aussi, mais plus légèrement. L'évolution de la répartition des vocations selon l'activité des communautés signale des changements encore plus importants que les précédents. Les enseignantes voient leur part du recrutement s'accroître de 49,4 % à 71,6 % au cours de la période et les communautés de services sociaux-hospitaliers voient leur part se réduire de 38,4 % à 14,7 %. Missionnaires, hospitalières et communautés de service au clergé reçoivent une proportion faible mais croissante des nouvelles recrues. C'est le contraire dans les communautés vouées à la protection.

Les vocations, on le voit, se déplacent en quelque sorte entre les sous-ensembles de communautés. Sous l'effet de ce changement, l'importance relative de ces sous-ensembles de communautés se modifie. Ainsi, on constate que lorsque la part relative des nouvelles recrues se dirigeant vers un type de communauté augmente au cours d'une décennie, l'importance relative de ce type de communauté dans la population a augmenté, à la fin de cette décennie. L'inverse est également vrai. Sans doute est-ce l'irruption de nouvelles communautés dans le système, au début et au cours de la période, qui est en grande partie responsable de ce déplacement des vocations. Les communautés nouvellement fondées ou établies au pays ne peuvent se reproduire qu'en attirant de nouvelles recrues. Ainsi elles détournent à leur profit une part des vocations, ce qui contribue à augmenter l'importance du sous-ensemble auquel elles appartiennent. Ce détournement de nouvelles recrues affaiblit par conséquent la part relative d'autres types de communautés, dont l'importance dans la population va alors diminuer.

L'offre et la demande de main-d'œuvre

On peut présumer que de nouvelles communautés sont fondées ou établies et parviennent à se reproduire parce que de nouveaux besoins sociaux se font jour ou que des besoins existants s'amplifient. De manière générale, l'importance relative des divers types de communautés, l'attraction qu'elles exercent sur les nouvelles recrues, dépendraient de cette demande sociale de services. Mais peut-être l'inverse est-il également possible: la demande sociale dépendrait de l'importance déjà acquise par les divers types de communauté et de leur force d'attraction. Quoi qu'il en soit, le recrutement est certainement la résultante de facteurs, plus ou moins inconnus, qui créent l'offre et la demande de services des communautés; autrement dit, l'offre et la demande de main-d'œuvre religieuse. Reste une énigme: les communautés contemplatives. Elles ne fournissent pas de services et leurs sujets ne font pas partie, à proprement parler, de la main-d'œuvre[8]. Or ces communautés se distinguent par leur stabilité relative, on l'a vu. Elles occupent une place dans le champ des communautés qui, bien que très petite, ne change à peu près pas au cours de la période étudiée. Leur rythme de renouvellement est à peu près fixe. Bien que la part des nouvelles recrues qu'elles reçoivent varie d'une décennie à l'autre, ces variations sont relativement faibles et en outre, n'ont pas d'effets cumulatifs. Par exemple, entre 1912 et 1921, les contemplatives attirent la même proportion de l'ensemble des vocations qu'entre 1952 et 1961. D'où vient donc cette stabilité? Peut-être du fait que ces communautés demeurent relativement indépendantes des facteurs qui génèrent l'offre et la demande de main-d'œuvre auxquelles sont soumises les communautés des autres types.

La propension des femmes à la vie religieuse

Nous avons établi, à chaque décennie, pour chaque cohorte d'âge, la proportion de religieuses présentes dans la population féminine catholique. Ces données sont présentées au tableau 23, page suivante. Sur cette base, il est possible d'analyser la tendance ou la propension des Québécoises à choisir la vie religieuse, génération après génération, au cours de la période observée.

Au tout début du siècle, la propension à la vie religieuse dans la population féminine catholique se situe à un niveau moyen, si on le compare à celui des décennies postérieures. Néanmoins, en 1901, la différence entre la proportion de religieuses dans les cohortes de femmes de moins de quarante-cinq ans et dans celles de plus de quarante-cinq ans pourrait signaler une poussée récente de vocations. Elle se serait produite dans les quinze ou vingt dernières années du XIXe siècle. Par ailleurs, à la fin du XIXe et au début du XXe siècle, comme on le verra plus loin, les femmes entrent très jeunes en religion. Par conséquent, on retrouve en 1901, et aussi en 1911, parmi les femmes de quinze à dix-neuf ans, les proportions les plus élevées de religieuses, relevées au cours de la période. Entre 1901 et 1911, la proportion des femmes qui sont religieuses dans toutes les cohortes de moins de cinquante-cinq ans, augmente sensiblement. Il faut toutefois attendre les décennies vingt et trente pour voir se manifester dans toute sa force cet attrait puissant pour la vie religieuse, qui semble un phénomène propre au XXe siècle québécois, comme on l'a vu au chapitre 5.

Tableau 23

Proportion de religieuses, en pourcentage, dans la population des femmes catholiques, par cohorte d'âge, de 1901 à 1971.**

Âge	1901*	1911*	1921*	1931	1941	1951	1961	1971
15-19	0,2%	0,2%	,05%	,04%	0,2%	0,04%	0,1%	0,0%
20-24	1,5%	1,9%	2,0%	2,0%	1,3%	1,4%	1,0%	0,08%
25-29	3,8%	3,9%	4,3%	4,2%				0,4%
					4,3%	2,4%	2,1%	
30-34	3,6%	4,2%	5,0%	4,8%				1,0%
35-39	3,5%	4,8%	4,8%	5,3%				1,4%
					4,8%	4,6%	2,5%	
40-44	3,9%	4,1%	4,4%	5,5%				1,7%
45-49	2,8%	3,6%	4,7%	5,4%				2,0%
					5,6%	4,8%	4,5%	
50-54	2,7%	4,0%	4,0%	5,0%				2,0%
55-59	3,3%	3,4%	5,0%	5,7%				4,3%
					5,4%	5,9%	4,8%	
60-64	1,8%	2,0%	3,1%	3,1%				3,2%
65-69	2,9%	2,9%	3,0%	4,4%	5,2%	5,3%	6,0%	4,0%
70 et +	0,5%	2,1%	3,1%	3,8%	4,4%	5,7%	6,2%	4,7%

* Note: le nombre de femmes catholiques n'étant pas disponible pour les décennies 1901, 1911 et 1921, nous avons établi ce nombre en nous servant du pourcentage de catholiques présents dans la population, à chacune de ces décennies.

** Sources: pour la population féminine, 1901, 1911 et 1921, *Recensement du Canada*, 1921, vol. 12, tableau 4, p. 11; 1931, vol. 111, tableau 20, p. 318-319; 1941, vol. 111, p. 218; 1951, vol. 11, p. 8-17; 1961, vol. 1.3, p. 86-10; 1971, vol. 1.2, p. 8-5, cat. 92.713 à 92.721.

Au cours de ces vingt années, de 1921 à 1941, la proportion des femmes catholiques vivant en communauté atteint un niveau très élevé et se maintient à ce niveau. La propension à la vie religieuse est extrêmement forte dans toutes les cohortes de femmes dont l'âge se situe entre vingt-cinq et soixante ans. Dans ces cohortes, la proportion de religieuses présentes, au cours de ces deux décennies, est toujours supérieure à 4 %. Autrement dit, il y a toujours plus d'une femme sur 25, dans chacun de ces groupes d'âge, qui est religieuse. Dans certaines cohortes, la proportion des religieuses s'approche de 6 %, c'est-à-dire une femme religieuse pour 17 ou 18 femmes. Ce qui voudrait dire par exemple, que dans chacune des classes de 20 à 30 fillettes d'une école primaire catholique, vers 1920, on aurait pu prédire sans se tromper qu'au moins une élève et probablement deux, deviendraient religieuses.

Les cohortes de chaque génération dont l'analyse présente le plus d'intérêt, sont celles des femmes de vingt-cinq à vingt-neuf ans et de trente à trente-quatre ans. Avant vingt-cinq ans, les futures religieuses ne sont pas toutes entrées en communauté ou elles sont encore au noviciat. C'est donc entre vingt-cinq et trente-quatre ans que la très grande majorité des vocations religieuses sont actualisées, c'est-à-dire que les jeunes femmes recrutées par les communautés ont prononcé leurs vœux et sont devenues actives. Or on observe entre 1901 et 1941 que dans ces cohortes de vingt-cinq à trente-quatre ans la proportion de femmes entrées en communauté est non seulement très élevée, mais constante. En effet, cette proportion varie dans les deux groupes d'âge de 3,6 % à 5 %, ce qui représente un écart maximum de 1,4 %, au cours des quarante années.

Une tendance stable jusqu'en 1950

Ces faits portent à penser que la vocation religieuse féminine au Québec, pendant très longtemps, fut l'effet de conditions stables, que des structures permanentes de cette société assurèrent aux communautés le recrutement d'une fraction à peu près constante de chaque génération de femmes catholiques. Et ce, indépendamment du volume démographique de chacune de ces générations et indépendamment des modifications du contexte social, économique, politique. Nous tenterons au cours des quatre derniers chapitres d'identifier certains des processus qui génèrent la vocation religieuse féminine. Il est certain que la propension stable et de longue durée des femmes à entrer en religion est l'indice du rôle privilégié de l'Église dans les procès de la régulation. Régulation démographique, sociale et idéologique tout à la fois, qui touche l'ensemble de la population québécoise catholique, mais tout particulièrement la population féminine, jusqu'à la Seconde Guerre mondiale au moins.

En 1951, bien qu'une proportion toujours importante des femmes catholiques vivent en communauté, on remarque cependant une diminution sensible de la propension à la vie religieuse dans les deux cohortes jeunes, stratégiques, celles des vingt-cinq à vingt-neuf ans et des trente à trente-cinq ans. Elles sont sans doute les plus représentatives de l'état du recrutement à ce moment précis. La propension à la vie religieuse a diminué presque de moitié dans ces cohortes par rapport aux décennies précédentes. Elle va encore diminuer entre 1951 et 1961. Cependant, l'année 1951 est le véritable point tournant de la tendance de longue durée à choisir l'état de vie religieux. C'est le moment où se manifeste la rupture des mécanismes qui assuraient non pas tant le recrutement comme tel — puisque le recrutement va continuer jusqu'en 1971 — mais la stabilité, manifestée par la constance du recrutement, génération après génération[9].

À partir de 1951, le choix de la vie religieuse devient, pourrait-on dire, plus imprévisible, plus aléatoire que par le passé. On peut supposer que la triade des modes de vie féminins à laquelle appartient la vocation religieuse, a commencé à se disloquer. Dans les années soixante, cette triade va tomber en pièces détachées. On recollera les morceaux pour former, on l'a vu, de toutes nouvelles combinaisons de ces états de vie jadis qualifiés de vocations. En 1971, on ne trouve pratiquement plus de religieuses dans les cohortes de moins de quarante ans. Non seulement les femmes des nouvelles générations n'ont-elles pas eu d'attrait pour la vie religieuse, mais cette vocation comme telle n'existe déjà plus, à toutes fins pratiques.

Se marier ou devenir religieuse

La vie religieuse est donc en hausse constante de la fin du XIXe siècle jusqu'aux années cinquante. Le mariage aussi. Quant au célibat féminin, il a été en baisse très nette depuis 1901. Nous nous intéresserons ici à la proportion des femmes de chaque génération qui, au cours de leur vie, se sont mariées, faites religieuses ou sont restées célibataires. Elle diffère de la proportion de femmes dans l'ensemble de la population qui seraient, à un moment quelconque, religieuses, mariées ou célibataires, données que nous avons analysées au chapitre 6. Les statistiques disponibles, pour les générations de femmes nées avant 1936, semblent indiquer que la proportion de celles qui se sont mariées au moins une fois n'a cessé de croître[10]. Il est donc plausible d'affirmer que le choix d'une vocation, au cours de la période que nous étudions, se joue principalement entre le mariage et la vie religieuse.

Les étapes du choix d'un état de vie

On connaît mal les mécanismes sociaux et psycho-sociaux qui orientent les sujets — femmes en l'occurrence — vers les places qui sont disponibles pour elles dans la vie laïque ou dans la vie religieuse. On connaît mieux les étapes de la trajectoire qui mène, dans un cas ou dans l'autre, à l'actualisation du choix d'un état de vie. Le mariage est précédé de l'entrée sur le marché matrimonial. Au cours de cette période, les jeunes filles sont «présentées»; il leur est permis de nouer des relations avec les hommes disponibles au mariage, célibataires ou veufs. Ces relations leur sont faci-litées de diverses manières. Les débuts — invitations, récep-tions, sorties — ont leur équivalent dans chaque milieu social. Vient ensuite l'étape des fréquentations où des relations suivies peuvent être engagées avec un ou plusieurs hommes, en vue d'un choix définitif. Les fiançailles, ou une étape rituelle équivalente, rendent ce choix public et donnent aux futurs conjoints une période supplémentaire de réflexion et de préparation.

Dans le cas des jeunes femmes qui deviendront religieuses, les premières étapes sont normalement les mêmes que pour les futures épouses. Vers l'âge de quinze ou seize ans environ, elles se retrouvent sur le marché matrimonial; les hommes peuvent les fréquenter et les demander en mariage. La décision de devenir religieuse se concrétise au cours de cette étape, par une première démarche, la demande d'admission dans une communauté. Une période d'attente suit cette demande et en cas de refus, la demande peut être répétée plus tard auprès de la même communauté ou d'autres communautés. Lorsqu'elle est acceptée par une communauté, la jeune femme doit préparer son entrée un peu comme on prépare son mariage; elle devra, par exemple, se confectionner un trousseau[11]. Des dispositions doivent être prises en vue de fournir la dot[12]. Il peut ainsi s'écouler six mois, un an, peut-être plus, entre le moment du choix de la vie religieuse et l'entrée au postulat. L'étape suivante, le postulat suivi du noviciat, s'étend sur deux ans environ. Au cours de cette période, les jeunes femmes sont évidemment retirées du marché matrimonial, puisqu'elles n'ont aucun commerce avec de possibles futurs conjoints. D'ailleurs, une novice qui quitte temporairement sa communauté pour une raison ou une autre — maladie, problèmes familiaux ou autres — doit, au retour, recommencer la période dite canonique de son noviciat. Le retrait du marché matrimonial devient permanent au moment où les novices prononcent leurs premiers vœux.

L'âge au mariage, à l'admission en communauté et à la profession

Le tableau 24, ci-contre, permet de suivre l'évolution dans le temps de l'âge moyen des femmes laïques au mariage et de l'âge moyen des religieuses à leur admission au postulat et à la profession des vœux temporaires, c'est-à-dire à la fin de leur noviciat. La comparaison entre les femmes mariées et les religieuses est possible à partir de 1926[13].

Les Québécoises se marient à un âge dont la moyenne varie légèrement au cours des années. En 1926, l'âge moyen au mariage est de 25,2 ans. À partir de 1930, on se marie plus tard: l'âge moyen a tendance à s'élever jusqu'à 25,9 ans à la fin des années trente et au début des années quarante. Par la suite, il redescend graduellement de sorte que l'âge moyen au mariage des épouses se retrouve au même point, 25,2 ans, en 1955 qu'en 1926. Après 1955, on se marie de plus en plus jeune. La tendance à la baisse de l'âge au mariage est rapide: 24,8 en 1959, 1960, 1961 et 24,4 à la fin des années soixante.

Tableau 24

Âge moyen des femmes, au mariage, à l'admission au postulat et à la profession temporaire, de 1901 à 1966.*

| | Âge | | | |
Année	au postulat	aux vœux temporaires	au 1er mariage	à tous les mariages
1901	22,5	24,5	-	-
1906	22,3	24,6	-	-
1911	21,3	23,8	-	-
1916	20,5	22,7	-	-
1921	21,8	24,0	-	-
1926	21,4	23,6	-	25,2
1931	21,1	23,4	-	25,5
1936	22,5	24,6	-	25,6
1941	21,4	23,7	25,2	25,9
1946	22,0	24,4	24,7	25,5
1951	21,1	23,3	24,3	25,3
1956	20,9	23,2	24,0	25,1
1961	19,3	21,6	23,7	24,8
1966	19,1	21,7	23,3	24,4

* Sources: pour l'âge au mariage, Céline Fortier, *Influence des disparités d'effectifs sur la nuptialité au Québec, de 1926 à 1975*, op. cit.

L'âge moyen des femmes à l'entrée au postulat et à la profession temporaire, entre 1901 et 1966, présente des écarts un peu plus importants que l'âge moyen des femmes au mariage et son évolution suit une ligne moins nette. Néanmoins, quelques tendances se dégagent clairement. Au cours des trois premières décennies, de 1901 à 1931, les religieuses entrent en communauté et font profession de plus en plus jeunes. L'âge moyen des postulantes passe de 22,5 ans à 21,1 ans, l'âge moyen des professes temporaires, de 24,5 ans à 23,4 ans. Par la suite, entre 1931 et 1946, la tendance semble s'inverser; l'âge moyen s'élève de sorte qu'on entre et on fait profession en 1946 au même âge qu'au début du siècle. Après la Seconde Guerre mondiale, l'âge à ces deux étapes de la vie religieuse est en baisse très nette. En 1966, on entre à 19,1 ans et on fait ses premiers vœux à 21,7. Dans les deux cas, l'âge moyen a baissé de presque trois ans entre 1901 et 1966, ce qui représente une diminution plus importante encore que celle de l'âge au mariage.

Au cours des années où la comparaison est possible entre l'âge moyen au mariage, à l'entrée en communauté et à la profession temporaire, ces trois statistiques évoluent sensiblement de la même manière. Pendant les années de la crise et de la Seconde Guerre, les jeunes filles quittent le foyer de plus en plus tard, que ce soit pour se marier ou pour entrer au couvent. Dans les années cinquante et soixante, elles partiront de plus en plus jeunes. Quels facteurs pourraient rendre compte de ces tendances? La situation économique, la disponibilité ou non des futurs conjoints, peuvent retarder ou favoriser le mariage, mais comment ces conditions influencent-elles le moment de l'entrée en communauté? Il se peut que le travail d'une fille, salarié ou pas, soit indispensable à sa famille lorsque les temps sont difficiles. Des raisons sociales et culturelles pourraient aussi être en cause: la force des liens familiaux, les idées et les pratiques propres aux jeunes, la conception que l'on se fait de la maturité, ou d'autres encore.

Le fait le plus intéressant est la différence positive entre l'âge moyen des femmes qui se marient et l'âge moyen tant des nouvelles postulantes que des nouvelles professes. En effet, l'âge au mariage est toujours plus élevé pour toutes les années où la comparaison est possible. Cette différence demeure, bien qu'elle soit plus faible, lorsqu'on prend pour base de comparaison l'âge au premier mariage, disponible de 1946 à 1966, plutôt que l'âge à tous les mariages dont on dispose à partir de 1926. On observe que l'écart positif entre l'âge moyen des femmes à tous les mariages et l'âge moyen des postulantes varie de 3,1 à 5,5 ans. Entre l'âge à tous les mariages et l'âge à la profession temporaire, l'écart oscille entre un an et 3,2 ans. Si on prend l'âge moyen au premier mariage comme point de comparaison, la différence est de 2,7 ans à 4,4 ans entre les épouses et les postulantes, de 0,3 à 2 ans, entre les épouses et les professes temporaires. C'est au cours de la décennie soixante que les écarts sont les plus importants, parce que la baisse de l'âge à l'entrée en communauté est encore plus importante, on l'a noté, que celle de l'âge au mariage. On verra plus loin, dans le chapitre 13, que les futures religieuses, à cette époque, sont un peu moins scolarisées que les laïques du même âge — ce qui n'était pas le cas auparavant —, parce qu'elles ne font pas d'études de niveau universitaire avant leur entrée. La différence entre le nombre moyen d'années de scolarité complétées avant le mariage et avant l'entrée en religion explique peut-être en partie l'ampleur de cet écart observé au cours des années soixante, entre l'âge des femmes au mariage et à l'entrée en communauté.

La distribution de l'âge des religieuses à la profession temporaire au cours des décennies étudiées permet de se faire une idée plus exacte à cet égard, de la population recrutée par les communautés[14]. Le tableau 25 de la page suivante présente cette distribution. Les religieuses qui ont prononcé leurs vœux avant 1902, c'est-à-dire entre 1840 et 1901, l'ont fait à un âge moins avancé que celui de leurs consœurs du XXe siècle. Un pourcentage de 25 % d'entre elles en effet se sont engagées entre quinze et vingt et un ans, 8 % avant l'âge de dix-neuf ans. Au cours des décennies suivantes, on ne verra que très peu de femmes prononcer ainsi leurs vœux avant l'âge de dix-neuf ans. Entre 1901 et 1951, l'âge des professes temporaires se distribue à peu près toujours de la

Tableau 25

Distribution procentuelle de l'âge des religieuses à la profession temporaire,
par cohorte d'entrée, de 1840 à 1971.

Cohorte d'entrée

Âge	1840-1901	1902-1911	1912-1921	1922-1931	1932-1941	1942-1951	1952-1961	1962-1971
15-16 ans	0,7	-	0,5	0,4	-	0,1	-	0,5
17-18 ans	7,3	1,7	2,8	1,9	0,6	1,3	2,3	0,2
19-20 ans	16,9	17,1	17,5	17,5	15,7	14,8	24,3	24,3
21-22 ans	24,7	26,8	30,1	28,7	29,2	31,4	33,8	43,4
23-24 ans	16,6	16,2	21,3	20,5	21,6	19,5	21,2	18,8
25-35 ans	31,1	36,2	27,6	29,3	31,7	29,9	18,0	12,5
36-50 ans	2,7	1,9	0,2	1,8	1,2	3,0	0,5	0,2
Total	100%	100%	100%	100%	100%	100%	100%	100%
Nombre de cas	7 265	5 850	7 722	9 390	11 008	8 594	7 366	3 296

même manière: un peu moins de 20 % des religieuses s'en-gagent avant l'âge de vingt et un ans, environ 50 % d'entre elles entre vingt et un et vingt-cinq ans, et environ 30 % entre vingt-cinq et trente-cinq ans. À partir de 1952, toute-fois, l'âge des nouvelles professes diminue rapidement. Pas moins de 60,4 % des femmes entrées dans les années cinquante et 68,4 % des femmes entrées dans les années soixante font profession avant vingt-trois ans; 82 % de celles entrées dans les années cinquante et 88 % de celles entrées dans les années soixante, avant l'âge de vingt-cinq ans. Au cours de ces deux décennies, l'écart dans la distribution de l'âge aux vœux temporaires diminue considérablement. On ne fait pratiquement plus de vœux avant dix-neuf ans, comme c'était le cas dans les premières décennies, mais par contre, on entre massivement plus jeune qu'à toutes les époques précédentes.

La vie religieuse, un choix précoce

Sur la base des données que nous avons présentées, on peut considérer que les jeunes femmes disposent, en moyenne, d'une période d'attente et de préparation de dix ans à peu près, pour se poser la question de savoir si elles veulent se marier et avec qui. Cette période est un peu plus longue dans les années sombres de la crise et de la Seconde Guerre, un peu plus brève dans les années soixante, époque d'effervescence et de relative abondance. Il ressort claire-ment que la décision de devenir religieuse se prend très jeune et ce choix est actualisé plus tôt que le choix de l'état conjugal. Dans l'ensemble de la période, la majorité des reli-gieuses, en fait 52,8 %, sont entrées au postulat avant l'âge de vingt et un ans. (Ces proportions sont tirées du tableau des fréquences de l'âge à l'admission au postulat et à la profession temporaire, tableau 60, à l'annexe 3.) Ce qui signifie qu'elles ont opté pour la vocation religieuse entre quinze et dix-huit ans environ. Par conséquent, elles n'ont été présentes sur le marché matrimonial que pour une période très brève, alors qu'elles étaient très jeunes. Une certaine fraction, 11 %, sont même entrées avant dix-huit ans. À vingt-quatre ans, presque toutes les futures religieuses (82,3 %) vivaient déjà en communauté[15].

À l'âge donc où les femmes prennent mari, les religieuses ne sont plus dans la course au conjoint et cela depuis un bon moment. Elles n'auront pas ou à peu près pas vécu l'étape des fréquentations et celle du choix d'un conjoint. Elles n'auront jamais été de véritables concurrentes pour les futures épouses, sur le marché matrimonial. Entre quinze et dix-neuf ans pour la plupart, elles s'en seront retirées, ayant choisi la vie religieuse et se préparant à s'y engager. De sorte que bien avant l'âge où la plupart des femmes se marient, elles seront attachées par leurs vœux à une communauté. À vingt-quatre ans, en effet, 70 % d'entre elles ont déjà fait profession, 61,5 % entre vingt et vingt-quatre ans, 8,6 %, entre quinze et dix-neuf ans. Les vocations tardives sont peu fréquentes; 17,6 % seulement des religieuses sont admises au postulat passé vingt-quatre ans, 30 % seulement prononcent leurs vœux après cet âge et tout juste 8 % après trente ans[16].

On doit donc considérer que le mariage et la vie religieuse font l'objet d'un choix précoce et que les deux vocations sont relativement indépendantes l'une de l'autre, en ce qui concerne les raisons du choix et les étapes qui précèdent son actualisation. Autrement dit, les femmes n'entrent pas en communauté parce qu'elles n'ont pas réussi à se trouver un conjoint. En fait, elles n'ont ni attendu, ni cherché un conjoint. La vie religieuse n'est pas un second choix mais pour la plupart d'entre elles, c'est un premier choix et il sera définitif. C'est bien plutôt le mariage qui pourrait représenter un second choix pour celles qui, désirant se faire religieuses, auront été refusées par une ou plusieurs communautés ou bien auront quitté postulat ou noviciat après y avoir été admises. Il leur reste alors, en effet, assez de temps pour trouver un mari. On pourrait conclure de ce qui précède que le célibat laïc sera, dans bien des cas, le refuge des femmes qui n'auront pu ni entrer en religion, ni se marier. On ne peut exclure pour autant qu'il ait représenté un véritable choix pour certaines femmes. Il ne faut toutefois pas oublier que le célibat ne peut être vécu dans la dignité que s'il existe des métiers et des carrières permettant aux femmes de gagner convenablement leur vie. Les professions féminines ne sont pas absentes au Québec mais elles se développent lentement; le salariat pour les femmes est peu valorisé. On doit supposer qu'il valait mieux alors se marier ou se faire religieuse.

Dieu premier servi

Nous avons jusqu'ici considéré la vocation religieuse comme un choix de la part des femmes. Il ne faut pas perdre de vue qu'il s'agit aussi d'un choix de la part des communautés religieuses. Plus exactement, c'est l'Église qui choisit, via les communautés, un certain nombre de femmes de chaque génération de catholiques. À cet égard, la devise «Dieu premier servi» s'applique intégralement. Les données relatives au mariage et à la vie religieuse que nous avons comparées montrent que l'Église détient en quelque sorte le privilège de la sélection. En effet, les hommes laïcs ont la possibilité de prendre épouse seulement parmi les femmes que les communautés ne se sont pas réservées d'abord. En ce sens, la vocation religieuse est aussi un mécanisme de régulation du marché matrimonial. Elle permet à l'Église de retirer très tôt de ce marché une certaine fraction des femmes, ensuite de les former et de les affecter, par l'intermédiaire des communautés, à des postes de travail dans des institutions qui sont sous sa gouverne. Quelles femmes l'Église se choisit-elle? Nous analyserons dans les prochains chapitres certaines caratéristiques des futures religieuses: leur appartenance sociale, leur milieu d'origine, leur scolarité, etc. Cependant d'autres caractéristiques de la main-d'œuvre recrutée par l'Église — caractéristiques d'ordre physique plutôt que social — doivent également être considérées.

Nous avons analysé, au chapitre 6, l'espérance de vie des religieuses et nous l'avons comparée à celle de la population féminine laïque. On a pu montrer ainsi que la longévité des religieuses, à toutes les époques, surpasse celle de leurs contemporaines. Ce phénomène doit être mis en relation avec le mode de sélection par les communautés de la future main-d'œuvre religieuse et avec l'usage matériel qui en est fait par la suite. Il est indubitable que les communautés religieuses ont toujours effectué une sélection assez rigoureuse de leurs membres, notamment en fonction de critères relatifs à leur état de santé et à leurs capacités physiques. Du point de vue de l'institution, il importe d'une part d'éviter dans la mesure du possible que les individus ne deviennent une charge permanente pour le groupe, avant qu'ils n'aient atteint l'âge de la retraite. Il importe d'autre part de s'assurer d'une main-d'œuvre qui soit apte à un travail exigeant, accompli dans des conditions souvent difficiles, qu'il s'agisse de travail manuel ou non manuel: longues journées de travail, absence de congés et de vacances, travail de nuit, tâches nécessitant un effort physique important (buanderie, cuisine d'institution) ou générant du stress (nursing, travail auprès de handicapés, de malades mentaux ou de délinquantes). Même dans les communautés contemplatives la charge de travail des religieuses est plus lourde qu'on ne l'imagine généralement. Or les textes d'instructions et de prescriptions, propres à chaque communauté, stipulent d'ordinaire que les autorités doivent s'assurer que les aspirantes à la vie religieuse ont une santé «suffisante», avant de les admettre à prononcer leurs vœux temporaires et ensuite perpétuels. Une santé suffisante n'est pas définie comme une santé parfaite mais plutôt comme un état qui permet de manière habituelle de se conformer aux règles de vie communautaire relatives aux horaires, au travail, aux exercices spirituels, aux activités communautaires, à l'alimentation.

Un capital humain bien géré

Nos observations nous permettent de penser que la santé des sujets, une fois qu'ils ont été admis dans la communauté, fait l'objet d'une surveillance et de soins assez attentifs. Les règles, constitutions et autres textes analogues sont explicites à ce sujet. On y trouve toujours les mêmes thèmes: obligation faite à la supérieure de veiller sur la santé de sœurs et de leur procurer les meilleurs soins en cas de maladie; obligation faite à l'infirmière des sœurs et à la pharmacienne de voir à ce que les malades soient parfaitement soignées, de suivre à la lettre les prescriptions du médecin; obligation faite à chaque religieuse de confier à sa supérieure ses problèmes de santé, de se soumettre aux dispositions prises par les autorités (mise en repos, changement de poste de travail) et aux traitements prescrits par les médecins pour remédier à ces problèmes. Toutes les maisons de religieuses avaient une infirmerie et du personnel préposé aux malades; en cas de maladie grave ou prolongée, les religieuses en fonction dans les établissements de leur communauté étaient transférées à l'infirmerie de la maison mère.

De façon générale, il nous semble donc que les religieuses au Québec ont probablement bénéficié de meilleurs soins de santé que leurs contemporain(e)s, du moins ceux et celles des classes populaires[17]. Ces classes, en effet, n'avaient qu'un accès très limité aux soins hospitaliers et médicaux avant que ne soient établis, dans les années soixante et soixante-dix, les programmes défrayés par l'État. Ajoutons à cela que, dans les couvents, on mangeait ses trois repas par jour, on était logé et vêtu convenablement; on avait aussi l'avantage de mener une vie régulière. Dans ce contexte, il est possible d'affirmer selon nous que les religieuses représentent une main-d'œuvre féminine qu'on a, historiquement, utilisée plus judicieusement que l'on a usé de celle mise au travail en usine par les patrons ou de celle mise au travail à la maison par les pères et les maris. Dans ce cas, la rationalité dans l'usage du capital humain ferait référence aux conditions qui assurent la sélection d'abord, mais aussi la préparation, l'entretien et la reproduction d'une force de travail collective.

NOTES

1. Voir notamment sur le travail bénévole des femmes en Ontario et son impact politique, l'étude de Caroline Andrew, «Bénévolat et lobby féminin à Ottawa», dans Yolande Cohen (dir.), *Femmes et contre-pouvoir*, Montréal, Boréal, 1987. Pour les États-Unis, voir, entre autres, Ann Douglas, *The Feminization of American Culture*, New York, Avon Books, 1977. Sur le bénévolat féminin au Québec et les relations entre les laïques

bénévoles, les religieuses et l'Église, on consultera, entre autres: Marta Danylewycz, «Une nouvelle complicité: féministes et religieuses à Montréal, 1890-1925», dans M. Dumont et N. Fahmy-Eid (dir.), *Travailleuses et féministes, les femmes dans la société québécoise, op. cit.;* Hélène Pelletier-Baillargeon, *Marie Gérin-Lajoie, de mère en fille,* Montréal, Boréal, 1985 et Aline Charles, *Travail d'ombre et de lumière,* Montréal, Institut québécois de recherche sur la culture, 1990.

2. La problématique théorique qui fonde cette analyse des formes du travail féminin et leur évolution est présentée dans l'article déjà cité: Danielle Juteau et Nicole Laurin, «L'évolution des formes de l'appropriation des femmes: des religieuses aux mères porteuses».

3. S'adressant à une célibataire, on ne dit plus mademoiselle mais madame, de même à une religieuse. Celle-ci d'ailleurs ne porte plus de nom religieux. Parlant de leur conjoint, les femmes, celles de moins de quarante ans surtout, ne disent plus mon mari ou mon époux, mais mon «chum». On peut donner aux enfants le nom de leur mère.

4. En ce qui concerne les vœux de religion, le Code de droit canonique promulgué en 1917 établit les règles suivantes que toutes les communautés ont intégrées dans leurs constitutions. La durée du postulat est de six mois; elle peut être prolongée exceptionnellement d'un second semestre. L'âge minimum pour l'admission au postulat est quinze ans. Au terme du postulat, les sujets sont admis au noviciat. Il doit se faire obligatoirement pendant une année entière et continue, nommée année canonique du noviciat. Au cours de cette année, une absence de plus de trente jours de la maison du noviciat annule la validité du noviciat qui doit être recommencé. Le Code recommande l'imposition d'une seconde année de noviciat; la plupart des communautés prolongent en effet l'année canonique par une autre période de six à douze mois. La période fixée pour le noviciat dans une communauté peut être prolongée exceptionnellement de six mois, mais pas au-delà. La profession des vœux temporaires a lieu au terme du noviciat. Ces vœux engagent pour une période de trois ans qui peut, le cas échéant, être prolongée du nombre de jours ou mois nécessaires à ce que la professe temporaire atteigne l'âge de vingt et un ans exigé pour l'émission de vœux perpétuels. La profession temporaire peut exceptionnellement être renouvelée pour une seconde période de trois ans, mais non au-delà. À la fin de sa profession temporaire, la religieuse doit émettre sa profession perpétuelle ou rentrer dans le monde. Ces informations sont extraites du *Dictionnaire de droit canonique,* sous la direction de R. Naz, Paris, Librairie Letouzey et Ané, 1949. Nous avons consulté de plus les constitutions de plusieurs communautés, actives et contemplatives. Dans la période précédant 1917, les règles suivies pour l'admission à la profession temporaire et perpétuelle semblent assez variables. Par exemple, nous avons constaté, dans quelques communautés de notre échantillon, qu'au début du siècle les premiers vœux étaient des vœux perpétuels.

5. «Par suite de la profession, il y a obligation réciproque et de justice entre l'Institut et ses membres, en sorte que l'Institut a droit d'exiger des sœurs qu'elles se conduisent comme des religieuses exemplaires, qu'elles emploient leur temps à son service, et de leur côté, les sœurs ont droit à un honnête entretien ainsi qu'à tous les soins que peut raisonnablement réclamer la maladie.» *Constitutions des Sœurs de Sainte-Anne de Montréal*, Mont-Sainte-Anne, Lachine,1927, article 23, pp. 29-30.

6. Les années où le taux d'entrée est le plus élevé ou les années où le taux d'accroissement est le plus fort, ne coïncident pas nécessairement avec les années où les communautés recrutent le plus grand nombre de nouvelles religieuses. Ces taux, que nous avons étudiés précédemment, sont calculés en rapportant les entrées (et les autres facteurs) à la population en présence au cours de chaque décennie.

7. Céline Fortier, *Influence des disparités d'effectifs sur la nuptialité au Québec, de 1926 à 1972*, Mémoire de D.E.A. en démographie, Université de Paris-5 (Sorbonne), 1982. De la même auteure, *Influence des disparités d'effectifs sur la nuptialité au Québec, de 1926 à 1975*, thèse de doctorat, Université de Paris-5 (Sorbonne), en cours de rédaction.

8. Non pas que les religieuses contemplatives soient oisives, bien au contraire, mais elles travaillent généralement pour elles-mêmes, dans un contexte domestique autarcique. Cette situation n'exclut pas certains types de travaux dont les produits sont destinés à l'extérieur du monastère: confection d'ornements sacerdotaux, d'objets de piété, fabrication d'hosties. Cette production demeure à faible échelle.

9. Jacques Légaré, dans l'article cité au chapitre précédent, présente le taux d'entrée dans les communautés de femmes au Canada, de 1940 à 1964. Ce taux est établi d'après les données de la Conférence religieuse canadienne. L'indice statistique de Légaré diffère de l'indice que nous avons utilisé au chapitre 6 — proportion des nouvelles recrues présentes dans la population religieuse — et de l'indice utilisé dans le présent chapitre — proportion des religieuses présentes dans la population féminine de chaque groupe d'âge. L'indice de Légaré rapporte le nombre d'entrées au cours d'une année donnée, à la population féminine catholique célibataire canadienne de quinze à vingt-quatre ans, susceptible de fournir des candidates à l'état religieux. Selon l'auteur, 97 % des entrées auraient lieu avant vingt-cinq ans, ce qui justifierait le choix de la cohorte quinze à vingt-quatre ans comme dénominateur du taux d'entrée en religion. Il estime par ailleurs, en se fiant à des données non publiées de la C.R.C., que 35 % des recrues quittent le postulat ou le noviciat avant de prononcer leurs vœux. Nos données diffèrent à certains égards de celles de Légaré. En effet, premièrement, nous ne connaissons pas la proportion des candidates ayant quitté le postulat ou le noviciat avant de prononcer leurs vœux; deuxièmement, nous estimons à 82,3 % seulement la proportion des recrues de moins de vingt-cinq ans. Cependant, en faisant les ajuste-

ments nécessaires, nous avons rapporté les entrées dans les communautés du Québec à la population féminine célibataire catholique québécoise de quinze à vingt-quatre ans. On peut comparer ce taux d'entrée québécois au taux établi par Légaré pour l'ensemble du Canada, pour les années où la comparaison est possible. Le taux canadien est de 5,13 en 1940 et le taux québécois de 5,5 en 1941; 5,3 au Canada en 1950 et 5,6 au Québec en 1951; en 1960, 4,6 au Canada et en 1961, 2,7 au Québec. En 1964, le taux canadien tombe à 2,68. Il ressort de cette comparaison que le taux d'entrée en religion estimé selon l'indice de Légaré est plus élevé au Québec que dans l'ensemble du Canada. L'écart positif entre le taux canadien de 1960 et le taux québécois de 1961 confirme que la chute brutale des entrées s'est produite en 1961. Il est évident que le taux d'entrée canadien serait plus bas dans l'ensemble si on excluait les entrées dans les communautés du Québec. Les religieuses québécoises représentent en effet 70 % de l'effectif des communautés du Canada. Par exemple, si l'on excluait du calcul du taux d'entrée au Canada en 1940 les entrées québécoises de 1941 — dont le nombre n'est probablement pas très différent de celui de 1940 — le taux canadien sans le Québec serait alors de 4,50.

10. Céline Fortier, *Influence des disparités d'effectifs sur la nuptialité au Québec, de 1926 à 1975, op. cit.* À noter que les générations postérieures à 1936 sont encore trop jeunes pour qu'on puisse se faire une idée exacte de leur comportement matrimonial. Il semblerait qu'une baisse de la proportion de femmes mariées dans ces générations soit possible. Quoi qu'il en soit, cette étape de l'évolution de la nuptialité déborde en bonne partie la période que nous étudions.

11. Le trousseau comprend des vêtements et effets personnels qui seront nécessaires à la jeune fille jusqu'à la fin de son noviciat. Par exemple: sous-vêtements, chemises de nuit, mouchoirs, serviettes de bain, articles de toilette.

12. Le montant de la dot semble varier selon les communautés. Les constitutions que nous avons consultées mentionnent des sommes de 250 $ à 800 $, au cours de la même période, c'est-à-dire entre 1920 et 1950. Il semble que les jeunes filles pauvres pouvaient être dotées par la communauté ou par des bienfaiteurs et bienfaitrices. Dans certains cas, la dot en entier n'aurait été exigible qu'à la fin du noviciat. En cas de départ avant la profession temporaire, la dot et le trousseau sont remis à leur propriétaire. Au cours du postulat et du noviciat, les sujets devaient verser de plus une somme mensuelle pour leurs frais de pension.

13. Nous ne pouvons calculer l'âge moyen des religieuses à l'admission au postulat et aux vœux temporaires, entre 1967 et 1971, parce que le nombre d'entrées est trop faible. Nous avons utilisé les travaux de Céline Fortier, *op. cit.,* pour les statistiques et l'analyse de l'évolution de l'âge moyen au mariage. Il est important de noter d'une part que la statistique de l'âge moyen au mariage n'est pas disponible pour les années précédant

1926. D'autre part, elle comprend tous les mariages et non seulement les mariages des célibataires; pour ces dernières, l'âge moyen n'est disponible qu'à partir de 1940. La différence entre les deux statistiques n'est cependant pas très importante, du moins avant les années soixante-dix. Elle est de 0,5 année (six mois) en 1940 et d'une année entre 1950 et 1969. Rappelons par ailleurs que l'âge moyen au mariage des hommes, que nous ne prenons pas ici en considération, est toujours plus élevé que celui des femmes. L'écart varie de 2,4 à 3,8 années.

14. Nous prendrons aussi en considération l'âge à la profession temporaire des religieuses qui sont entrées avant 1901 et qui sont présentes dans la population à cette date. Il faut se rappeler toutefois qu'elles ne sont pas représentatives de la population recrutée avant 1901.

15. Les résultats de l'enquête auprès des religieuses de France révèlent que le premier projet de vie religieuse se dessine très tôt au cours de l'adolescence. L'âge médian de ce premier projet de vocation est treize ans; pour 42,2 % des répondantes, il se situe à douze ans et moins, pour 58,2 % d'entre elles, à quinze ans et moins. Par ailleurs, l'enquête rapporte que 20,3 % des religieuses sont entrées au postulat à dix-huit ans et moins, 37,2 %, à vingt ans et moins, 50,7 %, à vingt et un ans et moins, 60,1 %, à vingt-deux ans et moins. L'âge à l'entrée semble plus élevé en France qu'au Québec, mais il faut se rappeler que l'enquête française ne touche que les religieuses qui étaient présentes en communauté en 1969. Voir *Les religieuses en France, résultats de l'enquête réalisée en 1969*, sous la direction de A. Luchini, *op. cit.*

16. Les constitutions d'une communauté que nous avons consultées suggèrent de refuser, sauf exception, les sujets de plus de vingt-cinq ans.

17. Selon les données de l'état civil, il semble que la surmortalité maternelle au Québec, au XXe siècle, ne soit pas élevée. Il serait cependant intéressant de mesurer les conséquenses directes et indirectes des grossesses sur la santé des femmes laïques, lorsqu'on les compare aux religieuses, mais de telles données n'existent pas.

Chapitre 9

Sortir de communauté et refaire sa vie

Dans le contexte de notre étude, le phénomène des sorties revêt deux formes. On pourrait baptiser l'une de normale, et l'autre, d'exceptionnelle. Des milliers de femmes entrent en communauté au cours du siècle. Inévitablement, un certain nombre en sort, à un moment ou l'autre de leur vie, de gré ou de force. La population des religieuses que nous étudions est entièrement composée de professes. On l'a vu, cette profession des vœux se fait néanmoins par étapes. Les vœux temporaires ne sont valides que pour trois ans, tandis que les vœux perpétuels engagent, en principe, jusqu'à la mort. Au terme des premiers, les jeunes professes peuvent choisir de ne pas renouveler l'engagement et quitter leur communauté. Ces vœux temporaires sont de part et d'autre — la religieuse, sa communauté — un prolongement de la période d'essai et de formation dite postulat, puis noviciat. C'est à ce moment que la nouvelle professe reçoit des obédiences et peut se familiariser avec le travail qui sera le sien pour la majeure partie de sa vie active. La communauté peut ainsi évaluer ses capacités, son rendement professionnel et sa facilité à s'intégrer dans divers milieux de vie communautaires. L'élimination des sujets inaptes au travail et à la vie en communauté — qui auraient échappé aux mécanismes de sélection mis en place au cours du postulat et du noviciat — se fera donc entre la profession des vœux temporaires et celle des vœux perpétuels. Normalement, elle ne devrait toucher qu'une proportion relativement peu importante des professes temporaires. Sinon, il s'ensuivrait un gaspillage coûteux et irrationnel des ressources déjà lourdes, investies par la communauté dans le recrutement, la formation et l'entretien de sa main-d'œuvre de relève.

Sortir de communauté n'est pas aussi facile pour une religieuse qui a prononcé ses vœux perpétuels. Mais, cependant, c'est possible. Toutes les communautés de notre échantillon — et la très grande majorité des autres — sont des instituts au sens du droit canon et les religieuses n'y prononcent que des vœux simples, contrairement à celles des ordres religieux anciens, le Carmel par exemple, qui font des vœux solennels. Toutefois, les religieuses appartenant à des instituts doivent être relevées de leurs vœux si elles souhaitent retourner à la vie civile. Une dispense à cet effet — appelée indult de sécularisation — peut être obtenue de l'autorité ecclésiastique compétente. Mais ce n'est pas le plus pénible. Une religieuse qui sort de communauté encourt la désapprobation de sa communauté, souvent celle de sa famille et de son entourage. Jusqu'aux années soixante, la rupture des vœux de religion comme la rupture du mariage par la séparation ou le divorce, étaient mal vues dans la plupart des milieux. Toutefois, cela n'empêchait pas un certain nombre de professes de sortir de communauté.

Toute collectivité génère son quota de sujets insatisfaits, récalcitrants, déviants ou marginaux. Elle dispose aussi de mécanismes qui assurent, advenant l'impossibilité de leur redressement, l'expulsion de sujets devenus indésirables. Dans une communauté, comme dans la société en général, les sujets s'excluent souvent d'eux-mêmes — par le suicide, la maladie, la folie, la démission. Dans la vie religieuse, si les départs, aussi bien de professes perpétuelles que de professes temporaires, deviennent nombreux, ce sera toutefois l'indice d'une situation de crise dans l'institution. Le signe que les fondements mêmes de cette institution, sur le plan de l'organisation et des principes, sont mis en cause. C'est ce qui se produit dans les années soixante et soixante-dix. Les sorties ne résultent plus alors du jeu des mécanismes de sélection ou

de répression, elles sont tout à la fois le résultat et la cause
d'un processus de désintégration de l'institution elle-même.

Rythme et intensité des sorties

Le tableau 26 présente le nombre et le taux de sorties,
par décennie, dans la population que nous avons étudiée. La
fréquence des sorties a pu être établie jusqu'en 1984, année
de l'enquête[1].

Nous pouvons estimer à 6 422 le nombre de femmes
qui sortent de communauté entre 1901 et 1971. Plus de la
moitié d'entre elles partent au cours des années soixante
(3 487). Entre 1971 et 1984, nous avons estimé à 1 692 le
nombre des sorties, ce qui porte leur total à plus de 8 000
pour la période de 1901 à 1984, et à plus de 5 000 après
1960. C'est à partir de 1968 que le phénomène de l'abandon
augmente de façon significative et en 1970 qu'il est le plus
important, soit 615 sorties au cours de l'année (voir le
tableau 59 à l'annexe 2).

Tableau 26

Nombre et pourcentage de sorties, taux de sortie, par décennie, de 1901 à
1984.

Décennie	Nombre	Nombre cumulé	Pourcentage	Taux
1902-1911	165	165	2,0	1,3
1912-1921	299	464	3,7	1,7
1922-1931	219	683	2,7	0,9
1932-1941	591	1 275	7,3	1,9
1942-1951	759	2 034	9,3	2,1
1952-1961	901	2 935	11,1	2,3
1962-1971	3 487	6 422	43,0	9,2
1972-1981	1 606	8 029	19,8	*
1982-1984	86	8 115	1,1	*
Total	8 115		100%	

La proportion de la population religieuse qui sort de communauté à chaque décennie — le taux de sortie — varie assez peu au cours des quarante premières années du siècle. Les sorties représentent plus ou moins 1 % de l'effectif des communautés jusqu'aux années quarante. Leur taux est au plus bas entre 1921 et 1931. Il s'élève à 2 % au cours des décennies quarante et cinquante. Les années quarante, on le sait, marquent un tournant dans l'évolution démographique des communautés. C'est le moment où le rythme d'accroissement de l'effectif se ralentit, où les communautés subissent une concurrence croissante de la part d'autres employeurs de main-d'œuvre féminine. L'augmentation du taux de sortie peut être mise en relation avec l'existence de nouvelles possibilités d'emploi pour les femmes en dehors du couvent ou du foyer. Mais rien n'annonce encore l'hémorragie des années soixante. Au cours de la décennie soixante, la proportion de l'effectif des communautés qui quitte la vie religieuse dépasse 9 %. Ce taux d'abandon est quatre fois plus élevé que celui des deux décennies précédentes et il entraîne une perte d'effectif presque aussi lourde que celle dont la mortalité est responsable. C'est vers la fin des années soixante et le début des années soixante-dix, on l'a observé, que le mouvement d'abandon aura le plus d'impact. Après 1974, il semble se ralentir considérablement.

Structure et évolution des sorties

Il est intéressant d'analyser les sorties dans chaque cohorte de religieuses ayant fait profession au cours de la période étudiée. On peut suivre ainsi, au tableau 27, l'évolution de la probabilité de non-persévérance ou d'abandon qui varie beaucoup d'une génération à l'autre. On ne considère ici que la proportion de chaque cohorte de religieuses — entrées au cours d'une décennie donnée — qui n'est pas restée en communauté, quelle que soit l'année ou la décennie au cours de laquelle les départs ont eu lieu.

On constate que les femmes entrées en communauté avant les années trente y sont restées dans une très forte

Tableau 27

Nombre d'entrées, nombre de sorties et probabilité de sortie pour chaque cohorte d'entrée, de 1902 à 1971.

Cohorte d'entrée	Nombre d'entrées	Nombre de sorties parmi ces entrées	Probabilité de sortie
1902-1911	6 682	294	0,044
1912-1921	8 134	305	0,037
1922-1931	9 478	435	0,046
1932-1941	11 034	1 098	0,099
1942-1951	8 603	1 531	0,178
1952-1961	7 421	2 564	0,346
1962-1971	3 350	1 837	0,548

proportion. Dans ces trois premières cohortes, seulement une professe sur plus de vingt a quitté la vie religieuse. Par la suite, la probabilité de sortie va presque doubler à chaque génération. Toutes les cohortes de religieuses entrées de 1932 à 1971 seront décimées par les sorties dans une proportion sans cesse croissante. Presque une sur cinq des sœurs entrées dans les années quarante sortira à un moment ou l'autre de sa vie. Cette fraction s'élève à une sur trois dans la cohorte suivante, celle des sœurs entrées dans les années cinquante. Enfin les communautés ne retiendront que la moitié de la génération qui a prononcé ses vœux dans les années soixante, la dernière. Pourtant leur nombre était déjà bien faible au départ.

Les cascades d'instabilité

La décennie au cours de laquelle se produisent les sorties d'une cohorte — des religieuses entrées au cours d'une décennie donnée — permet de mesurer grossièrement le temps passé en communauté avant de partir. Le tableau 28, page 280, permet donc de comparer à cet égard les générations successives de religieuses. Il est possible de distinguer jusqu'à un certain point l'intensité normale du phénomène de l'abandon et son intensité exceptionnelle, liée à la crise de l'institution.

Tableau 28

Distribution procentuelle des religieuses sorties de communauté, selon la date de sortie et selon leur cohorte d'entrée, de 1901 à 1971.

Date de sortie (décennie)

Cohorte d'entrée	1902-1911	1912-1921	1922-1931	1932-1941	1942-1951	1952-1961	1962-1971	1972-1981	1982-1984	Total
1840-1901	49,7	50,3	-	-	-	-	-	-	-	100%
1902-1911	47,8	36,3	12,2	,3	3,4	-	-	-	-	100%
1912-1921	-	60,1	24,0	6,9	-	9,0	-	-	-	100%
1922-1931	-	-	25,7	50,7	22,4	-	1,3	-	-	100%
1932-1941	-	-	-	32,7	31,6	10,9	15,1	9,7	-	100%
1942-1951	-	-	-	-	19,7	6,9	36,2	33,6	3,5	100%
1952-1961	-	-	-	-	-	25,1	53,2	21,1	0,6	100%
1962-1971	-	-	-	-	-	-	76,1	22,9	1,0	100%

Les sœurs des quatre premières générations, celles qui sont entrées entre 1840 et 1931, ne sont pas touchées par la crise des années soixante. À ce moment, une partie d'entre elles sont décédées. Quant aux vivantes, trop âgées sans doute, elles ne songent pas à quitter leur communauté. Dans ces générations, les départs ont tendance à se produire au cours de la décennie même où les sœurs ont fait leurs premiers vœux et au cours de la décennie suivante. Ce qui représente en quelque sorte la forme normale du phénomène d'abandon. Les sorties des religieuses appartenant aux deux générations suivantes, soit celles qui sont entrées entre 1932 et 1941 et entre 1942 et 1951, s'étalent sur une plus longue période que les sorties des générations précédentes. Cet étalement est probablement l'effet de la crise des années soixante et soixante-dix sur les religieuses de ces cohortes. Le cas de celles qui ont fait profession entre 1942 et 1951 est particulièrement frappant. En effet, dans cette cohorte les sorties ne sont plus concentrées dans la décennie des vœux et la suivante; 70 % d'entre elles se produisent dans la troisième et la quatrième décennies postérieures aux vœux, entre 1962 et 1981. Cette génération, au lieu de se fixer comme les précédentes, au terme d'une période d'instabilité relative d'une dizaine d'années, est en quelque sorte précipitée dans une seconde phase d'instabilité, plus forte que la première, provoquée cette fois par la crise. Les sœurs de la génération suivante, celles qui sont entrées dans les années cinquante, plongent dans la crise au cours de la décennie suivant leur profession. La majorité de celles qui sortiront, quitteront leur communauté au cours de cette période. De toutes les religieuses qui se séparent de leur communauté au cours du siècle, ce sont celles de la dernière génération qui auront passé le moins de temps en communauté. Parmi celles qui ont fait leurs vœux dans les années soixante, 76 % des sorties se produisent dans le courant de cette décennie soixante.

Facteurs institutionnels et individuels de sortie

L'analyse des sorties a été prolongée de manière à approfondir certains facteurs institutionnels et individuels qui influeraient sur le phénomène de l'abandon. Nous avons voulu d'abord mesurer la relation entre le nombre d'années vécues en communauté et la décision de sortir. Le tableau 29 présente le nombre d'années de vie en communauté après les vœux temporaires pour les religieuses sorties au cours de la période étudiée.

Tableau 29

Nombre d'années vécues en communauté après la profession temporaire, par les religieuses sorties de communauté.

Nombre d'années en communauté	Nombre de sorties	Pourcentage	Pourcentage cumulatif
0	53	0,7	0,7
1	350	4,4	5,0
2	696	8,7	13,7
3	1 251	15,6	29,2
4	672	8,4	37,6
5	639	8,0	45,6
6	344	4,3	49,8
7	115	1,4	51,3
8	197	2,5	53,7
9	127	1,6	55,3
10	176	2,2	57,5
11	163	2,0	59,5
12	227	2,8	62,3
13	219	2,7	65,1
14	198	2,5	67,5
15	311	3,9	71,4
16	204	2,5	73,9
17	116	1,4	75,4
18	190	2,4	77,8
19	191	2,4	80,1
20	285	3,5	83,7
21	73	0,9	84,6
22	77	1,0	85,5
23	111	1,4	86,9
24	202	2,5	89,4
25	178	2,2	91,7
26	56	0,7	92,3
27	167	2,1	94,4
28	74	0,9	95,4
29	68	0,8	96,2
30	1	0,0	96,2
31	66	0,8	97,0
32	125	1,6	98,6
33	9	0,1	98,7
34	18	0,2	98,9
37	46	0,6	99,5
38	6	0,1	99,6

Le temps, facteur de persévérance

Le temps passé en communauté est, en général, un facteur de persévérance. Le tiers des religieuses sortent au cours des trois premières années, c'est-à-dire avant la fin de la période de leurs vœux temporaires. La troisième année vécue en communauté est celle qui présente le plus fort risque d'abandon. On sait en effet qu'au terme de cette troisième année, on doit émettre ses vœux perpétuels ou rentrer dans le monde[2]. Après six ans de vie religieuse, la moitié des sorties ont déjà eu lieu. Au cours des quinze années suivantes, on sort encore, mais à un rythme beaucoup plus lent. Après vingt-cinq années vécues en communautés, on ne sort pratiquement plus: 8,3 % seulement des sorties se produisent après ces vingt-cinq ans fatidiques, moins de 5 % après vingt-huit ans.

Il nous a paru intéressant d'évaluer plus exactement l'effet du temps passé en communauté sur la probabilité de sortie des religieuses des deux dernières cohortes: celles qui sont entrées entre 1952 et 1961 et entre 1962 et 1971[3]. On sait que ces cohortes ont été décimées par la crise. Elles sont sorties dans une proportion beaucoup plus élevée que les générations précédentes. La structure du phénomène d'abandon, dans les deux dernières cohortes, est semblable à celle qu'on a pu observer dans l'ensemble des générations. Dans les deux dernières cohortes, comme dans toutes les autres, les sorties ont lieu surtout dans les cinq ou six premières années de vie en communauté. Il y en a peu au cours de l'année qui suit les vœux temporaires. Par contre, la troisième année présente le maximum de risque. Viennent ensuite la deuxième et la quatrième année. Après cinq ans, la moitié des départs a déjà eu lieu. Il ne reste alors que 80 % de l'effectif initial des deux cohortes. Par la suite, le rythme des départs se ralentit mais encore 20 % de l'effectif abandonne la vie religieuse au cours des quinze années suivantes, c'est-à-dire entre six et vingt ans après l'entrée. Enfin, lorsqu'elles ont vécu vingt ans en communauté, les religieuses ont tendance à y demeurer. Il ne reste alors que 59,3 % des sujets en communauté. Dans un graphique, on observerait une asymptote horizontale lorsqu'il n'y en a plus que

58,3 %. Ce qui veut dire qu'après vingt-cinq ans de vie religieuse, il n'y a pratiquement plus de départs. Il semble donc que la crise n'ait pas modifié la structure du phénomène d'abandon telle qu'elle se présente dans les cinq ou six premières années vécues en communauté. Par contre, la crise a amplifié le phénomène, elle a précipité en quelque sorte la décision de sortir.

En effet, on a comparé les religieuses qui sont entrées en communauté entre 1952 et 1965 et celles entrées entre 1966 et 1971. Les premières sont arrivées avant que la crise ne prenne toute son ampleur, les secondes au moment où la crise atteignait son paroxysme (on l'a vu, le nombre des départs annuels est à son maximum dans les années 1968 à 1971). Pour chacune des treize années suivant la profession religieuse, on a calculé la proportion des religieuses de ces deux groupes qui demeure en communauté. Ici encore, les années critiques sont les mêmes: dans les deux groupes, on part surtout entre la deuxième et la cinquième année. Cependant, après cinq ans, 81,6 % des religieuses entrées entre 1952 et 1965 sont toujours en communauté, alors qu'il n'y reste que 61,1 % de celles entrées après 1965. Cette différence de persévérance entre les deux groupes reflète l'impact de la crise sur les nouvelles recrues de l'époque. Au cours des dix années suivantes, la persévérance des deux groupes est semblable: 15 % des sujets optent pour un départ. Après treize ans en communauté, 67,8 % des religieuses entrées avant la crise auront persévéré dans la vie religieuse et 43,3 % seulement de celles entrées en pleine débâcle.

Faible différence entre les types de communautés

En général, l'importance relative des sorties n'a aucun lien avec la taille ou l'activité des communautés. Quelles qu'elles soient, des religieuses sortent de communauté à peu près dans les mêmes proportions. Les tableaux 30 et 31 justifient cette conclusion. Le tableau 30 compare la proportion des religieuses entrées dans chaque type de communauté, relatif à l'activité, et la proportion des religieuses qui en sont sorties, au cours de la période couverte par notre étude.

Tableau 30

Répartition procentuelle des entrées et des sorties, de 1902 à 1971, selon l'activité principale des communautés.

Activité principale	Entrées 1902-1971	Sorties 1902-1971
Enseignante	59,14	59,24
Services sociaux-hospitaliers	27,79	24,59
Service au clergé	4,83	7,52
Hospitalière	2,66	3,65
Protection	1,41	0,87
Missionnaire	2,12	3,19
Contemplative	1,96	0,89
Total	100%	100%
Nombre de cas	54 704	8 115

Quelques types d'activité font toutefois exception à la règle générale. On note une persévérance légèrement plus grande chez les religieuses des communautés de services sociaux-hospitaliers et chez les contemplatives. Par contre, la persévérance des religieuses qui se consacrent au service du clergé et des missionnaires est légèrement plus faible que celle de leurs consœurs. Au sein des cohortes qui ont été le plus affectées par la crise des années soixante, c'est-à-dire les femmes entrées après 1950, ce sont aussi les religieuses appartenant à des communautés de services sociaux-hospitaliers et les contemplatives dont la persévérance a été la plus forte. On le verra plus loin.

Le tableau 31 compare la proportion des religieuses entrées dans chaque type de communauté, relatif à la taille, et la proportion des religieuses qui en sont sorties, au cours de la période.

On observe que les religieuses des très grandes communautés sont légèrement plus persévérantes que leurs consœurs. Pour toutes les autres, en effet, il n'y a pas de

Tableau 31

Répartition procentuelle des entrées et des sorties, de 1902 à 1971, selon la taille des communautés.

Taille	Entrées 1902-1971	Sorties 1902-1971
Très grande	29,8	24,7
Grande	22,7	21,6
Moyenne	28,5	32,5
Petite	18,8	21,1
Total	100%	100%
Nombre de cas	54 704	8 115

rapport entre leur persévérance et la taille relative de la communauté à laquelle elles appartiennent.

On peut donc supposer que les facteurs dont dépendent les sorties — leur rythme et leur intensité à diverses époques — sont sensiblement les mêmes dans toutes les communautés. Tels seraient d'une part l'effet des mécanismes de sélection et de répression propres aux organisations que nous étudions et, d'autre part, l'effet général de la crise qu'elles traversent dans les années soixante et soixante-dix. Toutefois, ces facteurs institutionnels ne peuvent traduire le dilemme personnel des sujets: rester ou sortir de communauté? Pas plus d'ailleurs que les conditions sociales du recrutement ne peuvent rendre compte du choix personnel que font certaines femmes d'entrer en religion plutôt que de se marier ou de rester célibataire. La dimension subjective ou intérieure des options des religieuses étudiées n'est pas accessible à notre analyse[4]. Celle-ci repose exclusivement sur des matériaux factuels et objectifs. Cependant, sur la base de certaines de nos données, il est possible d'identifier certaines caractéristiques des sujets, pouvant être associées de façon significative à la persévérance ou à l'abandon.

Le dernier emploi et les études aux frais de la communauté

Nous avons classé toutes les religieuses sorties au cours de la période selon le poste de travail correspondant à la dernière obédience de ces religieuses avant leur départ de communauté, lorsque nous disposions de cette information[5]. Cette distribution du dernier emploi des religieuses sorties de communauté a été comparée à la distribution des emplois de l'ensemble de la main-d'œuvre religieuse en 1961[6]. Le tableau 32 montre la structure de la population sortante, selon le dernier emploi, et la structure de la population en place en 1961, selon l'emploi également.

Tableau 32

Distribution procentuelle du dernier emploi des religieuses sorties de communauté et des emplois de toutes les religieuses en 1961.

Catégorie d'emploi	Dernier emploi	Emploi en 1961
Administration, direction de la communauté	-	1,9
Direction des établissements	1,8	14,5
Poste de cadre	1,4	5,3
Services professionnels	3,4	4,9
Services semi-professionnels	2,5	2,0
Enseignement	37,2	31,2
Travail de bureau	1,6	5,2
Surveillance et garde de personnes	3,9	3,7
Production agricole et artisanale	1,6	2,1
Travail de soutien, services ménagers	29,7	25,5
Études	16,4	3,8
Total	100%	100%
Nombre de cas	6 926	29 630

La comparaison des deux structures ne semble pas justifier, pour la majorité des emplois, l'hypothèse d'une relation
très étroite entre le dernier emploi occupé par une religieuse
et la probabilité de son départ de communauté. Cependant
deux catégories professionnelles, les cadres et les étudiantes,
diffèrent notablement des autres par la disproportion entre
leur importance relative dans la main-d'œuvre religieuse et
leur importance dans le groupe des religieuses qui sont sorties
de communauté. En effet, on ne trouve dans le groupe des
démissionnaires aucune religieuse dont la dernière obédience
ait été un poste de direction ou d'administration aux échelons supérieurs (généralat ou provincialat) de sa communauté. De même, les religieuses occupant des postes de direction dans les établissements de leur communauté et celles qui
détiennent des postes de cadre dans ces établissements
sortent moins, compte tenu de leur poids dans la main-
d'œuvre, que celles qui appartiennent à d'autres catégories
professionnelles. En revanche, les étudiantes à temps plein
sortent plus que les autres. Bien que dans les autres catégories
professionnelles la relation entre l'emploi et le départ paraisse
peu significative, quelques tendances méritent d'être signalées. Ainsi les enseignantes, qui représentent 31,2 % de la
main-d'œuvre en 1961, constituent 37,2 % du groupe des
sortantes pour toute la période; elles sortent donc un peu plus
que les autres religieuses exerçant des emplois professionnels
ou manuels. Par contre, les religieuses qui occupent des
emplois de bureau sortent un peu moins que les autres.

Il ne semble pas exister de lien entre le niveau de scolarité et le fait de sortir de communauté, si on se fie aux résultats présentés dans le tableau 33 ci-contre[7]. Le niveau de
scolarité considéré comprend aussi bien les études effectuées
avant l'entrée en communauté, que la scolarité acquise après
l'entrée, le cas échéant[8].

Quelques nuances s'imposent toutefois. Les religieuses
qui ont une scolarité de niveau secondaire long, post-
secondaire ou collégial ont tendance à sortir de communauté dans une proportion un peu plus élevée que les autres.
À l'inverse, celles qui n'ont fait que des études primaires ou
secondaires courtes sortent un peu moins. Par contre la

Tableau 33

Distribution procentuelle du niveau de scolarité des religieuses sorties de communauté et du niveau de scolarité de toutes les religieuses.

Niveau de scolarité	Ex-religieuses	Religieuses
Primaire	45,1	51,0
Secondaire court	5,3	9,1
Secondaire long	13,9	8,8
Post-secondaire	22,5	19,5
Collégial	3,6	1,7
Universitaire	9,7	9,9
Total	100%	100%
Nombre de cas	7 440	53 341

scolarité de niveau universitaire n'a aucun effet sur la persévérance.

Nous avons mesuré de façon plus précise l'impact du dernier emploi exercé en communauté sur la probabilité de sortie des religieuses qui sont entrées après 1951, celles des deux dernières cohortes. Dans leur cas, nous avons tenté d'étudier, de plus, la relation entre cette probabilité et le fait d'avoir poursuivi des études en communauté, de même que le fait d'appartenir à un type ou un autre de communauté, relatif à l'activité[9]. Les résultats de ces analyses confirment de manière générale certaines des tendances observées dans l'ensemble de la population religieuse. Ainsi, les plus persévérantes dans ces deux cohortes sont les religieuses ayant accédé à un poste de cadre dans leur communauté ou dans les établissements de leur communauté. Ce sont aussi les religieuses qui ont poursuivi leurs études en communauté, à un moment ou l'autre après leur profession temporaire. Par contre, le fait d'être étudiante au moment où se prend la décision de sortir de communauté augmente la probabilité d'opter pour un départ. Enfin, comme on l'avait déjà observé, les contemplatives et les sœurs des communautés de services sociaux-hospitaliers sont en général plus persévérantes que les autres.

Refaire sa vie

Ces indicateurs laissent penser que le choix de rester ou de sortir serait moins fonction de l'insatisfaction des religieuses quant à leur état de vie présent que de la satisfaction entrevue dans d'autres. En d'autres termes, on ne sort pas nécessairement parce qu'on se trouve mal en communauté, mais parce qu'on estime qu'on pourrait se trouver mieux ailleurs. On miserait ainsi en quelque sorte sur les possibilités de mobilité ou d'amélioration sur les plans professionnel, scolaire, social ou spirituel qu'une nouvelle vie pourrait apporter. En ce sens, et dans le domaine de la satisfaction attendue, la décision de rester serait neutre ou négative. Celle de sortir serait positive. Les caractéristiques les plus étroitement associées à la persévérance ou à l'abandon peuvent être interprétées dans le sens de cette hypothèse. Les communautés de services sociaux-hospitaliers sont celles qui offrent le plus vaste éventail d'emplois et de postes de travail de tous les genres, dans les milieux professionnels et sociaux les plus diversifiés. Les communautés contemplatives sont l'unique lieu et milieu social où les femmes qui le désirent peuvent se consacrer à temps plein à la prière, la méditation et autres activités dont le sens est purement spirituel. Les religieuses qui exercent des fonctions de cadre ou d'administration dans leur communauté ont bien peu à attendre d'un passage à la sphère professionnelle laïque où ces postes sont détenus principalement par des hommes. On peut peut-être penser aussi que les religieuses qui ont fait des études grâce à l'appui de leur communauté — et obtenu le diplôme qu'elles convoitaient sans doute — n'ont pas mieux à attendre, elles non plus, d'un retour à la vie laïque, dans le cadre domestique ou professionnel. Par contre, les religieuses qui sont étudiantes voient sans doute s'ouvrir devant elles un plus vaste éventail de choix scolaires et professionnels que celles dont les études sont terminées et l'orientation professionnelle fixée.

Enfin, l'âge d'une religieuse au moment où se formule le choix de rester ou de sortir, agit probablement de la même façon que les caractéristiques précédentes sur sa décision. En effet, les religieuses sortent de communauté alors qu'elles sont encore jeunes, mais cela ne signifie pas forcément, selon nous, que celles qui avancent en âge soient plus satisfaites de l'état religieux, bien qu'elles ne songent plus guère alors, semble-t-il, à retourner à l'état laïc. Le tableau 34 présente la répartition des religieuses selon l'âge qu'elles avaient au moment où elles sont sorties de communauté.

Tableau 34

Distribution procentuelle de l'âge des religieuses sortant de communauté.

Âge	Pourcentage	Pourcentage cumulatif
15-20 ans	2,0	2,0
21-25 ans	27,7	29,7
26-30 ans	20,8	50,7
31-35 ans	13,1	63,6
36-40 ans	15,5	79,1
41-45 ans	8,6	87,7
46-50 ans	7,2	94,9
51-55 ans	3,3	98,2
56-60 ans	0,8	99,0
61-65 ans	0,8	99,8
66-70 ans	-	-
Total	100%	100%
Nombre de cas	8 031	

La moitié (50,7 %) des départs sont le fait de religieuses qui ont moins de trente et un ans. Près de 80 % des religieuses qui sortent, le font avant d'avoir atteint l'âge de quarante ans. La jeunesse, pour les femmes, est une condition nécessaire aussi bien pour trouver un conjoint et fonder une famille que pour décrocher un emploi ou profiter des occasions possibles d'avancement professionnel. Passé le cap de la quarantaine, une religieuse n'aura plus rien à espérer d'un retour sur le marché matrimonial ou sur celui du travail. La solitude et la pauvreté risquent d'être son lot.

Une atmosphère de divorce

On ne dispose d'aucune étude systématique des ex-religieuses ayant appartenu à la population que nous étudions. Nous ne savons à peu près rien des conditions objectives — financières, professionnelles, sociales — qui ont entouré leur départ de communauté et leur retour à la vie civile. Sur la base des témoignages d'ex-religieuses et de religieuses demeurées en communauté, on peut toutefois se faire une idée de l'atmosphère qui régnait dans les communautés à l'époque de la crise[10]. Remise en question et révision des structures, de l'engagement et du style de vie des communautés, expérimentation de nouvelles pratiques, de nouvelles formes de spiritualité, conflits entre tendances idéologiques différentes ou opposées, étatisation des établissements et des œuvres, retrait des lieux de travail, perte des emplois. On est frappé par l'attitude d'autocritique qui se dégage tant des témoignages individuels que des documents produits par les communautés à cette époque. Sentiment d'échec, gêne, culpabilité caractérisent la vision qu'ont les communautés et les religieuses de leur histoire collective et personnelle.

Elles sont à ce moment la cible de la presse qui leur reproche surtout d'accaparer la propriété et la gestion des hôpitaux et autres institutions de services publics. Une certaine hostilité à leur endroit se manifeste dans divers milieux, notamment dans les formations politiques libérales et socialistes, les syndicats, les fonctionnaires, les intellectuels, les jeunes. Mais c'est probablement le discours critique que l'Église a asséné aux communautés dans la période conciliaire qui a le plus contribué à dévaloriser le passé aux yeux des intéressées elles-mêmes[11]. Ce discours jugeait inopportun l'engagement des communautés dans les services censés relever de l'État. Dans ce contexte, il dénonçait la propriété et le pouvoir détenus par les communautés qui auraient constitué un contre-témoignage en regard des principes évangéliques. Leur supposé manque d'adaptation à la société moderne leur était également reproché. Une atmosphère de divorce... On ne peut s'étonner que les contradictions internes des communautés aient violemment éclaté sous l'impact des attaques conjuguées de l'Église, de l'État et d'une partie de la société civile[12].

Reste à savoir ce que sont devenues les milliers de femmes qui sont sorties des communautés au cours de la période somme toute assez récente des années soixante et soixante-dix. Il serait important de comprendre de quelle manière s'est effectué ce transfert sans précédent de main-d'œuvre féminine, de l'Église vers la sphère du travail domestique et vers la sphère du travail salarié, dans les entreprises publiques ou privées. Avec quel profit et à quel coût pour les femmes concernées?

NOTES

1. De 1972 à 1984, nous avons pu estimer le nombre des sorties en nous servant des religieuses présentes dans notre échantillon dont il était possible de suivre le cheminement après 1971. Comme nous l'avons remarqué précédemment, il est possible sur cette base que nous sous-estimions le nombre des départs postérieurs à 1971 parce que les religieuses qui ont fait profession après cette date ne sont pas incluses dans notre échantillon. Or, bien qu'elles aient été sans doute fort peu nombreuses, un certain nombre de ces nouvelles professes des années soixante-dix et quatre-vingt ont pu quitter leur communauté. Il ne nous est pas possible non plus d'évaluer le taux de sortie pour les années soixante-dix parce que nous n'avons pas, pour cette décennie, d'estimation de la population religieuse qui correspondrait exactement à notre définition de cette population.

2. Il était possible, aux termes du droit canonique, de prolonger exceptionnellement d'une année la période des vœux temporaires mais nous ignorons la proportion des religieuses sorties qui s'étaient prévalues de cette prolongation.

3. Nous avons employé la méthode d'analyse des biographies pour étudier le phénomène des sorties après 1952. Pour des raisons d'espace, nous ne présenterons pas les tables d'extinction et les graphiques montrant l'ensemble des résultats. Cette méthode combine à la fois l'approche des tables de mortalité, utilisée surtout en démographie, et celle de la régression, très répandue en sociologie. Elle permet, comme la première, d'étudier la propension des individus à vivre certains événements dans le temps; comme la seconde, elle prend en compte un certain nombre de variables indépendantes pour expliquer les variations

observées de la variable dépendante, c'est-à-dire des probabilités des individus à vivre les événements considérés. Le principe de la table de mortalité ou d'extinction est simple. Par exemple, il consiste à calculer à chaque âge la probabilité qu'ont les religieuses de connaître un événement donné, ici la sortie de communauté, en rapportant le nombre de femmes qui vivent l'événement à cet âge à celui des femmes à risque, c'est-à-dire l'ensemble des religieuses qui n'ont pas encore vécu l'événement (donc encore religieuses) et qui sont toujours «sous observation». Le nombre de personnes exposées au risque est ainsi réévalué à chaque âge, et sont exclus au fur et à mesure les cas tronqués, soit ceux pour lesquels l'information est incomplète, par exemple les religieuses qui seraient décédées après trois années de vie en communauté, lorsqu'il s'agit de la probabilité de sortir après cinq années de vie en communauté. Sur cette méthode voir: Paul D. Allison, *Event-History Analysis Regression for Longitudinal Event Data,* coll. «Quantitative Applications in Social Sciences», n° 46, Beverly Hills, Sage, 1984; Paul D. Allison, «Discrete-Time Methods for the Analysis of Event-History», in S. Leinhardt (dir.) *Sociological Methodology,* Jossey-Bass, 1982; Daniel Courgeau et Eva Lelièvre, *Analyse démographique des biographies,* Paris, Institut national d'études démographiques, 1989.

4. Il faut s'en remettre à ce sujet aux récits autobiographiques comme celui de Marcelle Brisson, *Par delà la clôture,* Montréal, Éditions Parti-pris, 1975, ou aux témoignages recueillis lors d'entrevues, tels ceux présentés par Micheline d'Allaire, dans *Vingt ans de crise chez les religieuses du Québec, 1960-1980,* Montréal, Éditions Bergeron, 1983. Le caractère représentatif de ces témoignages reste cependant toujours sujet à caution et on ne peut ignorer que toute lecture du passé se fait à travers la grille du présent.

5. Les emplois des religieuses seront décrits et analysés dans une publication ultérieure. Quelques remarques sur la classification des emplois: la catégorie «administration, direction de la communauté» comprend l'échelon supérieur de l'administration générale et provinciale des communautés; la «direction des établissements», l'échelon supérieur de l'administration locale; la catégorie «poste de cadre», les autres emplois de gestion et d'administration des œuvres et des établissements, à tous les échelons. Les emplois de «services professionnels» (autres que l'enseignement) se caractérisent par une formation et une qualification professionnelles reconnues, par exemple les sciences infirmières, la pharmacie, l'orthophonie; les emplois de «services semi-professionnels» ne comportent pas de qualification reconnue ou exigent une formation exclusivement technique, par exemple, la tenue des archives, la direction du chant, différents types de «counselling». La catégorie «surveillance et garde de personnes» comprend les emplois non spécialisés d'assistance aux personnes en institution: malades, personnes âgées, handicapées, enfants. La «production agricole et artisanale» comprend les emplois dans l'agriculture, l'horticulture, le jardinage et dans la fabrication de divers

produits: chaussures, vêtements, objets de piété, hosties, etc. Le «travail de soutien et services ménagers» comprend tous les emplois de service d'entretien, de cuisine, buanderie, vestiaire, etc. Par ailleurs, il convient de noter que si 8 115 sorties ont été estimées pour la population des religieuses, le dernier emploi avant la sortie n'est connu que pour 6 926 religieuses. Ceci vient du fait que l'étude des sorties est basée sur le fichier démographique: 3 908 dossiers dont 908 sont incomplets en ce qui concerne diverses variables, notamment l'emploi. Cependant, il est probable que les derniers emplois inconnus se distribueraient à peu près comme les autres.

6. Le résultat de cette procédure est approximatif. Idéalement, il aurait fallu comparer la dernière obédience des religieuses à la distribution des emplois dans la décennie au cours de laquelle elles sont sorties. Néanmoins la majorité des sorties ont eu lieu dans les décennies soixante et soixante-dix et par ailleurs, la distribution des emplois ne change pas radicalement d'une décennie à l'autre au cours de la période étudiée.

7. Ces résultats sont sujets à caution. En effet, les religieuses de toutes les cohortes sont analysées sans distinction, selon des catégories de scolarité dont la signification change au cours du temps à mesure que s'élève le niveau général de scolarité.

8. On se référera à la classification des niveaux de scolarité, de même qu'à l'analyse de la scolarité des religieuses présentées au chapitre 13.

9. Pour expliquer de façon simultanée l'effet de plusieurs facteurs sur les chances qu'ont les religieuses de sortir de communauté, nous avons eu recours de nouveau à la méthode d'analyse des biographies. Ce modèle permet d'analyser les chances des religieuses de vivre un événement, non seulement en fonction du temps, mais aussi en relation avec certaines caractéristiques individuelles ou institutionnelles qui sont alors conçues comme des facteurs augmentant ou diminuant leurs chances. Les variables indépendantes ont été opérationnalisées sous forme dichotomique. Pour des raisons d'espace, nous ne présentons pas les coefficients du modèle semi-paramétrique (Cox) estimant l'impact des variables individuelles et institutionnelles sur la persévérance en communauté.

10. À ce sujet, voir, entre autres, Micheline d'Allaire, *op. cit.* et l'ouvrage collectif, *La religieuse dans la cité,* Montréal, Fides, 1968.

11. Voir en particulier le document conciliaire relatif aux communautés religieuses, «Perfectae caritatis», in *Les seize documents conciliaires,* n° 3, Montréal, Fides, 1966. Voir aussi les documents et rapports publiés par la Conférence religieuse canadienne, au cours des années soixante, dans la série *Donum Dei,* Ottawa, C.R.C., et le numéro de la revue *Communauté chrétienne,* consacré aux problèmes d'adaptation des religieuses au monde d'aujourd'hui, n° 22, 1965.

12. Sur le rôle et les stratégies des divers groupes et institutions dans la conjoncture entourant le retrait des communautés du secteur hospitalier, voir Danielle Juteau et Nicole Laurin, «La sécularisation et l'étatisation du secteur hospitalier au Québec de 1960 à 1966», *op. cit.*

Chapitre 10

Des enfants à revendre: l'origine ethnique et familiale des religieuses

Autochtone, produite par la société québécoise: c'est la première caractéristique de la main-d'œuvre recrutée et mise au travail par les communautés de femmes. Les chiffres des tableaux 35 et 36 sont éloquents.

Tableau 35

Effectif religieux selon le pays de naissance, en pourcentage.

Pays	
Canada	94,8
États-Unis	4,6
France	0,2
Irlande	0,2
Autres	0,2
Total	100%
Nombre de cas	3 682

Tableau 36

Effectif religieux né au Canada selon la province de naissance, en pourcentage.

Province

Terre-Neuve	0,0
Île du Prince-Edouard	0,3
Nouvelle-Écosse	0,5
Nouveau-Brunswick	2,0
Québec	94,2
Ontario	2,6
Manitoba	0,0
Saskatchewan	0,2
Alberta	0,1
Total	100%
Nombre de cas	3 488

À peine plus de 5 % des religieuses de notre échantillon sont nées hors du Canada et 94,2 % des Canadiennes sont nées au Québec. Celles qui ne sont pas québécoises viennent surtout de l'Ontario et du Nouveau-Brunswick. La plupart des non-Canadiennes sont d'origine américaine. Nous n'avons pas, au moment de l'enquête, noté la langue maternelle des religieuses, mais nos observations permettent d'affirmer que la majorité des Américaines vient de familles québécoises francophones émigrées aux États-Unis. Les Canadiennes non-québécoises sont aussi essentiellement francophones, franco-ontariennes ou acadiennes.

Cette homogénéité d'origine — nationale et ethnique — des religieuses est, en partie, l'effet de la définition adoptée de la population dont l'échantillon devait être représentatif. Cette homogénéité n'en est pas moins étonnante. En effet, nous avions inclus dans notre définition de la population toutes les religieuses membres des communautés retenues qui, sans être nées au Québec, y auraient travaillé au cours de l'une ou l'autre des années-cibles de notre étude.

Pour compenser l'exclusion des communautés n'ayant pas de maison générale ou provinciale au Québec, mais susceptibles d'y avoir eu des sujets, nous avions même inclus dans l'échantillon une grande communauté ayant sa maison mère en Ontario, à la frontière du Québec. Ces deux critères auraient pu permettre de sélectionner un grand nombre de non-Québécoises, s'il s'en était trouvé sur le territoire québécois: religieuses européennes venues au cours de la période d'essaimage de la fin du XIXe siècle et du début du XXe, francophones ou anglophones nées à l'extérieur du Québec et entrées dans des noviciats québécois, Américaines[1]. Or nos résultats montrent clairement l'autarcie des communautés québécoises en matière de recrutement. Ce trait tient pour une large part au mode de développement propre aux communautés. Il dépend aussi des caractéristiques de la société québécoise constituant leur bassin de recrutement.

Quelques hypothèses sur l'essaimage

Nous avons analysé au chapitre 6 la logique qui préside au mouvement d'essaimage des communautés. Logique que la lecture du *Canada Ecclésiastique* sur une longue période nous a permis de reconstituer. Nous nous sommes penchées aussi sur l'histoire des communautés, tout particulièrement celle de l'échantillon. Nous avons consulté leurs archives historiques lors de notre enquête. Partant de là, on peut donner un aperçu du mode de développement des communautés, mais sans en faire la démonstration, ce qui exigerait une recherche plus approfondie. On s'en tiendra à des hypothèses, voire des intuitions. Dès qu'une communauté, on le sait, dispose d'un nombre suffisant de sujets — et ce nombre jugé suffisant est souvent assez petit —, elle cherche à s'étendre au-delà de sa région d'origine puis au-delà de la province et hors du pays. Exception faite pour les communautés dont la vocation est explicitement locale ou régionale: diverses circonstances, notamment la volonté des évêques, en ont clôturé plusieurs dans le périmètre d'un diocèse ou d'une région. Ainsi, la majorité des communautés

québécoises — autochtones et étrangères — ont essaimé hors
du Québec et du Canada. Or, dans les cas d'essaimage en
territoire québécois, la réussite dépend de la multiplication
des établissements et des œuvres dans les nouvelles régions
conquises par la communauté. Dans le cas de l'essaimage
hors des frontières du Québec, il nous semble que l'autarcie
du recrutement dans la nouvelle province ou le nouveau
pays marque la réussite[2]. L'ouverture d'un noviciat en est le
signal. Nous sommes portées à penser qu'une fondation hors
Québec qui n'y donne pas lieu, à plus ou moins brève
échéance, va végéter ou disparaître. Elle ne sera maintenue,
le cas échéant, que pour des raisons de prestige ou d'ordre
symbolique. Le nombre des religieuses restera relativement
constant. La maison mère devra renouveler périodiquement
ce personnel.

Les communautés du Québec ouvrent de nombreux
noviciats au Canada et à l'étranger. Ceci explique donc pour
une bonne part le faible nombre — dans la main-d'œuvre religieuse québécoise — de religieuses ni canadiennes ni québécoises. Les Canadiennes nées à l'extérieur du Québec et
entrées en communauté — notamment les francophones —
ont été recrutées et formées sur place dans des noviciats
établis par les communautés québécoises en Acadie, Ontario
ou dans l'Ouest canadien. Par la suite, elles ont été employées
aux œuvres fondées dans ces régions. C'est aussi le cas des
Américaines, et notamment des Franco-Américaines compo-
sant en bonne partie, pensons-nous, le bassin de recrutement
des communautés québécoises établies en Nouvelle-
Angleterre. Certaines ont pu venir travailler au Québec, mais
on a toutes raisons de penser que ce sont des cas relativement
isolés. Une bonne partie des Franco-Américaines — et des
Canadiennes non québécoises — incluses dans notre population, est probablement issue de familles émigrantes rentrées
au pays, dans le cas des Américaines. Dans celui des religieuses canadiennes nées à l'extérieur du Québec, ce sont des
immigrantes de l'intérieur dont la famille s'est installée au
Québec et qui sont entrées dans des noviciats québécois.
Exception faite pour certaines sœurs de la communauté basée
à Ottawa qui sont des Franco-Ontariennes en service sur le

territoire québécois. Nous savons que plusieurs religieuses françaises sont venues ici fonder des succursales de leurs communautés d'origine. Or nous n'en retrouvons guère: elles sont restées trop peu de temps au Québec, et au seul titre de fondatrices[3].

Les communautés ne sacrifient en effet qu'un petit nombre de sujets à l'essaimage hors frontière; le plus souvent pour une période déterminée. C'est du moins l'impression qui se dégage des documents relatant ces missions. L'économie des ressources humaines investies dans l'essaimage semble une règle d'or[4]. Le scénario exemplaire d'une telle fondation, réussie, peut être celui-ci: quelques religieuses — trois, dix ou un peu plus — sont envoyées, de Paris ou Saint-Brieuc à Montréal, par une communauté française à titre de fondatrices; ou de Montréal à Boston ou Edmonton par une communauté québécoise. Les nouvelles venues s'installent, s'activent, s'emploient à recruter et finalement se divisent vite en deux ou trois nouvelles maisons. Un noviciat est bientôt ouvert dans l'une des maisons, qui devient «provinciale», avec la délégation d'autorité et la relative autonomie financière que comporte le statut juridique de province religieuse. Une grande partie des fondatrices, sinon toutes, rentre alors dans son pays ou sa province d'origine dès que les nouvelles religieuses autochtones sont en mesure d'assurer le gouvernement local et provincial. Par ailleurs, les sœurs recrutées sur le nouveau territoire de la communauté ne sont pratiquement jamais envoyées dans la province ou le pays d'origine de la communauté. Elles seront lancées à leur tour dans le mouvement de développement local par multiplication des établissements et, éventuellement, dans l'irrésistible essaimage hors frontière. Par exemple, la province religieuse bâtie par des Québécoises sur Boston essaimera vers la Californie et y ouvrira un nouveau noviciat. La nouvelle province religieuse et l'essaim seront composés d'Américaines. Autre exemple: la province établie sur Montréal par une communauté française essaimera vers le Pérou et y fondera une nouvelle province dont les fondatrices seront des Québécoises. Celles-ci se retireront de cette mission pour rentrer au Québec dès que les Péruviennes seront devenues autonomes.

L'homogénéité d'origine ethnique et nationale de la population catholique du Québec explique aussi celle de sa main-d'œuvre religieuse. La majorité des immigrantes au Québec, ne s'est pas, jusqu'aux années soixante, intégrée dans la population catholique francophone[5]. Certes, certaines femmes non francophones sont entrées en communauté au Québec, comme l'ont fait des filles nées au Québec de familles immigrantes, mais nous n'en connaissons pas le nombre et il n'est probablement pas très élevé. La société québécoise, bien qu'elle ait été dépendante d'autres sociétés à divers égards — sur les plans économique, politique, culturel — a produit ses propres religieuses et elle les a produites en grand nombre, compte tenu de sa faible population. On a souvent manqué de tout au Québec. Mais on n'a jamais manqué d'enfants. Cette abondance devait faire la fortune de l'Église et des communautés.

Des filles à revendre

Plus de 80 % des religieuses sont issues de familles nombreuses, c'est-à-dire de six enfants et plus, comme le montre le tableau 37. Parmi elles, plus de la moitié viennent de familles très nombreuses, de onze enfants et plus. Au Québec, on le sait, ce genre de familles n'était pas rare,

Tableau 37

Distribution procentuelle des religieuses selon le nombre d'enfants dans la famille.

Nombre d'enfants

1 à 5 enfants	18,3
6 à 10 enfants	39,6
11 à 15 enfants	36,2
16 enfants et plus	5,9
Total	100%
Nombre de cas	1 995

surtout dans les premières décennies du siècle. Elles n'ont jamais cependant représenté la norme ou, si l'on veut, la famille type. Ce que montre le tableau 38.

Tableau 38

Distribution procentuelle des familles au Québec, selon le nombre d'enfants, de 1931 à 1961.*

Nombre d'enfants	1931	1941	1951	1961
1 à 5 enfants	79,6	82,1	87,5	88,7
6 enfants et plus	20,4	17,9	12,5	11,3
Total	100%	100%	100%	100%
Nombre de cas	427 673	462 011	614 429	815 699

* Sources: 1931, *Recensement du Canada*, vol. V, tableau 96; 1941, vol. V, tableau 19; 1951, vol. 111, tableau 131; 1961, vol. 11, p. 1, tableau 49.

La natalité, en effet, bien qu'elle soit très élevée, commence à diminuer vers la fin du XIXe siècle. Les familles de six enfants et plus ne sont jamais la majorité au XXe siècle. Leur nombre est en continuelle régression. Elles représentent 20 % des familles en 1931 et 11 % en 1961. Mais ces familles nombreuses, bien que minoritaires, ont toujours fourni des recrues aux communautés religieuses. Autrement dit, l'appartenance à une famille de 6 enfants et plus reste un trait constant des religieuses tout au long du XXe siècle. Le tableau 39 (page suivante) mesure cette constance.

Ainsi la proportion de religieuses issues de familles de six enfants et plus est la même (82 %) entre 1840 et 1901 et entre 1932 et 1941; ou entre 1912 et 1921 et entre 1942 et 1951 (85 %). On est particulièrement frappé par l'importance de cette proportion (78 % et 79 %) parmi les religieuses entrées dans les deux dernières décennies. Elles sont pour la plupart des femmes nées pendant la Seconde Guerre et dans l'après-guerre. À ce point de vue, le caractère très atypique des familles des religieuses ressort vivement de la comparaison des deux tableaux (38 et 39). En effet, les proportions du premier tableau se retrouvent carrément

Tableau 39

Évolution du nombre d'enfants dans la famille des religieuses, selon la cohorte d'entrée en communauté, de 1840 à 1971.

Nombre d'enfants

Cohorte d'entrée	1 à 5 enfants	6 enfants et plus	Total	Nombre de cas
1840-1901	17,1	82,9	100%	225
1902-1911	27,4	72,6	100%	178
1912-1921	14,2	85,8	100%	257
1922-1931	17,9	82,1	100%	304
1932-1941	17,9	82,1	100%	373
1942-1951	14,4	85,3	100%	295
1952-1961	21,7	78,3	100%	246
1962-1971	20,5	79,5	100%	117

inversées dans le second. Dans la période de 1931 à 1961, alors que la majorité — entre 79,6 % et 88,7 % — des familles québécoises ont un à cinq enfants, les religieuses, elles, sont issues de familles de six enfants et plus, dans des proportions variant entre 78,3 % et 82,1 %. Les remarques que l'on a pu si souvent lire ou entendre soutenant que «les familles nombreuses sont les pépinières des vocations religieuses» nous semblent donc parfaitement fondées[6]. D'ailleurs certains travaux montrent qu'il en est de même pour les vocations religieuses masculines[7]. Cette relation entre famille nombreuse et vocation religieuse mérite d'ailleurs une attention particulière.

Famille nombreuse et vocation religieuse

La vocation religieuse permet à l'Église de prélever une part du capital humain produit par la famille. Pour celle-ci, le départ d'un ou plusieurs de ses enfants vers le séminaire ou le noviciat représente une perte. En effet, la famille consent un sacrifice important en se privant pour toujours d'un de ses membres valides. Toutefois, ce sacrifice pourra s'avérer relatif; la perte encourue par la famille sera plus ou moins compensée par divers bénéfices. La vocation s'inscrit dans le vaste réseau d'échanges matériels et symboliques qui relient l'Église, la famille, les classes sociales. Échanges inégaux, parce qu'ils sont soumis aux contraintes de la hiérarchisation et du pouvoir. Nous essaierons d'éclairer quelques dimensions de ce problème complexe.

On peut penser que certaines conditions propres à la famille nombreuse favorisent son consentement au sacrifice de certains de ses enfants. Ainsi, ce type de famille peut supporter mieux que les autres un prélèvement de capital humain sans qu'il porte trop gravement atteinte à son intégrité. D'autant plus qu'il s'agit, dans le cas de la vocation religieuse, d'un prélèvement majoritaire de filles, on l'a vu au chapitre 5. L'intégrité de la famille pourrait se définir comme la possibilité de se maintenir et de se reproduire sur les plans matériel, social, affectif et autres dans un environnement donné. Dans ce processus, le nombre des enfants dans la famille joue à la fois le rôle de cause et d'effet. Il dépend jusqu'à un certain point du mode de vie de la famille et de sa relation avec son environnement. Il conditionne en retour ce mode de vie et cette relation.

Au Québec, la famille nombreuse est rurale et cette caractéristique s'accentue en avançant dans le XXe siècle, comme on le voit au tableau 40, page suivante. Il est aussi plausible d'affirmer que la famille nombreuse est plus répandue dans les classes populaires — paysanne et ouvrière — que dans les milieux privilégiés. Par exemple, 53,7 % des religieuses provenant des familles de 6 enfants et plus ont un père cultivateur.

Pour la famille rurale, les enfants représentent une main-d'œuvre. C'est la même chose, à un moindre degré, dans la famille urbaine de milieu populaire. Le travail des enfants, avant même le seuil de l'adolescence, peut être la source d'une contribution à l'économie familiale, en nature ou en espèces. Cette contribution est souvent indispensable à la survie de la famille, aussi bien immédiate qu'élargie. À cet égard, une famille nombreuse peut plus facilement qu'une petite famille se passer du travail domestique ou sala-

Tableau 40

Distribution procentuelle des familles, selon le nombre d'enfants et selon la zone d'habitation (urbaine ou rurale), au Québec, de 1931 à 1961.*

Zone d'habitation	Nombre d'enfants			
	1 à 5 enfants	6 enfants et plus	Total	Nombre de cas
1931				
Rurale	71	29	100	148 807
Urbaine	84	16	100	278 866
1941				
Rurale	73	27	100	162 505
Urbaine	87	13	100	299 506
1951				
Rurale	78	22	100	194 428
Urbaine	92	8	100	420 001
1961				
Rurale	77	23	100	190 044
Urbaine	92	8	100	625 655

* Sources: 1931, *Recensement du Canada*, vol. V, tableau 96; 1941, vol. V, tableau 19; 1951, vol. 111, tableau 131; 1961, vol. 11, p.1, tableau 49.

rié d'un de ses enfants. Le sort matériel des parents, sans parler de leur confort moral dans les dernières années de leur vie, dépend aussi bien souvent de leur progéniture. En outre, les enfants sont source de continuité pour la famille: ils rendent possible la transmission des biens, la pérennité du nom et du patrimoine familial. Ils assurent aussi la reproduction des réseaux sociaux — relations, échanges, etc. — qui inscrivent cette famille dans des milieux sociaux, politiques, culturels plus vastes. À ces divers égards, le sacrifice d'un enfant est probablement susceptible de créer plus de difficulté pour une famille de petite taille que dans une famille nombreuse. L'éventualité d'un tel sacrifice soulèvera sans doute plus de résistance dans la première que dans la seconde.

D'un autre point de vue, il faut également considérer que l'avenir des enfants dépend en bonne partie du capital économique, social — en particulier scolaire — que leur famille est en mesure de leur léguer. Ce capital conditionne leur avenir financier, professionnel, et — il ne faut pas l'oublier — leur avenir matrimonial: leurs chances de se marier et de faire un bon mariage. Toutes choses égales par ailleurs, on peut supposer qu'une famille nombreuse aura plus de difficulté qu'une petite famille à s'acquitter de cette tâche de manière satisfaisante pour tous ses rejetons. Certains ou certaines ne devront-ils pas se débrouiller tout seuls, assurer leur avenir sans l'aide de leur famille? Ce qui aura pour conséquence — advenant le choix de la vie religieuse — de priver la famille de la contribution qu'ils ou elles y auraient apportée. À cet égard, filles et garçons, aîné (e)s ou cadet(te)s, devront souvent faire des choix différents. Les garçons coûtent cher à leur famille, mais, par contre, ils rapportent à court et à long terme. On peut en attendre un gain économique, de statut social ou de pouvoir; de toute façon, une sécurité future. Ils transmettent, de plus, le nom, le patrimoine, la profession. Léguer un capital économique ou scolaire à un ou plusieurs fils est un investissement rentable, malgré les coûts encourus. Ce n'est pas le cas pour les filles à l'époque où se situe notre étude. À tous égards, les filles rapportent beaucoup moins; qu'on les marie, ou pas. Dans le premier cas, il faut les bien marier, ce qui entraîne des frais non négligeables. Dans le second cas, si la famille compte plusieurs filles, la rentabilité de leur entretien en échange de leur seul travail domestique n'est pas évidente. Si les filles sont instruites, les marier ou les garder au foyer paternel est, de toute façon, un gâchis. La vocation religieuse, le cas échéant, peut résoudre ces problèmes. Il est possible d'en conclure qu'une famille qui a des enfants à revendre pourra non seulement se passer d'un ou plusieurs de ses enfants, mais qu'elle devra, de plus, souvent s'en passer, c'est-à-dire non pas les revendre, mais plutôt les donner, à l'Église en l'occurrence; et, à plus forte raison, lorsqu'il s'agit de filles. Celles qui quitteront ainsi leur famille ne sont pas les plus moches, bien au contraire. Il faut se souvenir que les recrues des communautés religieuses entrent très jeunes au noviciat, qu'elles y font l'objet d'une sélection rigoureuse sur la base de critères physiologiques, psychologiques et moraux. De plus, bon nombre d'entre elles sont plus instruites que la moyenne de leurs contemporaines, on le verra au chapitre 13. On peut donc supposer que ces jeunes femmes comptent parmi les plus douées, les plus autonomes et les plus motivées. Leur famille fait à l'Église un don de grande valeur.

Des filles religieuses et des mères prolifiques

Il importe de rappeler que les familles nombreuses sont le fruit de l'effort extraordinaire de fécondité qu'ont fourni certaines femmes québécoises au cours du siècle. Toutes les femmes ne se marient pas. Toutes celles qui se marient ne procréent pas. C'est évident, mais il y a plus. Une part substantielle du travail de reproduction humaine (procréation, entretien, éducation des enfants) est assumée par une minorité de femmes, les mères prolifiques[8].

En effet, parmi la cohorte des femmes nées vers 1887 et qui se sont mariées, 43,5 % ont eu 6 enfants et plus et seulement une sur cinq (20,6 %) a eu 10 enfants et plus[9]. Cette fraction de femmes a ainsi produit plus de la moitié des enfants nés au cours des premières décennies du siècle. Parmi les femmes mariées de la cohorte de 1903, le tiers (32,2 %) a eu 6 enfants et plus, 13 % seulement plus de 10 enfants. Ces proportions tombent à 17,1 % et 7,6 % pour les femmes mariées nées en 1913. Une minorité de femmes a donc produit la majorité des femmes qui sont entrées en religion au cours de la période que nous étudions, de même, semble-t-il que la majorité des hommes qui sont entrés dans les ordres, bien qu'ils soient moins nombreux que les femmes. D'ailleurs il n'était pas rare que deux ou trois filles de la même famille deviennent religieuses, parfois dans la même communauté, mais nous n'avons pas de chiffres à ce sujet. Nous nous trouvons ici devant une nouvelle dimension du phénomène de segmentation de la population féminine, du point de vue du travail. En effet, on peut préciser l'analyse que nous avons entreprise de cette segmentation selon l'état civil et matrimonial — qui recoupe les trois vocations — en y incluant la division du travail de procréation entre les femmes. Ce qui permet aussi d'élargir l'analyse des relations entre les différentes fractions de la population féminine.

Ces deux fractions de la population féminine — les mères prolifiques et les religieuses — sont comparables à divers égards. Chacune ne représente qu'une faible proportion de femmes, mais leur importance est considérable. Dans le cas des mères, il s'agit d'un rôle démographique stratégique dans la reproduction humaine; dans celui des religieuses, d'un rôle clé dans la sphère non domestique du travail féminin. Il y a d'abord une relation de filiation entre les deux catégories de femmes: les religieuses sont les filles des mères de famille nombreuse. Cette relation ne prend cependant tout son sens que si on la situe dans le système social constitué par la société québécoise avant la Révolution tranquille. En effet, la relation mère prolifique-fille religieuse se situe dans l'axe central de cette société unissant Église et famille. Axe central des structures et des pratiques sociales, du discours et de l'idéologie de cette époque.

La famille nombreuse, fondée sur la mère prolifique, est le premier pôle de la représentation de la nation québécoise ou canadienne-française dans l'idéologie traditionnelle. Cette idéologie est produite par les clercs et les notables de la société. L'Église est l'autre pôle de cette représentation. Elle se définit elle-même comme mère et gardienne, guide de la collectivité: *mater et magistra*. Ainsi, dans le discours, la société est une grande famille qui trouve son unité dans l'Église mère, comme les familles qui composent cette collectivité maintiennent leur unité et leur intégrité grâce à la mère. En réalité, c'est effectivement celle-ci, en procréant et en éduquant, qui est la mère de l'Église, puisqu'elle lui fournit ses membres: les enfants de Dieu qui deviendront ceux de l'Église et parmi eux, ses futurs cadres et son personnel, les clercs et les religieuses. L'Église ne peut se perpétuer, semble-t-il, sans le travail de ces femmes catholiques, mères et éducatrices d'enfants en grand nombre. Elle ne peut non plus exercer ses diverses fonctions dans la société sans le travail des religieuses, on l'a montré.

La famille nombreuse est conforme au modèle familial qui inspire les injonctions de l'Église relatives à la fécondité et l'interdiction de la contraception. Elle traduit aussi la conception de la féminité que formule le discours catholique. Il n'y a en effet pour l'Église qu'une seule manière d'être femme ou plus précisément de servir Dieu quand on est femme: la maternité. Maternité biologique et maternité spirituelle[10]. Ce qui revient en pratique, soit à procréer dans les liens du mariage, soit à œuvrer dans les liens de religion. Ainsi la mère prolifique et la religieuse sont les seules catégories de femmes qui soient réellement conformes à cette image de la féminité. Elles sont, symboliquement, indissociables comme elles le sont dans les faits: l'une et l'autre sont également indispensables. Le corps maternel symbolique qu'est l'Église a besoin — parce qu'il est mâle — d'un corps féminin à la fois chaste et prolifique.

L'échange social

Aussi les liens qui unissent la famille et l'Église sont-ils noués essentiellement autour des femmes. Mais ces liens organisent des rapports d'échange et de pouvoir entre des hommes. Échanges de services et de biens dont le plus précieux est le capital humain. Nous reprenons la théorie de Lévi-Strauss: ce sont les règles de l'échange entre les hommes de diverses ressources — particulièrement les femmes — qui organisent, structurent, les rapports sociaux[11]. Dans cette optique, les dominants sont ceux qui imposent les règles de cet échange et en retirent le plus grand profit, par l'intermédiaire des institutions qu'ils contrôlent. Dans le Québec d'avant la Révolution tranquille, ce sont les hommes d'Église qui imposent les règles relatives à la reproduction humaine. Règles concernant le mariage et la procréation, l'éducation et la formation morale des enfants. Ainsi, non seulement l'Église soumet-elle à son influence le travail de procréation des femmes et leur travail éducatif, mais elle s'approprie une part tangible de son produit, les enfants, recrutée dans les ordres et les communautés religieuses. De plus, la gestion de la répartition, de l'usage social de ce capital humain relève aussi en partie de l'Église, du moins lorsqu'il s'agit des femmes. En effet, nous avons montré précédemment comment s'effectue, au cours de la période que nous étudions, la régulation par l'Église du travail féminin, son affectation aux besoins respectifs du capital, de l'État, de l'Église elle-même.

La capacité de prélever des filles en grand nombre — fussent-elles volontaires — pour en faire des religieuses est une marque significative du pouvoir dont l'Église dispose dans la société. Une femme est un capital[12]. Sa valeur sociale, dans la société de l'époque, vient principalement du travail et des enfants qu'elle peut fournir à celui ou ceux qui disposent de sa personne. Elle ne peut acquérir ni exercer en général de pouvoir, économique, social, politique, parce qu'elle est soumise au pouvoir; celui des hommes et, parmi eux, des dominants. Ainsi, les femmes recrutées par l'Église sont retirées à d'autres hommes: leurs pères, frères, éventuels conjoints ou employeurs. Ils ne pourront pas bénéficier de leur travail, entre autres, leur travail de procréation et d'entretien des êtres humains. En revanche, c'est toute la société qui va bénéficier du travail gratuit des religieuses dans les services offerts par les communautés. Ce que perd un homme ou quelques hommes, une famille, un milieu, sera profitable à d'autres hommes, d'autres familles et milieux. La capacité d'orchestrer ce vaste échange social est une autre mesure du pouvoir de l'Église.

Par ailleurs, la famille qui donne des enfants à l'Église reçoit divers bénéfices, on l'a mentionné. Outre l'honneur qui s'y rattache au Québec dans les années concernées, elle en retire aussi des avantages tangibles. La possibilité de faire instruire d'autres membres de la famille, de les faire hospitaliser ou prendre en charge par des institutions d'assistance gérées par les communautés. Le grand-père entrera à l'hospice grâce à la fille religieuse et les enfants du fils aîné, devenu veuf, seront admis à l'orphelinat; le cadet de la famille ira gratuitement au collège sous le parrainage d'un aîné qui est dans les ordres et la cousine trouvera une place de ménagère dans un presbytère. On doit payer pour avoir accès à bon nombre de services scolaires, sociaux, hospitaliers, ou être déclaré indigent. Dans ce contexte, le patronage est florissant.

Cependant, il faut bien se rendre compte que ces privilèges ne sont intéressants que si la famille ne dispose pas de moyens suffisants pour se procurer elle-même des services, sans les payer du sacrifice d'un enfant. Or la famille qui a des enfants à revendre est bien souvent une famille qui n'a que des enfants, c'est-à-dire du capital humain, de la force de travail potentielle qu'elle ne peut pas faire fructifier elle-même à son profit. Ce qui ne serait possible que si elle disposait aussi d'un capital économique, social, culturel. La majorité des religieuses sont issues de milieux modestes, on le verra au chapitre suivant. Ainsi, l'échange entre l'Église et la famille nombreuse se produit objectivement sous la contrainte de la nécessité. Cet échange implique l'inégalité des partenaires et de la somme de profit que chacun peut en retirer. Cette inégalité est d'autant plus grande que l'«objet» d'échange est une fille. En effet, la famille qui donne un fils à l'Église assure l'ascension sociale de ce fils s'il devient prêtre, son accession à la classe des notables. Cette promotion sociale du fils est un gain important pour lui et, de plus, rejaillit sur sa famille. Cependant, la famille qui donne une fille à l'Église ne lui assure rien de façon certaine, excepté son pain quotidien. Il se peut, certes, que cette fille acquière en communauté une formation scolaire et professionnelle que sa famille n'aurait pu lui donner, qu'elle accède à des fonctions professionnelles et hiérarchiques plus intéressantes que si elle était restée dans le monde. Mais rien de cela n'est assuré au départ et si la famille en retire elle-même du prestige et certains avantages dont on a parlé, ils sont moindres et plus aléatoires que dans le cas d'un fils prêtre.

La vocation religieuse exprime et actualise la relation entre l'Église et la société, relation ancrée dans la famille. Cet ancrage assure la reproduction de l'Église par les femmes et de son hégémonie dans la société. Cette reproduction met en œuvre le travail de deux catégories distinctes mais indissociables de femmes: les mères et les religieuses. Elle s'inscrit dans le contexte général de l'échange entre les hommes, des femmes, leur travail et le produit de ce travail. Les règles de cet échange se conforment à la hiérarchie des institutions sociales: en l'occurrence, la famille, l'État, le capital, l'Église. Elles se conforment aussi aux rapports entre les classes: les dominants et les dominés, les riches et les pauvres, les milieux bourgeois et populaires. On le verra mieux au prochain chapitre.

NOTES

1. Il faut rappeler que, sur la base des registres des communautés, nous avons exclu des listes d'échantillonnage toutes les professes ayant prononcé leurs vœux dans les noviciats hors Québec de leur communauté, le cas échéant. En effet, les communautés nous avaient affirmé que les sœurs ayant fait profession dans un noviciat hors Québec n'étaient pratiquement jamais envoyées par la suite en mission au Québec. Ceci nous a facilité la tâche en minimisant le nombre de dossiers qu'il aurait fallu rejeter.

2. Font exception les communautés missionnaires proprement dites dont la logique de développement est différente de celle des autres communautés. Elles ont très peu d'établissements dans le pays d'origine et la majorité de leurs sujets sont en mission; d'ordinaire dans des pays où le catholicisme est peu répandu et, par conséquent, le recrutement faible. En ce sens, la plupart des communautés missionnaires fonctionnent le plus souvent à perte.

3. Néanmoins la présence des Françaises dans la main-d'œuvre religieuse québécoise est probablement sous-représentée dans notre échantillon, pour diverses raisons. Quatre communautés, trois petites et une très grande, que nous n'avons pu inclure dans l'échantillon parce que les dossiers des religieuses étaient inaccessibles, ou inutilisables, sont d'origine française et elles n'ont pas été remplacées ou l'ont été par des communautés québécoises. En outre, dans les communautés d'origine française que nous avons retenues, nous avons dû rejeter fréquemment des religieuses françaises hors de l'échantillon, parce que leurs dossiers n'étaient pas disponibles: le dossier était rentré en France avec la sœur. Enfin, parmi les très petites communautés que nous avons exclues de la population dont l'échantillon a été tiré, plusieurs sont d'origine française, par exemple, les très petites communautés contemplatives et d'autres communautés venues ici après la Seconde Guerre mondiale et qui n'ont connu que peu ou pas d'expansion.

4. Cette règle s'applique aux communautés françaises émigrées au Québec à partir du XIXᵉ siècle et aux communautés québécoises autochtones, mais il n'est pas certain qu'elle soit universelle. En effet, nous ignorons comment s'effectue le mouvement d'essaimage — intérieur et extérieur — des communautés, aux États-Unis, en Europe et ailleurs. Les observations de Claude Langlois (*op. cit.*) au sujet des communautés françaises du XIXᵉ et du début du XXᵉ siècle, nous incitent à penser que le mode d'essaimage, tant intérieur qu'extérieur, serait différent en Europe de ce que nous observons ici.

5. Pierre Anctil rappelle, à la suite de plusieurs études, que la population allophone de Montréal «a toutefois eu tendance à s'intégrer et ultimement à s'assimiler à la communauté anglophone...» «Multiplicité ethnoculturelle à Montréal», *Recherches Sociographiques*, XXV, 1984, p. 446. L'auteur conclut qu'une majorité de Juifs, de Slaves, de Scandinaves et de Méditerranéens sont devenus anglophones par un processus de transferts linguistiques. L'absence de liens étroits entre les francophones du Québec et la population immigrante pourrait expliquer en grande partie la faible représentation des immigrantes au sein des communautés religieuses de femmes au Québec.

6. La répartition des religieuses du Canada selon la taille de la famille d'après le recensement de la Conférence religieuse canadienne, en 1965, paraît assez semblable à celle observée dans notre étude, bien que les catégories utilisées pour mesurer la taille de la famille diffèrent dans les deux cas. Néanmoins, la proportion de religieuses issues de familles nombreuses et très nombreuses est un peu plus élevée dans notre échantillon que dans le recensement canadien. Un pourcentage de 81,9 % des répondantes canadiennes viennent de familles de cinq enfants et plus; nous observons la même proportion de religieuses de notre échantillon dans les familles de six enfants et plus. De celles-ci, 42,1 % sont issues de familles de onze enfants et plus, alors que 38 % des religieuses canadiennes viennent de familles de dix enfants et plus. Le recensement des religieuses vivant au Canada en 1965 a rejoint 65 248 répondantes. Ses résultats ont été analysés par Marc-A. Lessard et Jean-Paul Montminy, «Recensement des religieuses du Canada», *Donum Dei, op. cit.* Par ailleurs, l'enquête sur les communautés religieuses en France rapporte que plus de la moitié des religieuses interviewées viennent de familles de plus de quatre enfants et 13 % de familles de neuf enfants et plus. *Les religieuses en France, résultats de l'enquête réalisée en 1969,* sous la direction de A. Luchini, *op. cit.*

7. Les prêtres, de même que les religieuses semblent provenir de familles nombreuses, bien que dans une moindre proportion. C'est du moins le résultat de l'étude menée par Paul Stryckman à partir d'un échantillon de 776 prêtres, sur une population de 4 359, exerçant leur ministère au moment de l'enquête en 1970. Une proportion de 74,4 % d'entre eux ont affirmé que leur famille d'origine comptait six enfants ou plus. Voir Paul

Stryckman, *Les prêtres du Québec aujourd'hui. Résultats d'une recherche sociologique,* Centre de recherche en sociologie religieuse, Université Laval, Québec, 2 volumes, 1970.

8. Nous nous inspirons ici de la thèse que présente Marie Lavigne dans «Réflexions féministes autour de la fertilité des Québécoises» in N. Fahmy-Eid et M. Dumont (dir.) *Maîtresses de maison, maîtresses d'école, op. cit.* Les chiffres cités ci-après — du nombre d'enfants pour certaines cohortes de femmes — sont tirés du tableau 3 de cet article, p. 325.

9. À noter qu'il s'agit du nombre d'enfants nés vivants de femmes qui sont encore vivantes en 1961.

10. Nous avons analysé cette conception de la féminité dans les textes contemporains de nature théologique ou pastorale — encycliques, lettres pastorales, traités de spiritualité — et dans les textes destinés spécifiquement aux religieuses. L'équation entre féminité et maternité, de même que la double définition de la maternité, biologique et spirituelle, sont la base de tous ces discours, y compris les plus récents, tel *La dignité et la vocation de la femme,* de Jean-Paul II, lettre apostolique à l'occasion de l'Année mariale, collection «L'Église aux quatre vents», Montréal, Fides, 1988. On trouvera cette analyse dans l'article de Myriam Spielvogel «La maternité spirituelle: une analyse du discours sur la vocation religieuse féminine», dans les *Actes de la section d'études féministes du Congrès de l'ACFAS-1989,* Université du Québec à Montréal, octobre 1990. Nous reviendrons plus longuement sur ces questions dans le second volume.

11. Claude Lévi-Strauss, *Les structures élémentaires de la parenté,* Paris, PUF,1949. Nous nous inspirons de l'interprétation féministe de la théorie de l'échange des femmes qu'a formulée Gayle Rubin: «The Traffic in Women: Notes on the Political Economy of Sex», dans R.R. Reiter (dir.), *Toward an Anthropology of Women,* Londres, New York. Monthly Review Press, 1975; Paola Tabet, «Fertilité naturelle, reproduction forcée», dans Nicole-Claude Mathieu (dir.), *L'arraisonnement des femmes, essai en anthropologie des sexes,* Paris, Les Cahiers de l'Homme, 1985; «Du don au tarif, les relations sexuelles impliquant une compensation», Paris, *Les Temps modernes,* n° 490, mai 1987.

12. «C'est le seul agent de production capable de produire d'autres agents de production»; Nicole Laurin-Frenette, «Quelques éléments théoriques et historiques pour une analyse de la relation entre le mouvement des femmes et l'État», in Yolande Cohen (dir.), *Femmes et politique,* Montréal, Le Jour, 1981, p. 154. Sur la question des femmes en tant que capitaux, voir aussi Claude Meillassoux, *Femmes, greniers, capitaux,* Paris, Maspero, 1977.

Chapitre 11

Un univers social ambigu: l'origine de classe des religieuses

La profession du père d'une religieuse est un indice très fort du milieu social, de la classe à laquelle appartient la famille de cette religieuse. Idéalement, l'analyse devrait combiner la profession du père et d'autres indicateurs de classe: la scolarité du père et celle de la mère, la profession de la mère, s'il y a lieu, le revenu de la famille, son capital mobilier, immobilier. Malheureusement, dans la plupart des cas, nous n'avons pas trouvé d'information sur ces points. Nous étudierons par conséquent l'origine sociale des religieuses en nous servant exclusivement de la profession de leur père, malgré les limites de cet indicateur.

Le tableau 41 présente l'origine sociale des religieuses selon trois types de catégories: la classe sociale, le milieu socio-économique et l'emploi du père de famille. En effet, les pères des religieuses se répartissent en six catégories d'emploi relativement homogènes. Elles se rattachent à différents milieux socio-économiques. À leur tour, les milieux peuvent être regroupés dans de vastes ensembles qui correspondent aux classes sociales. Ce sont la bourgeoisie, la petite-bourgeoisie, la paysannerie et la classe des travailleurs. On pourrait dire la classe supérieure, la classe moyenne et les classes populaires. Chacune de ces classes occupe une place, une position propre dans la société, eu égard à la propriété, au pouvoir et au statut social en général[1].

Au sein de ces classes, les milieux se distinguent aussi les uns des autres selon la propriété, le pouvoir et le statut social. Mais cette stratification se situe à une échelle plus restreinte que celle des classes, plus proche des conditions spécifiques de l'emploi exercé. Ainsi, diverses combinaisons de critères permettent de délimiter les milieux. Il faut tenir compte du revenu que commande une profession de manière générale, du niveau où elle se situe dans la hiérarchie de l'organisation industrielle ou de la fonction publique, par exemple, de la présence d'un capital, de son importance et également du secteur d'emploi, dans certains cas, public ou privé. On doit prendre en considération la nature du travail: manuel ou non manuel, artisanat, profession, métier. Enfin la formation et la qualification professionnelles, le niveau de spécialisation, la scolarité que suppose d'ordinaire cet emploi.

Dans la bourgeoisie, on distingue, d'une part, les milieux se rattachant à l'industrie et au commerce (le grand capital), aux échelons supérieurs de l'administration publique ou privée, et, d'autre part, le milieu des notables: les professions libérales ou similaires. La petite-bourgeoisie, quant à elle, comprend le milieu du petit capital industriel et commercial et celui des salariés: fonctionnaires, cadres moyens et inférieurs de l'entreprise privée ou publique. Dans la classe des travailleurs, on distingue, d'une part, le milieu ouvrier qu'on pourrait aussi désigner comme la classe ouvrière au sens classique du terme: les ouvriers spécialisés, semi-spécialisés, les manœuvres. Et, d'autre part, le milieu des petits cols blancs: employés de divers secteurs et types d'entreprises[2]. Dans la classe paysanne, aucune distinction n'est possible sur la base de l'information dont nous disposons. On sait bien que cette classe, en réalité, se compose de strates et de milieux différents: les grands exploitants agricoles, les moyens et petits paysans, les ouvriers agricoles. L'impossibilité d'établir ces distinctions au sein de la paysannerie limite, soulignons-le, la portée de notre analyse.

Tableau 41

Distribution procentuelle des pères des religieuses, selon la classe sociale, le milieu socio-économique et la profession.

Classe sociale	Milieu socio-économique	Profession	Pourcentage
BOURGEOISIE (5.5%)	Grand capital et administration	Administrateur et directeur, propriétaire.	1,2
	Notables	Profession libérale et similaire.	4,3
PETITE-BOURGEOISIE (15.6%)	Petit capital	Petit propriétaire, artisan, commerçant.	11,8
	Cadres et fonction publique	Gérant, contremaître, surveillant.	3,8
PAYSANNERIE (50.6%)		Cultivateur	50,6
CLASSE DES TRAVAILLEURS (28.4%)	Petits cols blancs (4.7%)	Employé de bureau, services, commerce.	4,7
		Ouvrier spécialisé, semi-spécialisé.	10,7
	Classe ouvrière (23.7%) (travailleurs manuels, cols bleus).	Ouvrier non-spécialisé, manœuvre.	13,0
Total			100%
Nombre de cas			3 009

Des filles de milieu populaire

Les femmes qui sont entrées dans les communautés religieuses, dans l'ensemble de la période que nous avons étudiée, viennent en grande majorité (79 %) des classes populaires, c'est-à-dire de la paysannerie et de la classe des travailleurs: ouvriers et petits cols blancs. C'est la paysannerie qui fournit le plus fort contingent de religieuses. La moitié en effet de toutes les femmes entrées en communauté ont un père agriculteur. Suit la classe ouvrière dont est issu pratiquement le quart des religieuses (23,7 %). On peut leur ajouter les filles de petits employés, d'ailleurs peu nombreuses (4,7 %). On compte ainsi 28,4 % de religieuses sorties de la classe des travailleurs. L'apport de la bourgeoisie et celui de la petite-bourgeoisie est plus mince. Ces deux classes ne fournissent ensemble que le cinquième des religieuses: 5,5 % de la bourgeoisie et 15,6 % de la petite-bourgeoisie[3]. La composition professionnelle du groupe constitué par les pères des religieuses présente une relative stabilité au cours de la période étudiée, bien qu'on puisse y observer des fluctuations importantes. Même schéma pour la structure de classe dessinée par la distribution professionnelle des pères. Les tableaux 42 et 43 (pages suivantes) montrent cette évolution au cours du temps.

Le tableau 42 souligne à l'évidence l'origine populaire (paysans et travailleurs) de la très grande majorité des religieuses à toutes les époques. Ces deux classes réunies fournissent toujours aux communautés les trois quarts de leurs recrues, au moins. Cette proportion va jusqu'à 87,4 % en fin de période. La part de la paysannerie toutefois a tendance à diminuer dans le temps, diminution perceptible dès les années vingt. Cette part passe ainsi de 59,3 % avant 1902 à 40,2 % dans les années soixante. La part des travailleurs, en revanche, a tendance à augmenter de manière à peu près constante, aussi bien celles des ouvriers et des petits cols blancs. Les proportions de religieuses issues de la bourgeoisie et de la petite-bourgeoisie varient très peu jusqu'en 1961. Entre 1962 et 1971 toutefois, l'apport de ces deux classes se réduit très nettement. Cette diminution des religieuses

Tableau 42

Distribution procentuelle de l'origine de classe des religieuses, en pourcentage, selon la cohorte d'entrée en communauté, de 1840 à 1971.

Classe sociale	1840-1901	1902-1911	1912-1921	1922-1931	1932-1941	1942-1951	1952-1961	1962-1971
					Cohorte d'entrée			
BOURGEOISIE	7,7	5,5	5,7	4,6	6,0	3,9	5,5	2,5
PETITE-BOURGEOISIE	14,5	12,6	14,4	15,3	15,0	22,1	17,7	10,1
PAYSANNERIE	59,3	60,6	57,2	52,2	49,0	45,6	33,7	40,2
TRAVAILLEURS								
Petits cols blancs	(1,8)	(2,6)	(3,2)	(4,2)	(5,6)	(5,8)	(6,9)	(10,6)
Ouvriers	(16,8)	(18,7)	(19,5)	(23,7)	(24,4)	(22,7)	(36,3)	(36,6)
Total des travailleurs	18,6	21,3	22,7	27,9	30,0	28,5	43,2	47,2
Total	100%	100%	100%	100%	100%	100%	100%	100%
Nombre de cas	457	291	371	460	536	392	330	163

Tableau 43

Distribution procentuelle de la profession des pères des religieuses, selon la cohorte d'entrée en communauté, de 1840 à 1971.

Cohorte d'entrée

Profession du père	1840-1901	1902-1911	1912-1921	1922-1931	1932-1941-	1942-1951	1952-1961	1962-1971
Administrateur et directeur, propriétaire.	0,7	0,5	0,4	0,5	1,7	3,0	1,5	0,5
Profession libérale, et similaire.	7,0	5,0	5,3	4,1	4,3	0,9	4,0	2,0
Petit propriétaire, artisan, commerçant.	13,0	11,9	11,1	10,8	10,4	16,8	12,2	5,0
Gérant, contremaître, surveillant.	1,5	0,7	3,3	4,5	4,6	5,3	5,5	5,1
Cultivateur.	59,3	60,6	57,2	52,2	49,0	45,6	33,7	40,2
Employé de bureau, services, commerce.	1,8	2,6	3,2	4,2	5,6	5,8	6,9	10,6
Ouvrier spécialisé, semi-spécialisé.	11,6	10,8	9,1	11,8	10,1	8,9	11,1	14,7
Ouvrier non-spécialisé, manœuvre.	5,2	7,9	10,4	11,9	14,3	13,8	25,2	21,9
Total	100%	100%	100%	100%	100%	100%	100%	100%
Nombre de cas	457	291	371	460	536	392	330	163

d'origine bourgeoise ou petite-bourgeoise, en toute fin de période, est compensée par un supplément de recrues provenant des classes populaires, tout autant de la paysannerie que de la classe des travailleurs.

L'évolution de la composition de classe reflète naturellement l'évolution sous-jacente de la distribution professionnelle des pères des religieuses, présentée au tableau 43. Cette structure professionnelle demeure assez homogène, du début de la période jusqu'à la fin des années trente. Par la suite, des changements sont perceptibles, d'une décennie à l'autre. Entre la décennie 1932-1941 et la décennie 1942-1951 se produisent des modifications importantes[4]. On peut supposer qu'une partie de ces fluctuations (de la distribution professionnelle des pères des religieuses) dépend de la transformation de la structure de l'emploi en général dans la société québécoise. Transformation tributaire des diverses tendances du développement économique au cours de la période observée. Ce type de changement se manifeste surtout après la Seconde Guerre et prend toute son ampleur dans les années cinquante. Il entraîne une réduction de la main-d'œuvre dans le secteur primaire, notamment dans l'agriculture, et un accroissement de la main-d'œuvre engagée dans les secteurs secondaire et tertiaire de l'économie. Certaines catégories d'emploi, parmi celles qui regroupent les pères des religieuses, sont plus touchées que les autres. Celle des agriculteurs, qui diminue, par exemple, de 11,9 % entre les années quarante et cinquante. Celle des petits cols blancs (employés de bureau, services et commerce) dont la proportion augmente au fil des ans, ou celle des fonctionnaires et cadres (contremaîtres, gérants, surveillants). Enfin la catégorie des ouvriers non spécialisés, qui augmente de 11,4 %, par exemple, entre les années quarante et cinquante. Néanmoins, ces fluctuations sont relativement peu importantes si l'on considère l'ensemble de la distribution professionnelle des pères des religieuses sur l'ensemble de la période observée. L'on peut en conclure que l'origine sociale des femmes qui ont vécu en communauté — en autant qu'elle corresponde à la profession de leur père — est demeurée relativement homogène du début de la période observée jusqu'en 1971.

L'origine sociale des religieuses diffère-t-elle selon le type de communauté?

C'est une question souvent posée, semble-t-il, dans l'esprit de bien des gens. L'analyse de la distribution des communautés, selon leur activité principale et le milieu social d'origine des religieuses, permet de l'éclaircir.

Tableau 44

Distribution procentuelle des communautés, selon leur activité principale et selon le milieu social d'origine des religieuses.

Classe sociale

Activité principale	Bourgeoisie	Petite-bourgeoisie	Paysannerie	Travailleurs	Total
Enseignante	6,1	18,3	47,9	27,8	100% (1 732)
Services sociaux-hospitaliers	4,4	10,0	54,6	31,0	100% (909)
Service au clergé	-	5,0	73,9	21,0	100% (115)
Hospitalière	6,6	15,0	51,6	26,8	100% (88)
Protection	8,8	12,2	64,4	14,6	100% (21)
Missionnaire	6,4	28,3	37,3	28,0	100% (60)
Contemplative	8,3	29,0	35,2	27,5	100% (83)

Dans tous les types de communauté, quelle que soit leur activité, on retrouve sans exception les traits caractéristiques relatifs à l'origine sociale que l'on vient de décrire dans l'ensemble de la population religieuse. À savoir: (1) une majorité issue des classes populaires (entre 62,7 % et 95 % des religieuses); (2) au sein des classes populaires, une dominance du milieu paysan (entre 35,2 % et 73,9 % des religieuses); (3) parmi la minorité de religieuses qui ne sont pas issues des classes populaires, une dominance du milieu petit-bourgeois sur le milieu bourgeois. Néanmoins, certains types de communautés présentent des traits particuliers. Dans les communautés contemplatives et les communautés missionnaires, la proportion des religieuses d'origine bourgeoise ou petite-bourgeoise est nettement plus élevée que dans les autres types de communautés: 37,3 % dans les communautés contemplatives et 34,7 % dans les communautés missionnaires. La raison de cette singularité n'est pas évidente. Les activités des deux types de communautés en cause sont bien peu lucratives. Il se peut qu'elles aient demandé une dot à l'entrée plus importante que les autres communautés, ou qu'elles en aient exigé le versement avec plus de rigueur. Ce qui aurait eu pour effet une «sursélection» de filles de familles aisées. Peut-être ces femmes fuient-elles un milieu, une société qu'elles ne veulent pas contribuer à reproduire? À l'autre extrême, la proportion des religieuses issues de classes populaires est plus élevée dans les communautés de service sociaux-hospitaliers et dans les communautés de service au clergé. Chez les servantes du clergé, on ne trouve que très peu de femmes d'origine petite-bourgeoise et aucune d'origine bourgeoise; les religieuses sont massivement (73,9 %) d'origine paysanne. On sait que presque toutes les sœurs de ces communautés se consacrent au travail ménager dans les maisons de prêtres et de religieux. Activités peu susceptibles, sans doute, d'attirer des filles de familles le moindrement aisées... L'origine des religieuses des communautés de services sociaux-hospitaliers est plus diversifiée que celle des servantes du clergé, mais elles proviennent de la classe ouvrière dans une plus forte proportion (31 %) que dans les autres communautés.

Qu'en est-il alors de l'opinion fréquemment exprimée au Québec, selon laquelle certaines communautés religieuses auraient généralement recruté leurs sujets dans les milieux sociaux privilégiés? On cite toujours à l'appui de cette opinion l'exemple de quelques communautés enseignantes qui ont tenu les grandes maisons d'enseignement destinées aux jeunes filles des familles bourgeoises. On pense aussi, par ailleurs, que les religieuses vouées au service des milieux défavorisés étaient elles-mêmes d'origine modeste. Sur la base de nos données, il est difficile de confirmer ou d'infirmer ces opinions. Nous avons analysé l'origine sociale des religieuses dans les communautés se consacrant à différents types d'activité, mais il se pourrait bien qu'au sein de chaque type, il existe des différences entre les communautés, eu égard à l'origine sociale des religieuses. Dans le sous-ensemble des enseignantes, par exemple, il se trouve des communautés qui desservent des régions et des milieux sociaux très différents, ce qui aurait pu entraîner un recrutement socialement différencié. Mais à cet égard, nous ne pouvons pas fonder de conclusions sur la comparaison entre les communautés à l'intérieur d'un même sous-ensemble d'activité. On ne doit pas oublier, en effet, que chaque communauté de l'échantillon représente, du point de vue statistique, plus ou moins que son effectif propre, selon le cas. Cela dit, l'attention que nous avons portée à cette question nous incite à penser que les différences entre les types de communautés, regroupées selon leur activité principale, sont beaucoup plus significatives que les différences qui pourraient se présenter entre communautés du même type. De manière générale, l'hypothèse la plus plausible, à notre avis, serait la suivante. Les communautés ont recruté principalement des femmes d'origine assez modeste. On verra au chapitre 13 que parmi celles-ci, elles se sont réservé les plus instruites, sans pour autant laisser les autres de côté. Elles les ont ensuite formées et éduquées, les premières surtout, pour qu'elles soient capables de répondre aux besoins et aux attentes de la communauté et, aussi, de sa clientèle, même une clientèle bourgeoise, le cas échéant. N'est-ce pas, en raccourci, ce qui se passe aussi dans la société?

Un reflet de l'univers social québécois

Une autre question importante se pose, à laquelle il est difficile de répondre avec exactitude. Dans quelle mesure l'origine sociale des religieuses reflète-t-elle la composition sociale de la société québécoise — ses classes et ses milieux sociaux — au cours de la période étudiée? La solution qui pourrait paraître la plus simple — comparer les pères des religieuses à l'ensemble des hommes qui font partie de la main-d'œuvre active — soulève divers problèmes. En effet, les pères des religieuses constituent un sous-groupe de la main-d'œuvre masculine qui présente des caractères particuliers: ce sont des hommes mariés et pères de famille; de plus, ils ont généralement dépassé la quarantaine au moment où leur fille entre en communauté[5]. Or, on sait que l'emploi ou la profession d'un homme ne sont pas toujours les mêmes aux diverses étapes de sa vie. L'âge, l'état matrimonial, la situation familiale, sont d'importants facteurs de changement. Pour faire ressortir la spécificité, s'il y a lieu, du milieu social d'origine des religieuses, il faudrait donc comparer la situation professionnelle de leur père à celle d'autres pères de famille appartenant à la même cohorte d'âge, celle de quarante ans et plus.

Les données de l'enquête de Muriel Garon-Audy et ses collaborateurs, portant sur la mobilité professionnelle et géographique au Québec de 1954 à 1974, permettent ce type de comparaison, mais pour deux décennies seulement[6]. Cette recherche a reconstitué la distribution professionnelle des pères des hommes qui se sont mariés au Québec en 1954 et celle des pères de ceux qui se sont mariés en 1964. À noter que ces groupes de pères de nouveaux mariés incluent des hommes de toutes les confessions religieuses et non seulement des catholiques. Néanmoins, nous avons comparé la première distribution professionnelle à celle des pères des religieuses entrées entre 1952 et 1961 et la seconde à celle des pères de religieuses entrées entre 1962 et 1971 (tableau 45). L'écart entre la répartition selon la profession des deux groupes de pères — écart mesuré par les coefficients de dissimilarité — diminue de 21,7 à 13,6 entre les deux décennies,

Tableau 45

Comparaison de la distribution professionnelle des pères des nouveaux mariés (1954 et 1964) et des pères des religieuses (cohortes 1952-61 et 1962-71).*

Profession	Pères des religieuses 1952-1961	Pères des nouveaux mariés 1954	Pères des religieuses 1962-1971	Pères des nouveaux mariés 1964
Administrateur, directeur.	1,5	2,6	0,5	2,2
Petit propriétaire, commerçant.	12,2	3,8	5,0	4,1
Profession libérale et similaire.	4,0	2,9	2,0	3,1
Contremaître, surveillant.	5,5	2,3	5,1	3,4
Employés de bureau, services, commerce.	6,9	14,2	10,6	12,2
Cultivateur.	33,7	28,5	40,2	30,7
Ouvrier spécialisé et semi-spécialisé.	11,1	24,5	14,7	23,8
Ouvrier non-spécialisé.	25,2	20,3	21,9	17,9
Total	100%	100%	100%	100%
Nombre de cas	(330)	(2 778)	(163)	(3 345)

▲J= 21.7   ▲J= 13.6

* Sources: pour les pères des nouveaux mariés, Muriel Garon-Audy *et al*, *Mobilité professionnelle et géographique au Québec*, op. cit., p. 174.

ce qui pourrait signifier qu'il existe un rapprochement des milieux d'origine des religieuses et des jeunes maris dans le temps. Pour la décennie 1952-1961, les religieuses proviennent davantage que les nouveaux mariés de 1954 du milieu des petits propriétaires et commerçants, de celui des ouvriers non spécialisés et de la classe des agriculteurs. Par contre, les religieuses sont sous-représentées dans les milieux où le père est petit col blanc ou ouvrier spécialisé. La comparaison effectuée pour la décennie suivante montre que l'écart entre les catégories professionnelles des pères de religieuses et des pères de nouveaux mariés s'estompe sauf pour deux catégories entre lesquelles il s'accentue: les administrateurs, directeurs, propriétaires, et les cultivateurs. Les religieuses sont sous-représentées dans le premier milieu et sur-représentées dans le second.

Nous avons tenté aussi de comparer la structure professionnelle des pères de religieuses (entrées dans les décennies vingt, quarante, cinquante et soixante) et celle de la main-d'œuvre masculine active au Québec, de trente-cinq ans et plus et de quarante ans et plus, selon le cas, aux années de recensement pour lesquelles ce genre d'information est disponible: 1931, 1951, 1961, et 1971. Cette comparaison est relativement imprécise[7]. En outre, elle est incomplète pour les ouvriers et peu intéressante dans le cas des «administrateurs, directeurs et propriétaires»[8]. Le tableau 46, page suivante, présente cette comparaison.

Trois catégories professionnelles retiennent l'attention pour toutes les années considérées dans cette comparaison: celle des agriculteurs, celle des ouvriers et celle des employés de bureau, services et commerce. La proportion des pères de religieuses agriculteurs est bien plus élevée que celle des agriculteurs dans la main-d'œuvre masculine de plus de trente-cinq ou quarante ans. Cette catégorie professionnelle était également sur-représentée dans la distribution professionnelle des pères des religieuses, comparée à celle des pères des nouveaux mariés de 1954 et 1964. Il semble indubitable que les milieux paysans ont fourni bien plus que leur part de recrues aux communautés religieuses et, sans aucun doute, à toutes les époques. Malheureusement, il est à peu près impossible de mesurer précisément cet excédent relatif de

Tableau 46

Comparaison de la structure professionnelle des pères des religieuses, [A], (cohortes d'entrée 1922-31, 1942-51, 1952-61, 1962-71) et celle de la main-d'œuvre masculine active au Québec, [B], en 1931, 1951 (35 ans et plus), en 1961 et 1971 (40 ans et plus).**

Profession	1931		1951		1961		1971	
	A	B	A	B	A	B	A	B
Administrateur et directeur, propriétaire, petit propriétaire, artisan, commerçant.	11,3	9,9	19,8	13,3	13,7	14,4	5,5	5,4*
Profession libérale et similaire.	4,1	4,4	0,9	6,2	4,0	6,9	2,0	9,6
Gérant, contremaître, surveillant.	4,5	3,5	5,3	3,3	5,5	3,7	5,1	14,6
Cultivateur.	52,2	21,4	45,6	17,1	33,7	11,5	40,2	5,6
Employé de bureau, services, commerce.	4,2	14,7	5,8	17,6	6,9	14,7	10,6	15,1
Ouvrier spécialisé, semi-spécialisé, ouvrier non-spécialisé, manœuvre.	23,7	46,2	22,7	42,4	36,3	48,7	36,6	49,7
Total	100%	100%	100%	100%	100.0%	100%	100%	100%
Nombre de cas	460	385 267	392	559 366	330	528 753	163	561 529

* Les propriétaires et petits propriétaires ne sont pas inclus dans cette catégorie pour la main-d'œuvre masculine. Si nous excluons les propriétaires et petits propriétaires de cette catégorie pour les pères des religieuses, les administrateurs et directeurs ne représentent plus que 0,5% de l'effectif.

** Sources: pour la main-d'œuvre masculine, 1931, Recensement du Canada, vol. VII, tableau 40, p. 108 à 121; 1951, vol. IV, tableau 11, p. 11-71 à 11-81; 1961, vol. 3.1, cat. 94-511, tableau 17, p. 17-109 à 17-123; 1971, vol. 3.2, cat. 94-725, tableau 8, p. 8-103 à 8-122.

religieuses d'origine paysanne[9]. Une sous-représentation du milieu des petits cols blancs, c'est-à-dire des petits employés de bureau, services, commerce, est également perceptible, du moins jusqu'aux années soixante chez les pères de religieuses, lorsqu'on les compare aux hommes actifs des mêmes cohortes d'âge et aux pères de nouveaux mariés. Enfin, dans le même contexte, la classe ouvrière semble fournir aux communautés une proportion de leurs recrues plus faible que la part de la population que représente cette classe.

Quelle conclusion tirer de cette comparaison entre trois structures professionnelles: celle des pères de religieuses et celle des pères de nouveaux mariés de 1954 et 1964, et plus largement celle de la main-d'œuvre masculine active recensée à divers moments au cours du XXe siècle? En tenant compte, bien entendu, des lacunes et des limites que comporte cette opération. Il nous semble possible d'affirmer que les classes sociales dont les religieuses sont issues reflètent assez fidèlement l'univers social québécois, c'est-à-dire les différentes classes qui composent la collectivité, compte tenu de leur poids respectif dans cet ensemble. Cependant, il convient d'ajouter que les familles des religieuses sont plus représentatives de certaines fractions de classe que d'autres. Autrement dit, ces familles appartiennent à certains milieux particuliers au sein des classes sociales, et, soulignons-le, à toutes les époques.

Parmi la bourgeoisie, les familles des religieuses représentent le milieu des notables, celui des professions libérales classiques réservées aux francophones instruits. Ceux-ci tenaient d'ailleurs assez souvent le rôle de leaders politiques et intellectuels dans la localité, la région et au niveau de la nation. À plusieurs égards, ces notables sont peut-être plus proches de la petite que de la grande bourgeoisie. En fait, la grande bourgeoisie d'affaires — celle du capital commercial, industriel, financier — est presque absente; comme le milieu de la haute administration publique ou privée, les cadres supérieurs, ceux qu'on appelle maintenant les technocrates. La petite-bourgeoisie à laquelle appartiennent les familles des religieuses est celle de la petite propriété: le commerce et

l'industrie fondés sur un petit capital familial. Elles ne viennent pas des milieux petit-bourgeois associés aux cadres
moyens, aux professionnels et techniciens salariés. Cette
spécificité des milieux bourgeois et petit-bourgeois semble
toutefois un peu moins marquée après 1960. Par contre, les
fractions des classes populaires dont les religieuses sont
issues ne changent guère, même en fin de période; leur
spécificité, bien au contraire, semble s'accentuer. Ces
familles des classe populaires appartiennent à des milieux
reliés davantage à la production agricole qu'à la production
industrielle. Le poids des religieuses d'origine paysanne est
écrasant, on l'a vu. Cette «surproduction» de religieuses
d'origine paysanne devient d'autant plus importante que le
poids de cette classe dans la population diminue progressivement au cours du siècle. Dans la classe des travailleurs salariés, il est frappant de constater que les religieuses
proviennent bien davantage des milieux ouvriers que de
ceux des petits employés. Dans la classe ouvrière proprement dite, on voit qu'elles sont issues d'une fraction particulière, celle des artisans, des petits métiers, des journaliers. La
fraction de la classe ouvrière liée à la grande industrie est
peu présente: celle des travailleurs qualifiés, spécialisés et
syndiqués. Cette fraction semble en effet produire moins
que sa part de religieuses, si on la compare aux autres
milieux ouvriers.

Ces fractions de classe, ces milieux socio-économiques
qui fournissent des filles aux communautés religieuses, ont
des traits communs. D'abord, ce sont des milieux homogènes: très francophones et catholiques. La population
anglophone ou allophone, la population non catholique,
n'en font à peu près pas partie (à une exception près, le
milieu de la petite propriété qui compte au Québec bon
nombre de non-francophones, non-catholiques). Ce sont
aussi des milieux plus étroitement associés à un cadre de vie
rural, provincial, plutôt qu'un cadre urbain, métropolitain.
Ce sont les milieux caractéristiques de la société traditionnelle, la *folk society*. Cette notion de société traditionnelle a
été appliquée au Québec et au Canada français par plusieurs
sociologues et anthropologues dans les années quarante,

cinquante et soixante[10]. Cependant, c'est une notion très ambiguë qui renvoie à une réalité qui l'est tout autant. En effet, la société traditionnelle désigne un discours, une idéologie, un mythe, mais elle désigne aussi une forme historique d'organisation des structures et des pratiques sociales. On y a déjà fait allusion dans le chapitre précédent, mais il convient d'y revenir.

L'ombre portée de la société traditionnelle

La société traditionnelle correspond à la représentation de la collectivité francophone et catholique dans l'idéologie nationaliste, idéologie que soutiennent l'Église et les notables jusqu'à la Révolution tranquille. Qui ne se souvient de cette image du Québec des manuels scolaires, des sermons du dimanche et des romans du terroir? Petit troupeau fidèle, paisiblement regroupé autour des clochers de campagne, tirant sobrement sa subsistance de l'austère travail des champs et de l'artisanat, sous l'autorité patriarcale du curé, du médecin, des politiciens de province. Château fort de la revanche des berceaux; forteresse des traditions familiales, religieuses et nationales. Rempart contre l'invasion des valeurs nord-américaines: individualisme, matérialisme, laïcisme. Cette représentation s'ancrait sans doute dans la réalité d'une société pré-industrielle, celle du XIXe siècle peut-être. Au fur et à mesure qu'on avance dans le XXe siècle, elle prend toutefois figure d'un mythe surimposé à une société en changement dont il occulte ou déforme la nouvelle figure: celle que façonnent l'urbanisation, l'industrialisation, la consommation de masse. Ce Québec dit traditionnel devient dans les faits une enclave que ronge inexorablement le développement social et économique dont le capital étranger est le maître silencieux mais tout-puissant. Après la Seconde Guerre, ce Québec ne subsiste que sous les couleurs d'une image d'Épinal.

Cette image cependant donne vie et pérennité jusqu'aux années soixante à l'univers social et culturel sur lequel règnent le clergé et les notables. Le pouvoir politique et intellectuel, en effet, est aux mains de ces fractions de classe. Ce pouvoir s'appuie sur d'autres classes et fractions, principalement sur la paysannerie, les artisans et la petite-bourgeoisie de province. C'est l'univers qu'on a résumé dans le slogan Église-famille-parti — ce parti étant celui de l'Union nationale, ultime avatar politique de cette vraie et fausse société traditionnelle[11]. Mais la prégnance et l'influence de l'idéologie qui nourrit cet univers, débordent largement les fractions de classe et les milieux qui en sont les émetteurs ou les récepteurs privilégiés. Toute la société se réfléchit dans ce discours comme dans un miroir déformant. Il modèle toute pratique sociale, même celle qui s'en écarte.

On voit qu'il est à peu près impossible de distinguer les éléments matériels des éléments idéels de cet objet que représenterait la société traditionnelle. Cette difficulté est d'ailleurs la source des nombreux débats qu'a soulevés l'utilisation de cette notion dans les travaux portant sur le Québec[12]. Pour certains chercheurs, la société traditionnelle n'existait pas ici, n'avait jamais existé. Pour d'autres, elle résumait la quintessence de la réalité sociale. Depuis lors, on a oublié le problème. Nous n'entendons ni le reformuler, ni le résoudre. Il n'en reste pas moins que les résultats de notre étude donnent à voir quelque chose de mystérieux: non pas l'objet, mais son ombre, l'ombre portée sur nos données de la société traditionnelle[13]. Les familles des femmes qui sont devenues religieuses au cours du XXe siècle semblent appartenir pour une large part à l'univers ambigu — réel et irréel — de cette société. Ces familles s'y inscrivent dans un espace économique et social précis: les milieux petit-bourgeois et paysans, ceux de l'artisanat et des métiers ruraux. Elles se moulent, on l'a vu, dans l'espace démographique, si l'on peut dire, de cette société: celui des familles nombreuses. Elles se situent aussi, de toute évidence, dans son espace politique et culturel, organisé par l'Église, associée aux forces nationalistes et conservatrices. Enfin, elles occupent l'espace territorial, géographique, de la société traditionnelle — le village, la campagne, la province — qui est un espace mouvant. On le montrera au prochain chapitre.

NOTES

1. Notre analyse des classes combine des critères théoriques et méthodologiques empruntés aux théories marxiste et fonctionnaliste. Dans la théorie marxiste, les classes sont des groupes fondés sur la propriété, la disposition du capital (des moyens de production) ou l'absence de propriété, impliquant la vente de la force de travail contre un salaire. Les théories de la stratification conçoivent les classes comme des regroupements plus ou moins stables d'individus occupant une position similaire dans diverses hiérarchies: celles de la profession, du revenu, de l'autorité, du prestige. D'autres approches fonctionnalistes se situent à mi-chemin entre ces extrêmes, telle la théorie wébérienne. Le choix de nos critères a été, en partie, dicté par le caractère des matériaux dont nous disposons et de la période que nous étudions.

2. L'appartenance de certains milieux et professions à une classe ou une autre est bien souvent discutable. Leur classification fait l'objet d'une décision relativement arbitraire. Ainsi, par exemple, nous aurions pu classer les professions libérales dans la petite-bourgeoisie plutôt que dans la bourgeoisie; certains cadres moyens ou subalternes dans la classe des travailleurs plutôt que dans la petite-bourgeoisie, etc. En général, nous avons essayé de refléter dans notre classification les conditions socio-économiques du Québec de l'époque, eu égard aux milieux et professions étudiés.

3. Dans le recensement des religieuses du Canada analysé par Lessard et Montminy, on a demandé aux répondantes quelle était l'occupation de leur père. Rappelons que cette enquête a rejoint 65 248 religieuses vivant au Canada en 1965. Malheureusement la définition des catégories professionnelles utilisées par les deux chercheurs n'est pas assez explicite pour qu'on puisse comparer leurs résultats à ceux de notre étude. Sauf pour deux catégories: les ouvriers (spécialisés, semi-spécialisés et non spécialisés) qui regrouperaient 34,3 % des pères des religieuses recensées et les cultivateurs qui en regrouperaient 35,5 %. Voir Marc-A. Lessard et Jean-Paul Montminy, «Recensement des religieuses au Canada», *Donum Dei, op. cit.* Selon l'étude réalisée en 1969 auprès des religieuses de France, 39 % d'entre elles sont issues du milieu des agriculteurs, 26 %, du milieu des professions libérales et cadres (qualifié de classe moyenne) et 24 %, du milieu des employés et ouvriers. Voir A. Luchini (dir.), *Les religieuses en France, résultats de l'enquête réalisée en 1969, op. cit.*

4. Ces observations sont fondées sur l'analyse des coefficients de dissimilarité entre les périodes.

5. En effet, dans la majorité des cas, la profession du père de la religieuse est celle qu'il exerçait au moment où sa fille est entrée en communauté.

Pour certains pères — leur proportion est difficile à estimer —, la profession pourrait être celle qu'ils exerçaient lorsque leur fille est née, sans qu'on puisse savoir si cette situation s'est modifiée par la suite. C'est le cas des pères dont nous avons relevé la profession dans l'acte de naissance des religieuses ou dans les pages de leur nécrologie évoquant l'enfance et le milieu familial. Dans ces cas, il s'agit surtout de religieuses entrées avant les années quarante.

6. Muriel Garon-Audy, Alberte Ledoyen et Jacques Dofny, *Mobilité professionnelle et géographique au Québec, 1954-1964-1974,* recherche préparée pour le ministère des Affaires sociales, Centre de recherches en développement économique, Université de Montréal, 1979.

7. Les données du recensement incluent des cohortes plus jeunes que celles des pères des religieuses pour 1931 et 1951, et elles incluent aussi, pour les quatre années comparées, les hommes célibataires et les hommes mariés sans enfant. Il s'agit en outre d'hommes appartenant à toutes les confessions religieuses.

8. Les catégories professionnelles des recensements regroupent certains emplois d'une manière différente de celle que nous avons adoptée. Ainsi la catégorie «administrateurs, directeurs, propriétaires» inclut les petits propriétaires et commerçants que nous avons traités comme une catégorie distincte. Pour ces deux catégories, la comparaison n'est donc pas intéressante. Pour les ouvriers, par ailleurs, une comparaison globale est possible mais on ne peut comparer les strates ou sous-groupes.

9. Il se pourrait qu'une certaine part, minime toutefois, de la surreprésentation des agriculteurs dans la structure professionnelle des pères de religieuses vienne de la manière dont les religieuses ont déclaré la profession de leur père dans les cas ambigus. On sait que bien des hommes — au moins avant les années soixante — étaient propriétaires d'une terre qu'ils exploitaient de manière intermittente, tout en exerçant un autre emploi — salarié ou à leur compte, à temps plein ou à l'occasion — dans l'industrie de la forêt, des mines, de la pêche, dans le commerce, ou autre. Une grande partie des cas de ce genre ont dû être déclarés agriculteurs alors que l'agriculture n'était pas leur moyen principal de subsistance. De plus, si l'on se fie aux remarques qu'on a pu glaner dans les nécrologies, biographies et autres documents, il était très bien vu d'avoir des racines paysannes. Ce qui reflète l'idéologie traditionnelle prévalant dans les communautés.

10. Voir, entre autres, Horace Miner, *Saint-Denis, a French-Canadian Parish,* Chicago, Chicago University Press, 1939. Pour se faire une idée plus complète de la notion de société traditionnelle, on consultera Marcel Rioux «Remarques sur les concepts de *folk-society* et de société paysanne», *Anthropologica,* 5, 1957.

11. Nous nous inspirons ici de l'excellente recherche de Gilles Bourque et Jules Duchastel sur le régime Duplessis, les classes et les institutions qui lui servent d'appui: *Restons traditionnels et progressifs. Pour une nouvelle analyse du discours politique. Le cas du régime Duplessis au Québec,* Montréal, Boréal,1988.

12. Le débat, à l'origine, oppose Marcel Rioux et Hubert Guindon à Philippe Garigue. On peut se référer aux textes suivants: Philippe Garigue, «Évolution et continuité dans la société rurale canadienne-française», traduction de la version originale de 1957, dans Marcel Rioux et Yves Martin (dir.), *La société canadienne-française,* Montréal, Hurtubise-HMH, 1971; «The Social Evolution of Québec: a Reply», *Canadian Journal of Economics and Political Science,* 26, 4, 1960; Marcel Rioux, «Notes sur le développement socio-culturel du Canada français», *Contributions à l'étude des sciences de l'homme,* 4, 1959. Pour une analyse du débat dans son contexte intellectuel et politique, voir Gilles Bourque, «Traditional Society, Political Society and Québec Sociology: 1945-1980», *La Revue canadienne de sociologie et d'anthropologie,* 26, 3, 1989 et Nicole Laurin-Frenette, «La sociologie des classes sociales au Québec de Léon Gérin à nos jours», dans *Continuité et rupture, les sciences sociales au Québec (collectif),* Montréal, Les Presses de l'Université de Montréal, 1984.

13. Ombre portée: «Toute ombre qu'un corps projette sur une surface et l'imitation qu'on en fait dans un dessin, dans un tableau.» *(Dictionnaire Littré.)*

Chapitre 12

Quitter son village: l'origine socio-géographique des religieuses

Comment esquisser les traits du paysage naturel et social qui ont marqué l'enfance de la future religieuse? Sur la base de l'information dont nous disposons concernant le lieu de naissance des femmes entrées en communauté, nous avons construit deux variables décrites au chapitre 4: l'agglomération et la zone d'origine. L'analyse de ces variables s'applique exclusivement aux religieuses nées au Québec. Elle vise à dégager les caractéristiques propres de ce qu'on pourrait appeler l'espace socio-géographique, le genre d'environnement, de milieu local et régional propices à la vocation religieuse. Là s'enracine la famille de la future religieuse, se déploient les réseaux dans lesquels cette famille s'inscrit pendant les années précédant l'entrée en communauté[1]. Examinons d'abord la taille de l'agglomération dont les religieuses sont originaires, taille mesurée au cours de la période qui coïncide avec leur entrée en communauté. Cela permet de se faire une idée du caractère plus ou moins urbain ou rural du milieu immédiat de la famille. Le tableau 47 présente l'évolution de l'origine des religieuses, du début de la période jusqu'en 1971, selon la taille de l'agglomération où elles sont nées. (Dans les analyses de ce chapitre, les deux dernières périodes d'entrée, 1952-1961 et 1962-1971, sont regroupées.)

Tableau 47

Répartition procentuelle du lieu de naissance des religieuses, selon la taille de l'agglomération et selon la cohorte d'entrée, de 1840 à 1971.

| Cohorte d'entrée | Taille de l'agglomération (nombre d'habitants) | | | Total |
	15 000 et plus	5 000 à 15 000	moins de 5 000	
1840-1901	12,5	3,3	84,5	100% (565)
1902-1911	11,7	1,7	86,8	100% (319)
1912-1921	11,9	4,9	83,1	100% (377)
1922-1931	14,3	5,6	80,2	100% (477)
1932-1941	15,4	3,7	80,9	100% (548)
1942-1951	20,3	8,5	71,9	100% (456)
1952-1971	21,8	8,2	70,0	100% (540)
Ensemble de la période	15,6	5,2	78,7	100% (3 282)

Des filles de la campagne

Le village est l'environnement immédiat de la très grande majorité des futures religieuses. Au cours de l'ensemble de la période étudiée, 78,7 % des femmes entrées en communauté viennent de petites agglomérations de moins de 5 000 habitants. Très peu de religieuses (5,2 %) sont originaires de villes de 5 000 à 15 000 habitants, et seulement 15,6 % d'entre elles viennent d'agglomérations de 15 000 habitants et plus. Une dichotomie apparaît donc nettement entre une très forte majorité de villageoises et une minorité de citadines. Une certaine évolution se dessine toutefois au cours du temps. Une proportion légèrement plus élevée des religieuses viennent des agglomérations de 15 000 habitants et plus dans les dernières décennies — quarante, cinquante et soixante — comparées aux décennies précédentes. En contrepartie, la proportion de religieuses originaires d'agglomérations de moins de 5 000 habitants est moins importante dans les dernières décennies que dans les premières. Néanmoins, ces fluctuations sont légères et le milieu d'origine reste très homogène dans le temps. Il est intéressant de comparer, d'une part, cette répartition du lieu d'origine des religieuses selon la taille de l'agglomération et, d'autre part, la répartition générale du lieu d'habitation, par taille d'agglomération, de la population du Québec au cours de la même période, telle que présentée dans le tableau 48.

Tableau 48

Répartition procentuelle du lieu d'habitation de la population du Québec, de 1901 à 1961, selon la taille de l'agglomération.*

	Taille de l'agglomération (nombre d'habitants)		
Année	5 000 et plus	Moins de 5 000	Total
1901	28,9	71,1	100% (1 648 898)
1911	34,8	65,2	100% (2 005 776)
1921	41,6	58,3	100% (2 360 510)
1931	47,8	52,2	100% (2 874 662)
1941	50,7	49,3	100% (3 331 882)
1951	53,9	46,1	100% (4 055 681)
1961	63,7	36,2	100% (5 259 211)

* Sources: *Recensement du Canada*, 1961, vol. 1.1, cat. 92-539, tableau 6.

On sait que le développement socio-économique du Québec, au cours de la fraction du XXᵉ siècle qui nous intéresse, se traduit par une forte urbanisation et un mouvement plus ou moins constant d'exode rural. En témoigne l'augmentation progressive de la population regroupée dans des villes de 5 000 habitants et plus, qui passe de 28,9 % en 1901 à plus de 63 % en 1961. Cette augmentation est suivie d'une diminution proportionnelle de la population dans les villages de moins de 5 000 habitants. Ainsi, en 1901, la population du Québec se retrouvait à 71,1 % dans ces petites agglomérations alors que celles-ci ne regroupent plus en 1961 que 36,2 % de la population. On peut dire que le fait d'habiter dans un village n'est pas une caractéristique originale en 1901, mais elle commence à le devenir dès 1911. Passé cette date, le caractère atypique du lieu d'habitation des futures religieuses ne cesse de s'accentuer si on le compare à celui de l'ensemble de la population. En effet, les femmes qui sont entrées en communauté sont originaires de petites agglomérations dans une proportion variant entre 70 et 86 % durant la période couverte par notre étude. De telles proportions sont raisonnables, pourrait-on dire, au début du siècle, alors que les habitants du Québec se retrouvent dans ce type d'agglomération dans une proportion de 71,1 % en 1901 et de 52,2 % en 1931. Vers les années cinquante et soixante, ce n'est plus du tout le cas: la population québécoise habite à 53,9 % en 1951 et à 63,7 % en 1961 dans des agglomérations de 5 000 habitants et plus.

Le berceau de la vocation religieuse est donc la campagne québécoise: ces milliers de petits villages bâtis autour de l'église et du couvent. Au centre: le magasin général, les boutiques du forgeron, du boulanger et du cordonnier. De belles grandes demeures bordent la rue principale — celles du médecin, du notaire, de l'entrepreneur en construction, des rentiers. Dans les petites maisons des rues transversales habitent les journaliers, les retraités. À la périphérie: la scierie, la coopérative agricole et la laiterie. Au-delà, les rangs le long desquels s'égrènent des fermes dont la richesse peut se mesurer à la taille des silos, le nombre de têtes du troupeau qui paît dans les champs environnants. Le village est un milieu relativement homogène malgré la stratification sociale qui le traverse. Son intégration, sa cohésion sociale, est forte: les familles y sont enracinées parfois depuis des générations et tout le monde se connaît. On se voisine, on s'entraide, on s'épie, on se querelle; on se retrouve à l'église, à la salle municipale, aux assemblées politiques. La pratique religieuse est intense; l'influence des notables, incontestée et le patronage politique florissant. Au fil des années, l'automobile remplace la carriole sur les routes, le tracteur succède à la charrue dans les champs. L'électricité illumine les rues et les maisons; la ferme, comme la petite industrie, se mécanise. La radio puis la télévision déclassent le violoneux et le crieur public. Mais le village reste ce qu'il a toujours été: terreau de la société traditionnelle, microcosme de ses pratiques, de ses institutions, de ses idéologies. Et il ne cesse pendant tout ce temps de donner des enfants, des filles surtout, à l'Église.

Du centre vers la périphérie

Nous avons situé les agglomérations où sont nées les futures religieuses dans trois types d'espace socio-géographique, les zones, définies par leur degré de proximité ou d'éloignement des centres urbains importants. La zone centrale comprend les régions métropolitaines de Montréal et de Québec; la zone médiane, les régions de Hull, Trois-Rivières, Sherbrooke, etc. Quant à la zone périphérique, elle regroupe les régions les plus éloignées des centres importants (ceux des zones centrale et médiane), par exemple, la Gaspésie. (On trouvera à l'annexe 4 la liste des comtés inclus dans chacune des zones d'habitation.) La zone ne doit pas être interprétée comme un indice complexe du développement socio-économique, de l'industrialisation ou de la richesse relative des régions qu'elle recouvre, ni même comme un indice de leur degré d'urbanisation ou de leur caractère rural, au sens strict. Il s'agit plutôt d'un indicateur de la «centralité» plus ou moins forte des régions: leur distance relative des grands pôles urbains tels qu'ils se répartissent sur le territoire du Québec. Il nous semble évident que la disponibilité de l'emploi[2], des services scolaires, privés ou publics, de même que les modalités de participation de la population à l'ensemble de l'activité économique, sociale et culturelle, varient grandement selon le degré de «centralité» de la région ainsi définie. Ces conditions pèsent lourd dans les choix de vie que peuvent faire les gens, les femmes notamment, quelles que soient par ailleurs leurs aspirations ou leurs valeurs qui ne tiennent pas forcément au lieu de naissance ou de résidence. Ce lieu, par contre, ouvre des possibilités objectives ou impose des contraintes tout aussi objectives dans la recherche d'un avenir ou d'un état de vie. Le tableau 49 permet de voir la répartition du lieu de naissance des religieuses entre les trois types de régions, au cours de la période considérée.

Tableau 49

Répartition procentuelle du lieu de naissance des religieuses, selon la zone d'habitation et selon la cohorte d'entrée, de 1840 à 1971.

Zone d'habitation

Cohorte d'entrée	Centrale	Médiane	Périphérique	Total
1840-1901	56,0	26,3	17,7	100% (562)
1902-1911	50,2	29,1	20,7	100% (319)
1912-1921	45,2	33,0	21,8	100% (377)
1922-1931	40,1	36,2	23,7	100% (477)
1932-1941	34,1	36,3	29,6	100% (546)
1942-1951	33,3	32,5	34,2	100% (452)
1952-1971	30,7	24,8	44,6	100% (538)
Ensemble de la période	40,9	31,0	28,1	100% (3 272)

De l'ensemble des religieuses entrées en communauté au cours de la période étudiée, 40,9 %, viennent de la zone centrale contre 31 % et 28,1 % respectivement des zones médiane et périphérique. La part des religieuses originaires des trois types de région se modifie dans le temps. Cette évolution présente le plus vif intérêt.

La proportion des religieuses qui viennent de la zone centrale tombe de 56 % à 30,7 % au cours de la période étudiée. Cette chute est rapide — de 5 % par décennie jusqu'en 1941 — par la suite, elle se ralentit. Jusqu'en 1941, les religieuses originaires de la zone médiane sont proportionnellement de plus en plus nombreuses relativement à celles des autres zones, mais dans les années quarante, cinquante et soixante, leur importance décroît fortement. En revanche, la proportion des religieuses originaires de la zone périphérique augmente d'une manière impressionnante. La proportion des religieuses qui y sont nées double pratiquement entre la décennie vingt et la dernière décennie: elle passe de 23,7 % à 44,6 %. On peut donc affirmer que, jusqu'au début des années trente, le recrutement des religieuses se fait de façon prédominante dans la zone centrale, bien qu'il soit de moins en moins intense d'une décennie à l'autre. Parallèlement, au cours de ces quatre décennies, le recrutement en zone médiane s'intensifie graduellement comme, à un moindre degré, celui en périphérie. À partir des années trente, le recrutement en zone périphérique prend de plus en plus d'importance et cette zone devient prédominante en fin de période, c'est-à-dire dans les années cinquante et soixante.

Cette modification au cours du temps de la zone d'origine des religieuses n'est pas l'effet d'un mouvement de la population du Québec du centre vers la périphérie. Bien au contraire, au cours de la période considérée, le développement des trois types de régions suit un mouvement très différent de celui qui caractérise le recrutement des religieuses du point de vue de l'origine socio-géographique. En effet, nous avons situé la population du Québec, à chaque décennie, dans les trois types de zones qui nous servent d'indicateur. Le tableau 50 montre cette répartition de la population, il permet de voir l'évolution de la densité du peuplement dans les régions ainsi définies, au cours de la période considérée.

Tableau 50

Répartition procentuelle de la population du Québec, selon la zone d'habitation, de 1901 à 1961.*

Zone	1901	1911	1921	1931	1941	1951	1961
Centrale	52,6	55,6	56,0	58,6	56,8	56,9	60,0
Médiane	29,5	26,6	25,3	22,7	22,2	22,0	20,3
Périphérique	17,9	17,7	18,7	18,7	20,9	21,1	19,7
Total	100%	100%	100%	100%	100%	100%	100%
Nombre de cas	1 648 920	2 036 305	2 360 510	2 874 663	3 331 882	4 055 686	5 257 389

* Sources: *Recensement du Canada*, 1961, vol. 1.1, cat. 92-539, tableau 6. Ces données ont été reconstruites selon nos catégories relatives à la zone d'habitation.

On observe que la zone centrale est toujours la plus importante; elle regroupe, toutes les décennies, plus de la moitié de la population du Québec: de 52,6 % en 1901 à 60 % en 1961. À noter que la proportion de la population dans cette zone subit une légère baisse dans les décennies trente et quarante, marquées par le retour à la terre, l'expansion du secteur minier et le développement de nouvelles régions, éloignées des centres. La fraction de la population en zone médiane passe de 29,5 % au début du siècle à 20,3 % en fin de période. Quant à celle de la zone périphérique, elle augmente légèrement mais de façon constante jusqu'au début des années cinquante et diminue dans la décennie suivante. À partir des années trente, la proportion de la population que représentent respectivement les zones médiane et périphérique est de plus en plus semblable. En

1961, les deux zones regroupent une part presque identique de la population, soit 20,3 % en zone médiane et 19,7 % en périphérie.

Comparons l'évolution de la zone d'habitation de la population du Québec et l'évolution de la zone d'habitation des futures religieuses (à partir des données regroupées respectivement dans le tableau 50 et le tableau 49). Il est manifeste qu'au début du siècle les religieuses se répartissent entre les zones centrale, médiane et périphérique dans les mêmes proportions que la population du Québec en général. Après 1911, toutefois, la provenance des religieuses ne recoupe plus la distribution de la population entre ces trois zones. La relation entre les données des deux tableaux s'inverse progressivement. Ainsi, au cours de la période d'entrée 1952-1971, c'est dans la zone périphérique, où se retrouve la plus faible fraction de la population québécoise (19,7 % en 1961), que sont recrutées une grande partie (44,6 %) des religieuses. Au même moment, la zone centrale où vit 60 % de la population du Québec ne fournit pas le tiers (30,7 %) des femmes qui entrent en communauté.

Il faut replacer les types d'agglomérations dont les religieuses sont originaires dans les trois types de zones d'habitation que nous avons identifiées. Autrement dit, analysons simultanément les deux variables qui nous servent à décrire l'origine socio-géographique des recrues. Cela caractérisera le plus complètement possible l'environnement socio-géographique, le type de milieu local et régional propice à la vocation religieuse. Le tableau 51, à la page suivante, montre la répartition de l'origine socio-géographique des religieuses du Québec au cours de la période étudiée, selon la taille de l'agglomération et le type de zone d'habitation dont elles sont originaires.

On observe ici encore que les recrues des communautés religieuses viennent massivement des villages, tant ceux de la zone centrale que de la zone médiane et de la zone périphérique. Il est manifeste que les religieuses qui ne sont pas issues de villages et de petites villes proviennent, en fait, des grandes villes de la zone centrale. Leur proportion est faible et elle est assez stable au cours de la période, entre 10,4 % et

Tableau 51

Répartition procentuelle du lieu de naissance des religieuses, selon la taille de l'agglomération, selon la zone d'habitation et selon la cohorte d'entrée, de 1840 à 1971.

ZONE Taille	1840-1901	1902-1911	1912-1921	Cohorte d'entrée 1922-1931	1932-1941	1942-1951	1952-1971
CENTRALE							
Grande	12,5	10,4	10,7	11,3	11,1	13,6	13,1
Moyenne	0,2	0,7	0,8	1,2	1,6	1,4	3,4
Petite	43,4	39,2	33,6	27,6	21,3	18,3	14,1
MÉDIANE							
Grande	-	1,3	1,3	3,0	3,3	5,8	6,5
Moyenne	3,0	0,6	2,5	2,4	0,5	2,9	1,6
Petite	23,2	27,2	29,5	30,8	32,5	23,8	16,6
PÉRIPHÉRIQUE							
Grande	-	-	-	-		0,9	2,2
Moyenne	0,2	0,2	1,7	1,9	0,9	4,1	3,1
Petite	17,6	20,4	20,0	21,8	1,6	29,1	39,4
					27,1		
Total	100%	100%	100%	100%	100%	100%	100%
Nombre de cas	561	319	375	477	546	452	538

13,6 %; malgré l'accroissement constant de la population de ces grands centres urbains du Québec au cours de la même période. Mais le fait le plus impressionnant est le déplacement du recrutement au cours du temps des petites agglomérations de la zone centrale aux petites agglomérations de la zone périphérique. L'environnement socio-géographique des futures religieuses est donc tout à fait singulier, c'est principalement le milieu des villages; et ils se trouvent de plus en plus éloignés des centres urbains, à mesure qu'on avance dans le siècle.

La campagne et la ville

C'est parce qu'il s'enfuit, chemine à rebours du temps dans l'espace québécois que le village reste immuable, imperméable au changement et qu'il demeure ainsi la pépinière des vocations féminines. Il émigre du centre vers la périphérie, battant en retraite devant l'avance inexorable de la ville et de la banlieue. Au début du siècle, le village se dresse à quelques lieues de Montréal ou de Québec, aux portes des grandes villes dont le séparent à peine quelques hectares de champs. Puis il s'éloigne des centres, recule, se réfugie en terrain plus éloigné, mais sûr et familier. Le temps d'une paix, on le retrouve dans Charlevoix, ou sur les bords du Saint-Maurice ou de la Gatineau. Dans l'après-guerre, c'est dans l'arrière-pays que le village devra s'exiler, aux confins des terres à bâtir, des forêts à défricher du Témiscouata, de l'Abitibi, du Lac-Saint-Jean.

Quelle que soit la région où il se situe, à quelque époque que ce soit, le village est toujours un lieu éloigné. La distance est relative au temps. En 1910, Saint-Vincent-de-Paul ou Lachine sont aussi loin de Montréal que le sont, en 1960, Amqui ou Senneterre. Certes, la proximité ou l'éloignement dépendent de l'état du réseau routier, des moyens de transport, des médias de communication. L'intensité de l'activité industrielle et commerciale, la disponibilité des services d'éducation, de santé, d'assistance, en sont d'importants indicateurs, de même que la facilité d'accès aux loisirs et à la culture de masse. Mais ce qui crée la véritable distance entre le village et la ville, c'est l'organisation, le mode de contrôle et de régulation de la vie sociale, propres à l'un ou à l'autre. À cet égard, le village est un milieu fermé, séparé. Il subsiste de par sa fermeture et sa séparation. Dès lors que la ville ou la banlieue forcent ses portes, il commence à se désagréger. C'est que ville et village, du point de vue de l'interaction sociale, relèvent de principes différents et pratiquement incompatibles.

Les pouvoirs et les institutions dominantes sont homogènes dans l'ensemble de la société — l'État, l'Église, le capital sous ses différentes formes — mais leur hiérarchisation est différente et leur action s'exerce autrement en milieu rural qu'en milieu urbain. Nous l'avons vu au chapitre 10: la forme particulière de la relation entre l'Église et la famille paysanne ou ouvrière campagnarde permet de comprendre sociologiquement la vocation religieuse, c'est-à-dire l'échange entre l'Église et la famille dont procède la vocation. Or c'est en serre chaude, mieux que nulle part ailleurs, que cette forme de relation peut se reproduire aisément: dans un milieu où l'autorité et le pouvoir s'exercent en face à face, où prévaut un contrôle général des individus les uns par les autres, une solidarité mécanique du groupe, au sens de Durkheim[3]. Un contexte où les rapports et les réseaux familiaux, économiques, sociaux, politiques et religieux sont imbriqués et superposés. Ces traits sont ceux qui marquent la vie sociale du village et la distinguent de la vie urbaine, bien plus profondément que l'absence des usines ou la rareté des cinémas.

Ville et village, séparés par leur mode d'organisation sociale, n'en sont pas moins étroitement liés l'un à l'autre par les institutions de cette société dans laquelle ils sont différemment intégrés. La ville dépend de la campagne; elle se nourrit du village, non seulement de ses produits agricoles, mais aussi de ses enfants: main-d'œuvre abondante, formée à la sobriété, à la discipline, à la docilité. Quant au village, fuyant la ville qui le poursuit, il produit néanmoins sa dépendance envers elle: manque de terres cultivables, besoin d'argent et d'équipement, trop-plein d'enfants. L'Église, l'État et le capital vont gérer cette mutuelle dépendance de l'univers rural et urbain. L'État, en collaboration étroite avec l'Église, favorisera la colonisation et il soutiendra l'agriculture de manière à en accroître le rendement. Le capital vendra les machines, achètera la production, embauchera les fils dans ses usines. Quant à l'Église, on le sait, elle s'occupe des filles.

Ainsi elle organise une émigration féminine de la campagne vers la ville. Un transfert de main-d'œuvre féminine s'effectue par l'intermédiaire des communautés religieuses, doublé d'une redistribution sur le territoire du Québec, celui du Canada et même des États-Unis. Opération analogue, jusqu'à un certain point, au gigantesque transfert migratoire de main-d'œuvre majoritairement masculine, à l'intérieur et à l'extérieur des frontières du Québec, qui se joue dans le cadre de l'organisation industrielle[4]. Bien des femmes aussi quitteront la campagne pour s'engager en ville dans le service privé ou l'industrie. Toutefois, pendant près de cent ans, l'exode des femmes rurales vers la ville est canalisé pour une part par les communautés religieuses. Il est important de noter que l'exode rural est frappé d'interdit et stigmatisé comme le plus grand des péchés. Les femmes sont censées rester au village, dans leur coin de pays. Elles assureront la continuité de la «race» et des traditions, en attendant le retour des hommes partis vers les chantiers, les manufactures lointaines, les «États». Cette fidélité des femmes au pays, à la terre, au foyer rural, est un thème privilégié de l'idéologie nationaliste traditionnelle. Ses formes d'expression les mieux connues sont la chanson populaire et cette littérature patriotique, catholique et romantique qu'on appelle le roman du terroir[5]. Pourtant, entrer au noviciat, pour une femme, c'est quitter son village, souvent pour ne plus jamais le revoir, s'arracher à sa famille, son milieu, son environnement; être transplantée dans un autre univers social, une autre région, parfois un pays étranger. Et consacrer le travail de toute une vie à des étrangers, dans des lieux que l'autorité aura désignés. Pour la majorité des religieuses, ces lieux de travail sont urbains[6]. Exil sans retour, donc, plus absolu que celui de l'homme engagé sur des chantiers ou à la ville, de l'ouvrier émigré.

La stratégie de recrutement des communautés

Nous avons dégagé précédemment les grandes lignes de cette stratégie, en identifiant les trois types de zones d'habitation qui servent en alternance de bassin de recrutement aux communautés. Il est possible d'identifier en outre des modalités de cette stratégie, propres à différents types de communauté. En effet, on observe à cet égard certaines différences entre les communautés, selon l'activité principale à laquelle elles se consacrent. Ces différences sont légères, mais néanmoins intéressantes. Pour fins de comparaison, nous avons regroupé dans une seule catégorie toutes les communautés dont l'activité principale est autre que l'en-seignement ou les services sociaux-hospitaliers, à savoir: les servantes du clergé, les hospitalières, la protection, les missionnaires et les contemplatives. Les graphiques 2 (A, B, C) des pages suivantes montrent l'évolution, au cours de la période étudiée, du recrutement selon la zone d'habitation dans les communautés enseignantes (graphique 2-A), dans les communautés de services sociaux-hospitaliers (graphique 2-B) et dans les autres types de communautés (graphique 2-C).

Il est intéressant de constater que dans tous les types de communauté, la proportion de religieuses venant de la zone centrale subit une diminution considérable au cours de la période. À l'inverse, la proportion des religieuses de la zone périphérique augmente dans tous les types de communauté. Toutefois, cette augmentation est plus marquée dans les communautés enseignantes et dans les communautés regroupées dans la catégorie «autres» qu'elle ne l'est dans les communautés de services sociaux-hospitaliers. En fait, c'est la part de la zone médiane dans le recrutement qui diffère le plus, selon les types de communauté. Dans les communautés de services sociaux-hospitaliers, la diminution des recrues originaires de la zone centrale est compensée par des recrues de la zone médiane. Entre 1902 et 1951, la zone médiane est le bassin de recrutement privilégié de ce type de communauté. Par contre, cette zone médiane est moins importante pour les communautés enseignantes et pour les communautés regroupées dans la catégorie «autres». Sur la base de ces

Graphique 2-A

Évolution de la proportion (en pourcentage) de religieuses recrutées par les communautés enseignantes, selon la zone d'habitation des recrues et selon la cohorte d'entrée, de 1840 à 1971.

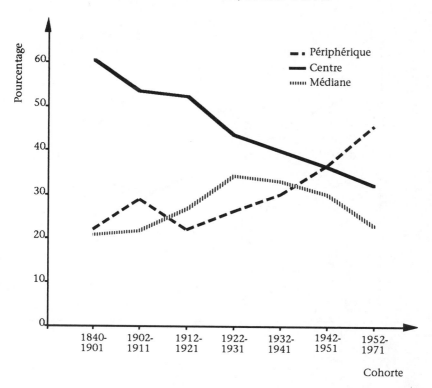

observations, il est possible d'établir une relation entre la stratégie des communautés selon les zones de recrutement privilégiées et leur dynamisme respectif. En supposant que leur expansion démographique témoigne de ce dynamisme au cours de la période observée.

On peut supposer qu'au XIXe siècle et au début du XXe siècle, c'est la zone centrale qui représente le bassin de recrutement le plus riche et le plus accessible pour tous les types de communauté. D'ailleurs une bonne partie d'entre elles ont leur maison mère dans cette zone, à Montréal ou à Québec. Cependant, tout laisse croire que ce bassin com-

Graphique 2-B

Évolution de la proportion (en pourcentage) de religieuses recrutées par les communautés de services sociaux-hospitaliers, selon la zone d'habitation des recrues et selon la cohorte d'entrée, de 1840 à 1971.

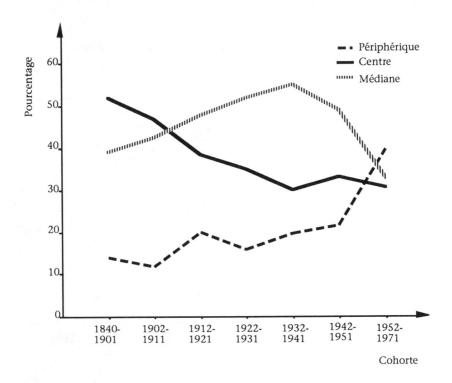

mence à s'appauvrir très tôt dans le XXe siècle. Les communautés intensifient alors le recrutement en zone médiane et en zone périphérique. Après les années trente, la zone médiane s'appauvrissant à son tour, c'est la capacité de recruter de plus en plus de sujets en périphérie qui seule permet d'éviter le ralentissement ou l'arrêt de l'expansion démographique. Dans les décennies cinquante et soixante, la périphérie devient d'ailleurs le principal bassin de recrutement. Or, on a vu au chapitre 5 que la fraction de la main-d'œuvre religieuse regroupée dans les communautés enseignantes, de même que dans la majorité des communautés

Graphique 2-C

Évolution de la proportion (en pourcentage) de religieuses recrutées par les autres types de communautés, selon la zone d'habitation des recrues et selon la cohorte d'entrée, de 1840 à 1971.

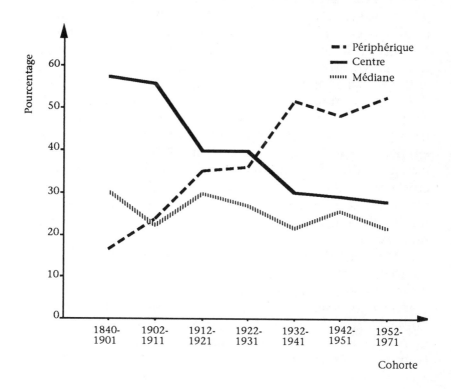

«autres», augmente de manière constante au cours du siècle. Cette expansion va de pair avec l'augmentation de la part relative des nouvelles recrues que ces communautés attirent chaque décennie, on l'a vu au chapitre 6. Ce dynamisme des communautés enseignantes et de la plupart des communautés regroupées dans la catégorie «autres» pourrait être associé à l'efficacité de leur recrutement dans les zones éloignées des centres, cette corrélation devenant de plus en plus importante d'une décennie à l'autre. Par contre, on se souviendra que les communautés de services sociaux-hospitaliers sont en perte de vitesse à partir des années vingt. En effet, la fraction de la population religieuse regroupée dans ce type de communauté passe de 35 % en 1901 à 25 % en 1971. La chute est particulièrement sensible dans les années cinquante et soixante. Cet affaiblissement se traduit d'ailleurs par la baisse relative de leur part des nouvelles recrues de chaque décennie. Il y a peut-être lieu de penser que l'incapacité, ou la difficulté, de s'assurer un flux régulier et important de vocations en provenance de la périphérie aurait entraîné la stagnation et la diminution de l'importance relative des communautés de services sociaux-hospitaliers. Mais on pourrait aussi faire le raisonnement inverse: leur faible dynamisme les aurait empêchées de recruter suffisamment en périphérie. Il paraît cependant difficile d'identifier les facteurs dont dépendraient la capacité ou l'incapacité — cruciales par ailleurs — de recruter en périphérie: visibilité et utilité des communautés et de leurs œuvres dans ces régions, impact de leur présence dans le milieu, dynamisme de leur organisation...

L'analyse des différences entre les types de communautés comparées cette fois du point de vue de leur taille relative met en relief d'autres éléments de la stratégie de recrutement des communautés selon les zones d'habitation. Les quatre graphiques 3 (A, B, C, D) des pages suivantes l'illustrent, dans les très grandes communautés (graphique 3-A), dans les grandes communautés (graphique 3-B), dans les moyennes (graphique 3-C) et dans les petites communautés (graphique 3-D). Chacun de ces types de communauté semble présenter une stratégie de recrutement particulière. Ici encore, ces modalités sont d'excellents indicateurs du degré de dynamisme des différents types de communauté. De plus, elles peuvent être mises en relation avec le mode d'implantation et de développement propre aussi à chaque type de communauté.

Les très grandes communautés ont un mode de recrutement original, qui ne ressemble à aucun autre. Pour elles, la zone centrale est en tout temps la plus importante. Elles en reçoivent une proportion de leurs recrues plus grande que la proportion qui correspondrait à la population québécoise résidant dans ces régions. Par exemple, alors que la zone

Graphique 3-A

Évolution de la proportion (en pourcentage) de religieuses recrutées par les très grandes communautés, selon la zone d'habitation des recrues et selon la cohorte d'entrée, de 1840 à 1971.

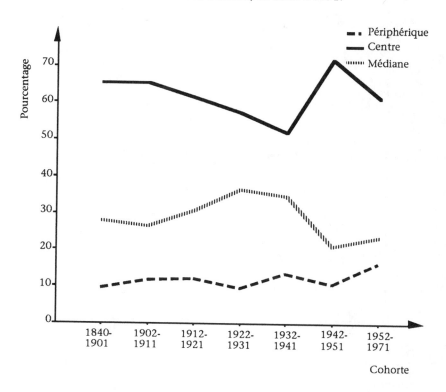

centrale regroupe 53 % de la population, en 1901, les très grandes communautés y recrutent 65 % de leur nouvel effectif de la période 1840-1901. La situation est la même dans toutes les décennies sauf celle de 1932-1941. La part des religieuses originaires de la zone médiane augmente entre 1912 et 1941, compensant une baisse relative du rendement en zone centrale. Cependant, au cours des années quarante, le recrutement se tarit en zone médiane et les très grandes communautés redoublent d'effort en zone centrale. Pour ces très grandes communautés, la périphérie n'est en aucun moment, au cours de la période étudiée, une zone rentable de

Graphique 3-B

Évolution de la proportion (en pourcentage) de religieuses recrutées par les grandes communautés, selon la zone d'habitation des recrues et selon la cohorte d'entrée, de 1840 à 1971.

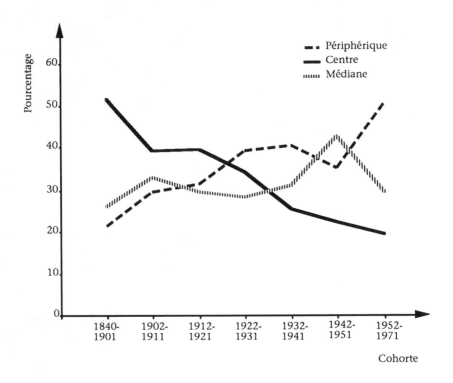

recrutement. On sait que les communautés de très grande taille, comme on l'a vu au chapitre 5, regroupent la fraction la plus importante de la main-d'œuvre religieuse au début du siècle, mais cette fraction diminue graduellement et de façon importante au fil des décennies: elle passe de 43,7 % en 1901 à 28,9 % en 1971. Le refus ou l'incapacité d'étendre leur aire de recrutement aux régions de la zone médiane et surtout aux régions de la périphérie, pourrait être un indice de faible dynamisme, du moins en ce qui concerne leur développement à l'intérieur des frontières du Québec. Car il ne faut pas oublier que les très grandes communautés sont de vastes orga-

Graphique 3-C

Évolution de la proportion (en pourcentage) de religieuses recrutées par les communautés moyennes, selon la zone d'habitation des recrues et selon la cohorte d'entrée, de 1840 à 1971.

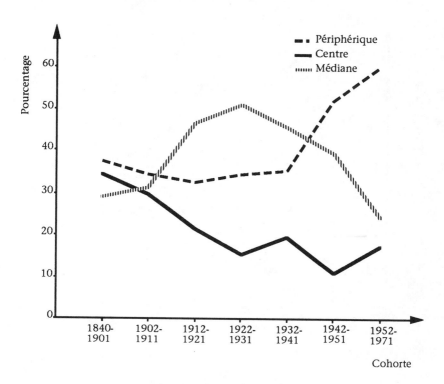

nisations multinationales et qu'elles ont essaimé massivement hors du Québec et hors du Canada. On se souviendra aussi que ces très grandes communautés se sont implantées au Québec avant le milieu du XIXe siècle, qu'elles ont rayonné depuis Montréal vers les autres centres urbains du territoire québécois. Cette ancienneté et ce mode de développement leur ont assuré une solide emprise sur le bassin de recrutement très riche que représentait la zone centrale jusqu'au début du siècle. Au prix toutefois d'une faible présence en zone médiane et d'une absence presque complète en périphérie. Handicap de plus en plus lourd qui fera des très grandes communautés des colosses aux pieds d'argile.

Graphique 3-D

Évolution de la proportion (en pourcentage) de religieuses recrutées par les petites communautés, selon la zone d'habitation des recrues et selon la cohorte d'entrée, de 1840 à 1971.

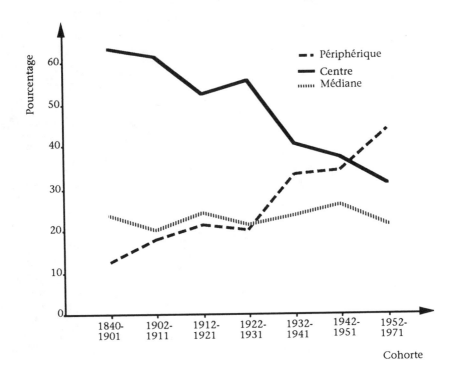

Les grandes communautés présentent, on l'a vu précédemment, une remarquable stabilité: la part de la main-d'œuvre religieuse regroupée dans les communautés de cette taille — 24 % environ — fluctue très peu au cours du siècle. Leur mode de recrutement reflète cette relative stabilité. Plusieurs grandes communautés, nous l'avons vu, concentrent une grande part de leur activité dans des régions voisines sur le territoire québécois, qui forment une aire assez vaste; elles sont un peu moins dispersées et moins urbaines que les très grandes communautés. De plus, leurs maisons mères ne sont pas à Montréal. On peut penser que ces particularités leur ont permis un accès à peu près égal aux trois bassins de recrutement, ce qui n'est pas le cas des autres types de communauté. Par exemple, entre 1902 et 1941, c'est dans les grandes communautés que les écarts de rendement entre les trois zones sont le plus faible. Le recrutement en zone centrale diminue tout au long de la période mais cette baisse est compensée par un recrutement stable et assez fort en zone médiane et, dès le début du siècle, un recrutement important en périphérie qui deviendra de plus en plus intense. Dans les dernières décennies, les grandes communautés pourront ainsi compter sur un flux de vocations de la périphérie aussi bien que de la zone médiane. Ce qui suffira pour éviter l'effondrement sans pour autant assurer l'expansion.

Plusieurs communautés moyennes — les plus importantes d'entre elles — ont été fondées ou implantées dans une ville de province, qui constitue le centre d'une région appartenant à la zone médiane ou à la zone périphérique. Au cours de leur phase de démarrage, au début du siècle, ces communautés puisent à parts pratiquement égales dans les trois bassins de recrutement. Très tôt toutefois elles se détournent de la zone centrale où leurs chances de réussite sont minces, pour concentrer leurs efforts dans la zone médiane qui sera la plus rentable pour elles jusqu'aux années quarante et dans la périphérie dont le rendement est excellent. La périphérie deviendra la zone privilégiée au cours des trois dernières décennies, lorsque le recrutement se ralentira en zone médiane. À noter que les communautés moyennes, dès le début du siècle, recrutent davantage en périphérie que les autres types de communautés. Accès privilégié aux bassins médian et périphérique — milieu naturel de la majorité des communautés moyennes — et indépendance de la zone centrale — zone où la concurrence entre les communautés de tous types est féroce et où la vocation est en déclin dès le début du siècle — ces particularités feront la fortune des communautés moyennes. Elles leur assureront un développement remarquable tout au long de la période. En effet, elles forment 18 % de la population religieuse en 1901 et 29 % en 1971, on doit le rappeler.

L'évolution du recrutement des petites communautés dans les différentes zones d'habitation se rapproche de celle de l'ensemble des communautés: la zone centrale est leur bassin privilégié jusqu'aux années quarante et par la suite, la baisse graduelle du rendement de cette zone est compensée par un flux croissant de vocations en provenance de la périphérie. On se souviendra qu'une bonne partie des petites communautés sont d'origine étrangère et que plusieurs ont été fondées ou implantées au XXe siècle seulement. Dans ces conditions, leur survie même dépendait de leur capacité d'exploiter la zone périphérique au moment opportun, qu'elles y aient été établies ou non à l'origine. Cette capacité d'exploiter la zone périphérique à partir des années trente et quarante est l'indice du dynamisme des petites communautés. En témoigne l'augmentation — de 13,5 % en 1901 à 18,5 % en 1971 — de la fraction de la main-d'œuvre religieuse regroupée dans ce type de communauté. Il est difficile toutefois de mettre en relation la stratégie de recrutement des petites communautés et les conditions de leur développement. Ces communautés sont très hétérogènes, on le sait, et leur développement fort différent selon qu'il s'agit de communautés enseignantes ou de services sociaux-hospitaliers, de servantes du clergé ou d'hospitalières.

L'étude du lieu d'origine des religieuses — les types d'agglomération et les régions dont elles sont issues — a permis de caractériser dans un premier temps l'environnement, l'espace socio-géographique propice à la vocation. Cette étude permet également de comprendre la manière dont s'est organisé le vaste déplacement de main-d'œuvre féminine que l'Église a mise au travail par l'intermédiaire des communautés: du village vers la ville, de la campagne vers le milieu urbain, de la périphérie vers les centres — et cela, malgré son refus affirmé de l'émigration rurale et de l'urbanisation. Dans cette perspective, le processus de recrutement des communautés religieuses a pu être saisi comme une stratégie qui réalise la jonction entre les communautés en tant que cadre d'organisation d'une main-d'œuvre féminine et les milieux sociaux propices à la vocation religieuse féminine que nous avons identifiés et décrits.

NOTES

1. Bien qu'en général le lieu de naissance d'une religieuse, le lieu où elle a grandi et où elle résidait au moment de son entrée en communauté coïncident, ces lieux peuvent être différents dans un certain nombre de cas dont on ignore la proportion. Malheureusement, nous sommes forcées d'écarter ces distinctions et d'utiliser le lieu de naissance comme seul indicateur du type d'espace social et géographique qui a marqué la vie de la future religieuse jusqu'à son admission au postulat, ce qui limite jusqu'à un certain point l'exactitude de notre analyse.

2. Noter toutefois qu'à certains moments, la dépression notamment, des emplois deviennent disponibles en périphérie alors que le chômage sévit ailleurs.

3. On parle de solidarité de type mécanique lorsque les individus se trouvent en relation de dépendance directe et immédiate du groupe qui assure leur survie. La contrainte du groupe sur les individus s'exerce alors sans la médiation de mécanismes institutionnels de nature impersonnelle. Ces derniers sont associés par contre à la solidarité de type organique. Voir Émile Durkheim, *La division sociale du travail*, Paris, Presses Universitaires de France, 10e édition, 1978.

4. Vu de l'intérieur du Québec, le dépeuplement des campagnes se fait au profit de quelques villes et singulièrement de Montréal. À ce sujet, on consultera Hubert Charbonneau, «Présentation», et Nathan Keyfitz, «L'exode rural dans la Province de Québec», dans Jacques Henripin *et al.*, *La population du Québec: études rétrospectives*, Montréal, Boréal Express, 1973. L'émigration de la population du Québec vers les États-Unis s'étend de 1840 à 1930. Au total, au cours de cette période, près d'un million de Québécois(es) auraient quitté leur sol natal pour s'établir outre-frontière, principalement dans les états de la Nouvelle-Angleterre. D'après les données analysées par Yolande Lavoie, cette émigration aurait été le fait d'hommes célibataires et d'hommes accompagnés de leur famille; on relève peu de femmes seules. Voir l'excellente étude de cette auteur, *L'émigration des Québécois aux États-Unis, de 1840 à 1930*, coll. «Études et documents», Conseil de la langue française, Éditeur officiel du Québec, 1979. Suzanne Cross montre que les femmes participèrent en grand nombre au mouvement de migration des campagnes surpeuplées vers les villes du Québec, au XIXe siècle, augmentant ainsi considérablement la proportion féminine de la population urbaine. Voir D. Suzanne Cross, «La majorité oubliée: le rôle des femmes à Montréal au XIXe siècle», dans Marie Lavigne et Yolande Pinard, (dir.) *Travailleuses et féministes, les femmes dans la société québécoise*, Montréal, Boréal, 1983.

5. Le roman du terroir est un genre littéraire dont la production s'échelonne sur un siècle, de 1860 à 1960. Citons parmi les plus célèbres: *Jean*

Rivard, le défricheur canadien, de Antoine Gérin-Lajoie, 1862; *Un homme et son péché,* de Claude-Henri Grignon, 1933; *Menaud maître-draveur,* de Félix-Antoine Savard, 1937; *Trente arpents,* de Ringuet (docteur Philippe Panneton), 1938; *Le Survenant,* de Germaine Guèvremont, 1945. Sur l'image de la femme dans cette littérature, on lira avec intérêt l'ouvrage de Janine Boynard-Frot dont nous nous sommes inspirées, *Un matriarcat en procès, analyse systématique de romans canadiens-français,* Montréal, Les Presses de l'Université de Montréal, 1982.

6. Chaque décennie, le tiers seulement ou moins du tiers des religieuses travaillent dans des établissements situés dans de petites villes ou dans des villages. Ces données ne sont pas présentées ici.

Chapitre 13

Du couvent au couvent: la scolarisation des futures religieuses

Avec quel bagage scolaire — quel capital d'éducation et de culture dirait-on aujourd'hui — sont-elles entrées en religion, ces jeunes femmes que les communautés ont recrutées au cours du siècle? L'information sur la scolarité des religieuses au moment de leur admission dans la communauté a été difficile à retracer, surtout pour les trois premières cohortes (1901,1911,1921). Plusieurs dossiers de religieuses ne contiennent aucune information sur le sujet, d'autres dossiers n'en fournissent que des bribes[1]. Ainsi, bien que la plupart des dossiers contenant de l'information indiquent que les religieuses ont fait des études avant leur entrée en communauté, nous ne pouvons établir le niveau de ces études que pour une partie d'entre elles. Dans le cas où le niveau de scolarité est inconnu, nous avons opté aux fins de l'analyse, pour une hypothèse minimale en supposant que ces religieuses avaient effectué quelques années d'études primaires. Par exemple, le minimum d'usage pour préparer sa communion. Cette hypothèse est nécessaire parce que rien ne nous autorise à penser que les dossiers disponibles seraient représentatifs des dossiers absents. Il n'en reste pas moins qu'en classant dans le primaire toutes les religieuses dont le dossier n'indique pas le niveau de scolarité, nous sous-estimons certainement le niveau général de scolarité des recrues. En effet, il est probable que dans bon nombre de ces cas, le niveau d'études réel serait plus que le primaire. Trois types de dossiers ont donc été placés dans la catégorie des études primaires. Premièrement, les religieuses dont on sait qu'elles ont fait des études mais sans que nous en connaissions le niveau ou la durée; ce sont des dossiers qui indiquent par exemple, «a fait quelques années de pension-nat», «a fréquenté l'école», «est assez instruite». Deuxième-ment, les religieuses pour lesquelles nous ne disposons d'aucun élément de dossier scolaire. Enfin, bien entendu, les religieuses dont on sait qu'elles ont fait seulement des études primaires avant leur entrée. Le tableau 52 ci-contre présente la scolarité des religieuses de chaque cohorte, classifiée selon les niveaux ou cycles de scolarité [2].

Reflet des conditions scolaires de l'époque

Les femmes qui n'ont fait que des études primaires avant leur entrée en communauté représentent une proportion importante de l'ensemble des recrues de chaque décennie jusqu'en 1961. Avant les années 1920, la grande majorité des recrues a un niveau de scolarité primaire: 91,3 % des reli-gieuses entrées avant 1902, 74,7 % des entrées de la première décennie du siècle et 60,4 % des entrées de la seconde. Les autres recrues de ces cohortes ont fait un secondaire court, à peine plus que le primaire. Entre 1922 et 1931, on note une hausse de la scolarité, c'est la première cohorte de recrues dont la majorité (53,2 %) a dépassé le niveau primaire; le quart des recrues (24,6 %) atteint le secondaire long, c'est-à-dire dix ou onze ans d'études. Les années trente marquent une augmenta-tion de la proportion de recrues qui entrent en communauté pourvues seulement d'études primaires (50,1 %); cette légère régression du niveau de scolarité est peut-être attribuable à la crise économique qui sévit à cette époque. Par contre, la proportion de femmes qui entrent après des études secon-daires longues (35,4 %) est nettement plus élevée dans les années trente que dans les décennies précédentes. Dans les années quarante, une nette majorité de recrues dépasse les

Tableau 52

Répartition procentuelle du niveau de scolarité des religieuses, selon la cohorte d'entrée, de 1840 à 1971.

Cohorte d'entrée	Primaire	Secondaire court	Secondaire long	Post- secondaire	Collégial	Universitaire	Total
1840-1901	91,3	7,4	1,2	-	-	-	100% (483)
1902-1911	74,7	21,1	3,7	-	0,3	-	100% (293)
1912-1921	60,4	28,8	9,6	1,0	-	-	100% (392)
1922-1931	46,8	24,4	24,6	3,5	-	0,4	100% (482)
1932-1941	50,1	11,2	35,4	2,7	0,3	-	100% (516)
1942-1951	38,2	12,7	36,2	11,6	0,8	0,2	100% (463)
1952-1961	32,9	12,3	30,9	22,4	0,7	0,5	100% (397)
1962-1971	21,1	8,3	32,2	35,5	2,2	0,5	100% (180)
Ensemble de la période	53,8	15,8	22,0	7,6	0,4	0,1	100% (3 209)

sept années de scolarité primaire (61,8 %). Dans les années cinquante, près du tiers des recrues (30,9 %) a un secondaire long et 22,4 %, une scolarité post-secondaire. La proportion de celles qui ont effectué des études post-secondaires s'élèvera à 35,5 % au cours de la dernière décennie. À toutes les époques la proportion de futures religieuses qui a fait des études de niveau collégial ou de niveau universitaire est infime, même dans les années cinquante et soixante.

À première vue, selon les normes actuelles, le niveau de scolarité des recrues paraît plutôt faible dans l'ensemble. Il faut cependant se rappeler que la population francophone du Québec en général et sa population féminine en particulier est restée très peu scolarisée jusqu'aux années soixante. Au XIXe siècle et pendant une bonne partie du XXe siècle, on quitte l'école après des études primaires plus ou moins complètes. Dans les décennies quarante, cinquante et soixante, au Québec, la moitié des femmes n'a pas plus de sept ou huit ans de scolarité, comme on le voit au tableau 53.

Tableau 53

Répartition procentuelle du niveau de scolarité des femmes, au Québec, de 1941 à 1971.*

Niveau	1941	1951	Niveau	1961	Niveau	1971
0-4 ans	10,9	8,1	0-4 ans	11,0		
					0-8 ans	47,1
5-8 ans	53,3	52,6	5-7 ans	42,8		
9-12 ans	32,3	34,7	8-12 ans	42,4	9-13 ans	46,2
13-16 ans	3,0	3,7	Univer-		Univer-	
			sitaire	3,7	sitaire	6,5
17 ans et +	0,3	0,6				
Total	100%	100%		100%		100%
Nombre de cas	1 080 034	1 310 517		1 594 611		1 900 500

* Sources: 1941, *Recensement du Canada*, vol. 111, Population, tableau 47, p. 667; 1951, vol. 2, Population, tableau 28, p. 29-9; 1961, vol. 1, part. 3(1.3), Population, Bulletin 1.3-6, tableau 103, p. 103-6; 1971, cat. 92-743, vol. 1, part. 5, Bulletin 1.5-3, p. 5-11.

Les études disponibles montrent que la fréquentation scolaire chez les jeunes des deux sexes demeure faible jusqu'à la grande réforme du système scolaire dans les années soixante. De plus, les filles parcourent des cheminements scolaires spécifiques; elles accèdent en général à des niveaux de scolarité moins élevés et moins rentables dans la sphère professionnelle[3]. Une infime minorité de femmes, notamment, fréquente les collèges classiques, seule voie d'accès à l'université jusqu'aux années soixante. Aussi tard que dans les années cinquante, la majorité de la clientèle des deux sexes répertoriée au niveau post-primaire ne dépasse pas la neuvième année (54,1 % des filles)[4]. On peut donc affirmer que le niveau d'instruction des futures religieuses reflète dans l'ensemble les conditions de scolarisation qui prévalent au cours de la période où elles sont entrées en communauté. Nous tenterons toutefois plus loin de comparer de manière précise ce niveau de scolarité des recrues des communautés religieuses à celui des femmes laïques de même cohorte d'âge.

La scolarité des recrues selon les types de communautés

Le niveau de scolarité des futures religieuses varie selon le type de communauté qui les recrute. Cela est très clair sur le tableau 54, page suivante, qui présente le niveau de scolarité selon l'activité principale de la communauté.

Les recrues des communautés missionnaires et des communautés enseignantes sont les plus scolarisées. Une proportion impressionnante des femmes qui entrent dans les communautés missionnaires (85,8 %) ont fait des études au-delà du primaire, près de la moitié ont un cours secondaire long et 22,1 % ont fait des études post-secondaires ou universitaires. Ces proportions sont basées sur l'étude d'un petit nombre de cas, aussi convient-il de les considérer prudemment. Il se pourrait que les communautés missionnaires aient été plus exigeantes que les autres en ce qui concerne la formation scolaire des futures religieuses. Celles-ci, en effet, travaillaient dans des pays étrangers, surtout du tiers-monde, elles devaient possséder

Tableau 54

Distribution procentuelle du niveau de scolarité des religieuses, selon l'activité principale des communautés.

Activité principale	Primaire	Secondaire court	Secondaire long	Post-secondaire	Collégial	Universitaire	Total
Enseignante	47,2	16,5	25,8	9,6	0,58	0,19	100% (2 047)
Services sociaux-hospitaliers	63,4	18,1	14,8	3,3	0,14	0,14	100% (695)
Service au clergé	89,7	6,8	3,4	-	-	-	100% (147)
Hospitalière	58,8	16,8	17,7	6,5	-	-	100% (107)
Protection	73,2	10,7	12,5	1,7	-	1,7	100% (56)
Missionnaire	14,2	17,5	46,0	20,6	-	1,5	100% (63)
Contemplative	80,0	2,1	13,6	3,1	-	1,0	100% (95)

des qualifications professionnelles et en outre faire l'apprentissage de langues étrangères, ce qui requiert de la culture et des connaissances de base. Quant aux recrues des communautés enseignantes, on ne s'étonnera pas qu'elles soient plus scolarisées que celles des autres types de communautés, à l'exception des missionnaires. Une bonne partie d'entre elles, en effet, étaient destinées à des tâches d'enseignement ou de direction dans les établissements scolaires de leur communauté. On devait s'attendre aussi à ce qu'elles soient aptes à poursuivre leurs études après leur entrée en communauté, en fonction des exigences des postes qui leur seraient confiés. Plus de la moitié des recrues ont dépassé le primaire (52,8 %), le quart d'entre elles ont poursuivi jusqu'au secondaire long et 10 % au delà de ce cycle.

Par contre, les recrues des communautés dont les activités ne comportent que peu ou pas d'emplois exigeant une qualification sont très peu scolarisées. La plupart des recrues des communautés de service au clergé (89,7 %) et des communautés contemplatives (80 %) n'ont fréquenté que l'école primaire. Dans le cas des contemplatives, le petit nombre de dossiers incite toutefois à la prudence. De même, les recrues des communautés vouées à la protection semblent assez faiblement scolarisées, bien que plus du quart d'entre elles (26,6 %) aient fait des études au-delà du primaire. La scolarité des femmes qui entrent dans les communautés de services sociaux-hospitaliers et les communautés hospitalières se situe à un niveau moyen. Ce sont des communautés dont les activités comportent un grand nombre d'emplois de soutien, mais aussi un grand nombre d'emplois dans l'administration, le nursing et aussi l'enseignement, dans le cas des communautés de services sociaux-hospitaliers. Plus de la moitié des recrues des communautés de services sociaux-hospitaliers (63,4 %) et hospitalières (58,8 %) ont une scolarité de niveau primaire. Celles qui ont dépassé ce niveau — 41 % des hospitalières et 36,6 % des religieuses des communautés de services sociaux-hospitaliers — se partagent plus ou moins également entre le secondaire court et le secondaire long.

Nonobstant les réserves qui s'imposent, on peut conclure de cette analyse que le niveau de scolarité des religieuses au moment de leur entrée en communauté est étroitement lié au type d'activité de la communauté qui les accueille. Le niveau de scolarité des missionnaires et des enseignantes est bien supérieur à celui des servantes du clergé et des contemplatives, qui est relativement faible. Les communautés hospitalières et les communautés de services sociaux-hospitaliers se situent à mi-chemin entre ces deux extrêmes. Ces différences pourraient bien dépendre du niveau de qualification scolaire qu'exigent les emplois disponibles dans chaque type de communauté.

Lorsqu'on compare les communautés du point de vue de leur taille relative, on observe que le niveau de scolarité des futures religieuses diffère aussi selon ce facteur. Comme le montre le tableau 55 ci-contre, les différences sont toutefois moins importantes que celles que l'on a observées en comparant les communautés du point de vue de leur activité principale. De plus, elles sont moins significatives, à notre avis.

On constate que le niveau de scolarité des recrues est très semblable dans les très grandes et dans les grandes communautés. Les communautés moyennes recrutent des jeunes filles un peu plus instruites que les autres types de communautés. Par contre, les recrues des petites communautés sont les moins scolarisées.

L'option scolaire privilégiée

Le genre d'études faites par les religieuses avant leur entrée en communauté reflète l'éventail restreint des options offertes aux filles dans le système scolaire, au cours de la période qui nous intéresse. Le tableau 56, page 374, regroupe les futures religieuses selon l'orientation de leurs études, c'est-à-dire le type d'option scolaire qu'elles ont privilégiée.

La majorité (65 %) a suivi un cours général, sans spécialisation. Les autres ont choisi, pour la plupart, le secteur de la pédagogie (28,4 %). Cette option a été pendant longtemps pratiquement la seule spécialisation accessible aux femmes, quel que soit le cycle scolaire. Elle est restée l'orientation

Tableau 55

Répartition procentuelle du niveau de scolarité des religieuses, selon la taille des communautés.

Taille	Primaire	Secondaire court	Secondaire long	Post-secondaire	Collégial	Universitaire	Total
Très grande	51,4	16,5	22,2	8,4	0,8	0,4	100% (863)
Grande	51,9	18,4	22,6	6,8	-	0,1	100% (802)
Moyenne	45,0	18,9	25,7	9,8	0,3	0,1	100% (928)
Petite	72,9	7,1	15,0	4,0	0,6	0,1	100% (618)

Tableau 56

Option scolaire privilégiée par les recrues avant leur entrée en communauté, en pourcentage.

Option scolaire	
Général	65,4
Scientifique	0,5
Commercial	1,6
Enseignement	28,4
Enseignement des sciences domestiques	1,0
Sciences domestiques	0,8
Sciences infirmières	0,6
Sciences para-médicales	0,06
Musique	0,6
Sciences religieuses	0,03
Classique	0,9
Général et musique	0,03
Sciences sociales	0,03
Total	100%
Nombre de cas	3 311

privilégiée au niveau des études secondaires et post-secondaires féminines, même lorsque le système d'option s'est diversifié. D'ailleurs, jusqu'aux années cinquante, toutes les options scolaires offertes aux jeunes filles ne sont dispensées que dans les grandes villes; les petites villes n'offrent, outre le secteur général, que le cours normal ou le cours d'enseignement ménager, le cas échéant[5]. Une très faible fraction de futures religieuses (1,6 %) a fait des études commerciales; une fraction plus infime encore, des études classiques, des études de sciences pures, de sciences domestiques ou de nursing.

On peut supposer que la vocation religieuse a pu exercer une certaine influence sur l'orientation scolaire des futures recrues. De ce point de vue, les études générales et les études de pédagogie auraient pu être considérées comme une meilleure préparation que d'autres champs de spécialisation. D'ailleurs la plupart des recrues qui ont fait des études préparant à l'enseignement (79,2 % d'entre elles) sont entrées par la suite dans des communautés enseignantes. Les autres (13,1 %) se sont dirigées surtout vers les communautés de services sociaux-hospitaliers qui dispensent elles aussi des services scolaires. Il est intéressant de noter que 75 % de ces diplômées en pédagogie n'ont pas dépassé le secondaire long: 29,3 % des diplômes sont de niveau secondaire court, 45,3 % de niveau secondaire long et 24,7 % de niveau post-secondaire[6]. On peut s'étonner du faible nombre de religieuses qui ont fait des études de nursing avant leur entrée. Ces études, rappelons-le, sont de niveau post-secondaire et elles sont offertes par les écoles d'infirmières tenues par les communautés de services sociaux-hospitaliers et les communautés hospitalières. Or il semble qu'en règle générale les religieuses fassent leurs études de nursing après leur noviciat plutôt qu'avant d'entrer en communauté. Les données, non présentées ici, relatives aux études entreprises par les religieuses en communauté, le montrent. De même, une partie des diplômes avancés en pédagogie se font après l'entrée en communauté, dans les écoles normales et scolasticats tenus par les communautés enseignantes et les communautés de services sociaux-hospitaliers.

Des couventines

Nous ne connaissons le genre d'établissement scolaire fréquenté par les futures religieuses que dans la moitié des cas; 1 767 cas sur 3 382. Cette information partielle n'en est pas moins intéressante, comme on le voit au tableau 57 (page suivante).

Moins du tiers des futures religieuses (30 %) n'a fréquenté que l'école publique au cours de ses études. Ainsi, la grande majorité (70 %) a fait, soit une partie, soit l'ensemble de ses études dans divers genres d'établissements

Tableau 57

Genre d'établissement scolaire fréquenté par les recrues avant leur entrée en communauté, en pourcentage.

Genre d'établissement	
École publique, académie.	29,3
Couvent, pensionnat, collège.	43,6
École normale, institut pédagogique.	17,8
Juvénat, scolasticat.	3,6
Institut familial, école classico-ménagère.	3,5
Orphelinat, asile.	0,6
Hôpital.	0,4
Séminaire, monastère.	0,1
Université.	0,9
Total	100%
Nombre de cas	1 825

scolaires relevant du secteur privé[7]. Le nombre élevé de dossiers absents nous conduit probablement à sous-estimer la proportion de recrues qui n'auraient fréquenté que l'école publique mais nos résultats révèlent tout de même un fait significatif: bon nombre de religieuses, la majorité peut-être, sont d'anciennes couventines.

On appelait couventines les jeunes filles qui étudiaient chez les religieuses, dans une école primaire ou secondaire, un collège, une école normale ou une école ménagère dont elles étaient la plupart du temps des pensionnaires. Ces institutions dispensaient souvent plusieurs types de cours et d'options et combinaient plusieurs niveaux de scolarité. Il n'était pas rare qu'elles soient jumelées à une école publique, dans ce cas pour jeunes filles externes, gérée par les religieuses et subventionnée par une commission scolaire[8]. Ce réseau de pensionnats — bien décrit et analysé par Micheline Dumont et Johanne Daigle — couvre tout le territoire québécois, dès le début du XXe siècle. Il est particulièrement dense dans les campagnes où plusieurs petites villes et villages ont leur couvent, qui recrute la clientèle locale et parfois régionale. Dans les villes importantes, de grands pensionnats desservent la clientèle urbaine, enrichie des élèves venues des quatre coins de la province. Hors de ce réseau, il ne reste aux jeunes filles de la campagne que l'école paroissiale, ou son annexe, l'école de rang; tandis que celles de la ville doivent se contenter du réseau de l'école publique, mal subventionné et sous-développé après le primaire.

Du début du siècle jusqu'à la Seconde Guerre, on a l'impression que les couventines constituent la grande majorité des filles qui poursuivent leurs études au-delà des premières années du primaire. Mais il semble pratiquement impossible d'évaluer avec précision la proportion de jeunes québécoises catholiques qui ont fréquenté ces établissements privés, aux divers cycles d'études. Après la Seconde Guerre, toutefois, la concurrence du réseau public se fait sentir en milieu urbain, surtout, et «à compter du milieu du XXe siècle, les couventines commencent à constituer une espèce en voie d'extinction»[9]. Il n'est donc pas possible de savoir si la proportion des couventines parmi les recrues des communautés religieuses est plus ou moins élevée que la proportion des couventines dans la clientèle scolaire féminine en général, à quelque époque que ce soit. Cependant, on est porté à penser que ces couvents ou pensionnats pour jeunes filles, fréquentés par un grand nombre de futures religieuses, ont pu représenter une sorte d'incubateur de la vocation religieuse, dans les milieux sociaux et les régions propices à la vocation.

En effet, on a déjà fait mention de la dispersion du réseau des couvents, qui va de villages éloignés aux grandes villes et comporte notamment «un nombre élevé d'institutions situées dans de très petites localités[10]». Nous savons, de plus, — c'est un fait important — que l'origine sociale de la clientèle du réseau des couvents pour jeunes filles est très hétérogène; elle varie selon le lieu et la région, selon le type d'établissement et selon la communauté qui en a la charge[11]. Certains établissements ne reçoivent qu'une clientèle de milieu bourgeois, d'autres mêlent les milieux bourgeois et petit-bourgeois, d'autres enfin — en milieu rural notamment — recrutent surtout des filles d'agriculteurs et d'ouvriers. Ainsi, une partie importante du réseau d'établissements scolaires privés pour filles — dont les communautés religieuses de femmes contrôlent le développement sur le territoire québécois — est bien branchée sur les milieux fertiles en vocations: la campagne, le village, la paysannerie, les artisans et la petite-bourgeoisie de province. D'autres faits permettent de confirmer le rôle crucial que joue ce réseau dans le processus de recrutement des communautés. Nous y reviendrons. Nous examinerons d'abord la relation entre le milieu social des recrues et leur scolarité.

Le poids des classes paysanne et ouvrière

La scolarité des recrues varie, en effet, selon le milieu socio-économique dont elles sont issues. C'est la profession du père de la future religieuse qui nous sert ici encore d'indicateur de ce milieu. Le tableau 58, page suivante, présente le niveau de scolarité à l'entrée de l'ensemble des recrues de toutes les cohortes, selon la profession de leur père.

De manière générale, le niveau de scolarité des jeunes filles est en relation directe avec le statut socio-économique de leur famille. Les plus scolarisées viennent des milieux bourgeois, ce sont les filles des propriétaires et administrateurs: les trois quarts d'entre elles ont dépassé le primaire (75,6 %), 40,7 % ont un secondaire long et 22 % un postsecondaire. Cependant les filles dont le père exerce une profession libérale sont peu scolarisées, ce qui étonne un peu: 58,7 % d'entre elles n'ont fait que des études primaires. Les recrues des milieux moyens ou petit-bourgeois sont, par contre, très scolarisées: les filles des petits propriétaires et commerçants et surtout celles des cadres ont en majorité dépassé le niveau primaire; de plus, 35,9 % des premières et près de la moitié (48 %) des secondes ont poursuivi leurs

Tableau 58

Distribution procentuelle du niveau de scolarité des religieuses avant leur entrée en communauté, selon le statut socio-économique de leur père.

Statut socio-économique du père	Primaire	Secondaire court	Secondaire long	Post-secondaire	Collégial	Universitaire	Total
BOURGEOISIE:							
administrateur, directeur, propriétaire;	24,3	11,2	40,7	22,0	-	1,9	100% (35)
profession libérale et similaire.	58,7	18,4	14,9	6,8	1,2	-	100% (122)
PETITE-BOURGEOISIE:							
petit propriétaire, artisan, commerçant;	46,4	16,4	27,3	8,6	1,0	0,3	100% (331)
gérant, contremaître, surveillant.	30,2	21,2	35,4	12,6	-	0,6	100% (100)
PAYSANNERIE:							
cultivateur.	61,3	15,5	17,0	5,9	0,2	-	100% (1470)
TRAVAILLEURS:							
employé de bureau, services, commerce;	47,2	9,4	33,1	3,9	4,8	1,6	100% (125)
ouvrier spécialisé, semi-spécialisé;	56,6	14,1	20,1	9,2	-	-	100% (312)
ouvrier non-spécialisé, manœuvre.	53,9	16,9	22,6	6,3	-	0,4	100% (381)

études jusqu'au niveau du secondaire long ou du post-secondaire. Les recrues du milieu des petits cols blancs — employés de bureau, du commerce et des services — ont une scolarité assez semblable à celle des filles des milieux petit-bourgeois. Les recrues les moins scolarisées viennent du milieu paysan: 61,3 % d'entre elles n'ont que des études primaires, 22,9 % ont fréquenté le secondaire long ou le post-secondaire. La scolarité des jeunes filles issues des milieux ouvriers est à peine plus élevée: 56,6 % des filles d'ouvriers spécialisés et semi-spécialisés et 53,9 % des filles d'ouvriers non spécialisés n'ont pas dépassé le primaire; 29,3 % des premières et 28,9 % des secondes ont atteint les cycles du secondaire long ou post-secondaire.

Ces filles de paysans et d'ouvriers forment le gros de l'effectif des communautés, il faut s'en souvenir. La moitié des recrues des communautés sont d'origine paysanne et près du quart d'origine ouvrière, on l'a vu au chapitre 11. On ne s'étonnera donc pas de constater que la scolarité des futures religieuses qui appartiennent à ces milieux sociaux est assez proche de la scolarité observée dans l'ensemble des cohortes recrutées. En effet, 53,8 % des recrues en sont restées au cycle primaire, 15,8 % ont atteint le secondaire court; 22 %, le secondaire long et 8,1 % les cycles post-secondaire, collégial ou universitaire. Ces proportions correspondent aux totaux du tableau 52, que nous avons présentés au début de ce chapitre.

En ce qui concerne la scolarité des futures religieuses, ce sont donc les filles des classes paysannes et ouvrières qui donnent le ton, si l'on peut dire, à cause de leur poids important dans toutes les cohortes de recrues. Elles sont moins instruites, dans l'ensemble, que les filles des milieux bourgeois, petit-bourgeois et du milieu des petits col blancs, mais une proportion non négligeable de ces recrues a tout de même atteint les cycles secondaires, court ou long. C'est le cas du tiers environ des filles de cultivateurs et d'ouvriers spécialisés et de près de 40 % des filles d'ouvriers non spécialisés. Ce qui veut dire qu'une bonne partie d'entre elles a probablement fréquenté le couvent et poursuivi ses études bien au-delà du minimum jugé nécessaire dans la société pour les filles de milieux populaires, au cours de la période que nous étudions.

Des filles instruites

La comparaison du niveau de scolarité des recrues des trois dernières décennies et du niveau de scolarité des jeunes québécoises de leur cohorte d'âge tend à confirmer notre intuition: bien que la scolarité des recrues des communautés ne soit pas très élevée dans l'ensemble, elles sont néanmoins plus instruites que bien des filles de leur âge[12]. Les figures A, B, C du graphique 4 (page 382) permettent de comparer la scolarité des femmes recrutées par les communautés entre 1937 et 1946 et la scolarité des femmes laïques en 1941, de trois cohortes d'âge: quinze à dix-neuf ans, vingt à vingt-quatre ans et vingt-cinq à trente-quatre ans.

On observe que les recrues des communautés sont plus scolarisées que les femmes laïques, surtout dans la cohorte de quinze à dix-neuf ans et, à un moindre degré, dans la cohorte de vingt à vingt-quatre ans. Une proportion importante des futures religieuses et des laïques n'ont fait que sept années d'études; cette proportion est moins élevée pour les recrues des communautés que pour les laïques dans la cohorte de quinze à dix-neuf ans; c'est l'inverse dans la cohorte de vingt à vingt-quatre ans. À l'autre extrême, la proportion des recrues qui ont onze ou douze ans de scolarité est nettement plus importante que la proportion des laïques qui ont atteint ce niveau dans les deux cohortes, tout particulièrement, celle de quinze à dix-neuf ans. Ces deux cohortes regroupent d'ailleurs 84,1 % des recrues: 37,5 % ont entre quatorze et dix-neuf ans; 43,9 %, entre vingt et vingt-quatre ans; seulement 17,6 %, entre vingt-cinq et trente-quatre ans (ces données ne sont pas présentées). Ces dernières ont un niveau de scolarité légèrement inférieur à celui des laïques de leur âge. La proportion de celles qui ont moins de huit ans de scolarité est plus forte dans le groupe des recrues et la proportion de celles qui atteignent treize ans de scolarité y est un peu plus faible que dans le groupe des laïques.

Les figures D, E, F du graphique 4 (page 382) permettent de comparer la scolarité des femmes entrées en communauté de 1947 à 1956, et des femmes laïques en 1951, dans les

Graphique 4

Années de scolarité (en pourcentage) terminées par les recrues avant leur entrée en communauté et par les femmes laïques, selon la cohorte d'âge, de 1937 à 1971*.

A- Laïques 1941 □, religieuses 1937-46 ■, cohorte 15 à 19 ans

D- Laïques 1951 □, religieuses 1947-56 ■, cohorte 15 à 19 ans

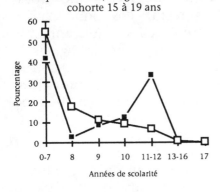
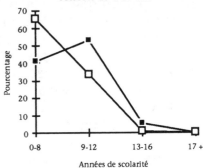

B- Laïques 1941 □, religieuses 1937-46 ■, cohorte 20 à 24 ans

E- Laïques 1951 □, religieuses 1947-56 ■, cohorte 20 à 24 ans

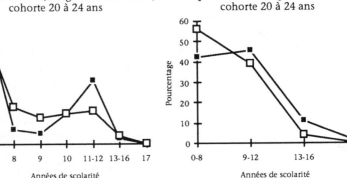

C- Laïques 1941 □, religieuses 1937-46 ■, cohorte 25 à 34 ans

F- Laïques 1951 □, religieuses 1947-56 ■, cohorte 25 à 34 ans

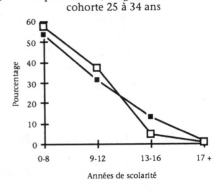

G- Laïques 1961□, religieuses 1957-66 ■,
cohorte 15 à 19 ans

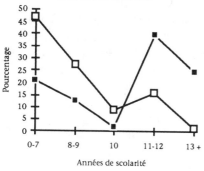

J- Laïques 1971 □, religieuses 1962-69 ■,
cohorte 15 à 19 ans

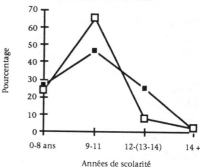

H- Laïques 1961□, religieuses 1957-66 ■,
cohorte 20 à 24 ans

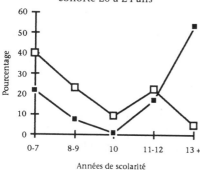

K- Laïques 1971□, religieuses 1962-69 ■,
cohorte 20 à 24 ans

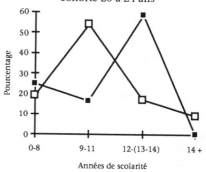

I- Laïques 1961 □, religieuses 1957-66 ■,
cohorte 25 à 34 ans

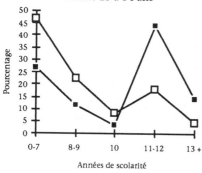

L- Laïques 1971 □, religieuses 1962-69 ■,
cohorte 25 à 34 ans

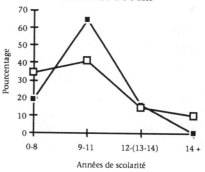

* Sources: pour les femmes laïques: 1941, *Recensement du Canada,* vol. 111, p. 667;
1951, vol. 2, p. 28-9; 1961, vol. 1, part 3 (1.3), Bulletin 1.3-6, p. 103-6; 1971, vol.
1.5, p. 5-11.

mêmes cohortes d'âge. Dans les trois cohortes, les femmes
entrées en communauté sont plus instruites que celles
restées dans la vie laïque. Dans la cohorte de vingt à vingt-
quatre ans et celle de vingt-cinq à trente-quatre ans, la différence de scolarité entre les futures religieuses et les laïques
n'est pas très grande. Elle est plus importante toutefois dans
la cohorte des plus jeunes. La proportion des futures religieuses de quinze à dix-neuf ans qui ont fait neuf à douze
ans d'études est très supérieure à celle des laïques de leur
âge. Les femmes de quinze à dix-neuf ans représentent au
cours de ces années presque la moitié (47,3 %) de l'effectif
recruté par les communautés; celles de vingt à vingt-quatre
ans, 41,3 % de cet effectif et celles de vingt-cinq à trente-
quatre ans, 10,6 %. La supériorité du niveau de scolarité des
recrues des communautés sur celui des femmes laïques du
même groupe d'âge semble s'accentuer au cours de la décennie suivante. On le voit dans les figures G, H, I du graphique 4 (page 383) qui comparent les futures religieuses
entrées entre 1957 et 1966 et les laïques des mêmes cohortes
d'âge en 1961.

Les femmes qui entrent en communauté sont nettement plus scolarisées que les laïques, dans les trois cohortes
d'âge. La différence est particulièrement sensible aux niveaux du primaire et du post-secondaire. Il faut noter toutefois que le mode de classification des données du recensement de 1961 ne permet pas de distinguer les études post-
secondaires et les études universitaires. Les deux niveaux ont
dû être regroupés pour fin de comparaison, ce qui donne
l'impression que les recrues des communautés sont plus
scolarisées qu'elles ne le sont en fait. En effet, dans bien des
cas, elles n'auront complété sans doute qu'une ou deux
années d'études post-secondaires, correspondant aux brevets
d'enseignement de type B ou C par exemple, créés dans les
années cinquante. Par contre, dans les trois cohortes, la
proportion des laïques qui a fréquenté l'université, bien
qu'elle soit très faible, est plus importante que celle des
futures religieuses, ce qui introduit un biais dans la comparaison. Ce biais n'annule pas dans l'ensemble la supériorité
des recrues des communautés sur leurs consœurs laïques, du
point de vue de la scolarité. Il est plus important d'ailleurs

dans les cohortes de vingt à vingt-quatre ans et de vingt-cinq à trente-quatre ans que dans la cohorte de quinze à dix-neuf ans où il est faible. Cette cohorte des plus jeunes représente une très grande partie (60,5 %) de sujets recrutés par les communautés de 1957 à 1966; les sujets de vingt à vingt-quatre ans représentent le tiers de cet effectif (33,8 %) et les vingt-cinq à trente-quatre ans, 4,9 % seulement.

Nous avons comparé la scolarité des femmes laïques en 1971 à celle des femmes recrutées par les communautés de 1962 à 1969; dans le cas des recrues, cette période d'observation recouvre donc en partie la précédente, celle de 1957 à 1966. La comparaison confirme la situation observée dans la période précédente, sur la base de données plus précises cette fois. Les recrues des communautés sont plus instruites que les laïques des mêmes cohortes d'âge, si l'on fait abstraction des études de niveau universitaire. On le voit dans les figures J, K, L du graphique 4 (page 383) qui comparent les religieuses entrées de 1962 à 1969 aux femmes des mêmes cohortes d'âge en 1971.

Pour cette année cible, il est possible de distinguer le niveau post-secondaire — dans lequel on a placé aussi les études collégiales — et le niveau universitaire. On constate que les futures religieuses, quel que soit leur âge au moment de leur admission en communauté, n'ont pas fait d'études universitaires. Pourtant, dans les années soixante, les femmes s'orientent en nombre croissant vers l'université: c'est la décennie du grand déverrouillage des portes du haut savoir. Les trois figures précitées montrent qu'une proportion de laïques beaucoup plus élevée que celles des décennies précédentes ont fréquenté l'université, dans les trois cohortes d'âge étudiées. La vocation, le projet d'entrer en religion et le projet d'aller à l'université semblent donc incompatibles à cette époque. Le chemin du noviciat et celui de l'université ne se croisent pas. Ce qui est d'autant plus impressionnant que l'effectif recruté par les communautés est composé de jeunes femmes plus instruites que les laïques du même âge, si l'on fait abstraction de la petite minorité d'universitaires parmi ces dernières. En effet, la proportion des recrues des communautés qui ont fait des études post-secondaires et collégiales est beaucoup plus élevée que la proportion des laïques qui ont fait ce genre d'études. Cette supériorité s'observe dans les trois cohortes mais elle est importante surtout dans les deux premières, de quinze à dix-neuf ans et de vingt à vingt-quatre ans. Ces deux cohortes représentent respectivement, au cours de cette période, 56 % et 38,3 %, la troisième cohorte 4,9 %.

Quelle conclusion tirer de l'analyse comparative de la scolarité des futures religieuses et des laïques des mêmes cohortes d'âge? Dans toutes les périodes que nous avons étudiées, les recrues des communautés sont plus scolarisées dans l'ensemble que les femmes laïques de leur âge. Certes, une forte proportion des futures religieuses, à toutes les époques, a fait seulement des études primaires, mais la proportion de leurs contemporaines qui n'ont pas dépassé ce niveau primaire est souvent plus élevée encore. Il faut se rappeler d'ailleurs que nous avons attribué une scolarité primaire à toutes les recrues sans dossier scolaire, ce qui gonfle l'effectif dans cette catégorie. La proportion de l'effectif recruté par les communautés qui atteint le niveau de scolarité le plus élevé dans chaque période — le secondaire long et par la suite le post-secondaire — est plus importante en général que celle des laïques des mêmes cohortes d'âge qui atteint ce niveau. À partir de la fin des années cinquante, alors qu'une certaine fraction de jeunes femmes laïques fréquentent l'université, les futures religieuses, par contre, s'en abstiennent.

L'élite des recrues

Par ailleurs, on aura observé dans les graphiques précédents que, parmi l'effectif recruté par les communautés, au cours des deux premières périodes étudiées — de 1937 à 1946 et de 1947 à 1956 —, les jeunes femmes les plus instruites ont entre quinze et dix-neuf ans. Au cours des deux dernières périodes — de 1957 à 1966 et de 1962 à 1969 — les vingt à vingt-quatre ans sont les plus scolarisées. Quant aux vingt-cinq à trente-quatre ans, elles sont moins scolarisées que les plus jeunes dans toutes les périodes. Ces résultats pourraient peut-être signifier que parmi les jeunes filles qui se destinent à la vie religieuse, celles qui ont poursuivi leurs études jusqu'au niveau le plus élevé de scolarité, l'université exceptée, ont tendance à entrer en communauté dès la fin de leurs études. Jusqu'à la fin des années cinquante, le niveau le plus élevé semble être le secondaire long; après cette date, ce serait le post-secondaire. Les recrues les plus scolarisées représenteraient ainsi une sorte d'élite, formée à part et dirigée sans retard vers le postulat sitôt leurs études terminées. Les recrues qui ne font pas partie de cette élite se comportent différemment selon les époques. Jusqu'à la fin des années cinquante — tant que le secondaire long représente le niveau le plus élevé de scolarité — elles ont tendance à entrer en communauté plus tard que celles qui sont plus scolarisées. Dans les années soixante, elles ont tendance à entrer plus tôt ou plus tard que le groupe d'élite qui, à cette époque, détient une formation post-secondaire.

Les voies scolaires de la vocation

Jusqu'aux années soixante, les communautés religieuses de femmes contrôlent et desservent en grande partie le système scolaire qui s'adresse à la population féminine du Québec, dans les secteurs privé et public, aux cycles primaire, secondaire et post-secondaire. Il est bien évident, dans ce contexte, que les communautés recrutent leurs sujets parmi les élèves qu'elles ont formées, dans les établissements dont elles ont la charge. En ce sens, l'emprise des communautés sur l'éducation scolaire des filles assure leur reproduction: elle leur permet de compter sur un flux régulier de recrues, donc de future main-d'œuvre. D'autant plus que le réseau scolaire des communautés, on l'a remarqué, est bien implanté dans les milieux et les régions propices à la vocation. Par ailleurs, il offre aux filles une formation qui les prépare bien davantage au mariage ou à la vie religieuse qu'au monde du travail salarié. En effet, les voies scolaires menant aux métiers et aux professions sont très restreintes si on en excepte l'enseignement et le nursing qui sont des carrières contrôlées, dans une large mesure, par les religieuses.

Il n'est pas étonnant que les communautés enseignantes représentent une part très importante et toujours croissante de la population des religieuses à toutes les époques. Leur place stratégique dans le système scolaire assure un afflux important de vocations dans les noviciats de ces communautés. De plus elles jouent le rôle de rabatteuses de vocations pour les autres communautés, surtout celles qui n'offrent pas de services scolaires: hospitalières, servantes du clergé, contemplatives et autres. Au contact des religieuses enseignantes, c'est la vie en communauté religieuse — peu importe quelle communauté — qui se présente et qui est présentée aux couventines comme une alternative plausible voire intéressante au mariage. Les religieuses incitent leurs élèves de manière générale, mais aussi personnelle, à considérer la vocation religieuse; cet engagement, ce mode de vie est dépeint, justifié, valorisé. De plus, la vie au couvent est aussi, à bien des égards, un exercice de vie en religion. L'ambiguïté même du terme de couvent pour désigner le lieu où vivent les religieuses et le lieu où des jeunes filles font leurs études est très révélatrice de ce point de vue, comme le remarque justement Nadia Fahmy-Eid[13]. Recherches et témoignages montrent bien comment le cadre et le mode de vie des pensionnaires — horaire, règlement, costume, étiquette — tiennent beaucoup de celui des religieuses[14]. Pour les élèves, autant que pour leurs maîtresses, le couvent est un univers clos, coupé du reste du monde: «La petite fille qui entre au pensionnat vers sept ans passera plus de temps auprès des religieuses qu'auprès des membres de sa famille, ne retrouvant cette dernière qu'à la fin de ses études, alors que son âge se situera entre quatorze et dix-huit ans ... les congés scolaires ne sont pas assez longs pour constituer une réelle diversion dans la vie des couventines[15]».

À chaque génération, ce que les jeunes filles en grand nombre vont contracter en fréquentant écoles, couvents, pensionnats et autres institutions des religieuses, c'est la vocation religieuse en soi: l'idée, le désir de la vocation.

Toutefois, les éventuelles recrues ne se dirigeront pas nécessairement vers la ou les communautés qu'elles ont connues
à titre d'élèves. Ainsi la fréquentation d'une communauté
enseignante pourra aussi bien disposer à la vocation de sœur
enseignante qu'à celle d'hospitalière, de servante du clergé
ou de contemplative. Selon le milieu dont elles proviennent,
l'éducation qu'elles ont reçue, les futures recrues seront en
outre tout aussi bien disposées à un avenir dans les cuisines
ou les buanderies que dans les classes des grands collèges ou
les bureaux de direction des hôpitaux.

De ce point de vue, le système scolaire, tel que les
communautés l'ont organisé et géré, comporte probablement deux voies différentes de cheminement des vocations.
La voie royale, si l'on peut dire, est celle de l'élite. Les très
bons sujets, celles qui aiment l'étude et se distinguent par
leur piété et leur conduite exemplaire, seront identifiées très
tôt, encouragées à poursuivre leurs études, dirigées vers les
orientations pertinentes et les établissements convenables.
Bien des communautés, en effet, gèrent tout un réseau
d'établissements privés et publics, du primaire au post-
secondaire et malgré le cloisonnement des secteurs et des
options, la mobilité verticale et horizontale y est toujours
possible pour certaines élèves. Cultivées en serre chaude,
couvées avec soin, les recrues d'élite passeront presque sans
transition du statut d'élève de la communauté à celui de
novice dans cette communauté ou dans une autre. Du
couvent au couvent... La seconde voie permettra aux futures
recrues de retourner dans le monde au terme des années de
vie scolaire, souvent brèves, au cours desquelles, pourtant, la
vocation se sera déposée en elle comme une semence. On en
fera plus tard la récolte, lorsque cette vocation aura germé,
protégée et cultivée par les bons soins des curés de paroisse,
des confesseurs, des aumôniers et par les religieuses elles-
mêmes. Celles-ci, en effet, restent souvent en relation avec
leurs anciennes élèves, par l'intermédiaire des amicales, des
«conventums» et des associations d'anciennes élèves de leurs
établissements scolaires[16]. Ces vocations, plus tardives dans
leur éclosion, seront dirigées comme les précédentes vers les
noviciats des communautés qui leur conviennent.

Et après? On le verra dans des publications ultérieures. Les plus instruites continueront de s'instruire en communauté, les autres en resteront à la formation scolaire qu'elles avaient en entrant. Les premières n'auront pas forcément les emplois les plus élevés dans la hiérarchie, mais ceux qui exigent une formation scolaire de type professionnel: enseignantes, infirmières et autres. On le verra aussi, il y a des emplois en communauté pour tout le monde: de toute nature, de tous genres, à tous niveaux, dans toutes sortes d'institutions. Au-delà des tableaux et des chiffres, le sens importe aussi, les textes de la vie religieuse le révéleront: sens de la vocation, de la féminité; du travail et de l'autorité; de la vie et de la mort en communauté.

NOTES

1. Nous avons tenté de reconstituer, au total, le dossier scolaire de 3 700 religieuses. Une communauté de services sociaux-hospitaliers nous a refusé toute information sur le dossier scolaire des religieuses; ce refus touche 318 cas. Nous les avons exclus de l'analyse de la scolarité des religieuses. Cette analyse porte donc sur 3 382 religieuses. De ce nombre, 83 %, soit 2 803 religieuses, ont un dossier qui contient quelque information, fût-elle rudimentaire, et 17 % n'ont pas de dossier scolaire. La proportion de religieuses sans dossier scolaire est importante dans les trois premières cohortes d'entrée: 30 % de 1840 à 1901, 25 % de 1902 à 1911, 20 % de 1912 à 1921. Dans les cohortes suivantes, la proportion varie de de 6 % à 13 %. Mille neuf cents religieuses ont un dossier scolaire incomplet, c'est-à-dire qui ne permet pas d'établir le niveau de la scolarité. La proportion de dossiers incomplets varie selon les communautés échantillonnées, de 15 % à 89 %. Il est impossible de savoir si la proportion de dossiers absents dans une communauté vient du faible niveau de scolarité des religieuses, ou du peu d'intérêt que la communauté aurait porté à l'établissement de tels dossiers, ou encore du mauvais état des archives. Des communautés enseignantes notamment, qui ont, si l'on peut dire, un intérêt professionnel pour les questions scolaires, ont jusqu'à 75 % de religieuses dont le dossier scolaire est incomplet.

2. La classification des cycles ou niveaux de scolarité a été établie de la manière suivante. (1) Le niveau primaire — appelé élémentaire avant 1953 — représente un à six ans de scolarité, parfois sept ou huit ans à certaines époques ou dans certaines provinces. (2) Le secondaire court — appelé primaire complémentaire ou cours modèle avant 1953 — représente huit ou neuf ans de scolarité, dix ans en Ontario. (3) Le secondaire long — appelé primaire supérieur ou cours académique avant 1953 —

comprend dix, onze ou douze ans de scolarité, selon l'époque. (4) Le cycle post-secondaire représente douze, treize, quatorze ou quinze ans de scolarité, selon l'époque ou le champ d'étude; il comprend tous les cours qui se situent entre le secondaire et le niveau universitaire, à l'exception du cours classique et des études collégiales. (5) Le niveau collégial comprend le cours classique menant au baccalauréat ès arts et les études collégiales menant au diplôme d'études collégiales (6) Le niveau universitaire comprend les études du premier cycle universitaire; elles représentent deux, trois ou quatre ans de scolarité, selon l'époque. Nous ne croyons pas utile de présenter la liste des dizaines de certificats, brevets et autres diplômes correspondant à chacun de ces cycles, selon l'époque ou la province. Par ailleurs, il importe de signaler que, dans bon nombre de cas, nous ignorons si le cycle d'études a été suivi jusqu'à l'obtention du diplôme correspondant à ce cycle. Cette information est disponible pour 1 744 cas seulement sur les 3 382 analysés. On observe, sur la base de ces dossiers, que la scolarité a été terminée pour tous les cycles au-delà du primaire dans 90 % des cas et plus. Par contre, plus de la moitié des recrues qui n'ont fait que des études primaires ne les ont pas terminées. Le primaire représenterait donc dans bien des cas seulement quatre ou cinq ans de scolarité, peut-être moins. Ces résultats doivent être considérés avec prudence: on ne peut pas supposer en effet que les cas observés sont représentatifs de l'ensemble.

3. Nadia Fahmy-Eid, «Un univers articulé à l'ensemble du système scolaire québécois», dans Les Couventines, op. cit., chapitre 2. Voir aussi Francine Décarries-Bélanger, L'école rose et les cols roses, la reproduction de la division sociale des sexes, Montréal, Albert Saint-Martin, 1980.

4. Micheline Dumont et Johanne Daigle, «Les Couventines» dans Les Couventines, op. cit., chapitre 9.

5. Micheline Dumont et Johanne Daigle, ibid., p. 209.

6. Ces proportions sont établies sur 884 des 973 diplômes en pédagogie, le niveau des autres étant inconnu.

7. Dans les cas où l'étudiante a fréquenté deux genres d'établissement scolaire, ou plus, on a retenu l'établissement du niveau scolaire le plus élevé; entre les établissements de même niveau, on a retenu ceux du secteur privé.

8. Micheline Dumont et Johanne Daigle, dans Les Couventines, op. cit., chapitre 9. Notre description du réseau des couvents s'inspire essentiellement de leur étude.

9. Micheline Dumont et Johanne Daigle, ibid., p. 205.

10. Micheline Dumont et Johanne Daigle, ibid., p. 209, voir aussi p. 190, et le tableau de la p. 208.

11. Voir les données sur l'origine sociale des couventines présentées par Micheline Dumont et Johanne Daigle, *op. cit.*, et l'interprétation qu'en font ces auteurs.

12. L'information relative au niveau de scolarité de la population féminine du Québec n'est pas disponible avant 1941, du moins sous une forme qui permettrait de la comparer à celle des recrues des communautés. Par ailleurs, nous ne pouvions comparer les cohortes de religieuses et de laïques sur une base chronologique identique. Les données sur la scolarité des femmes laïques concernent une année cible de chaque décennie: 1941, 1951, 1961, 1971. Or, si nous n'avions retenu aux fins de la comparaison que les recrues entrées au cours de l'année cible de chaque décennie, le nombre de cas aurait été trop faible pour que la comparaison soit valide. Par conséquent, nous avons choisi de comparer les femmes recrutées par les communautés entre 1937 et 1946 aux femmes laïques des mêmes cohortes d'âge en 1941; de la même manière, les recrues de 1947 à 1956 sont comparées aux laïques en 1951 et les recrues de 1957 à 1966, aux laïques en 1961. Les recrues de 1962 à 1969 — nos entrées en communauté s'arrêtent à cette date — ont été, faute de données sur les laïques en 1966, comparées aux laïques en 1971. D'autres solutions du problème auraient été envisageables, mais celle-ci nous semble minimiser autant que possible le biais introduit dans la comparaison par l'étalement de nos données sur plus d'une année. Pour des raisons d'espace, les tableaux utilisés pour construire les figures du graphique 4 ne sont pas présentés.

13. Nadia Fahmy-Eid, «Vivre au pensionnat: le cadre de vie des couventines» dans *Les Couventines, op. cit.*, chapitre 3.

14. Voir en particulier, Nadia Fahmy-Eid, *ibid.*

15. Nadia Fahmy-Eid, *ibid.*, p. 54.

16. Ruby Heap et Marie-Paule Malouin, «Les amicales d'anciennes», dans *Les Couventines, op. cit.*, chapitre 10.

BIBLIOGRAPHIE

1 - LIVRES, ARTICLES, THÈSES ET MÉMOIRES

D'ALLAIRE, Micheline, *Vingt ans de crise chez les religieuses du Québec, 1960-1980*, Montréal, Éditions Bergeron, 1983.

ALLISON, Paul D., «Discrete-Time Methods for the Analysis of Event-History», dans S.Leinhardt (dir.), *Sociological Methodology*, Jossey-Bass, 1982.

ALLISON, Paul D., *Event-History Analysis Regression for Longitudinal Event Data*, coll. «Quantitative Applications in Social Sciences», n° 46, Beverly Hills, Sage, 1984.

ARMSTRONG, Pat et Hugh ARMSTRONG, *The Double Ghetto: Canadian Women and their Segregated Work*, Toronto, Mc Lelland and Stewart, 1978.

ANCTIL, Pierre, «Multiplicité ethnoculturelle à Montréal», *Recherches sociographiques*, XXV, 1984.

ANDREW, Caroline, «Bénévolat et lobby féminin à Ottawa», dans Yolande Cohen (dir.), *Femmes et contre-pouvoir*, Montréal, Boréal, 1987.

AUGER, Geneviève et Raymonde LAMOTHE, *De la poêle à frire à la ligne de feu; la vie quotidienne des Québécoises pendant la guerre de 1939-1945*, Montréal, Boréal, 1981.

BARBAUD, Philippe, compte rendu du livre de Claude Poirier «Le choc des patois en Nouvelle-France», *Revue d'Histoire de l'Amérique Française*, vol. 39, 1, 1986.

BARRY, Francine, *Le travail de la femme au Québec: l'évolution de 1940 à 1970*, Montréal, Les Presses de l'Université du Québec, 1977.

BASTIEN, dom Pierre, *Directoire canonique à l'usage des congrégations à vœux simples*, cinquième édition, Bruges, Charles Beyaert, 1951.

BOURQUE, Gilles et Jules DUCHASTEL, *Restons traditionnels et progressifs. Pour une nouvelle analyse du discours politique.*

Le cas du régime Duplessis au Québec, Montréal, Boréal, 1988.

BOURQUE, Gilles, «Traditional Society, Political Society and Quebec Sociology: 1945-1980», *La Revue canadienne de sociologie et d'anthropologie*, vol. 26, n° 3, mai 1989.

BOYNARD-FROT, Janine, *Un matriarcat en procès, analyse systématique de romans canadiens-français*, Montréal, Les Presses de l'Université de Montréal, 1982.

BRISSON, Marcelle, *Par delà la clôture*, Montréal, Éditions Parti-pris, 1975.

CHARBONNEAU, Hubert, «Présentation», dans Jacques Henripin et al., *La population du Québec: études rétrospectives*, Montréal, Boréal Express, 1973.

CHARLES, Aline, *Travail d'ombre et de lumière*, Montréal, Institut québécois de recherche sur la culture, 1990.

CLIO, Collectif, *L'Histoire des femmes au Québec depuis quatre siècles*, Montréal, Éditions Les Quinze, 1982.

COLLECTIF, *Le sexe du travail, structures familiales et systèmes productifs*, Grenoble, Les Presses de l'Université de Grenoble, 1984.

COLLECTIF, *La religieuse dans la cité*, Montréal, Fides, 1968.

CONNELLY, Patricia, *Last Hired, First Fired: Women and the Canadian Work Force*, Toronto, The Women's Press, 1978.

CROSS, Suzanne D., «La majorité oubliée: le rôle des femmes à Montréal au XIXe siècle», dans Lavigne, Marie et Yolande Pinard (dir.), *Travailleuses et féministes, les femmes dans la société québécoise*, Montréal, Boréal, 1983.

DALY, Mary, *The Church and the Second Sex*, New York, Harper and Row, 1975.

DANDURAND, Renée B., *Le mariage en question, essai socio-historique*, Montréal, Institut québécois de recherche sur la culture, 1988.

DANYLEWYCZ, Marta, «Une nouvelle complicité: féministes et religieuses à Montréal, 1890-1925», dans Fahmy-Eid, Nadia et Micheline Dumont (dir.), *Maîtresses de maison, maîtresses d'école*, Montréal, Boréal, 1983.

DANYLEWYCZ, Marta, *Profession: religieuse; un choix pour les Québécoises, 1840-1920*, Montréal, Boréal, 1988.

DAVID, Hélène, *Femmes et emploi: le défi de l'égalité,* Montréal, Les Presses de l'Université du Québec, 1986.

DÉCARRIES-BÉLANGER, Francine, *L'école rose et les cols roses, la reproduction de la division sociale des sexes,* Montréal, Albert Saint-Martin, 1980.

DELPHY, Christine, «Nos amis et nous», *Questions féministes,* 1,1977.

DENAULT, Bernard et Benoît Lévesque, *Éléments pour une sociologie des communautés religieuses au Québec,* Montréal/ Sherbrooke, Les Pressses de l'Université de Sherbrooke et les Presses de l'Université de Montréal, 1975.

DEROY-PINEAU, Françoise *«Les francs-tireurs de l'information»,* Montréal, Sciences et Culture, 1981.

DEROY-PINEAU, Françoise, *Marie de l'Incarnation, femme d'affaires, mystique, mère de la Nouvelle-France,* Paris, Robert Laffont, 1989.

DOUGLAS, Ann, *The Feminization of American Culture,* New York, Avon Books, 1977.

DUCHESNE, Lorraine, Danielle Juteau et Nicole Laurin, «La longévité des religieuses au Québec, de 1901 à 1971», *Sociologie et sociétés,* XIX, n° 1, 1987.

DUCHESNE, Louis, *Tendances passées et perspectives d'évolution de la mortalité au Québec,* Bureau de la statistique du Québec, 1976.

DUMONT-JOHNSON, Micheline, «Les communautés religieuses et la condition féminine», *Recherches sociographiques,* XIX, 1, 1978.

DUMONT, Micheline, «Les congrégations religieuses enseignantes», dans Micheline Dumont et Nadia Fahmy-Eid, *Les couventines; l'éducation des filles au Québec dans les congrégations religieuses enseignantes, 1840-1960,* Montréal, Boréal, 1986.

DUMONT, Micheline et Johanne Daigle, «Les Couventines», dans *Les couventines, op.cit.*

DURKHEIM, Émile, *La division sociale du travail,* Paris, Presses Universitaires de France, 10e édition, 1978.

EWENS, Mary, «Liberated Women in a Patriarchal Church», communication présentée au colloque de l'*American Academy of Religion,* 1978.

FAHMY-EID, Nadia et Micheline Dumont (dir.), *Maîtresses de maison, maîtresses d'école*, Montréal, Boréal, 1983.

FAHMY-EID, Nadia, «Un univers articulé à l'ensemble du système scolaire québécois», dans *Les couventines, op.cit.*

FAHMY-EID, Nadia, «Vivre au pensionnat: le cadre de vie des couventines» dans *Les couventines, op. cit.*

FECHNER, Con. J.,«Health and Longevity of Today's Sister», *Social Compass,* vol. 18, 1961.

FORTIER, Céline, *Influence des disparités d'effectifs sur la nuptialité au Québec, de 1926 à 1972,* mémoire de D.E.A. en démographie, Université de Paris-5 (Sorbonne),1982.

FORTIER, Céline, *Influence des disparités d'effectifs sur la nuptialité au Québec, de 1926 à 1975,* thèse de doctorat, Université de Paris-5 (Sorbonne), en cours de rédaction.

GAGNON, Mona-Josée, *Les femmes vues par le Québec des hommes: trente ans d'histoire des idéologies, 1940-1970,* Montréal, Le Jour, 1974.

GARON-AUDY, Muriel, Alberte Ledoyen et Jacques Dofny, *Mobilité professionnelle et géographique au Québec,1954-1964-1974,* recherche préparée pour le ministère des Affaires Sociales, Centre de recherches en développement économique, Université de Montréal, 1979.

GARIGUE, Philippe, «Évolution et continuité dans la société rurale canadienne-française», traduction de la version originale de 1957, dans Marcel Rioux et Yves Martin (dir.), *La société canadienne-française,* Montréal, Hurtubise-HMH, 1971.

GARIGUE, Philippe, «The Social Evolution of Québec: a Reply, *Canadian Journal of Economics and Political Science,* 26, 4, 1960.

GUILLAUMIN, Colette, «Pratique du pouvoir et idée de nature: 1. L'appropriation des femmes», *Questions féministes,* 2,1978, et «Pratique du pouvoir et idée de nature: 2. Le discours de la nature», *Questions féministes,* 3,1978.

HAMELIN, Louis-Edmond, «Évolution numérique séculaire du clergé catholique du Québec», *Recherches sociographiques,* vol II, 1961, pp. 189-238.

HEAP, Ruby et Marie-Paule Malouin, «Les amicales d'anciennes», dans Micheline Dumont et Nadia Fahmy-Eid, (dir.), *Les couventines, op. cit.*

JEAN, Marguerite, *Évolution des communautés religieuses de femmes au Canada de 1639 à nos jours,* Montréal, Fides, 1977.

JEAN, Michèle, (dir.), *Québécoises du XXᵉ siècle,* Montréal, Le Jour, 1974.

JEAN-PAUL II, *La dignité et la vocation de la femme,* Lettre apostolique à l'occasion de l'Année mariale, coll. «L'Église aux quatre vents», Montréal, Fides, 1988.

JUTEAU-LEE, Danielle, «Les religieuses du Québec: leur influence sur la vie professionnelle des femmes, 1908-1954», *Atlantis,* vol. V, n° 2, 1980.

JUTEAU, Danielle et Nicole Laurin, «Les communautés religieuses de femmes au Québec: une recherche en cours», dans *Questions de culture,* 9, Institut québécois de recherche sur la culture, 1986.

JUTEAU, Danielle et Nicole Laurin, «L'évolution des formes de l'appropriation des femmes: des religieuses aux "mères porteuses"», *Revue canadienne de sociologie et d'anthropologie,* vol. 25, n° 2, 1988.

JUTEAU, Danielle et Nicole LAURIN, «La sécularisation et l'étatisation du secteur hospitalier au Québec de 1960 à 1966», dans Robert Comeau (dir.), *Jean Lesage et l'éveil d'une nation,* Montréal, Les Presses de l'Université du Québec, 1989.

KEMPENEERS, Marianne, *Le rôle des femmes dans la production sociale: essai de réunification conceptuelle du champ du travail féminin,* thèse de doctorat en démographie, Université de Montréal, 1987. (À paraître aux Presses de l'Université de Montréal.)

KEMPENEERS, Marianne, «Questions sur les femmes et le travail: une lecture de la crise», *Sociologie et sociétés,* XIX, 1, 1987.

KEYFITZ, Nathan, «L'exode rural dans la province de Québec», dans Jacques Henripin *et al., La population du Québec: études rétrospectives,* Montréal, Boréal Express, 1973.

KNOKE, David et Peter J. Burke, *Log-linear Models*, coll. «Quantitative Applications in the Social Sciences», n° 20, Beverly Hills,Sage, 1980.

LANGLOIS, Claude, *Le catholicisme au féminin, les congrégations françaises à supérieure générale au XIXe siècle*, Paris, Le Cerf, 1984.

LAURIN-FRENETTE, Nicole, *Production de l'État et formes de la nation*, Montréal, Nouvelle Optique, 1978.

LAURIN-FRENETTE, Nicole, «Quelques éléments théoriques et historiques pour une analyse de la relation entre le mouvement des femmes et l'État», dans Yolande Cohen (dir.), *Femmes et politique*, Montréal, Le Jour, 1981.

LAURIN-FRENETTE, Nicole et Louis Rousseau, «Les centres de la régulation: les relations entre l'Église et l'État dans l'histoire religieuse québécoise», *Studies in religion/Sciences religieuses*, v.12, n° 3,1983.

LAURIN-FRENETTE, Nicole, «La sociologie des classes sociales au Québec de Léon Gérin à nos jours», dans *Continuité et rupture, les sciences sociales au Québec* (collectif), Montréal, Les Presses de l'Université de Montréal, 1984.

LAVIGNE, Marie et Yolande Pinard (dir.), *Travailleuses et féministes, les femmes dans la société québécoise*, Montréal, Boréal, 1983.

LAVIGNE, Marie, «Réflexions féministes autour de la fertilité des Québécoises», dans N.Fahmy-Eid et M.Dumont (dir.), *Maîtresses de maison, maîtresses d'école*, 1983.

LAVOIE, Yolande, *L'émigration des Québécois aux États-Unis, de 1840 à 1930*, coll. «Études et documents», Conseil de la langue française, Éditeur officiel du Québec, 1979.

LÉGARÉ, Jacques, «Les religieuses du Canada: leur évolution numérique», *Recherches sociographiques*, X (1), janvier-avril 1969.

LESSARD, Marc-A. et Jean-Paul Montminy, «Recensement des religieuses au Canada», *Donum Dei*, n° 11, Conférence religieuse canadienne, Ottawa, 1966.

LÉVI-STRAUSS, Claude, *Les structures élémentaires de la parenté*, Paris, Presses universitaires de France,1949.

LUCHINI, A.(dir.), *Les religieuses en France. Résultats de l'enquête réalisée en 1969,* Paris, Union des Supérieures majeures de France, 1971.

MALOUIN, Marie-Paule, *Ma sœur, à quelle école allez-vous? Deux écoles de filles à la fin du XIXe siècle,* Montréal, Fides, 1985.

MARQUIS, Louise-Marie, *Analyse comparative de la main-d'œuvre féminine religieuse et laïque, 1931 à 1961,* mémoire de maîtrise en sociologie, Université de Montréal, 1987.

MEILLASSOUX, Claude, *Femmes, greniers, capitaux,* Paris, Maspero, 1977.

MERTON, Robert K., *On Theoretical Sociology,* New York, The Free Press, 1967.

MINER, Horace, *Saint-Denis, a French-Canadian Parish,* Chicago, Chicago University Press, 1939.

MITCHELL, Juliet, *Women's Estate,* New York, Vintage Books, 1971.

NAZ, R.(dir.), *Dictionnaire de droit canonique,* Paris, Librairie Letouzey et Ané, 1949.

NEAL, Marie-Augusta, *Catholics Sisters in Transition: from the 1960's to the 1980's;* Wilmington, Michael Glazier Inc., 1984.

PARISSE, Michel, *Les nonnes au Moyen Âge,* Paris, Christine Bonneton, 1983.

PELLETIER-BAILLARGEON, Hélène, *Marie Gérin-Lajoie, de mère en fille,* Montréal, Boréal, 1985.

PLANTE, Lucienne, *La fondation de l'enseignement classique féminin au Québec,* thèse présentée à l'école des études graduées de l'Université Laval, 1967.

PLANTE, Lucienne, *L'enseignement classique féminin chez les sœurs de la Congrégation Notre-Dame,* thèse de doctorat présentée à l'école des études graduées de l'Université Laval, 1971.

POULIN, Gonzalve, «L'Assistance sociale dans la Province de Québec, 1608-1951», annexe 2 du *Rapport de la Commission royale d'enquête sur les problèmes constitutionnels,* Province de Québec, 1955.

REYNE, Geneviève, *Couvents de femmes. La vie des religieuses cloîtrées dans la France des XVIIe et XVIIIe siècles,* Paris, Fayard, 1987.

RIOUX, Marcel, «Remarques sur les concepts de Folk-Society et de société paysanne», *Anthropologica*, 5, 1957.

RIOUX, Marcel, «Notes sur le développement socio-culturel du Canada français», *Contributions à l'étude des sciences de l'homme*, 4, 1959.

ROULEAU,Jean-Paul, *La religieuse hospitalière canadienne dans une société en transformation*, Centre de recherche en sociologie religieuse, faculté de théologie, Université Laval, 2 volumes, 1974.

ROUSSEAU, Louis, «Crise et réveil religieux dans le Québec du XIXᵉ siècle», *Interface*, nº 24, janvier-février 1990.

RUBIN, Gayle, «The Traffic in Women: Notes on the Political Economy of Sex», dans R.R.Reiter (dir.), *Toward an Anthropology of Women*, Londres/New York, Monthly Review Press, 1975.

SOKOLOFF, Nathalie, *Between Money and Love*, New York, Praeger, 1980.

SPIELVOGEL, Myriam, «La maternité spirituelle: une analyse du discours sur la vocation religieuse féminine», dans les *Actes de la section féministe du congrès de l'ACFAS-1989*, Université du Québec à Montréal, octobre 1990.

STRYCKMAN, Paul, *Les prêtres au Québec aujourd'hui. Résultats d'une recherche sociologique*, Centre de recherche en sociologie religieuse, Université Laval, 2 volumes, 1970.

TABET, Paola, «Fertilité naturelle, reproduction forcée», dans Nicole-Claude Mathieu (dir.), *L'arraisonnement des femmes, essai en anthropologie des sexes*, Paris, Les Cahiers de l'homme, 1985.

TABET, Paola, «Du don au tarif, les relations sexuelles impliquant une compensation», Paris, *Les Temps modernes*, nº 490, mai 1987.

THION, A., «Les religieuses en Belgique du XVIIIᵉ au XXᵉ siècle. Approche statistique», *Revue belge d'histoire contemporaine*, VII, 1976.

TURIN, Yvonne, *Femmes et religieuses au XIXᵉ siècle. Le féminisme en religion*, Paris, Nouvelle Cité, 1985.

VACCARO, Maria, *L'origine familiale: un facteur indicatif de la vocation des religieuses au Québec (1901-1971)*, mémoire de maîtrise en sociologie, Université de Montréal, 1987.

WALBY, Sylvia, *Patriarchy at Work: Patriarchal and Capitalist Relations in Employment,* Cambridge, Polity Press, 1986.

WEBER, Max, *Le savant et le politique,* Plon, 10/18, édition de 1959.

ZAY, Nicolas, «Analyse statistique du travail de la femme mariée dans la Province de Québec», *L'Actualité économique,* XXXIII, n° 3, octobre-décembre 1956.

2 - AUTRES DOCUMENTS

Bureau fédéral de la statistique, *Statistiques des hôpitaux, 1956, vol II: Finances,* Ottawa, 1958.

Communauté chrétienne, n° 22, 1965.

Conférence catholique canadienne, *Les hôpitaux dans la province de Québec. La situation en 1960,* Ottawa, 1961.

Conférence religieuse canadienne, documents et rapports publiés au cours des années soixante, dans la série *Donum Dei,* Ottawa.

Conférence religieuse canadienne, *Statistiques des congrégations religieuses du Canada,* Ottawa, 1981 et 1989.

Constitutions des Sœurs de Sainte-Anne de Montréal, Mont-Sainte-Anne, Lachine, 1927.

Dizionario digli Istituti di perfezione, article «Italie», t.V, col. 235-236.

Document conciliaire relatif aux communautés religieuses, «Perfectae caritatis», in *Les seize documents conciliaires,* n° 3, Montréal, Fides, 1966.

Statistique Canada, *La classification type des professions,* 1980, 1981.

ANNEXE 1

La notice biographique présentée ci-dessous a été retenue pour son caractère représentatif, à tous points de vue: forme, éléments de contenu, style. Les dates ainsi que les noms de personnes, d'institutions et de lieux ont été changés.

Sœur Sainte-Marthe
(Emma Beaubien)
décédée le 9 avril 1962

Péguy a écrit: «Un très grand nombre de saints n'ont pas eu de vie publique et la gloire du ciel est la première qu'ils aient touchée.» C'est dans cette phalange d'élus que nous trouverons sans doute la plupart de nos sœurs quand l'éternité dévoilera ses secrets. Les servantes des pauvres ont rarement l'occasion de cueillir des lauriers, mais leur vie humble et cachée est la voie sûre qui conduit au bonheur où l'on entre par la porte du devoir. Notre chère sœur Sainte-Marthe fut une de ces ouvrières obscures, besognant sans relâche, animée d'une foi bien trempée qui lui permettait de reconnaître Dieu sous les apparences déconcertantes où il aime à se cacher. Écrire son histoire c'est raconter une belle vie de quatre-vingt-sept ans; une méritante carrière religieuse de soixante ans qu'on peut résumer ainsi: cuisinière durant vingt-huit ans, hospitalière des pauvres durant dix-sept ans, aide à l'atelier de tissage durant douze ans. Les autres années, les plus riches peut-être, furent vécues à différentes étapes, dans la solitude de l'infirmerie. Il ne faudrait pas croire pourtant que cette existence de dévouement et d'abnégation s'écoula dans la monotonie de quatre champs d'action; le dossier de la chère ancienne révèle vingt et une obédiences. Sœur Sainte-Marthe eut donc maintes occasions de pratiquer le détachement, vertu qui forge les âmes en les rapprochant du ciel. Elle n'eut guère le temps de s'enraciner au milieu où elle besognait et put ainsi rester disponible entre les mains de ses supérieures.

Le 2 novembre 1874, alors que le souvenir des défunts hante l'âme des vivants et que l'Église, comme une bonne mère, rappelle aux chrétiens que toute existence aboutit à la mort, au foyer de monsieur Théophile Beaubien et de dame Agnès Beauregard, de Sainte-Anne-des-Monts, la vie s'épanouissait. Les heureux parents accueillaient avec des transports de joie, la naissance de leur deuxième enfant, une mignonne petite fille, ardemment désirée. Ce jour même, l'eau régénératrice coulait sur son front et avec la grâce sanctifiante, l'enfant recevait les prénoms de Marie-Emma-Clara. Un frère l'avait précédée au sein de la famille, cinq sœurs et sept frères devaient l'y suivre, portant à quatorze les joyaux de la couronne familiale. De ce nombre, deux partiront tôt pour le ciel, les autres atteindront l'âge adulte.

Le père de notre héroïne était typiquement canadien. Droit comme l'érable de son pays, il marchait le front haut car sa loyauté était connue de tous. Son amour du devoir, son endurance au travail avaient buriné sur ses traits cette taciturnité énergique qui laisse deviner la bonté mais exclut la faiblesse. Parfaitement religieux, — il avait servi la messe jusqu'à l'âge de vingt-cinq ans —, d'une intégrité à toute épreuve, il élèvera sa nombreuse famille en harmonie rigoureuse avec ses principes. La maman ressemblait à la femme de l'Écriture «dont la lampe ne s'éteint pas durant la nuit». Toute donnée à son foyer et à ses enfants, elle trimait du matin au soir pour subvenir aux besoins de la nichée qui s'augmentait chaque année d'un oisillon plein de vigueur et de gaieté. Malgré la rude tâche qui l'appelait, tantôt à la maison, tantôt au jardin, tantôt aux dépendances de la ferme, madame Beaubien trouvait le temps de cultiver l'âme de ses petits. Le doux nom de Jésus était le premier qu'ils gazouillaient, leur premier geste était pour adresser un baiser au crucifix. Pour apprendre à prier, les enfants n'avaient qu'à regarder leurs parents s'agenouiller chaque soir pour la récitation du chapelet et de la prière. L'assistance aux offices de la paroisse était le premier devoir de ces chrétiens convaincus, point n'était besoin de le rappeler, Dieu était le maître adoré, aimé, obéi. Rien d'étonnant que la prédilection divine ait appelé trois membres de cette famille à l'intimité de la vie religieuse; deux dans notre institut et une chez les Sœurs de l'Annonciation.

Notre compagne grandit dans la saine atmosphère d'un foyer chrétien et dans la douce liberté de la belle nature. Point n'était besoin de jouets fragiles, de bibelots encombrants pour amuser la fillette. En compagnie de ses frères et sœurs elle courait pieds nus dans le sable doré, jouait à cache-cache dans le foin parfumé, cueillait des fleurs sauvages et de délicieux petits fruits, apprivoisait les animaux de la ferme. Et le soir venu, ivre de soleil, fatiguée des courses folles et des jeux bruyants, elle s'endormait après avoir donné son cœur à Dieu et continuait dans ses rêves à admirer les papillons et à écouter la chanson des oiseaux.

Quand vint l'âge scolaire, Emma partit crânement, sac au dos, pour l'école du rang. Elle n'eut pas la chance de pousser très loin ses études; dès qu'elle eut fait sa première communion, vers douze ans, son titre de fille aînée lui assigna une tâche à remplir au foyer. La bonne maman, débordée par l'ouvrage, réclamait son aide et à l'âge où les fillettes jouent encore à la poupée, Emma connut l'austère exigence du devoir. À l'exemple de sa mère, elle devint vite une bonne maîtresse de maison : habile cuisinière, ménagère économe, experte raccommodeuse. Silencieuse et effacée, la grande sœur était partout où l'on avait besoin de son dévouement.

Dans ses notes intimes, notre compagne dit n'avoir jamais goûté les plaisirs mondains. Tout son bonheur était centré sur l'intimité familiale. L'appel divin résonna dans son âme sans rencontrer d'obstacles, et quand vint le moment de choisir sa voie, Emma opta immédiatement pour la communauté des Sœurs de Sainte-Marie. Elle avait maintes fois rencontré des sœurs de notre institut à l'occasion des quêtes annuelles à Sainte-Anne-des-Monts. La jeune fille avait appris à aimer les pauvres dès sa petite enfance. Au foyer des Beaubien, les mendiants étaient accueillis comme les envoyés de Dieu, ils avaient toujours leur place à la table de famille et un bon lit s'offrait pour reposer leurs membres las. La pensée de vouer sa vie au service des malheureux lui vint spontanément. Elle obtint sans difficulté le consentement de ses parents; ces grands chrétiens ne savaient rien refuser à Dieu, mais les sanglots qui accompagnèrent leur acquiescement lui firent comprendre la valeur du sacrifice qu'elle leur demandait.

Le 20 février 1899, mademoiselle Emma Beaubien prenait rang parmi nos postulantes, échangeant son nom pour celui de sœur Sainte-Marthe. Elle avait vingt-quatre ans.

Il y a soixante ans, la vie d'une sœur de Sainte-Marie était bien différente de celle d'aujourd'hui. Le terrible quotidien l'accaparait depuis les petites heures du jour jusqu'à la tombée de la nuit. Levée à quatre heures trente, l'oraison et la messe étaient la première source de son dévouement et de son courage. On ne connaissait pas alors la coopération des employés salariés. Toute la besogne était accomplie par les sœurs, depuis le lavage des parquets de bois mou, de la lessive sur la planche à laver, de la cuisine sur le poêle à bois, des travaux de couture à la main, jusqu'au soin des malades et des enfants installés dans les locaux dépourvus du confort le plus élémentaire. Pas d'eau chaude dans les départements, pas de réchaud électrique, pas de frigidaire, et bien entendu, pas d'ascenseur pour escalader les quatre étages de la maison.

Dès leur entrée, les postulantes emboîtaient le pas à la suite des novices et des professes. On ignorait à cette époque les «jours de détente». Sœur Sainte-Marthe, habituée aux rudes travaux, douée d'une forte constitution, s'adapta facilement à nos usages. Une foi profonde, alimentée par une grande piété, lui fit découvrir le beau visage de la vie religieuse sous le voile de l'austérité. Le 30 juillet 1899, elle revêtait la livrée noire et commençait un noviciat fervent qui la conduisit aux joies de la profession perpétuelle le 29 juin 1901.

La jeune professe fit ses débuts à la ferme Saint-Vincent. Durant la belle saison, elle cultivait le jardin; quand venait l'hiver, on lui confiait la cuisine. Son premier champ d'action la replaça donc dans un élément bien connu: ces travaux, rudes mais fortifiants, elle les avait exécutés et aimés sur la ferme paternelle. Ses talents de cuisinière furent vite reconnus. Sœur Sainte-Marthe savait préparer de bons plats avec le maximum d'économie; sa cuisine reluisait de propreté, les repas étaient toujours à point. Bientôt, à l'instar de sa patronne, elle fut désignée pour servir Jésus dans la personne de ses prêtres et en 1905, nous la retrouvons cuisinière à l'Évêché de Saint-Jean. Durant quatre ans, elle donnera entière satisfaction au personnel du Palais épiscopal. En 1909, la communauté ouvrait un hôpital à Sorel et Sœur Sainte-Marthe fut une des cinq fondatrices. Elle se montra à la hauteur de la tâche et là, comme à l'Évêché, on loua son habileté et son abnégation. Sœur Sainte-Marthe faisait partie de la phalange des défricheuses: vaincre les difficultés du début, organiser le service, initier des aides sans expérience et quand tout marche bien, quitter le champ à l'heure où l'on va engranger la moisson. En 1912, l'Évêché lui était de nouveau assigné et cette fois elle s'y dévouera pendant sept ans. Après ce long stage, elle revint à la maison mère pour quelques mois de répit mais non d'inaction. Elle partagea son temps entre l'atelier de tissage et le département des vieillards.

Les années qui suivront seront marquées par de fréquents déplacements. De 1921 à 1940, la chère sœur recevra dix-huit obédiences: quatre fois elle ira à l'hospice de Saint-Octave, quatre fois à l'hôpital de Sorel, sept fois elle reviendra à la maison mère; la ferme, l'évêché et l'hôpital de Saint-Joseph la recevront tour à tour. Les rudes corvées finirent par avoir raison de sa forte constitution; des troubles hépatiques l'obligent à mettre une sourdine à son activité. En 1940, elle revient pour de bon à la Maison générale. Elle a soixante-cinq ans, ses forces sont diminuées mais non épuisées. Durant douze ans, nous retrouvons l'infatigable ouvrière au département de nos vieillards. Aider les infirmes à prendre leurs repas, ravauder les chaussettes, rendre toutes sortes de services aux hospitalières surchargées, voilà son lot. Les années pèsent de plus en plus sur les épaules de la bonne ancienne; elle doit se résigner à quitter nos bons vieux et désormais elle passera la majeure partie de ses journées à l'atelier de tissage. Sans relâche, elle tourne le rouet, enroule laine ou coton. Comme toutes nos devancières, sœur Sainte-Marthe avait le culte du temps. Au noviciat, on lui avait maintes fois répété que les heures et les minutes d'une sœur de Sainte-Marie appartenaient aux pauvres et qu'en gaspiller une attentait à la vertu de pauvreté. Cette maxime était fortement burinée dans la mémoire de la chère septuagénaire et la moindre infraction de son entourage à cette loi lui était une souffrance. Elle comprenait difficilement la gaieté, parfois exubérante, des jeunes; le badinage ne trouvait jamais grâce à ses yeux. Notre compagne était une insatisfaite, elle aurait pu dire avec le poète: «Mon âme est ardente et le soleil me fuit; je suis une étrangère dans un pays étrange!»

Tandis que ses doigts s'activent au travail, son âme monte vers Dieu par une prière incessante. Nous ne connaîtrons que dans l'éternité le poids immense de grâce qu'attirent sur la communauté les oraisons ferventes de nos vénérées anciennes. Que de problèmes solutionnés, que de succès assurés, porteront le sceau de leurs discrètes implorations! «Plus haut que la cascade, sur les grands sommets tranquilles, loin du bruit des hommes, une source naît, silencieuse ou à peine chuchotante... C'est à cette source silencieuse que les plaines doivent leur fécondité.» Sœur Sainte-Marthe fut toujours une religieuse modèle: respect de l'autorité, amour de la Règle, fidélité aux moindres recommandations. Ajoutons à cela un admirable esprit de pauvreté et nous comprendrons que la chère compagne vit venir la vieillesse avec la paix tranquille du laboureur fatigué qui, sur le déclin du jour, s'arrête un moment et contemple les ombres qui s'allongent et lui annoncent l'heure prochaine du repos.

En juin 1961, la bonne ancienne fêtait son jubilé de diamant. Après les fêtes communautaires, vinrent les fêtes familiales. Après ces jours d'allégresse, sœur Sainte-Marthe reprit ses paisibles occupations et sa vie de prière. Ses forces diminuaient graduellement; en fin de décembre 1961, elle fit une chute dans sa chambre et s'infligea une fracture du fémur. Vu son grand âge, elle fut munie de l'Onction des malades. Transportée à l'hôpital de Saint-Joseph, on prit tous les moyens pour la soulager, mais la pauvre blessée dut se résigner à l'immobilité complète. Des souffrances morales s'ajoutèrent aux souffrances physiques. Dieu purifiait la victime avant le grand jour de la récompense. Durant plus de trois mois, la chère malade resta sur la croix. Dans la nuit du 9 avril 1962, vers quatre heures du matin, le *Veni Sponsa* se fit entendre. À l'heure de l'oraison, nous apprîmes que notre sœur la Mort était passée dans nos rangs, cueillant une belle âme, riche de ses quatre-vingt-sept ans d'âge et de ses soixante ans de vie religieuse. Nos sympathies entourèrent notre chère sœur Saint-Paul, sa sœur.

Après de longues souffrances, sœur Sainte-Marthe reposait dans la paix du Seigneur. Ses funérailles eurent lieu le 11 avril; son cousin, monsieur l'abbé Hubert Beauregard, curé de Saint-Marc, chanta le service. Un grand nombre de parents se joignit à la communauté pour implorer la miséricorde d'en haut sur celle dont le dévouement obscur nous avait tant édifiées.

ANNEXE 2

Tableau 59

Fréquence annuelle des décès, des sorties
et des entrées dans la population religieuse,
au 31 décembre de chaque année, de 1901 à 1971.

Année	Population	Décès	Sorties	Entrées
1900	9 908	-	-	-
1901	10 592	38	-	722
1902	11 085	26	-	519
1903	11 415	208	-	538
1904	11 868	137	-	590
1905	12 127	247	30	536
1906	12 576	277	-	726
1907	12 969	207	15	651
1908	13 344	275	52	702
1909	13 835	174	14	679
1910	14 440	179	30	814
1911	15 210	132	18	799
1912	15 862	187	8	847
1913	16 499	149	30	816
1914	16 909	258	54	722
1915	17 529	185	44	849
1916	18 100	244	17	832
1917	18 531	359	51	841
1918	18 967	320	34	790
1919	19 468	208	39	748
1920	20 021	246	23	822
1921	20 788	101	-	740
1922	21 245	241	15	713
1923	21 823	387	1	966
1924	22 527	262	18	984
1925	23 093	263	23	852
1926	23 713	170	19	809

Tableau 59 (suite)

Année	Population	Décès	Sorties	Entrées
1927	24 408	214	5	914
1928	24 893	440	21	946
1929	25 558	280	33	978
1930	26 468	264	31	1 143
1931	27 110	416	53	1 131
1932	27 934	293	9	1 126
1933	28 931	237	52	1 286
1934	29 679	409	47	1 204
1935	30 464	353	33	1 171
1936	31 154	416	63	1 169
1937	31 735	436	88	1 105
1938	32 485	372	123	999
1939	33 031	353	65	964
1940	33 560	256	45	830
1941	34 138	289	67	1 013
1942	34 626	449	15	952
1943	35 043	284	81	782
1944	35 457	299	36	749
1945	35 839	336	150	868
1946	36 245	480	13	899
1947	36 369	497	107	728
1948	36 930	391	38	990
1949	37 319	304	106	799
1950	37 795	359	83	918
1951	38 271	324	129	980
1952	38 579	329	82	719
1953	38 976	483	64	944
1954	39 182	441	73	720
1955	39 511	491	86	906
1956	39 802	394	124	809
1957	40 160	380	62	800
1958	40 226	512	115	693
1959	40 266	464	195	699
1960	40 487	443	38	702
1961	40 493	360	62	575
1962	40 400	440	175	522
1963	40 321	485	195	601
1964	40 191	324	321	515
1965	40 047	360	218	434
1966	39 558	659	211	381
1967	39 304	467	129	342

Tableau 59 (suite)

Année	Population	Décès	Sorties	Entrées
1968	38 376	605	570	247
1969	37 300	624	578	126
1970	36 118	679	615	112
1971	35 050	664	475	39
1972	33 950	642	422	-
1973	-	429	368	-
1974	-	361	231	-
1975	-	505	154	-
1976	-	467	111	-
1977	-	570	78	-
1978	-	445	41	-
1979	-	499	55	-
1980	-	580	97	-
1981	-	470	50	-
1982	-	781	63	-
1983	-	707	19	-
1984	-	212	4	-
-	-	-	-	-

ANNEXE 3

Tableau 60

Fréquence de l'âge des religieuses à l'admission au postulat et à la profession temporaire.

Âge à l'admission au postulat

Âge	Nombre de religieuses	Pourcentage	Pourcentage cumulatif
15	482	,008	,008
16	1 546	,026	,034
17	4 482	,075	,109
18	7 842	,132	,241
19	9 331	,157	,398
20	7 715	,130	,528
21	6 550	,110	,638
22	4 786	,080	,718
23	3 074	,052	,770
24	3 127	,053	,823
25	2 529	,043	,866
26	1 964	,033	,899
27	1 532	,026	,925
28	1 112	,019	,944
29	907	,015	,959
30	673	,011	,970
31	582	,010	,980
32	239	,004	,984
33	138	,002	,986
34	168	,003	,989
35	227	,004	,993
36	112	,002	,995
37	85	,001	,996
38	21	,000	,996
39	27	,000	,996

Tableau 60 (suite)

Âge	Nombre de religieuses	Pourcentage	Pourcentage cumulatif
40	19	,000	,996
41	43	,001	,997
42	19	,000	,997
43	5	,000	,997
44	53	,001	,998
45	2	,000	,998
46	-	-	-
47	58	,001	,999
48	6	,000	,999
49	5	,000	,999
50	-	,000	,999
Total	59 461		1000

Tableau 60 (suite)

Âge à la profession temporaire

Âge	Nombre de religieuses	Pourcentage	Pourcentage cumulatif
15	-	-	-
16	84	,001	,001
17	229	,004	,005
18	1 147	,019	,024
19	3 775	,062	,086
20	7 039	,116	,202
21	8 891	,147"	,349
22	9 332	,154	,503
23	6 667	,110"	,613
24	5 291	,088	,701
25	3 878	,064	,765
26	3 068	,051	,816
27	2 585	,043	,859
28	1 929	,032	,891
29	1 674	,028	,919
30	1 279	,021	,940
31	806	,013	,953
32	794	,013	,966
33	502	,008	,974
34	417	,008	,982
35	121	,002	,984
36	338	,006	,990
37	99	,002	,992
38	162	,003	,995
39	37	,001	,996
40	87	,001	,997
41	30	,000	,997
42	19	,000	,997
43	34	,001	,998
44	15	,000	,998
45	5	,000	,998
46	33	,001	,999
47	29	,000	,999
48	23	,000	,999
49	6	,000	,999
50	7	,000	,999
Total	60 431		1000

ANNEXE 4

Liste des comtés de 1961 selon la zone d'habitation

Zone centrale

Argenteuil, Beauharnois, Bellechasse, Chambly, Chateauguay, Deux-Montagnes, Huntington, Iberville, Île Jésus, Joliette, Laprairie, L'Assomption, Lévis, Lotbinière Montcalm, Montmagny, Montmorency, Napierville, Papineau, Portneuf, Québec, Soulanges, Saint-Jean, Terrebonne, Vaudreuil, Verchères.

Zone médiane

Arthabaska, Bagot, Berthier, Brome, Champlain, Charlevoix-Est, Charlevoix-Ouest, Compton, Drummond, Frontenac, Gatineau, Hull, Kamouraska, L'Islet, Maskinongé, Mégantic, Missisquoi, Nicolet, Richelieu, Richmond, Rouville, Sherbrooke, Shefford, Stanstead, Saint-Hyacinthe, Saint-Maurice, Wolfe, Yamaska.

Zone périphérique

Abitibi, Beauce, Bonaventure, Chicoutimi, Dorchester, Gaspé-Est, Gaspé-Ouest, Île de la Madeleine, Labelle, Lac-Saint-Jean-Est, Lac-Saint-Jean-Ouest, Matapédia, Matane, Pontiac, Rimouski, Rivière-du-Loup, Saguenay, Témiscamingue, Témiscouata, Territoire du Nord québécois.

LISTE DES TABLEAUX

LISTE DES GRAPHIQUES

Table des matières

Achevé   Imprimerie
d'imprimer Gagné Ltée
au Canada Louiseville